헤겔연구 제21호

철학의 고전적 담론들

* 이 학술지는 2006년도 정부재원(교육인적자원부 학술연구조성 사업비)으로 한국학술진흥재단의 지원을 받아 출판되었음

헤겔연구 제21호

철학의 고전적 담론들

한국헤겔학회 편

차례

발간사

한때 헤겔을 가리켜 들어가는 데 10년 나오는 데 10년 걸리는 철학자란 말이 사람들에게 널리 회자되었다. 인생사에서 20년은 무척 긴 시간일 터인데 사람들은 그 말을 스스럼없이 하고 또한 별 이의 없이 수긍했다. 나도 헤겔을 처음 접할 당시 그만한 시간은 으레 각오하였지만, 큰 오산이었다. 그 후 20년이 훌쩍 지난 지금에도 그의 늪에서 벗어나지 못하고 있으니, 헤겔 사상의 전체를 남김없이 이해하는 이가 있다면 그 경지에 도달하기 위해 걸린 시간이 몇 년이었든 간에 나로서는 그를 존경하고 부러워할 수밖에 없는 처지이다.

한국 헤겔학회가 창립된 지 올해로 꼭 20년째이다. 이제 학회의 입장에서도 지난날의 성과를 평가하고 또 앞날의 목표를 자문해야 할 시기이다. 헤겔은 자신의『논리학』서문에서 아무리 화려하게 장식된 사원이라도 신이 빠져 있다면 제대로 된 사원이 될 수 없듯이 그 밖의 점에서는 아무리 훌륭한 민족이라도 형이상학을 갖지 못한다면 결코 문화민족이 될 수 없다고 말한다. 참으로 철학자로서의 자의식이 가득 배어 있는 언급이다. 독일 민족은 그들의 정신사 속에 그러한 철학자가 있었다는 사실을 무한한 축복으로 여겨야 할 것이다.

한데 목하 우리의 사정은 어떠한가? 형이상학의 정립을 위한 노력은 고사하고 그 타당성 자체가 의심받는 해체의 시대를 우리는 살고 있지 않은가 말이다. 그러니 요즈음 같은 시대에 헤겔 철학을 연구한다는 것은 의식과 용기를 여간 필요로 하는 작업이 아니다. 그런 만큼 우리는 학회가 그동안 줄기차게 명맥을 유지해 온 사실 자체를 이미 하나의 성과로 들어도 좋을 것이다. 하지만 학회는 단순히 명맥 유지에만 급급하지 않았다. 그간 국내외에서 헤겔을 연구한 박사급 전문 인력들이 속속 등장하여 현재 100명가량의 학자들이 회원으로서 활동하고 있으며 또한 많은 연구자들의 적극적인 열과 성에 힘입어 학회 주최의 월례 발표회가 103회를 넘도록 꾸준히 이어져 왔다. 학회 창립 당시 독회 수준을 크게 넘지 못하던 활동과 비교할 때 이것은 누가 보든 큰 진전이다.

더구나 올해는 『정신현상학』 발간 200주년이 되는 해이다. 학회로서는 이를 기념하여 올 가을 서울대, 연세대, 고려대, 명지대의 철학 관련 연구소들과 협력하여 학술대회를 개최할 예정인바, 헤겔 철학의 내부 및 외부에서 본 『정신현상학』이라는 주제로 진행될 학술대회를 위해 벌써 15명의 학자들이 발표 신청을 해 주었다. 이 또한 헤겔 철학의 연구가 이 땅에서 크게 진작되고 있음을 증빙하는 좋은 사례라고 아니 할 수 없다.

뿐만 아니라 학회 기관지 『헤겔연구』가 수없는 애로와 역경을 극복하고 어느덧 21호 째를 맞는다. 『헤겔연구』가 헤겔 연구자들에게 큰 힘을 보태 주는 것은 기왕의 일이거니와, 올해부터는 학술진흥재단의 등재지로 등록되어 다른 어떤 학술지에도 뒤지지 않는 번듯한 위상을 갖추게 된 만큼, 앞으로는 위상에 걸맞도록 그 내용을 다양화하여 방계 논문들도 되도록 많이 수록하는 방향으로 문호를 개방하는 편이 좋을 성싶다. 헤겔이라는 큰 용광로는 다양한 이질적 사상들을 함께 녹일 만한 역량을 충분히 갖추고 있으며 또한 그래야만 장차 새로운 철학을 주조할 수 있는 기틀이 마련될 것이기 때문이다. 이미 말했듯이, 헤겔은 형이상학을 철학의 궁극적 목표로서 간주한다. 비록 현금의 정신계가 형이상학에 적대적이라고 해도, 그리고 우리의 현재 입장이 헤겔과 같이 논리학적 형이상학 혹은 형이상학적 논리학을 당장 제시할 계제는 못 된다고 해도, 『헤겔연구』가 앞으로 늘 그리로 향하는 노력의 중심점에 서 있기를 간절히 기원한다.

헤겔학회장
이창환

제1부

헤겔 사유의 새로운 이해

헤겔 역사철학의 근본 주장 및 그 의미에 대하여

나종석

요약문

본 글의 목적은 헤겔 역사철학의 기본 주장들의 의미와 한계들을 근대성의 문제와 연관해서 검토해 보는 것이다. 나는 우선 역사철학과 근대의 연관성을 분명하게 하기 위해 근대에서 역사철학이 등장하게 된 정신사적 조건들을 해명한다. 두 번째 단락에서 나는 헤겔의 역사철학을 그의 전체 철학체계의 기초인 절대적 이성 내지 신적 이성의 자기실현의 맥락에서 재구성하면서 그의 역사철학의 주된 주장을 분명하게 하고자 한다. 그 과정에서 나는 역사철학을 변신론으로 이해하는 헤겔의 입장과 역사와 이성의 연관에서 세계사를 바라보는 견해가 왜 근대 역사철학의 정점으로 간주될 수 있는가를 살펴본다. 세 번째 단락에서 나는 인류 역사의 전진과정에 대한 헤겔의 이론에 초점을 맞춘다. 여기에서 나는 왜 헤겔이 세계사를 "자유의식의 진보"로 이해하는지를 세계사의 추동원리로서의 인정투쟁과의 연관 속에서 살펴본다. 결론 부분에서 나는 헤겔 역사철학의 한계점들을 지적하면서도 왜 오늘날에도 그의 역사철학적 통찰들이 의미 있는가를 간단하게 언급한다.

● **주요어 : 근대성, 세계사, 변신론으로서의 역사철학, 역사에서의 이성, 역사의 종말, 역사철학, 인정투쟁, 자유, 자유 의식에서의 진보, 진보에 대한 믿음**

Ⅰ. 들어가는 말

역사철학은 이제 학문의 세계에서 영원히 퇴출된 것처럼 보인다. 그러나 한때 역사철학은 대단한 관심을 불러일으키는 철학적 탐구 주제였다. 역사철학의 흥망성쇠는 근대의 흥망성쇠와 운명을 같이한다. 달리 말해 역사철학과 근대는 서로 밀접한 관계를 갖고 있다는 것이다. 이는 역사철학이 근대에서 비로소 철학의 중요한 영역으로 등장했다는 사실 때문만은 아니다. 근대의 시대를 특징짓는 것 중의 하나가 바로 역사철학이다. 인간의 역사는 근대 이전에도 존재했고 사람들이 이에 큰 관심을 갖고 있었음에도 불구하고 근대 이전에 역사와 철학의 결합은 존재하지 않았다. 개인주의를 그 철학적 토대로 하는 자유주의가 근대의 표현이자 계몽의 기획의 일환이듯이 역사를 철학적 인식의 대상으로 삼은 시도는 근대성의 표출로서 이해될 수 있다.[1] 그러나 근

1) 자유주의가 근대성의 정치이론이라는 점 그리고 매우 특별한 근대적 삶의 특징들, 예를 들어 사생활에 관심을 갖고 있는 개인과 그 개인의 자유라는 관념 및 물질적 부의 성장에 대한 관심 등이 자유주의의 전제라는 점에 대해서는 존 그레이(J. Gray), 『자유주의』, 손철성 옮김, 도서출판 이후, 2007, 141쪽 참조. 공적 영역과 사적 영역의 구분에 근거하는 근대의 자유주의적인 자유관의 특성 그리고 근대적 자유주의의 전제인 개인주의의 발생에 대한 탁월한 글로는 이사야 벌린(I.

대가 심각한 문제점들을 드러냄에 따라 근대라는 시대를 형성하고 지탱하는데 결정적인 의미를 지녔던 세계와 역사 및 삶에 대한 이해는 커다란 불신에 직면하게 되었음은 주지의 사실이다. 달리 말해 근대의 기획에 대한 불신이 역사철학에 대한 신뢰 상실의 근원이다. 이런 점에서 포스트모더니즘이라는 용어를 유행시키는데 큰 영향을 준 사상가인 장-프랑스와 리오타르(J.-F. Lyotard)가 포스트 모던적이라는 것을 "메타 이야기에 대한 불신"으로 규정하면서 메타 이야기의 대표적 현상의 하나로 역사철학을 들고 있는 것은 중요하다.[2)]

인류가 궁극적인 목적을 향해 나가고 있다는 인식으로서의 역사철학은 근대의 거대 이야기의 한 사례로서 더 이상 정당성을 주장할 수도 없고 보편적 타당성을 주장할 수도 없다는 생각은 이제 낯설거나 이상하지 않게 들릴 정도로 널리 유행하고 있다. 그럼에도 역사철학과 더불어 철학의 근본주제로 등장한 인간 삶의 역사성에 대한 강조는 포스트모더니즘의 사상가들에게서 부인되는 것은 아니다. 그들은 볼테르와 계몽주의 사상가들, 칸트를 거쳐 헤겔과 맑스에 의해 그 정점에 이르는 역사철학적 사유를 폐기하지 않고, 오히려 그것을 급진적인 방식으로 몰고 간다고 볼 수 있다. 그러므로 우리는 역사철학, 특히 헤겔에 의한 근대의 역사철학의 완성의 모습을 반추해보는 것은 시대에 뒤떨어진 연구라고 말할 수 없을 것이다.

본 글에서 나는 주로 헤겔 역사철학의 기본 주장들을 검토해볼 것이다. 이 때 나는 근대성의 문제, 혹은 근대성의 특성과 연관해서 헤겔의 역사철학을 접근할 것이다. 그래서 나는 우선 역사철학과 근대의 연관

Berlin), 「그리스 개인주의의 탄생」, 『이사야 벌린의 자유론』, 박동천 옮김, 아카넷, 2006, 535쪽 이하 참조.

2) 장-프랑수아 리오타르, 『포스트모던적 조건』, 이현복 옮김, 서광사, 1992, 14쪽 참조.

성을 해명하면서 근대에서 역사철학이 등장하게 된 정신사적 조건들을 해명한다. (Ⅰ) 두 번째 단락에서 나는 헤겔의 역사철학을 그의 전체 철학체계의 기초인 절대적 이성 내지 신적 이성의 자기실현의 맥락에서 재구성하면서 그의 역사철학의 주된 주장을 분명하게 하고자 한다. (Ⅱ) 세 번째 단락은 두 번째 단락과 더불어 헤겔 역사철학의 근본적 주장들을 해명하고 있다. 그러나 이 단락에서 나는 인류 역사의 전진 과정에 대한 헤겔의 이론에 초점을 맞춘다. 여기에서 나는 왜 헤겔이 세계사를 "자유의식의 진보"로 이해하는지를 그리고 세계사의 내적 동력의 원리를 인정투쟁 이론에 입각하여 살펴본다. (Ⅲ) 결론 부분에서 나는 헤겔 역사철학의 한계점들을 지적하면서도 왜 오늘날에도 그의 역사철학적 통찰들이 의미 있는가를 간단하게 언급한다.

Ⅱ. 근대 역사철학의 정신사적 조건들

역사철학은 근대에서 전면적으로 등장한 새로운 철학의 분과이다. 달리 말하자면 극단적으로 말해 근대 이전, 특히 (서구) 고대에는 역사철학은 존재하지 않았다. 여기에서 역사철학과 역사기술(Historiographie)은 별개의 것으로 간주되어야 한다.[3)] 나는 역사철학이라는 용어를 "역사적 사건이나 연속적으로 일어나는 것을 통일시키고 궁극적인 의미를 향하여 움직이게 만드는 원리에 따라서 보편사를 체계적으로 해석"한다는 의미에서 사용한다.[4)] 서구 문명을 형성하는 양대 축이라

3) 서양에서 역사에 대한 반성은 역사기술, 역사신학 그리고 역사철학이라는 세 분야에서 주로 이루어졌다. 이에 대해서는 에밀 앙게른, 『역사철학』, 유헌식 옮김, 민음사, 1997, 25쪽 참조.

4) K. Löwith, *Meaning in History*, The University of Chicago Press, Chicago and London 1949, 1쪽.

고 일컬어지는 그리스 문명과 유대-기독교 문명에 대해서 말할 때, 그리스 철학에서 역사는 그리 큰 가치나 의미를 지니지 못했다. 역사철학 자체가 근대라는 시대적 규정의 하나, 혹은 근대의 독특한 성격을 해명해주는 중요한 현상이라고 말할 수 있다. 달리 말하자면 역사에 대한 참다운 보편적인 인식의 가능성을 추구하는 학문으로서의 역사철학은 근대에 이르러서야 비로소 등장한다. 고대 그리스의 사유는 역사적 사유와 무관할 뿐 아니라 역사철학을 발전시키지 못했다. 그렇다고 고대 그리스 사유에 역사철학적 반성을 위한 어떤 단초도 존재하지 않는 것은 아니다. 사실 고대 아테네는 헤로도토스와 투키디데스와 같은 역사서술의 신기원을 장식한 위대한 역사가들을 배출해냈다. 그럼에도 근대의 역사철학과 비교할 때 고대 그리스의 사상가들에게 역사적 세계에서의 보편적인 원리의 추구는 낯선 것이라고 볼 수 있다. 헤로도토스와 투키디데스이외에도 요즈음은 플라톤이 역사철학적 사유를 발전시키고 있다는 점을 강조하는 주목할 만한 연구업적이 존재한다. 예를 들어 K. 가이저(Gaiser)는 플라톤이 역사를 철학적인 주제로 삼고 있지 않다는 견해를 비판한다. 그러면서 그는 플라톤이 존재론적으로 뒷받침된 상당히 정교한 역사철학을 발전시켰다는 관점을 입증하고자 노력한다.[5)] 이런 가이저의 노력은 진지하게 검토되어야 하지만 이 작업은 본 연구의 틀을 벗어난 것이다. 따라서 여기에서는 플라톤의 이론 속에 역사철학적 사유가 존재한다는 가이저의 언급이 논쟁중에 있다는 사실만을 지적하는데 만족하고자 한다. 달리 말해 그의 입장이 아직 학계의 일반적 승인을 얻고 있지 못할 정도로 플라톤적 사유와 역사철학적 사유 사이의 연관성의 문제는 논쟁적인 것이다. 그래서 앙게른은 플라톤의 사유 속에 역사적 사유가 존재할지라도 궁극

5) V. Hösle, *Wahrheit und Geschichte. Studien zur Struktur der Philosophiegeschichte unter paradigmatischer Analyse der Entwicklung von Parmenides bis Platon*, Stuttgart-Bad Cannstatt 1984, 589쪽 이하 참조.

적으로 볼 때 그의 이론은 "역사적 사유와는 반대되는 특징"을 지닌다고 말한다.[6)]

고대 그리스 철학에서 역사적 사유가 본질적인 주제로 등장하고 있지 않다는 사실은 아리스토텔레스의 역사기술에 대한 언급에서도 분명하게 나타난다. 그는 다음과 같이 말한다. "앞서 말한 여러 가지 사실들로부터 명백한 것은 시인의 임무는 실제로 일어난 일을 이야기하는데 있는 것이 아니라 일어날 수 있는 일, 즉 개연성 또는 필연성의 법칙에 따라 가능한 일을 이야기하는데 있다는 사실이다. 역사가와 시인의 차이점은 [.....] 한 사람은 실제로 일어난 일을 이야기하고 다른 사람은 일어날 수 있는 일들을 이야기한다는 점에 있다. 따라서 시는 역사보다 더 철학적이고 중요하다. 왜냐하면 시는 보편적인 것을 말하는 경향이 더 강하고, 역사는 개별적인 것을 말하기 때문이다."[7)]

그렇다면 왜 역사의 문제가 근대에서 그토록 중요한 문제로 등장했는가하는 물음이 떠오른다. 사실 왜 근대에서 역사철학이 등장하게 되었는가 하는 문제를 자세하게 탐구하는 것은 중요한 정신과학적 주제이다. 여기에서 나는 근대에서 역사철학이 등장하는데 결정적인 동기를 부여했다고 간주될만한 세 가지 사항만을 강조하고자 한다. 우선 기독교의 영향이 언급되어야 한다. 유대-기독교의 구원사적이고 종말론적인 세계관은 역사 및 인간의 삶의 의미에 높은 가치를 부여한다. 그러나 아우구스티누스의 『신국론』 이후 중세 전반에 이르기까지 역사에 대한 사유는 구원사의 결정적인 역할에 주목하는 역사신학적인 것이었다. 역사에 대한 신학적 전제들에서 벗어나서 인류의 역사 전체를 의미 있는 것으로 이해하려는 세속적이고 본래적인 의미의 철학적 사유는 근대의 계몽주의와 함께 본격적으로 대두되기에 이른다. 역사

---

6) 에밀 앙게른, 앞의 책, 55쪽.
7) 아리스토텔레스, 『시학』, 천병희 옮김, 2002, 문예출판사, 62쪽 이하.

와 철학을 결합시켜 "역사철학"(philosophy of history)이라는 용어를 처음으로 만든 사람은 볼테르(Voltaire)였다. 그는 역사철학이라는 용어를 근대적인 의미에서 역사에 대한 신학적 해석과는 구별되는 것으로 사용한 최초의 사람이었다. 그는 신의 의지나 섭리가 아니라 인간의 이성과 의지를 역사를 해석하는 주도적인 원리로 간주하기 시작했다.[8] 그럼에도 불구하고 근대의 역사철학은 유대-기독교의 종말론적인 역사관에 의존하여 있다. 인류의 역사가 궁극적인 목적을 향해서 점진적으로 나아가고 있다는 의미에서의 역사에 대한 근대적인 철학적 해석은 기독교적인 신학적 역사개념의 전제 없이는 불가능한 것이었기 때문이다. 이런 점에서 헤겔 역시 기독교를 인류 역사의 발전에서 결정적인 전환점으로 이해한다. "오로지 신이 삼위일체로서 알려지는 한에서만 신은 정신으로서 인식된다. 이 새로운 원리는 세계사의 전회의 핵심(축)이다."[9]

헤겔은 기독교에 의해서 천명된 원리의 구체적 실현(세속화)의 과정에서 근대의 의미를 이해할 뿐 아니라, 기독교 원리는 인류 역사의 궁극적인 의미를 가능하게 하는 것이라고 생각한다. 헤겔은 역사철학이 기독교 신학의 원리를 철학적으로 재해석하고 있음을 자각하고 있었다. 그는 다음과 같이 말한다. "옛날부터 사람들은 이성과 종교, 종교와 세계와의 대립을 주장하고자 했다. 그러나 보다 상세하게 고찰해 보면, 이 대립은 실은 대립이 아니고 단지 구별에 지나지 않는다. 이성은 일반적으로 정신의 본성이고, 신적 정신 및 인간적 정신의 본질이다. 종교와 세계의 구별은 다음과 같은 구별에 지나지 않는다. 즉 종교

8) K. Löwith, 앞의 책, 1쪽 참조.

9) 12, 386. G. W. F. Hegel, *G. W. F. Hegel Werke in zwanzig Bänden*, hg. v. E. Moldenhauer und K. M. Michel, Frankfurt 1969-1971. 헤겔 저작들은 이 전집에 따라서 인용됨. 이 때 권수와 쪽수가 함께 기입됨.(예를 들어 전집 7권 20쪽은 7, 20으로 표기함)

자체는 심정과 마음 안에 있는 이성이고, 신 안에서 존재하는 표상적인 진리와 자유의 전당이다. 이와는 달리 국가는 동일한 이성이 현실계의 지식과 의욕 안에서 존재하는 인간적 자유의 전당이다. 그리고 그 내용 자체는 신적인 내용이라고도 말할 수 있다. 그러므로 국가의 인륜은 종교의 근본원리를 실현하는 것이기 때문에, 국가에서의 자유는 종교에 의해서만 지지되고 확증된다. 따라서 역사의 임무는 종교가 인간 이성으로서 나타나게 하는 것, 즉 인간의 마음속에 살고 있는 종교적 원리가 세속적 세계의 자유를 산출하는 것임을 밝혀주는데 있다. 이러한 의미에서 내적인 마음과 외적인 현존재 사이의 분열은 지양된다. 그러나 이것을 실현시키기 위한 사명을 띠는 것은 다른 민족 혹은 다른 민족들, 즉 게르만 민족들이다."[10]

헤겔에게 기독교는 역사철학뿐 아니라 그의 철학 전체와 아주 밀접한 관련 속에 있다. 그는 기도교의 원리를 세계사에 결정적인 전환을 가져온 사건으로 해석하는데 그치지 않고 기독교에 의해 천명된 신과 정신의 동일성에 대한 사유를 자신의 전체 철학 및 역사철학의 근본원리로 받아들이기 때문이다. 물론 그는 기독교의 원리를 종교적인 방식으로서가 아니라 철학적인 의미로 받아들이고 있는 것이다. 헤겔은 참다운 학문의 목적을 "정신의 무한성"을 인식하는데 있다고 보면서 기독교가 "신의 인간화"(Menschwerdung des Gottes) 및 "신앙 공동체 안에서의 성령의 현존"에 대한 교리를 통해서 "정신을 그 절대적 무한성에서 개념적으로 인식"할 수 있게 했다고 주장한다.[11] 그는 이성과 종교를 서로 대립적인 것으로 파악하려는 관점을 거부함과 동시에 철학과 종교가 관심을 갖는 대상의 동일성을 강조한다. 즉 그에 의하면 종교와 철학이 목표로 하는 것은 동일하게 신이다. 따라서 헤겔은 "신"

---

10) 12, 405.
11) 10, 10.

을 "철학의 유일무이한 대상"으로 이해하면서 신에 대한 참다운 탐구를 "예배"로 규정한다.[12)]

기독교가 미친 역사철학에 대한 영향이외에도 근대 초기에서 등장한 고전적인 자연관의 종말 및 근대의 주체성의 대두가 근대 역사철학의 전제조건들의 하나로 언급될 수 있다. 즉 근대의 자연관과 근대적 주체성의 대두는 근대에서 역사철학이 출현하는 것을 가능하게 하는 정신사적 배경을 이룬다. 근대에서 자연에 대한 인간의 관계가 근본적으로 변화한다. 근대에서 자연은 고전적인 철학이 전제하는 우주론적인 자연이 아니다. 고대 그리스인들은 신들 역시 자연(physis)의 일부로 이해하였다. 더 나아가 자연은 그리스인들이 보기에 잘 질서 지워진 코스모스로서 이해되었다. 플라톤적으로 말하자면 코스모스(우주)는 선하고, 아름답고 심지어 "모든 생성된 것 중에서 최상의 것이고 가장 아름다운 것"이었다.[13)] 아리스토텔레스 역시 세계가 창조되거나 멸망할 것이라는 생각을 "신을 믿지 않는 것"(ungodliness)과 같은 것이라고 주장한다.[14)]

고대의 우주론적 자연관에 의하면 세계는 위계적인 질서를 이루고 있는 전체이다. 이 포괄적인 체계는 무생물에서부터 식물, 동물 그리

---

12) 헤겔, 『종교철학』, 최신한 옮김, 1999, 지식산업사, 12쪽.

13) 플라톤, 『티마이오스』, 박종현 · 김영균 옮김, 2000, 사광사, 29a. 플라톤은 티마이오스 대화록의 말미 부분에서 코스모스를 "지각할 수 있는 신"(ein wahrnehmbarer Gott)으로 규정한다(92c). 고대 그리스인들의 자연관에 대한 보다 상세한 설명을 위해서는 K. 뢰비트(Löwith)의 *Gott, Mensch und Welt in der Philosophie der Neuzeit*, in: Sämtliche Schriften, Band 9, Stuttgart 1986, 4쪽 이하를 참조 바람.

14) Aristoteles, *Select Fragments*, in: The Works of Aristotle, translated into English under the Editorship of W. D. Ross, Vol. XII, Oxford 1967, 88쪽. 우주는 무로부터 신에 의해 창조되었다는 유대교-기도교적 전통과 달리 고대 그리스인들은 우주는 신이 만든 것이 아니라고 생각했다. 헤라클레이토스 역시 "이 세계는 [.....] 어떤 신이나 인간이 만든 것이 아니라 언제나 있어 왔고 있고 있을 것"이라고 말한다.(『소크라테스 이전 철학자들의 단편 선집』, 김인곤 외 옮김, 2005, 아카넷, 245쪽)

고 인간을 거쳐 최고의 존재인 신에 이르기까지 서로 연관된 존재들의 연쇄로 이루어져 있다. 아리스토텔레스의 이론에서 보듯이 우주 내에 있는 모든 존재자는 스스로 실현해야 하는 목적을 지니고 있고 이를 향해 움직이고 있다. 각 존재자의 목적은 외부에서 주어지는 것이 아니다. 목적은 각 존재자가 생성과 변화 속에서 실현하고자 하는 자연(physis)으로서 주어져 있는 것이다. 이런 점에서 아리스토텔레스는 모든 존재자들이 실현하고자 하는 목적을 자연으로 그리고 이 목적의 달성을 각 존재자의 최선의 상태라고 이해한다. 각 존재는 자신이 실현해야 하는 고유한 목적을 지니고 있을 뿐 아니라, 상위의 단계에 속하는 존재들이 하위 단계의 존재들의 목적이 되는 방식으로 체계적인 연관을 이루고 있다. 목적론적 방식으로 질서 지워진 전체 속에서 인간은 "신들과 짐승들 사이의 중간적" 존재로 간주되었다. 따라서 인간은 자연의 위계질서 내에서 자신이 실현해야 할 고유한 목적을 갖고 있는 존재로 이해되었다.

근대에서 자연관이 얼마나 극적으로 변화되는가를 우리는 데카르트의 자연관을 통해 잘 알고 있다. 데카르트는 자신의 철학에서 세계를 신, 자아 그리고 연장이라는 세 영역으로 나누어 고찰한다. 그의 사유와 연장의 이원론은 여러 가지 점에서 근대의 특성을 보여준다. 데카르트는 전통적인 목적론적인 자연학을 파괴하고 자연학을 기계론으로 환원시킨다. 그에 의하면 "길이와 넓이 그리고 깊이로 이루어지는 연장이 물질적 실체의 본성을 구성한다."[15] 그리고 연장(res extensa)과 사유(res cogitans)는 서로에게 완전히 무관하게 분리되어 독립적으로 존재하는 실체다. 이러한 연장과 사유사이의 엄격한 존재론적 구별은 자연과학을 수학화될 수 있는 연장의 세계로 국한시킬 뿐 아니라, 자

15) R. Descartes, *Die Prinzipien der Philosophie*, übersetzt v. A. Buchenau, Hamburg 1992, 18쪽.

연은 더 이상 자기목적적인 존재로서가 아니라, 가치중립적인 것으로 이해된다. 예를 들어 인간의 물리적 자연, 즉 신체를 포함하여 식물과 동물은 "내면(Innenseite)을 갖지 않는 기계"로서 아무런 "주체성이 없는" 것으로 이해된다. 이렇게 데카르트는 자연을 연장으로 변경시켜 자연에게서 주체성과 내재적 가치를 박탈한다.16)

고대 및 중세 철학이 전제하는 목적론적 우주론은 근대 자연과학에 의해서 잘못된 것으로 입증되었다고 근대의 이론가들은 생각한다. 자연의 의미는 자신과 다른 존재, 예컨대 인간의 삶에 어떤 유용한 결과를 가져오느냐에 의거하여 판단된다. 자연은 인간이 마음대로 조작할 수 있는 질료의 의미로서만 받아들여진다. 간단히 말해 자연은 인간에 의해서 정복되고 관리되어야 할 대상에 지나지 않는다. 이처럼 근대세계에서 인간의 주체성에 대한 강조와 자연의 탈목적론화의 과정은 서로 밀접하게 연결되어 있음이 드러난다. 근대 세계에서 인간은 자연의 지배자이자 주인으로 설정되는데, 이런 인간과 자연의 비대칭적인 관계 속에서 인간의 주체성이 관철되고 있다고 근대인들은 생각한다.17) 근대에서 전면적으로 등장하는 이런 주체성에 대한 강한 자각은 인간을 자기 의식적으로 사유할 수 있고 자신의 삶의 의미를 스스로 결정하고 선택할 수 있는 존재로 이해하는 자율성의 이념으로 철학적으로 정식화 된다. 헤겔은 고대와 근대의 차이점을 주관적인 자유의 유무에 의해서 파악하면서, 이러한 주관적인 자유의 긍정이 사회 전반에서 다양한 변형들로 나타나고 있음을 강조한다. 그는 다음과 같이 주장 한다: "주관적 자유의 권리는 고대와 근대의 차이에 있어 전환점과 핵심점을 형성한다. 무한한 이 권리는 기독교에서 천명되었으며, 세계의

16) V. Hösle, *Philosophie der ökologischen Krise*, München 1994, 54쪽 참조.

17) M. 하이데거는 데카르트를 근대 형이상학을 정초지운 사상가로 바라보면서 이 데카르트적인 형이상학을 근대와 현대의 과학기술 문명의 근원으로 간주한다. (『니체와 니힐리즘』, 박찬국 옮김, 2000, 철학과현실사, 209쪽 참조)

새로운 형식의 일반적, 현실적 원리로 만들어졌다. 이 원리에 가까운 형태들에는 사랑, 낭만적인 것, 개인의 영원한 신성이라는 목적 등등이 속한다. 그리고 도덕성과 양심이 속하며, 그밖에도 일부분은 시민사회의 원리와 정치적 계기로서 등장하고, 또 일부분은 역사에 있어서, 특히 예술, 과학, 철학이 역사에 등장하는 다른 형식 등이 이에 속한다."[18]

자연을 대신하여 근대에서 인간의 사회적 · 역사적 세계에 대한 의미의 중요성이 부각되었다. 앞서 언급했듯이 근대의 기계적 자연관의 등장과 함께 우주 자체가 자기완결적인 의미를 지니는 존재질서라는 생각은 파괴되었다. 따라서 자연은 인간의 삶의 의미가 충족될 수 있는 공간으로서 이해될 수 없게 되었다. 이미 파스칼은 근대 초기에 코페르니쿠스적인 우주관 그리고 데카르트가 초래한 목적론적 세계관의 붕괴가 우주 속에서의 인간의 삶의 의미 문제를 제기할 것임을 아주 날카롭게 의식하고 있었다. 그는 다음과 같이 말한다. "내 생애의 짧은 기간이 그 전과 후의 영원 속에 흡수되는 것을 볼 때, 내가 지금 차지하고 있는 눈앞에 보이는 작은 공간이 내가 모르고 또 나를 모르는 무한대의 공간 속에 흡수되는 것을 볼 때, 나는 저곳이 아닌 이곳에 있는 나를 바라보며 공포에 떨고 놀란다. 왜냐하면 저곳이 아닌 이곳에, 다른 시간이 아닌 이 시간에 있어야 할 아무런 이유도 없기 때문이다. 누가 나를 이곳에 태어나게 하였는가. 누구의 명령과 행동으로 이 장소와 이 시간이 나에게 지정되었는가."[19] 또 파스칼은 "이 무한한 공간의 영원한 침묵이 나를 두렵게 한다"고 말한다.[20]

근대에 이르러 고대의 목적론적 자연이 수행하던 역할을 담당하게

---

18) 7, 233.

19) B. 파스칼, 『팡세』, 이환 옮김, 2003, 민음사, 79쪽.

20) 같은 책, 213쪽. 파스칼은 데카르트를 "무용하고 불확실한" 사람이라고 비판한다.(155쪽)

된 것은 인간의 사회적 · 역사적 세계이었다. 이 세계야말로 인간이 자신의 상실된 고향을 되찾을 수 있는 새로운 영역으로 이해되기에 이른다. 물론 인간의 역사적 세계에 대한 새로운 의미 부여는 역사의 무한한 진보에 대한 낙관적 믿음과 궤를 같이한다. 인간 역사의 무한한 진보에 대한 믿음 그리고 인간의 역사 자체가 바로 인간의 삶의 의미에서 중요한 의미를 구성한다는 생각은 근대 역사철학의 발전에 결정적으로 기여한다.

독일 관념론, 특히 헤겔의 역사철학은 이성적인 것이 역사적 현실 속에서 실현되는 것을 필연적 과정으로 이해한다. 헤겔 이전의 프랑스 계몽주의나 칸트의 역사철학은 역사과정의 무한한 진보에 대한 신념을 공유했다. 이 진보에 대한 믿음, 혹은 역사에 대한 믿음 역시 근대성의 독특한 현상이지만, 이 믿음은 아직도 고전적인 철학적 전통이 추구하고자 한 이념인 보편적이고 영원한 것에 대한 인식의 가능성을 완전히 저버린 것은 아니다. 진보에 대한 믿음은 보편적으로 유효한 기준들이 존재한다고 믿는 한에서 철학의 전통과 일치한다. 인간의 삶과 사유의 역사적 제약성과 보편적인 이념에 대한 긍정을 양립 가능한 것으로 만들고자 시도한 사람은 헤겔이다.

헤겔의 역사철학은 역사의 과정 자체가 합리적이라는 것을 전제한다. 그의 역사철학적 전제에서 볼 때 정의로운 정치질서의 실현은 인류 역사의 궁극적인 목적이자 역사 자체가 그 의미를 획득할 수 있는 기초이기도 하다. 헤겔에 의하여 철학적 사유 자체가 역사성을 띠고 있다는 인식이 전면적으로 등장한다. 이제 사상은 시대정신의 표현으로 간주되고 철학사 자체가 철학으로 선언된다. 인간 존재 자체가 역사적 존재임이 천명된다. 역사는 존재를 해명하는 궁극적인 범주가 된다. 이런 점에서 헤겔은 역사적 사유의 발전에서 전환점을 형성하는 인물이다. 그럼에도 헤겔은 인간의 삶의 역사성에 대한 인식은 결코 보편적이고 절대적인 지식의 추구를 배제하지 않는다고 본다. 그는 인류의 역사를 절대자의 자기실현의 과정으로 이해하고자 했기 때문이다. 뒤에서 보다 상세하게 살펴보게 되겠지만 헤겔은 이성과 현실의 종합이 필연적이라는 생각, 달리 말하자면 이성이 인류 역사의 궁극적인 원리라는 생각을 전제한다.

앞에서 언급했던 것처럼 근대에서 등장한 역사철학은 진보에 대한 낙관적인 믿음을 공유하고 있었다. 진보에 대한 믿음이란 근대가 그 이전의 모든 시대보다 우월하다는 것과 미래에 더 나은 진보가 있을 것이라는 기대에 대한 확신이다. 이렇게 하여 근대에서 역사는 자연의 자리를 대신하여 인간의 삶의 의미를 충족시켜주는 고유한 지평이자 공간으로 간주된다. 진보에 대한 낙관적인 믿음에 기반을 둔 근대의 고전적인 역사철학은 독일 관념론, 특히 헤겔에게서 그 정점에 이른다. 헤겔은 그의 역사철학을 통해서 철학과 역사의 화해를 주장하기 때문이다. 그리고 그의 역사철학은 다른 사상가들과 비교했을 때 그 폭과 깊이에서 타의 추종을 불허한다. 인류의 전 역사를 이성의 자기실현이라는 관점에서 체계적으로 설명하고 이해하고자 하는 헤겔의 역사철학은 근대의 역사철학의 정점으로 간주되는 것이다.

Ⅲ. 변신론(Theodizee)으로서의 역사철학

헤겔의 성숙된 철학 체계는 논리학과 자연철학 그리고 정신철학으로 나뉜다. 이런 헤겔 철학 체계의 기본원리는 절대자로서의 주체, 달리 말하자면 '절대적 이념'(die absolute Idee)이다. 절대자로 이해되는 주체는 단순한 인간의 사유작용을 의미하지 않는다. 헤겔에 의하면 절대적 이념은 자연 세계, 인간 그리고 인간의 역사적 세계를 관통하여 자신을 실현하는 주체이다. 달리 말하자면 헤겔에게 절대자는 주체인

데, 이 주체는 이 세계에 존재하는 모든 것(생명 및 인식 현상을 포함하여)의 원리이다. 헤겔의 주체 개념에서 중요한 것은 그것이 자신을 전개하고 발전시키는 것을 내적인 본질로 하고 있다는 점이다. 주체는 단순하게 존립하는 것이 아니라 우주와 인간의 정신 그리고 역사 세계 속으로 자신을 구체화하려는 내적 운동을 그 본질 규정으로 갖고 있다는 것이다. 자신을 객관적으로 표현하는 활동을 하지 않는 절대적 주체성이란 것은 존재하지 않는 것이라고 헤겔은 생각한다. 그래서 헤겔은 절대적 주체를 주관과 객관의 통일로 간주한다. 이렇게 볼 때 우주 및 인간의 역사적 세계는 절대적 주체와 무관한 것이 아니라, 이 세계 전체가 절대적 주체의 표현과 전개의 장이다. 다른 측면에서 보자면, 자연과 인간의 의식 그리고 역사세계는 절대적 정신이 자신을 실현하고 구체화하는 곳이라는 의미를 부여받는다. 그러므로 우주와 인간의 역사적 세계는 절대적 주체의 외화가 없이는 아무런 의미도 없는 것이다. 간단하게 말해 우주 전체는 절대적 이념에 의해 내적으로 규정되어 있다는 점에서 이 우주 전체의 구조는 절대적 주체의 내적 구조의 반영이자 표현으로 이해될 수 있다.

자유 및 자율성을 그 본질적 특성으로 하고 있는 절대적 이념은 헤겔에 이르러 역사세계의 기본적 원리로서 간주될 뿐 아니라, 우주의 전 발전과정과 연결되어 이해된다. 그는 그리스 예술을 소개하는 맥락에서 개인화 및 주체의 자율성의 증대과정을 자연과 세계역사의 과정과 매개시키고 있다. "별은 자신의 간단한 법칙에 따라 소진되고, 그리고 그렇게 이 법칙을 나타낸다. 몇 가지 특정한 특성들은 이 돌 왕국에 형태를 부여한다. 그러나 이미 식물적 자연 속에는 다양하기 짝이 없는 형태들, 변화들, 혼합들, 이상(異狀)들이 헤아릴 수 없을 정도로 많이 등장한다. 동물적인 유기체들은 그들이 관계를 맺는 외부세계와의 상호작용의 차이를 더 높은 폭으로 보여준다. 마침내 우리가 정신적인 것과 그 현상들의 단계로 올라서면, 우리는 내면적 실존과 외면적 실존의 무한히 광대한 다양성을 발견한다."[21]

절대자의 내적인 본성이 구체적으로 실현되는 영역으로 이해되는 우주는 일정한 발전의 과정을 통해서 구성된다. 절대자의 실현은 중구난방 식으로, 즉 아무런 질서나 법칙이 없이 이루어지지 않는다. 자연과 역사 세계로 구성되는 전 우주는 절대자를 구성하는 필연적인 계기들이 점진적으로 구체화되는 것으로 이해된다. 달리 말하자면 우주의 발생과 무기적인 자연의 형태들로부터 식물과 동물 그리고 인간과 같은 보다 복잡한 생명체에 이르기까지, 그리고 더 나아가 인간의 자연사에서 인류의 보편적인 역사과정에 이르기까지의 전 과정이 이제 절대적 정신의 내적인 계기들(차원들 혹은 부분들)이 점차적으로 실현되는 과정으로 이해되는 것이다. 헤겔은 다음과 같이 말한다. "정신의 발전 전체는 정신이 자기 스스로를 진리로 고양시키는 것일 뿐이며, 이른바 혼의 힘이라는 것도 이러한 고양의 단계라는 것 외에 어떤 다른 의미를 갖지 않는다. 이와 같이 스스로를 구별하고 자기를 변형함으로써, 그리고 자신의 구별로부터 자신의 개념의 통일로 귀환함으로써, 정신은 참된 것이며, 마찬가지로 살아 있는 것이고, 유기적인 것이며, 체계적인 것이다. 그리고 이와 마찬가지로 정신의 본성에 관한 인식을 통해서만 정신에 관한 학문은 참되고, 살아 있으며, 유기적이고 체계적이다."[22]

절대적 이념의 궁극적 실현은 인간의 역사 과정을 통해서 달성되는 것으로 간주한다. 헤겔에게 있어서 역사는 자연의 역사라기보다는 정신의 역사이다. 인간의 역사적 세계를 포함한 우주의 근본원리가 주체성의 원리에 의해 형성되는 것으로 간주된다는 점에서, 왜 헤겔이 인류의 정신사를 자연의 영역에 비해 보다 고차적인 것으로 바라보는가

---

21) 13, 92이하.
22) 10, 15.

가 쉽게 이해된다. 절대적 주체의 근본성격이 정신적이기 때문에 이 정신이 궁극적으로 실현되는 것은 사유하는 인간의 역사 세계 속에서만 가능한 것이다. 따라서 헤겔은 인간의 역사 세계 속에서 신 혹은 절대자의 표현을 이해하고 사유하려는 노력을 하지 않는 기존의 철학적 사유를 불충분한 것으로 비판한다. "동물, 식물 또는 개개인의 운명 안에서 작동하는 신의 지혜에 대해 경탄하는 것은 한 때 유행하였다. 그러나 섭리가 이 같은 대상과 소재 안에 계시된다고 하는 것이 인정된다면, 왜 세계사 속에서는 그렇지 않은가? [.....] 우리 인식이 목표하는 바는 영원의 지혜에 의해서 기도된 것이 자연의 지반 위에서와 같이 세계 안에서 현실적으로 활동하고 있는 정신의 기반 위에서도 출현되어 있다는 통찰을 획득하는 것이다."[23]

앞에서 언급했듯이 절대적인 이념이 전 우주(자연 세계, 인간의 내적 심리 세계 그리고 인간의 역사적 세계를 통틀어서)의 토대이다. 따라서 세계사의 기초는 절대적인 정신이다. 즉 세계사의 내적인 원리는 이성 자체라는 것이 헤겔 역사철학의 기본 전제이다. "그런데 철학이 지니고 가는 유일한 사상은 이성이라고 하는 단순한 사상, 즉 이성이 세계를 지배하고 있다는 점, 따라서 세계사 역시 이성적으로 진행되고 있다는 점이다. 이 확신과 통찰은 역사 자체에 관해서는 일반적으로 하나의 전제이지만, 철학 자체에서는 이것은 결코 전제가 아니다. 이성 [.....] 은 실체인 동시에 무한한 힘이며, 이성은 그 자신 모든 자연적 생활과 정신적 생활의 무한한 재료이며 이 이성적 내용의 활동인 무한한 형상이라는 점은 사변적 인식을 통해서 증명된다."[24]

앞에서 언급했던 것처럼 세계(자연세계와 인간의 역사세계)는 신 혹은 절대적 이념이 자신을 드러내는 곳이자 자신의 본래적인 모습을 회

23) 12, 28.
24) 12, 20.

복해가는 과정이다. 헤겔에 의하면 자기 안에서 찢겨진 신이 바로 우리 눈앞에 펼쳐진 세계이다. 신의 자기로부터의 벗어남(외화와 소외)은 바로 신이 세계로 자신을 드러내는 것이자, 자연과 역사 세계의 과정을 통해서 이제 신은 자신과 진정으로 화해하게 된다.

절대 정신이 자신을 실현해 가는 매개로서 자연과 인간의 역사적 세계가 언급되지만, 헤겔은 인간의 역사적 세계를 자연세계보다 더 본질적인 것으로 간주한다. 인간은 역사적 과정을 매개로 하여 세계가 바로 신, 절대정신의 표현이라는 점을 인식하게 된다고 그는 생각하기 때문이다. 바로 이런 인간의 인식은 인간 안에 있는 신적인 것의 완성에 다름 아니고, 바로 이런 순간에 신은 자기 자신을 인식하고 자기 자신과의 대립과 분열의 상황을 극복하여 자기 자신을 회복하는 것이다. 절대적 이념의 최후의 규정이 자기를 정신적 주체로서 자각하는 것인 한, 이 절대적 이념의 구체화 과정의 종결 내지 완성은 우주 속에서 이 절대적 이념의 자기 의식적 상태가 완성될 때 비로소 도달된다. 달리 말하자면 이 우주의 전체 과정의 궁극적인 종결은 이 세계가 바로 정신의 자기실현의 과정에 다름 아니라는 점을 통찰하는 정신적 존재의 자기인식에서 비로소 가능해지는 것이다. 그런데 인간이 우주 속에서 실현되는 정신을 완성하기 위해서는 인간의 역사 세계가 이성적으로 형성될 때에만 가능한 것이다. 이렇게 인류의 역사는 이성의 실현을 향해서 나가도록 구성되어 있다는 것이 헤겔의 생각이다. 인간의 역사 속에서 등장하는 이성과 현실의 화해, 달리 말하자면 현실 세계가 이성적인 질서로 작동되는 역사적 순간에 인류의 역사는 그 궁극적인 목적을 달성하게 되는 것이며 절대적 이념의 자기실현의 과정 역시 종결된다. 그렇다면 인류의 역사 속에서 이성의 실현의 과정의 필연성을 철학적으로 통찰하는 것이야말로 이 우주 속에서 신으로 간주되는 절대적 이성이 스스로를 관철하고 있다는 점을 입증하는 것이다. 그런 점에서 세계사는 절대적 이성에 대한 철학적 변호로 간주된다. 따라서 헤겔은 세계사 속에서 이성의 필연적 실현에 대한 철학적 사유, 즉 역사철학을 고통과 악으로 점철되는 이 인간 세계에서도 여전이 신을 정당화하려는 작업, 즉 변신론으로 간주한다.

"세계사란 어지럽게 변천하는 역사의 무대 안에서 연출되는 이상과 같은 정신의 전개과정이고, 정신의 현실적인 생성이라는 것 - 이것이야말로 변신론이며, 역사 안에서의 신의 정당화이다. 과거에 일어났던 것과 매일 매일 일어나는 것은 신 없이는 존재하지 않을 뿐 아니라, 본질적으로 신 자신의 작품이라는 통찰만이 정신을 세계사 및 현실과 화해시킬 수 있다."[25]

세계사를 신의 정당화 과정으로 이해하고 있다는 점에서 헤겔의 역사철학은 일종의 제일철학의 지위를 차지한다고 볼 수 있다. 즉 전통적인 형이상학이 담당하는 역할과 지위가 역사철학에 부여된다는 것이다. 그리고 헤겔의 역사철학에서 가장 중요한 것은 역사가 절대 이성이 자신을 실현하는 궁극적 지평으로 해석되고 있다는 점이다. 헤겔 역사철학의 서론을 편찬한 J. 호프마이스터(Hoffmeister)가 책 제목을 『역사에서의 이성』이라고 명명했는데 이는 헤겔 역사철학의 본질을 아주 잘 포착한 것이다.

헤겔은 역사에서의 이성을 인식할 수 있다는 점을 철학적으로 정당화했다고 믿고 있다. 앙게른이 지적하듯이 "역사에서의 이성" 혹은 역사와 이성의 연관성에 대한 통찰은 "역사철학의 관심사 일반에 대한 모범적인 규정"이다. 그 뿐 아니라 헤겔의 역사철학은 역사 속에서의 이성의 전개 과정을 가장 체계적이고 포괄적으로 서술하고 있다는 점에서 "역사철학의 전개 과정에서의 정점을 차지"한다는 평가를 받는다.[26]

25) 12, 540.

26) 에밀 앙게른, 앞의 책, 83쪽.

Ⅳ. 인정투쟁과 자유의식의 진보로서의 세계사

앞 단락에서 우리는 헤겔이 세계의 궁극목적을 이성 내지 절대적 이념의 실현이라고 보았음을 살펴보았다. 그러나 이성의 실현이 세계의 궁극적 목표라고 할 때, 우리는 우선 이성이 무엇을 의미하는가를 보다 구체적으로 이해하여야만, 세계 및 세계사의 궁극적 목적이 무엇인가에 대하여 보다 잘 이해할 수 있게 된다. 헤겔에 의하면 이성의 근본규정은 자유이다. 따라서 세계사의 궁극 목적은 이성의 본질인 자유의 실현이라고 그는 강조한다. 즉 그는 "세계사를 자유의식에서의 진보"라고 규정한다. 또 그는 "세계사는 자유의 개념의 전개 외에 다름 아니다."라고 역설한다.[27] 그러므로 역사철학의 과제는 이 자유 의식의 실현의 과정을 "필연성 속에서" 인식하는 것으로 이해된다.[28]

그러나 헤겔이 생각하는 자유는 개인적이고 부정적인 자유, 즉 내가 하고 싶은 것을 하는 자유는 아니다. 물론 헤겔이 자유 개념이 그런 측면을 갖고 있음을 전적으로 부인하지는 않는다. 그러나 헤겔이 이해하는 진정한 의미의 자유는 타자와의 연관 속에서 자신의 동일성과 정체성을 형성하고 유지하는 것이다. 달리 말하자면 정신과 이성 역시 자신을 산출하고(객관화 내지 구체화) 자신이 스스로 산출한 것에서 자신에 대해서 관계하는 성격을 지니는데, 이런 정신이나 이성의 "타자 속에서 자기 자신으로 머무름"을 자유의 최고의 규정으로 헤겔은 생각한다. 그래서 그는 "자유의 구체적 개념"을 설명하면서 "우정과 사랑"을 그 예로 들고 있다.[29] 이런 자유를 우리는 공동체적 혹은 연대적 자유라고도 말할 수 있을 것이고, 하버마스의 용어를 밀리자면 의사소

27) 12, 539 이하.
28) 12, 32.
29) 7, 57.

통적 자유라고도 말할 수 있을 것이다.[30]

헤겔 역사철학에서 우리가 주목해야 할 점 중의 하나는 그가 인간의 자유의식의 진보의 과정이 공허한 진공상태에서 이루어지는 것이 아니라는 점을 분명하게 인식하고 있다는 사실이다. 이런 지적은 사소한 것처럼 보인다. 실제로 인간의 자유 및 사유의 역사적 조건에 대한 통찰은 현대의 철학적 사조에서 너무나 익숙한 것이긴 하지만 그런 익숙함은 헤겔 역사철학의 영향사로 파악해도 무방하다. 헤겔에 의하면 인간의 자유의식이 형성되는 지반인 역사 세계는 자연적인 물리적 세계에 의해서 제약되어 있을 뿐 아니라, 역사적인 성격을 띠고 형성되는 다양한 문화적인 조건들에 의해서도 제약되어 있다. 이런 다양한 형태의 제약들을 극복하는 과정에서 점차로 인간은 자신이 자유로운 존재임을 자각하게 된다. 자연적 조건들과 원시적인 역사적 조건들을 극복하고 인간의 자유의 실현을 향한 세계사의 기나긴 도정은 다양한 공동체의 경험을 통하지 않고는 불가능하다. 이렇게 인간이 자유로운 존재임을 자각하는 과정 역시 다수의 인간들로 구성되는 공동체의 변화와 발전을 매개로 해서 이루어진다. 자유의 개념이 타자와 관계하면서도 자신과의 긍정적인 관계가 가능한 것으로 이해되는 것처럼, 인간의 자유의식의 형성은 타자와의 관계없이는 불가능하다.

절대적 이성이 자신을 실현하고 구체화하는데 이성적인 공동체의 성장이 필수적으로 요구된다는 점을 앞에서 언급했다. 그런데 이성적이고 합리적인 국가 질서 내지 공동체의 형성 역시 기나긴 역사적 과정을 전제한다. 그러므로 인간이 보편적으로 자신의 자유를 인정하고, 이런 인간의 보편적 자유를 가능하게 하는 국가 공동체의 형성이 없이는 정신의 실현은 불가능하다. 즉 이성의 본질에 부합하는 국가를 건

---

30) 헤겔 개념 논리학을 의사소통적 자유 이론을 준비하는 것으로 이해하는 관점에 대해서는 M. 토이니센(Theunissen), *Sein und Schein*, Frankfurt 1980, 37쪽 이하 참조.

설하지 않고서는 이성은 자신이 자유롭다는 의식을 달성할 수 없다는 것이다. 이런 점에서 인류 역사의 궁극적인 목적은 인간의 자유를 보편적으로 실현하는 공동체의 형성과정으로도 이해되는 것이다. 그래서 헤겔이 인류 역사의 진정한 단위가 고립된 개개인들이 아니라 "민족 내지 국가"라고 주장하는 것은 하등 이상하지 않다.[31] 이렇게 본다면 세계사는 절대적 이념에 상응하는 이성적인 공동체의 실현을 향한 과정이다. 그런데 이 과정은 단시일 내에 혹은 단번에 이루어지지 않기 때문에 인류 역사의 최초의 혹은 초기의 공동체에서부터 여러 다양한 공동체들의 단계적 진행을 매개로 하는 과정이다. 뒤에서 보듯이 헤겔은 인류의 역사에서 결정적인 역할을 담당하는 네 가지 민족들 혹은 국가들을 다룬다. 이들 여러 공동체들이 바로 세계사의 중요한 국면들을 담당하는 세계사적인 민족정신들이다.

헤겔에 의하면 인류의 역사에서 인간의 자기의식 및 자유의식은 상이한 개체들의 투쟁의 과정에서 형성된다. 그에 의하면 인간은 본질적으로 인정을 추구하는 존재이다. 이 인정의 추구는 인간을 인간으로 만드는 원천이다. 따라서 인간은 본질적으로 타자의 인정을 욕구하는 사회적 존재이다. 헤겔은 다음과 같이 말한다. "인정[행위 -필자] 속에서 자아(das Selbst)는 개별자이기를 그친다. 자아는 당연히 인정 [행위] 속에서 법적으로 존재한다. 즉 자아는 더 이상 [타자와의 매개 없이 존재하는] 직접적인 현존재가 아니다. [.....] 인간은 필연적으로 인정받으며, 필연적으로 인정하는 존재이다. 이러한 필연성은 인간 고유의 것이며, 내용과 대립해 있는 우리의 사고에 따른 것은 아니다. 인간 자체는 인정하는 존재라는 점에서 운동이며, 이러한 운동이 바로 인간의 자연 상태를 극복한다. 즉, 인간은 인정[행위]이다."[32]

---

31) 12, 26.

32) G. W. F. Hegel, *Jenaer Systementwürfe III*, in: *Gesammelte Werke* in Verbindung mit der Deutschen Forschungsgemeinschaft, hg. v. der Reinische-Westfälischen Akademie

다양한 인간들로 구성되는 집단적 생활이 없다면, 인간은 참다운 인간적인 욕구나 참다운 개성적인 삶을 실현할 수 없다. 달리 표현하자면 다음과 같다. 헤겔에 의하면 인간은 자식의식 혹은 자기 의식적 존재이다. 인간이 자기의식인 한에서, 그는 자신이 존엄하고 고귀한 존재임을 자각한다. 그러나 인간은 자식 의식적 존재로서 이미 완성된 상태로서 존재하지 못한다. 인간은 자신의 자아 내지 자기의식을 타자와의 관계 속에서만 비로소 생성 내지 형성시킨다. 그런데 이 타자와의 관계는 이중적이다. 우선 인간은 동물과 같이 자연세계를 부정하면서 자신을 보존, 유지 할 수 있다. 타자를 부정한다는 것은 파괴한다는 것만을 의미하지는 않는다. 물론 인간 역시 자신의 생존을 위해서 여타 동물이나 생명체를 완전히 먹어 해치우는 방식으로 행동할 수 있다. 그러나 타자에 대한 부정적인 관계는 이런 파괴적 행위에 국한되지 않는다. 예를 들어 인간은 노동을 통해서 자연 대상을 가공하여 새롭게 만들기도 하기 때문이다. 인간이 타자와 관계 맺는 또 다른 차원은 또 다른 자아, 즉 또 다른 자기 의식적 존재인 타자와의 관계이다. 이 다른 인간존재와의 관계 역시 부정적 관계의 성격을 지닌다. 인간은 다른 인간과의 관계에서 여타의 자연 존재들을 자신의 생존을 위해 양분으로 삼는 식으로 행동하지 않는다. 인간들 사이의 관계에서 등장하는 욕구는 단순한 생명의 유지라는 동물적 욕구가 아니다. 코제브가 말하듯이 인간적 욕구는 "가치에 대한 욕구"이다.[33]

앞에서 언급했듯이 인간은 본질적으로 타인의 인정을 지향하는 존재라면, 인간이 타인에게서 추구하는 것은 자신이 추구하는 가치를 타인으로부터 긍정적인 것임을 확인하고 승인받으려는 욕구에 다름 아니다. 그런데 이 인간적인 욕구, 즉 타인을 통해서 자신의 가치를 인정

---

der Wissenschaften, Band 8, Hamburg 1976, 215.

33) A. Kojeve, *Introduction to the reading of Hegel*, New York 1969, 6쪽.

받고자 하는 것은 자신의 동물적인 생명을 과감하게 걸때에만 가능하다고 헤겔은 생각한다. 자신의 육체적 생명을 걸고서라도 타인으로부터 인정받으려는 욕구가 있다는 것, 달리 말하자면 단순한 생명의 유지를 넘어서서 다른 가치를 추구하는 욕구가 존재하지 않는다면 인간은 결코 동물적 차원을 넘어설 수 없다는 것이 헤겔의 입장이다. 그렇다면 인간들 상호 관계에서 발생하는 부정적 활동은 인간의 동물적 차원을 부정하는 행동에 다름 아니다. 이렇게 헤겔은 인간의 인간됨의 형성에서 죽음과 자신의 유한성 전체를 도모하는 행위를 결정적인 것으로 간주한다. 따라서 인간이 동물적 차원을 넘어서 자기의식적인 존재로 태어나기 위해서는 죽음을 걸고 수행되는 인간들 상호의 인정 투쟁은 필연적이라고 헤겔은 강조한다. 그래서 A. 코제브는 말한다. "자기의식의 '기원'(origin)에 대해 말하는 것은 필연적으로 '인정'을 위한 생사를 건 투쟁에 대해서 말하는 것을 의미한다." 또 그에 의하면 "이러한 생사를 건 투쟁이 없었다면 인간 존재는 결코 지상에 존재하지 않았을 것이다."[34]

이와 같이 헤겔은 인정투쟁과 자유의식의 발생 사이의 공속성을 강조한다. 즉 "인정의 과정은 투쟁"이며, 이 투쟁 속에서 죽음을 걸고 자신의 동물적 차원, 즉 생명의 유한성을 초월하지 않는다면 인간은 자신을 정신적이고 자유로운 존재로서 인정받을 수 없다는 것이다. 그래서 헤겔은 인정투쟁이 생사를 건 투쟁이며 죽음의 위험을 무릅쓰는 행위 속에서 인간은 비로소 자유를 "절대적으로 증명하고 있다"고 강조한다.[35] 이처럼 헤겔은 인정의 과정을 상이한 인간들 사이의 투쟁으로 이해하고 이 인정 투쟁의 과정을 통해서 비로소 자유의식이 전개되고, 이 인정투쟁의 과정을 통해 인류는 궁극적으로 인간이 보편적으로 자

---

34) 같은 책, 7쪽.
35) 10, 21이하.

유로운 존재임을 자각하게 된다고 본다.

인정투쟁은 인간의 형성사이면서 동시에 인간적인 세계, 즉 정치적 공동체의 형성사이기도 하다. 인간은 인정투쟁을 통해 동물의 상태를 벗어나 인간으로 된다. 인간의 인간됨의 과정은 물론 정치적 관계의 형성과 더불어 비로소 전면적으로 시작된다. 헤겔에 의하면 처음의 인정투쟁의 결과는 주인과 노예의 관계이기 때문이다. 그리고 이 주인과 노예 혹은 지배와 예속의 관계를 거쳐 인간은 점차 모든 인간들이 다 평등하고 자유로운 존재임을 터득하게 된다. 이런 과정을 통해서 인간은 모든 다른 타자들에 의해서 가치 있는 존엄한 존재임을 인정받으며, 그 역시 다른 모든 타자들이 자기 의식적 존재임을 승인한다. 인류의 역사는 이 보편적인 인정이 구체적으로 실현될 때 종결점에 이르는 것이다.

헤겔은 인류의 역사를 인정투쟁에 의해서 형성되는 주인과 노예의 변증법적 과정을 거쳐서 인간의 역사적 현실이 점차 변형되고 이성이 객관적으로 실현되는 궁극적 상태를 향해 나간다고 본다. 그는 인류의 역사에서 자유의 실현에 커다란 기여를 하는 단계들을 중심으로 세계사를 서술한다. 그러므로 헤겔은 다음과 같이 말한다. "세계사는 [.....] 정신이 자신의 자유를 의식하는 과정이며 그런 의식에 의해서 산출된 실현 과정을 서술한다. 발전은 단계적인 진행, 즉 사태(Sache)의 개념에서 생기는 자유의 여러 규정의 전진적인 규정들이라는 의미를 지닌다."[36] 헤겔은 이 자유 의식의 필연적인 과정에 상응하는 구체적인 역사의 진전과정을 세계사의 네 단계로 설정한다. 그것은 바로 동양 세계, 그리스 세계, 로마 세계 그리고 게르만 세계이다.

헤겔에 의하면 동양 세계는 인류의 역사의 서막을 알리고, 세계사의 성숙과 그 완성은 서양에서 이루어진다. 그는 말한다. "세계사는 동방

---

36) 12, 86.

에서 서방으로 진행한다. 유럽이야말로 실로 세계사의 실마리이기 때문이다. 동방이라는 것은 그 자체로서 상대적인 것이긴 하나, 세계사에는 절대적인 의미에서의 동방이 존재한다. 지구는 구체를 이루고 있는데도 불구하고, 역사는 지구의 둘레를 원을 그리면서 되는 것이 아니고 오히려 역사는 일정한 동방을 가지며, 이 동방이 아시아이기 때문이다. 밖에 있는 자연의 태양도 여기에서 떠올라 서쪽으로 진다. 그 대신 보다 고귀한 빛을 발하는 자의식이라는 내적인 태양은 서방에서 출현한다. 세계사는 무제약적인 자연적 의지를 보편적인 것과 주관적인 자유로 가르쳐 길러주는 것이다, 동양은 단지 한 사람만이 자유라는 것을 알고 있었을 뿐이고, 지금도 여전히 그렇다. 이에 반해서 그리스와 로마의 세계는 약간의 사람이 자유라는 것을, 게르만의 세계는 모든 사람이 자유라는 것을 알고 있다. 따라서 우리들이 세계사에서 보는 첫 번째 형태는 전제정(Despotismus)이고, 두 번째는 민주정과 귀족정이고, 세 번째 형태는 군주정(Monarchie)이다."[37]

우리는 세계사의 구체적인 전개과정에 대한 헤겔의 서술을 자세히 살펴볼 수는 없다. 그 작업은 또 한편의 논문이나 책이 필요할 것이다. 그 작업은 다른 기회로 미루고 결론에서 간단하게 헤겔 역사철학의 현재적인 의미를 간단하게나마 언급하고자 한다.

Ⅴ. 맺는말 : 역사철학의 종말과 헤겔 역사철학의 현재적인 의미

우리는 지금까지 헤겔 역사철학의 기본 주장을 근대성의 원리와의 연관 속에서 논하였다. 근대는 이성에 대한 낙관적인 믿음과 진보의

37) 12, 134.

신념에 기초한 세계다. 헤겔의 역사철학은 '역사에서의 이성'이라는 관점에서 근대의 신념을 가장 분명하게 철학적으로 표현했다. 그러나 근대성이 크게 문제되고 있는 현재의 상황에서 진보에 대한 낙관적인 믿음의 상실과 더불어 인류의 역사 자체가 어떤 궁극적인 의미를 향하여 나가고 있다는 전제에 대한 믿음 또한 상실되었다. 그래서 근대의 역사철학은 종말을 고했다고 많은 사람들은 생각한다.

역사철학의 종말을 논외로 치더라도 헤겔 역사철학은 여러 점에서 미흡하며 문제점을 안고 있다. 여기에서 나는 헤겔 역사철학의 문제점을 두 가지 점에서 고찰한다. 첫째로 헤겔의 역사철학에는 미래에 대한 지평이 존재하지 않는다. 그는 현재에 이르는 역사 속에서의 이성의 실현에 대한 철학적 이해에 주목할 뿐 미래의 인류의 역사에 대해서는 아무런 관심을 기울이지 않는다. 물론 이런 지적에 대해서 헤겔의 역사철학은 역사의 종말에 대한 생각을 함축하고 있다는 점에서 미래의 문제를 도외시한다는 것이 특별히 문제될 것이 없다고 반박할 수 있을지 모른다. 역사의 종말의 테제가 옳다면, 인류는 물리적인 시간을 지속적으로 가질지라도 헤겔의 입장에서 볼 때 참다운 의미의 발전이나 어떤 긍정적인 새로운 것이 등장할 가능성이 없다. 그러므로 헤겔의 역사철학이 미래의 문제를 다루지 않고 있다는 사실에 대한 지적만으로 그의 역사철학의 한계를 드러낼 수 있다고 보는 것이 무리라고 사람들은 여길지도 모른다. 그러나 역사의 종말에 대한 생각을 달리 생각할 수도 있을 것이다. 이해 대해서는 좀 뒤에 언급할 것이다. 다만 여기서 언급되어야 할 것은 근대의 완성이 바로 인류 역사의 완성이라고 볼 수 없을 것이라는 점이다. 헤겔의 역사의 종말에 대한 생각과 니체의 '최후의 인간'(the last man)을 연관해서 바라보는 여러 사상가들의 등장은 우연이 아닌 것으로 보인다.(A. 코제브와 F. 후쿠야마 그리고 L. 스트라우스) 특히 생태계 위기의 시대로서의 현대의 위기를 바라볼 때 주체성과 자율성의 의미에 기반하고 있는 자유 민주주의의 정치

세계가 인류의 최종적인 모습이라고 단정하기에는 성급한 면이 없지 않다.

둘째로 지적되어야 할 헤겔 역사철학의 문제점은 인류 역사 과정의 맹목적 혹은 무의식적 특성에 대한 지나친 강조이다. 헤겔은 그의 역사철학에서 인류의 역사를 인간이 스스로 형성해 가는 것으로 이해하면서도, 인류의 과정을 거의 전적으로 무의식적인 활동의 결과물로 이해하는 경향이 강하다. 즉 헤겔이 바라보는 세계사의 과정은 이성을 실현하는 과정이지만, 이 이성의 실현은 무의식적으로 진행되는 것으로 간주된다. 이런 입장은 그의 유명한 "이성의 간지"(der List der Vernunft)에 대한 강조에서 잘 나타나 있다. 그에 의하면 인류의 역사 과정을 통해 이성이 실현되는 방법은 인간이 이성적인 것을 자각하고 이를 목표로 하는 의식적인 행동에 의해서 이루어지지 않는다. 오히려 인간의 행동은 자신이 전혀 의도하지 않았음에도 불구하고 이성의 실현을 결과적으로 산출하게 되는 것으로 헤겔은 이해한다. 그러므로 인간의 역사 과정에 대한 합리적이고 이성적인 인식과 통찰은 오로지 모든 세계사의 진행과정이 종결된 후에 철학자의 사변적 고찰에 의해서만 구체적으로 인식된다. 이런 점에서 그는 철학을 저녁에서야 비로소 날기 시작하는 '미네르바의 올빼미'에 비유한다. 따라서 우리는 여기에서 역사에 대한 회고적이고 관조적인 관찰과 미래의 지평을 자신의 역사철학에서 철저하게 배제하는 것이 서로 밀접하게 연결되어 있음을 알게 된다. K. 맑스를 포함하여 헤겔 이후의 청년헤겔주의자들이 헤겔의 사변적 철학에서 현실에 대한 순응적인 태도를 발견하고 미래의 차원에서도 보다 고차적인 이성적 가치를 실현하고자 노력한 것은 우연이 아니다. K. 맑스는 헤겔의 이성과 역사적 현실의 조화에 대한 생각을 이어받으면서도 기존 사회 전체를 비판하지 않는 헤겔 철학을 비판한다. K. 맑스는 자신의 역사적 유물론에 기초하여 참다운 자유의 왕국의 실현을 위한 의도적이고 조직적인 활동의 중요성을 강조하였는데, 이는 맑스의 유물론적 역사 해석이 과연 튼튼한 토대를 갖고 있는가 하는 물음과는 별도로 헤겔 역사철학에 대한 비판적 반작용으로 간주되어야 할 것이다.

앞에서 언급한 헤겔의 역사철학의 한계점에도 불구하고 그의 역사철학의 의미가 완전히 그 현실성을 상실했다고 볼 수는 없다. 헤겔은 역사적 사유를 처음으로 철학 자체에 수용하여 역사적 사유를 철학적 사유의 근본 규정으로 삼았던 인물이다. 그의 역사철학이 갖고 있는 여러 가지 이론적인 문제점들에도 불구하고 역사적 사유에 대한 그의 강조는 현재에도 커다란 영향력을 행사하고 있다. 간단하게 말해 헤겔의 역사적 사유는 하이데거나 포스트 모던적 사상가들에 의해 급진적인 방식으로 수용되었다. 이렇게 헤겔 이후에 그의 역사 속에서의 이성은 이성의 역사성으로 전도되어 이성 자체를 포함한 모든 존재자들의 역사성이 철학적 사유의 전면으로 등장하는데 결정적인 전환점을 형성하였다.

둘째로 헤겔은 역사철학에서 근대 세계를 일종의 인류 역사의 종말 내지 완성으로 바라봄에 의해서, 역설적으로 근대라는 시대가 이미 원칙적으로 종말에 이르렀음을 철학적 표현한다. 그렇다면 그의 역사철학은 근대의 종말 이후의 인류의 역사는 어떻게 진행되는 것인가 하는 문제를 중요한 철학적 문제로 남겨두고 있다. 달리 말하자면 헤겔이 근대의 역사에서 이성과 현실의 원칙적인 화해를 선언함으로써, 그는 우리들에게 근대의 지평을 넘어서 인류가 나아갈 새로운 원리가 무엇인가를 사유하도록 재촉하고 있다.

참고문헌

존 그레이(J. Gray), 『자유주의』, 손칠성 옮김, 도서출판 이후, 2007.

장-프랑수아 리오타르(J. F. Lyotard), 『포스트모던적 조건』, 이현복 옮김, 서광사, 1992.

이사야 벌린(I. Berlin), 「그리스 개인주의의 탄생」, 『이사야 벌린의 자유론』, 박동천 옮김, 아카넷, 2006.

『소크라테스 이전 철학자들의 단편 선집』, 김인곤 외 옮김, 2005, 아카넷.

에밀 앙게른(E. Angehrn), 『역사철학』, 유헌식 옮김, 민음사, 1997.

블레즈 파스칼(B. Pascal), 『팡세』, 이환 옮김, 2003, 민음사.

플라톤(Platon), 『티마이오스』, 박종현 · 김영균 옮김, 2000, 사광사.

마르틴 하이데거(M. Heidegger), 『니체와 니힐리즘』, 박찬국 옮김, 2000, 철학과현실사.

Aristoteles, *Select Fragments*, in: The Works of Aristotle, translated into English under the Editorship of W. D. Ross, Vol. XII, Oxford 1967.

_____, 『시학』, 천병희 옮김, 2002, 문예출판사.

Descartes, R., *Die Prinzipien der Philosophie*, übersetzt v. A. Buchenau, Hamburg 1992.

Hegel, G. W. F., *Jenaer Systementwürfe III*, in: *Gesammelte Werke* in Verbindung mit der Deutschen Forschungsgemeinschaft, hg. v. der Reinische-Westfälischen Akademie der Wissenschaften, Band 8, Hamburg 1976.

_____, *Grundlinien der Philosophie des Rechts*, in: Werke in zwanzig Bänden, hg. v. E. Moldenhauer und K. M. Michel, Band 7, Frankfurt 1996.

_____ , *Enzyklopädie der philosophischen Wissenschaften III*, in: in: Werke in zwanzig Bänden, hg. v. E. Moldenhauer und K. M. Michel, Band 10, Frankfurt 1970.

_____, *Vorlesungen über die Philosophie der Geschichte*, in: Werke in zwanzig Bänden, hg. v. E. Moldenhauer und K. M. Michel, Band 12, Frankfurt 1970.

_____, *Vorlesungen über die Ästhetik*, in: Werke in zwanzig Bänden, hg. v. E. Moldenhauer und K. M. Michel, Band 13, Frankfurt 1970.

_____, 『종교철학』, 최신한 옮김, 1999, 지식산업사.

Hösle, V., *Philosophie der ökologischen Krise*, München 1994.

Wahrheit und Geschichte. Studien zur Struktur der Philosophiegeschichte unter paradigmatischer Analyse der Entwicklung von Parmenides bis Platon, Stuttgart-Bad Cannstatt 1984.

Kojeve, A., *Introduction to the reading of Hegel*, New York 1969.

Löwith, K., *Meaning in History*, The University of Chicago Press, Chicago and London 1949.

_____, *Der Mensch inmitten der Geschichte. Philosophische Bilanz des 20. Jahrhunderts*, hg. von Bernd Lutz, Stuttgart 1990.

Theunissen, M., *Sein und Schein*, Frankfurt 1980.

The basic doctrines of Hegel's philosophy of history and On their meanings

Na, Jong-Seok

Abstract

In this article I will examine the meaning of basic principles of Hegel's philosophy of history and their limits critically. First, I will explain the various historical conditions, which pave the way for the development of philosophy of history in modern age, in oder to make clear the connectedness between modern world and the philosophy of history. In the second part of this article I will argue that Hegel's philosophy of history must be considered as the height of modern philosophy of history, because he understood human history as a genuine theodicy and the coherent, evolutionary progress of human history as one of the gradual unfolding of godly(absolute) reason. It will be emphasized that Hegel was the first philosopher who understood world history, from China to the french Revolution, as a coherent, systematic evolutionary progress in the context of the realization of reason.

In the third part I will focus on Hegel's theory of evolutionary progress of human history. There is no doubt that Hegel's view of history is optimistic and progressive, because he understood world history as the progress in the consciousness of freedom in the world.

Furthermore, it will be explained that the theory of struggle for recognition can be understood as the movement principle of the evolutionary progress of human history in Hegel's philosophy of history.

At the conclusion I will mention the important weakness and limits of Hegel's philosophy of world history. At the same time I will stress that Hegel's insights on the historical characters of human beings are very important in the contemporary philosophy.

Key Words : modernity, world history, philosophy of history as theodicy, reason in history, end of history, struggle for recognition, freedom, progress in the consciousness of freedom, belief in the progress.

헤겔의 언어철학

— 그의 정신론을 중심으로[1)]

권대중

1) 이 논문은 2005년 정부의 재원으로 한국학술진흥재단의 지원을 받아 수행된 연구임 (KRF-2005-043-A00043).

요약문

20세기의 철학적 사건인 '언어학적 전환'에서만이 아니라 이미 철학의 시원에서부터 '언어'는 중요한 문제로 다루어져 왔다. 특히 논리적인 것의 절대적 타당성을 논증하는 헤겔의 체계에서야말로 언어는 실로 중심적인 문제영역을 형성한다. 왜냐하면 그는 인간의 사유와 언어행위는 곧 신적인 말씀의 재연태라고 생각하기 때문이다. 헤겔의 『철학대계』 판 「정신론」에서 언어기호는 상징에 내포된 수행적 모순을 지양하는 과정에서 논리적으로 도출되는 범주이다. 즉 표현되는 대상과 표현하는 매개체 사이의 직접적 일치를 이루지 못하는 상징의 단계는 필연적으로 기호를 요청한다. 그런데 언어기호에서의 이러한 직접적 일치는 표현수단의 채택에서의 주체의 전적인 자의성에 의거한다. 왜냐하면 진정한 기호는 표현수단과 그 대상 사이에 놓여 있는 속성의 유사성에서 완전히 해방되는 데서 성립하기 때문이다. 대상의 완전한 직접적 표현으로서의 기호를 통해 대상과 그것을 기호화하는 주체 양자는 모두 보편성을 획득한다. 각각의 개별적 대상은 언어기호에 의해 지칭됨으로써 보편적인 유로 (내지 개념으로) 승화되며, 언어기호의 타당성을 이루는 과정에서 주체의 개별성은 간주관적·의사소통적 보편성으로 승화된다. 그러나 이러한 보편성의 획득을 위해서는 언어기호를 생산하는 상상력의 단계를 능가하는 새로운 범주의 지능이 요청되는데, 그것이 바로 기억이다. 그리고 이 기억은 기계적인 단계로까지 발전하면, 헤겔이 최고의 지능의 단계로 설정한 사유로 지능이 이행할 수 있게 하는 중요한 계기로 기능한다. 그 특유의 정교한 논증에도 불구하고 헤겔의 언어철학에서는 여전히 그의 전 체계에 스며들어 있는 이론지상주의가 발견되며, 더욱이 그가 끄집어낸 간주관성이라는 획기적인 계기는 제대로 발전되지 못한 채, 이론적 주체의 완성 과정에서 소멸되고 만다.

● **주요어 : 언어, 기호, 상징, 간주관성, 수행적 모순, 로고스, 상상력, 기억**

I. 들어가는 말 : 문제제기

이 연구는 헤겔의 체계 중 「정신론」(Psychologie)에서 나타난 그의 언어철학을 분석·평가하는 것을 목적으로 한다. '언어'가 철학의 중심적인 대상으로 부각된 것은 서양철학사에서 비교적 최근의 사건인 이른바 "언어학적 전환"(linguistic turn) 이후라는 것이 대개의 통념이다. 그리고 이러한 통념에 따를 때 그러한 "현대적"이라고 일컬어지는 경향과는 다소 무관해 보이는, 아니 어쩌면 대척점에 서 있다고도 할 근대철학의 완성자 헤겔을 끌어들여 언어철학을 거론하는 것은 얼핏 봐서는 의아스러울 수도 있다. 그러나 철학이 언어를, 그것도 가장 명증적인 인식을 지향하는 개념어를 매개체로 하여 언명되고 전달된다고 한다면, 오히려 언어에 대한 철학의 관심은 이미 철학의 발생에서부터 있어 왔다고 보는 것이 당연할 것이다.[2)] 이렇게 볼 때 "객관적 사상"(objektiver Gedanke), 즉 논리적인 것 — 내지 (가장 엄밀한 의미에서) 언어적인 것(das Logische) — 의 절대적 타당성 및 그 자기전개를 논증하는 헤겔의 객관적 관념론 체계에서야말로 언어에 관한 성찰은 결코 소홀히 할 수 없는 문제영역이다. 그러나 이 문제영역의 이와 같

2) 이미 그리스어 "로고스"(λόγος)는 언어 일반이 아니라 오로지 이성에 의한 정당한 사유와 말만을 가리킨다는 점에서 "뮈토스"(μῦθος)와 엄격히 구분되는 단어이다. 그 중에서도 음성언어의 한계를 넘어서는 문자언어의 태동은 본격적인 의미에서의 철학, 즉 학적 형태의 철학을 발생시킨 중요한 요소의 하나로 볼 수 있다. 문자의 발생은 인간의 정신을 물질적 상황, 즉 직접적인 시간성과 공간성에서 해방시켜 개념과 텍스트의 영역으로 고양시켰으며, 특히 아리스토텔레스에서부터 본격화된 논고(論考, Traktat) 형식의 글쓰기는 우리의 지성이 일상언어에서 탈피하여 고난도의 개념어의 영역에서 활동할 수 있게 되는 바의 엄청난 도약을 가능하게 했다. 물론 객관성-주관성-간주관성의 순서로 이루어지는 발전을 옹호하는 범주론적 관점을 취할 경우 논고보다 철학적 대화(Dialog)가 더 완성된 철학적 글쓰기의 형태라는 주장도 매우 강한 설득력을 지닌다. 이 점에 대해서는 권대중 (2006a), 128, 주 34 및 특히 V. Hösle (2006), 17 ff.를 참조할 것.

은 중대성에도 불구하고 그것에 대한 본격적인 연구는 그리 용이한 것이 아닌데, 필자의 생각으로는 이는 적어도 두 가지의 관점에서 설명될 수 있다고 여겨진다.

첫째, 절대적 관념론자인 헤겔에게서 언어는 실로 절대적인 위상을 차지하는 범주이다. 왜냐하면 방금 언급한 "객관적 사상"을 '태초의 근원적 말씀'[3]이라는 신학적 표현을 대체할 수 있는 개념이라고 본다면, 이때의 언어는 이미 상당히 까다로운 기준의 충족을 요구하는 그리스 단어 "λόγος"보다도 더욱 높은 위상을 차지하는 최고의 형이상학적 범주라고 할 수 있기 때문이다. 따라서 **"자연과 유한정신의 창조 이전의 … 신"**(5.44)이기도 한 언어에 대한 반성은 필경 그의 전 체계에 대한 고찰로까지 확장되거나, 그것까지는 아니더라도 적어도 가장 순수한 형태의 언어(논리학적 범주들)가 주제화되는 『논리학』(*Wissenschaft der Logik*)을 그 대상으로 삼지 않으면 안 된다는, 주제영역의 방대함과 마주치게 된다. 다시 말해 "언어"에 관한 헤겔의 사상은 몇 개의 개별적인 분과적 연구로는 밝혀낼 수 없는 무진장함의 영역이기 때문에, 섣부른 접근을 쉽게 허용하지 않는 주제인 것이다.

둘째, 이러한 무진장함 앞에서 겪게 되는 당혹스러움을 피하기 위해 방금 언급된 형이상학적 지평에서의 언어를 일단 논외로 하고 연구의 범위를 실질적인 '현상'으로서의 언어로 극히 좁힌다 하더라도[4] 우리

---

3) 요한복음 1.1 참조.

4) 헤겔에게서 우리는 종종 많은 단어들이 그 논의의 지평 내지 수준에 따라 다른 의미로 해석될 수 있는 경우들을 본다. 가령 「정신론」의 한 범주로 특화되어 다루어지는 "상기"(Erinnerung)는 동시에 정신철학 전체의, 나아가 체계 전체의 운동 방향을 가리키는 말로도 쓰인다. 따라서 동음이의어 내지 애매어의 오류 혐의를 구조적으로 방지하기 위해 후자와 전자의 상기를 구분하는 것이 요구될 경우를 감안하여 필자는 종종 "상기$_1$"과 "상기$_2$"라는 지칭법을 사용한다(권대중 [2006b], 4 참조). 또한 『논리학』의 「개념론」에서 논의되는 "판단"(Urteil)은 「정신론」에서도 하나의 실재철학적 범주로 ─ 더욱이 동일한 명칭으로 ─ 다루어지는데, 많은

는 또다른 난관에 부딪치게 된다. 왜냐하면 인간의 정신이 대상을 지시하거나 자신의 내면적 내용을 외적으로 표출하기 위해 만들어낸 "기호"로서의 언어에 관한 헤겔의 사상이 별도의 한 분과철학의 형태로 명시적으로 드러나고 있는 텍스트는 그의 체계 전체 또는 그 기초인 『논리학』의 방대함과는 대조적으로 정작 그다지 많이 주어져 있지 않기 때문이다. 잘 알려져 있듯이 헤겔의 체계는 그의 『철학대계』(哲學大系)[5]에서 전개된다. 그 중 우리의 주제인 "언어"는 체계의 제3부인 「정신철학」의 첫 부분인 "주관정신"(der subjektive Geist) 중에서도 "이론적 정신"(der theoretische Geist)에 관한 장에서, 그것도 다시 "표상"이라는 하위주제 중 "구상력"(Einbildungskraft)이라는 제목의 여섯 절(§§ 455-460) 가운데 네 절을 할애받아 다루어진다. 즉 주제 자체가 지니는 유의미함을 무색케 하는 실물 텍스트의 극심한 부족이라는 모순적인 상황이 또한 이 문제에 대한 접근을 방해하는 요인으로 작용하는 것이다.[6]

해석가들이 이 두 개념을 구조적으로 같은 것으로 보고 있음에도, 이 두 범주의 운동구조는 사실상 정반대의 방향성을 드러내기 때문에 "판단$_1$"과 "판단$_2$"로 구분될 수 있다(이 점에 관해서는 권대중 [2002], 329 ff. 참조). 게다가 이 글의 주제인 "언어"와 많은 존재론적 유사성을 지니는 "사유" 역시 '모든 존재영역의 근본구조로서의 사유'와 '인간 지성의 한 작동방식으로서의 사유'라는 두 지평에서 논의된다. 이에 필자는 전자를 "사유$_1$"로, 후자를 "사유$_2$"로 나누어 논의한 바 있다(같은 논문 참조). 이러한 구분법을 언어의 문제에 그대로 적용한다면 우리는 편의상 전자의 거시적 지평에서의 언어를 "언어$_1$"로, 후자의 미시적 또는 실재철학적 지평에서의 언어를 "언어$_2$"로 구분해도 큰 무리가 없다고 여겨진다. 물론 본문에서 드러나겠지만, 언어$_1$과 언어$_2$는 전혀 무관한 것이 아니라 후자는 곧 전자의 현실적 재연이라는 정초관계 속에서 이해되어야 한다.

5) 지금까지 헤겔의 체계서인 *Enzyklopädie der philosophischen Wissenschaften im Grundrisse*는 일반적으로 이 책의 독일어 약칭의 발음을 그대로 따라 "엔치클로패디"로, 아니면 이 단어의 일상적인 의미를 살려 "철학백과"나 "철학강요"로 표기되어 왔다. 그러다가 최근에 우리 철학계에서는 외국어 철학개념어 번역의 표준화 작업에 관한 논의가 진행되고 있는데, 그 가운데 한국헤겔학회에서는 이 책이 지니는 주제영역의 광범위함과 그것들에 관한 헤겔의 논증이 지니는 수미일관한 체계적 성격을 나타내는 번역어로는 "철학대계"가 가장 적절하다는 의견이 가장 많은 지지를 얻음에 따라 이 글에서 필자는 이 새로운 표현을 따르기로 한다.

이렇게 본다면 구체적인 개별분과로서의 언어철학을 취급하고자 하는 이 논문이 극복해야 할 어려움은 방금 언급된 두 가지 난점 중에서도 특히 두 번째의 것과 연관된다고 할 수 있다. 그런데 이러한 장애를 극복하는 것은 상당히 어려움에도 불구하고 반드시 시도되지 않으면 안 된다. 왜냐하면 비록 헤겔이 명시적으로 "언어"만을 특화하여 주제화하는 지면은 그리 많지 않지만, 그의 정신론에서 그 최종단계로서 가장 비중 있게 다루어지는 — 더욱이 그의 인간학의 근본목표이면서, 나아가 체계 전체의 종착점인 '철학하는 정신'을 위한 근본적인 정신형식인 — "사유"는 그 발생적 기원의 측면에서 "기계적 기억"(das mechanische Gedächtnis)이 없으면 원천적으로 불가능한 것으로 규정되며, 또한 이 기계적 기억은 오로지 '언어기호를 상기하는' 데서 이루어지므로, 그의 언어철학에 대한 연구는 사유론에 대한 올바른 이해를 위해서도 반드시 요청되기 때문이다.

게다가 다행스럽게도 그의 언어철학이 고립된 하나의 개별분과가 아니라 정신철학 전체의 유기적인 전개에서 중대한 역할을 수행한다는 이러한 사실은 역설적으로 앞에서 언급된 난점을 풀 수 있는 실마리로 작용하기도 한다. 왜냐하면 비록 헤겔이 우리에게 남긴, 언어기호에 전적으로 할애된 지면이 절대적으로 부족하다고 할지라도, 그 논의에 "기호를 만드는 상상력"의 선행범주인 "상징화하는 상상력" 및 그 후속범주인 "기억"에 대한 논의가 부수적으로라도 반드시 요청된다는 점은 자연스럽게 그러한 텍스트의 부족을 어느 정도 극복할 수 있는 상론을 가능하게 하기 때문이다.

6) 정신론뿐 아니라 주관정신철학 전체에 대한 헤겔의 홀대의 전후 맥락과 그 원인에 관해서는 D. Henrich (1979), 10 및 권대중 (2002), 314 참조.

II. 언어기호의 체계적 위치

『철학대계』의 「정신론」에서 다루어지는 대상은 "이론적 정신"이다. 즉 **인식**을 위한 지능의 형식이 바로 정신론의 주제이다. 그리고 헤겔은 이론적 정신을 직관-표상-사유의 순서로 발전하도록 구성한다. 헤겔 체계에서 이루어지는 모든 이행에서와 마찬가지로, 이러한 순서매김 역시 인위적이거나 개인적 선호에 따른 것이 아니라, 각각의 범주가 지닌 모순이 점차 지양되어감으로써 이루어지는, 논리적 필연성에 따른 것이다.[7] 이론적 정신의 경우 헤겔은 그 이행의 동인이 되는 모순이 주객의 차이에 있다고, 특히 주체의 인식의 원천과 정당성의 근거가 객체에 의존하는 점에 있다고 생각한다. 따라서 이론정신철학에 속하는 모든 범주들은 그것이 직관에 가까울수록 객체의존성이 강하며, 역으로 사유에 가까울수록 주체의 자기연관이 강하도록 이행관계가 설정되어 있다. 그 중에서 언어와 직접적으로 관계되는 이론정신철학의 범주는 바로 "기호를 만드는 상상력"이다. 기호를 만드는 상상력은 '생산적 구상력'(produktive Einbildungskraft)이라 불릴 수 있는 상상력(Phantasie)의 가장 완성된 형태로 규정되거니와, 그 바로 전단계로는 예술적 창작의 발생적 동력원인 '상징화· 비유· 작시하는 상상력'을 두고 있으며, 표상의 단계에서 사유의 단계로 이어지는 데 결정적 역할을 하는 '기억'을 그에 이어지는 후행범주로 두고 있다. 따라서 우리의 논의는 일단은 상징화하는 상상력이 처한 수행적 모순 및 그에 따른 기호를 만드는 상상력의 논리적 도출의 필연성을 해명하는 데서 출발해야만 한다.

---

7) 김준수 (2002), 16 및 권대중 (2007), 10 참조.

1. 상징의 수행적 모순 : '일치하지 않는 일치'로서의 상징

구상력 중에서도 **상상력**(Phantasie)은 직관에 의해 수동적·무의식적으로 저장된 이미지들을 단지 재산출 내지 연합하는 것이 아니라, 표상들을 의식적·자발적으로 **생산**해낸다는 점에서, 다시 말해 **주체**가 자신의 내면적 내용을 스스로 **객관화**한다는 점에서 바로 앞 단계인 재생산적 구상력을 질적으로 능가하는 주체의 자기규정성을 나타낸다.[8] 헤겔은 상상력의 일차적인 작동방식를 가리키기 위해 "상징화하는"(symbolisierend)이나 "비유하는"(allegorisierend) 또는 "작시적인"(poietisch)이라는 형용사를 사용하는데(E. §456, 10.266), 물론 이 세 가지 수식어들은 그 세부적인 면에서 차별화될 수도 있겠지만, 그럼에도 그 가장 대표성을 띠는 한 가지 수식어로는 "상징화하는"이라는 형용사가 채택될 수 있다고 여겨진다. 왜냐하면 한편으로 이미 헤겔 스스로가 이 생산적 구상력의 첫 단계와 그 다음 단계인 기호를 만드는 상상력을 구분하는 과정에서 전자에 "상징"이라는 구체적 현상을, 그리고 후자에 "(언어)기호"라는 구체적 현상을 각각 대응시키고 있기 때문이기도 하지만, 다른 한편으로 무엇보다도 "상징"은 그것의 **명시적 내지 즉자적** 측면과 **함축적 내지 대자적** 측면 사이의 **불일치**를 가장 잘 드러내는 규정이며, 또한 바로 그 불일치로 인해 그 다음의 단계인 기호로 넘어가야 하는 논리적 필연성을 가장 잘 드러내주는 규정이기 때문이다.

상징에 내포된 그러한 **수행적 모순**은 이미 그 단어의 어원이 되는 그리스어 "συμβαλλείν"에서 발견될 수 있다. 즉 "일치하다"(Zusammenfallen)라는 의미의 이 단어에서 비롯되는 "상징"은 **명시적**으로는 내용

---

8) 구상력의 내적 운동에서 재생산적 내지 연합적 구상력으로부터 상상력으로 가는 이행의 내적 논리에 관해서는 권대중 (2006b)를 참조할 것.

과 표현수단의 일치를 **주장**하지만, 실제로는 그 속에 **함축된 수행**은 내용 그 자체의 직접적 표현이 아닌, 표현하고자 하는 내용과 표현의 수단 각각의 속성의 비교를 통한 대응일 뿐인 것이다.[9] 따라서 상징의 단계에 머무는 상상력은 미리 자연적으로 주어져있는 소재를, 그것도 "그것의 **자립적인** 의미가, 상으로 만들어져야 할 보편적인 것의 규정적인 내용에 **상응하는** 바의 소재"(E. § 457 Z, 10.269)를 선택함으로써만 자신의 내면적 내용을 객관화할 수 있을 뿐이다. 결과적으로 상징에서 동원된 표현수단과 그 표현대상인 정신의 내용 사이에는 여전히 **차이**가 존재하게 된다. 예컨대 "미"는 미의 개념 그 자체를 가리키는 수단을 통해서가 아니라 "장미"라는 자연물을 통해, 그리스의 대표적 덕(ἀρετή)의 하나인 "용맹성"(Tapferkeit)은 "사자"의 육체라는 자연적 대상을 통해, 그리고 "정의" 역시 그 개념이 아니라 그 속성을 상징하는 유스티티아(Justitia), 저울, 눈가리개, 칼 등의 인물이나 사물을 통해 표현된다. 즉 상징의 수단으로 채택된 그러한 대상들은 표현되어야 할 정신적 내용들에 **완전히** 일치하는, 즉 그 어원에 적합한 표현수단이 아니라, 그것들에 의해 표현되는 정신적 내용의 속성을 **부분적으로** 포함하고 있는 자연물에 불과한 것이며, 그 개념이 요구하는 '일치'는 표현수단 자체에서 이루어지는 것이 아니라, 표현을 위해 채택된 자연적 사물의 속성과 표현하고자 하는 내용의 속성의 비교를 통한 인위적 맞춤을 통해 대략적으로만 이루어질 뿐이다.

---

9) 이 점에 관해서는 P. Szondi (1974), 366 참조. 물론 스쫀디가 이 지점에서 따지는 것은 헤겔 미학의 예술형식론의 테두리 안에서 본 "상징적 예술형식"(symbolische Kunstform)에 내재한 모순이지만, 필자가 보기에 그의 지적은 우리의 주제인 주관정신철학의 상징론에도 그대로 적용될 수 있다.

2. 상징에서 기호로의 이행 : 내용의 직접적 외화로서의 기호

이러한 수행적 모순을 해소하여 표현의 내용과 수단의 완전하게 만족스러운 대응을 달성하기 위해서 지능은 상징보다 질적으로 발전된 다른 매체를 찾아야만 하는데, 헤겔은 "기호"를 그러한 매체로 설정한다. 그에 따르면 상징화하는 상상력에 이어지는 범주는 지능의 내면적 내용을 진정한 의미에서 "**존재**로, **사태**로"(zum *Sein*, zur *Sache*) 만들어야 하는 과제를 지니는데, 구상력의 마지막 단계인 **기호를 만드는 상상력**이 바로 그 과제를 수행한다(E. §457, 10.268). 기호를 만드는 상상력이 상징화하는 상상력에 대해 지니는 가장 큰 질적인 차이는 후자가 정신적 내용을 어떤 인위적으로 채택된, 그 내용의 속성을 다소간 공유하는 감각적 사물의 모습을 매개로 해서 표현하는 반면에, 전자는 내용 그 자체를 **곧바로**, 즉 "**직접성**의 형식"을 통해 드러낸다는 데에 있다.[10] 다시 말해 이 단계에서의 상상력은 "자신의 [정신적 내용의] 보증을 위해 더 이상 상(Bild)의 내용을 필요로 하지 않고, 즉자대자적으로 자기 스스로 보증되는 데에로, 즉 직접적으로 타당성을 지니는 데에로" 이르렀다고 말해진다(E. §457 Z, 10.269). 앞에서 언급된 상징의 사례들과 비교하자면, 미는 "미"로, 용맹성은 "용맹성"으로 그리고 정의는 "정의"로 표현되거니와, 이제 정신의 내용은 장미, 사자, 그리고 눈을 가린 채 칼과 저울을 든 여인처럼 표현되어야 할 정신적 내용에 대응하는 어떤 유사한 속성을 지닌 다른 대상을 찾을 필요가 없이 그 자체가 그대로 표현된다. 따라서 기호를 통해 내용은 왜곡됨이 없이 투명하게 표현될 수 있다.

---

10) 물론 이 경우 "직접성"이라는 표현은 헤겔이 신랄하게 비판하는 '직접적 지'(unmittelbares Wissen)와 혼동되어서는 안 된다. 이 인용구의 경우 이 단어는 오로지 지성에게는 바로 기호가 그 내용에 완전하게 상응하는 매체가 된다는 의미에서만 이해되어야 한다.

물론 이 경우에도 우리는 ― 그리고 헤겔 역시 ― 내적·정신적 내용과 어떤 외적·감각적-질료적인 것과의 연결은, 모름지기 그 내용이 외적으로 객관화되어야 하는 한, 여전히 필요하다는 점을 인정해야만 한다. 가령 '힘'이라는 내용은 음성적으로 [him]이라고 발음되거나 시각적으로 "힘"이라는 문자로 씌어지지 않고는 결코 표현될 수 없다. 그러나 감각적 재료의 이와 같은 필수불가결함에도 불구하고 기호로서의 질료와 상징으로서의 질료 사이에는 분명한 범주적 차이가 존재한다. 즉 어떤 감각적 질료가 상징으로서가 아니라 기호로서 기능할 경우, 그것은 상징에서와는 달리 그 어떤 자립적인 **의미**도 더 이상 갖지 못하는바,[11] 단지 "지양된" 직관으로서만 그 자격을 지닌다(E. § 459, 10.271). 이에 기호가 지니는 외적인 감각적 성질은 "긍정적이고 그 자체로서가 아니라, 어떤 **다른 것**을 표상하는 것으로서 그 자격을 지닌다. [⋯] **기호**는 **상징**과 구별되는 것이다. 즉 상징은 그 **고유한**[원래의] 규정성이 그 본질과 개념에 따라 볼 때 다소간의 차이는 있겠지만 어떻든 바로 상징으로서 표현하는 내용이 되는 바의 직관인 데 반해; 기호 그 자체의 경우 직관의 고유 내용과 그 직관이 기호로서 표시하는 것은 서로 무관하다"(E. § 458 및 같은 절의 주석, 10.270). 다시 말해 표현되는 내용과 그 내용을 표현하는 상징 사이에 존재하는 바의 **의미론적 평행관계**(semantische Paralleität)가 기호와 그 내용 사이에는 전혀 성립하지 않는 것이다.[12] 따라서 어떤 재료가 표현의 수단으로 선택되

---

11) 참조. J. Simon (1996), 261 f.: "기호를 만드는 상상력은 ⋯ 하나의 직관을 ― 그 직관 자체를 '표상'이 되게 함이 없이 ― 바로 자기 자신의 표현으로 **형상화**하며, ⋯ 자신의 산물로써 바로 **자기 스스로에게** '객관성'을 부여한다."

12) 물론 우리말의 "삼음절"이나 독일어의 "dreisilbig"와 같이 실제로 삼음절을 의미하는 단어가 "삼-음-절" 또는 "drei-sil-big"라는 삼음절로 이루어지는 경우도 있겠지만, 이미 "오음절"이나 "fünfsilbig"가 오음절의 단어가 아니고, "황색"이라는 단어가 황색이 아니듯이, 그와 같은 감각적 속성의 일치는 매우 우연적인 것으로 여겨져야만 한다.

어야 하는지는 원칙적으로 문제가 되지 않는다.[13] 표현의 수단으로 사용되는 재료는 단지 최소한의 외피로서 봉사할 뿐, 그것이 가리키는 것은 오로지 정신에 속하는 보편자이다. 그렇기 때문에 지능은 자신의 고유한 내용을 기호화하기 위해서 완전히 **자의적**으로 어떤 외적인 소재를 선택한다. 표현수단에 대한 관계의 면에서 볼 때 '기호를 만드는 상상력'으로서의 지능은 단지 상징화하는 상상력보다 비교할 수 없을 정도로 자유롭다. 기호화를 위해 선택된 물질적인 것은 오로지 지능의 자기관계를 위해서만 현존할 뿐이다.[14] 재료가 지닌 고유한 의미론적 지위가 완전히 소멸됨으로 인해, 여기에서 지능의 "지배"는 실로 명시화되어 존재한다. 헤겔에 따르면 지능은 직관을 바로 "[지능] **자신의 직관으로**"(als die ihrige [Anschauung]) 사용한다(같은 곳). 지능이 외적 인상들을 자신의 고유한 공간과 시간 속으로 정립하는 '상기$_{(2)}$'에서 시작된, 지능에 의한 감각적-직관적인 것의 자기화 및 그것으로부터의 해방은(E. §452, 10.258 참조) 기호를 만드는 상상력에서 정점에 이른다.[15] 이에 헤겔은 다음과 같이 말한다: "기호는 어떤 위대한 것으로서 설명되어야 한다. 지능이 어떤 것을 기호화(bezeichnen)했을 때, 그 지능은 직관의 내용에 머물지 않고 그것을 넘어 감각적 소재에게 그것에

13) 이에 덧붙여 데 프리스는 다음과 같은 점을 지적하는데, 이는 정당하다고 여겨진다: "더 나아가, 기호와 표시되는 내용 사이에는 어떤 공통된 특질이 있을 필요가 없기 때문에, 더욱 복잡하고 더욱 추상적이며 더욱 보편적인 내용들에 대해서도 그것들을 상징화하는 것보다는 기호화하는 것이 훨씬 더 용이하다. 그리고 그렇기 때문에 정신은 바로 기호에서 이러한 더욱 추상적인 내용들을 지닐 수 있는 것이다"(W. de Vries [1988], 145).

14) 이에 1805/06년판 『정신철학』에 따르면 "[기호에서] 사물은 그것의 존재태 그대로 **존재**하지 않는다"(Das Ding *ist* nicht, was es ist. GW 8.189).

15) 보다머가 지적하듯이, 지능은 기호의 단계에 이르러서야 비로소 직관의 고유한 **내용**에 의한 구속에서 벗어나게 된다. 그에 반해 상기 단계에서의 "표상은 오로지 내용적으로 대응하는 직관 속에서야 비로소 그것의 현존재를 얻었다; 재생산적 구상력과 상징화하는 구상력도 내용적으로 — 물론 정도의 차이는 있겠지만 — 직접적 직관에 의존한 채로 머물렀다"(Th. Bodammer [1969], 40 f.).

게 **낯선** 영혼을 향한 의미를 부여한 것이다"(E. § 457 Z, 10.269).

III. 기호의 전형으로서의 언어

헤겔이 가장 먼저 기호의 예로 드는 것은 문장(紋章, Kokarde), 깃발, 비석 또는 피라미드 등이다. 왜냐하면 그것들은 "그것들이 직접적으로 가리키는 것과는 전혀 다른 것"을 의미하기 때문이다(같은 곳. 또한 E. § 458, 10.270도 참조). 그러나 더욱 깊고 본격적인 의미에서 기호를 거론할 경우 그가 본래적으로 염두에 두고 있는 것은 바로 기호를 만드는 상상력의 가장 중요한 창조물[16] 또는 "생산적 기억의 최고의 작품"(4.52)[17]인 **언어기호**(Sprachzeichen)이다. 그에 반해 방금 들었던 예

16) 그 때문에 헤겔은 언어기호의 문제가 흔히 "정신론이나 논리학의 어딘가에서 그저 **부록** 격으로 덧붙여져" 거론되는 것에 대해 이의를 제기하는바, 그러한 관행을 넘어 "지능 활동의 체계에서의 그것들의 필연성과 연관"을 통찰해야 한다고 역설한다(E. § 458 A, 10.270).

17) 『하이델베르크 철학대계』까지만 해도 헤겔은 기호를 만드는 상상력을 "생산적 기억"(das produktive Gedächtnis)이라 부르며(HE. § 379 ff.), 또한 『철학대계』 1827년판과 1830년판에서도 그는 – 물론 아주 잠시 스쳐가는 방식으로이긴 하지만 – 이러한 명칭을 사용한다(GW 336; E. § 458 A, 10.270 f.; 또한 Erdmanns Nachschrift 1827/28, 209도 참조). 명칭의 이러한 변경에는 매우 어려운 문제가 담겨 있다. 왜냐하면 여기서 관건이 되는 것은 단순히 기호를 정립하는 지능의 활동을 부르는 명칭이 무엇에서 무엇으로 바뀌었는가에 그치는 것이 아니라, 나아가 주관정신철학 내부에서 기호가 차지하는 체계적 위치이기 때문이다. 먼저 ① "일상적 삶에서는 종종 상기나 표상 그리고 구상력과 혼동되고 또 동의어로 쓰이기도 하는 기억"이 본질적으로 상들과 – 즉 상기의 내용과 – 관계하는 것이 아니라, "오로지 기호들과 [또는 이름들과(E. § 461 ff., 10.277 ff. 참조)] 관계"하는 한에서 본다면(E. § 458 A, 10.271), "기호"라는 주제를 기억에 관한 장에서 다루는 것도 분명한 설득력을 지닐 수 있을 것이다. 이에 예를 들어 뒤징은 기호와 더불어 정신의 운동은 "이미 구상력의 영역을 뛰어넘었"으며, 특히 언어는 지능의 더 높은 단계, 즉 기억에 속한다고 주장한다(K. Düsing [1991], 317 ff. 또한 W. de Vries [1988], 147도 참조). 그러나 ② 적어도 기호의 **최초의 출현**이 문제

들은 그의 기호론에서 단지 매우 미약한 지위만을 가지는 것으로 여겨진다.

1. 비언어적 기호 대 언어적 기호

이처럼 상이한 가치평가를 제대로 이해하기 위해서 우리는 다시 한 번 ― 그러나 동시에 훨씬 더 세심하게 ― 기호와 상징의 본질적인 질적 차이가 어디에 놓여 있는지를 ― 또는 좀 더 정확히 말하자면 도대체 어떠한 요인들로 인해 기호를 만드는 상상력이 단지 상징화하는 상상력보다 더 높은 단계에 위치하는지, 그리고 후자로부터 전자로의 이행을 촉발하는 동인이 도대체 어디에 있는지를 ― 주목해야만 한다. 양자 사이의 본질적인 차이를 설명하기 위해 언급된 두 가지 핵심은 ① 표현수단의 선택과 사용에서의 **자의성** 그리고 ② 내면적인 정신적 내용의 객관화에서의 **직접성**의 정도이다. 그런데 이 두 가지 핵심점은 동일한 등급의 것으로 병렬되어서는 안 된다. 즉 그 둘 사이에는 하나의

가 되는 한에서는, 헤겔은 기호를 표상의 단계에 귀속시키는 것으로 보인다. 이미 일찍이 보다머는 이와 같은 해석을 내놓은 바 있는데, 그에 따르면 "생산적 기억"은 독특한 **중간위치**(Zwischenstellung)를 차지하고 있다: "생산적 능력으로서 그것[= 생산적 기억]은 구상력에 속한다. 그러나 특수하게 기호와 관련하는 한에서는 이미 그것은 헤겔이 '기억'이라고 부르는 것에 속한다"(Th. Bodammer [1969], 39). (또한 W. Seeberger [1961], 334도 참조. 보다머의 책보다 앞서 출간된 제베르거의 이 책에서 우리는 다음과 같은 훨씬 더 강한 어조의 주장을 읽을 수 있다: "사유와 이성의 고유한 수행능력이 언어 속으로 들어와 있다고 하더라도, 언어는 본질적으로는 언제나 구상력의 산물이다.") 이러한 의미에서 볼 때 "생산적 기억"이라는 이전의 지칭은 상당한 양면성을 지니는데, 아마도 헤겔은 이후에 이러한 지칭을 "기호를 만드는 상상력"으로 대체하고 그럼으로써 기호의 최초의 출현을 체계상으로 명확히 **구상력**에 귀속시킴으로써 이 문제를 해결하고자 한 것으로 여겨진다. 그런 한에서 『철학대계』의 최종판에 등장하는, 방금 언급된 ("생산적 기억"이라는) 잠정적인 언급은 잘못된 것으로 보인다. 왜냐하면 그것은 기호를 정립하는 지능의 활동의 체계적 위치를 기억으로부터 상상력으로 바꾼, 헤겔 자신의 체계적 결정에 모순되기 때문이다.

위계관계가, 그것도 후자의 핵심이 전자의 핵심보다 더 본질적이며, 따라서 전자가 바로 후자에 의해 근거지어지는 방식의 위계관계가 성립한다. 왜냐하면 결정적으로 중요한 문제는 '정신의 내면적 내용 그 자체가 과연 그것이 본래적으로 존재하는 그대로 표현될 수 있는가?' 또는 '(만일 가능하다면) 그러한 그대로의 표현은 어느 정도까지 가능한가?'이기 때문이다. 기호를 기호이게끔 만드는 것은 다름이 아니라 보편적 표상을 그 순수한 형식으로 직접적으로 표현하는 정신의 능력이며, 바로 그런 한에서 언어기호는 모든 기호들 중에서고 가장 적합한 형태이다. 지몬이 지적하듯이 "헤겔의 기호 규정에 걸맞은 엄밀한 의미에서의 기호는… 오로지 언어에만" 존재한다. 따라서 "언어만이 비로소 기호의 [참된] 현실태이다."[18)]

이에 비해 무제한적으로 허용되는 표현수단의 선택은 단지 이차적인 의미를 지닐 뿐이다. 이러한 이차적 의미를 과대평가한다면 우리는 문장, 깃발, 비석 등이 오히려 언어기호보다 더 전형적인 기호의 예가 된다는 생각으로 쉽사리 이끌릴 수 있다.[19)] 왜냐하면 실제로 사용가능

18) J. Simon (1966), 169.

19) 이에 관해서는 예컨대 W. de Vries (1988), 146 참조. 물론 데 프리스는 이와는 다른 근거로 비슷한 결론에 도달한다. 그러나 그렇다고 하더라도 우리는 기호와 언어를 지능의 원칙적으로 구별되는 산물로 취급하는 데까지 나아가서는 안 된다. 실제로 헤겔은 『철학대계』의 한 지점에서는 "기호**와** 언어"(das Zeichen *und* die Sprache)[필자에 의한 강조]를 거론함으로써 '기호'와 '언어'라는 이 두 지칭을 병렬적으로 언급하기도 한다(E. § 458 A, 10.270). 그리고 처음 볼 때 이러한 병렬은 다소간 혼동을 유발하는 것으로 보일 수도 있다. 그러나 이 경우에도 헤겔은 "기호"를 본질적으로는 언어로 이해한다고 보는 것이 타당하다. 왜냐하면 그는 병렬된 이 두 지칭에 대응하는 동사를 복수형이 아닌 단수형으로 ―즉 "werden"이 아닌 "wird"로― 쓰기 때문이다. 즉 이때 헤겔은 '…와'(und)라는 표현을 동의어적 접속사로 쓰고 있으며, 아마도 이러한 용법에서 굳이 구별될 수 있는 것은 단지 기호에 관한 논의 상의 두 범위 내지 수준일 뿐이라고―즉 '기호 일반'(das Zeichen überhaupt)과 '특수하게 언어'(das Sprachzeichen im besonderen) 정도라고― 할 수 있을 것이다. 이러한 논의지평 상의 구분은 『논리학』의 「화학론」 장의 한 지점으로까지 소급될 수 있거니와, 거기에서 헤겔은 언어를

한 수단의 (양적인) 범위 면에서는 언어기호는 다른 것들에 비해 제한된 표현가능성을 지니기 때문이다: 즉 정신이 표출하고자 하는 내용은 언어기호를 통해서는 단지 언명되거나(ausgesprochen, 혹은 좀 더 낫게 표현하자면: 발음되거나[artikuliert]) 씌어질(geschrieben) 수 있을 뿐이다.[20] 그러나 방금 언급된 더 본질적인 핵심을 견지한다면, 아마도 우리는 헤겔이 든 첫 번째 예들—문장, 깃발, 비석 등—은 상징과 진정한 의미의 기호 사이의 중간단계라고 말할 수 있을 것이다. 물론 그것들은 한갓된 상징들보다는 더 높은 단계에 위치하며, 또한 기호의 최초의 출현을 의미하기는 한다. 그러나 이와 동시에 그것들은 언어에서야 비로소 성취될 수 있는, 기호의 적합한 형태는 아직 아니다.

2. 음성언어와 문자언어

이처럼 헤겔에게서 언어는 기호의 가장 순수한 형식이며, 따라서 지능의 자기직관(Selbstanschauung der Intelligenz)의 최고의 규정이다. 왜냐하면 직관적인 것이 가지는 독자적 의미는 바로 언어기호에서 궁극적으로 제거되며, 이제는 순전히 정신적인 것의 직접적 외화에만 소용되기 때문이다. 다시 말해 언어는 "감각적인 비감각적인 것"(das Sinnlich-Unsinnliche)이다(E. § 396 Z, 10.82). 감각적-직관적인 것은 그

'정신적인 것에 존재하는 매체'(Medium im Geistigen)라고 부른다(6.431; 또한 Th. Bodammer [1969], 39와 252도 참조).

20) 언어기호의 표현가능성이 음성적 매체와 문자적 매체에 한정되는 것은 사실이지만, 그럼에도 이것이 어떤 결점으로 여겨져서는 안 된다. 왜냐하면 우리가 수많은 종류의 언어를 접하면서 경험할 수 있듯이, 이러한 특정한 표현수단 안에서도 이미 기호화의 셀 수 없이 많은 음성학적 (그리고 나아가 구조적인) 변형가능성이 허용되기 때문이다. 물론 헤겔에 따르면 수많은 특수한 표현의 풍요와 특히 "[단지] 감각적이고 무의미한 것의 과잉"을 "도야된 언어의 풍요로움"을 측정하는 원칙적 기준으로 여겨서는 안 되겠지만 말이다(E. § 459 A, 10.271 f.).

야말로 변증법적인 의미에서 '지양'된다: 헤겔에 따르면 그것은 그것의 직접적인 현존재보다 "더 고차적인 제2의" 현존재를—즉 하나의 관념적인 실존태를— 얻는다(E. §459, 10.271). 이러한 관념화된 현존재 내지 지양된 직관과 관련해볼 때 헤겔은 문자언어보다 **음성언어**를 더 본래적이고 근원적인 언어의 형태라고 본다. 왜냐하면 음성, 즉 목청을 통해 나오는 소리는 "시간적 연속을 이루면서 울리는 기호",[21] 즉 "존재함으로써 곧 소멸하는 현존재"(ein Verschwinden des Daseins, indem es ist: E. §459, 10.271)[22]이며, 이러한 시간성은 곧 처음에 공간적으로 직접 주어진 것의 지양태이기 때문이다.[23] 이에 음성은 "자기를 알리는 내면성의 충만한 표출"(die erfüllte Äußerung der sich kundegebenden Innerlichkeit)이다(같은 곳).

이와는 달리 헤겔은 **문자언어**는 본질적으로 음성언어의 모상(模像)이라고 여긴다. 즉 그에 따르면 소리나는 언어인 음성언어는 그 자체가 이미 기호인데, 가시적 언어인 문자언어는 이러한 음성언어에 대해 그것을 **또다시** 나타내는 기호로서 관계한다(E. §459 A, 10.277). 그런 한에서 문자언어는 "기호의 기호"(das Zeichen der Zeichen)이다(E. §459 A, 10.273).[24] 그러나 문자언어를 이렇게 규정함에 있어서 헤겔은

---

21) Th. Bodammer (1969), 47.

22) 『미학강의』의 한 지점에서 이는 "울림과 사라짐"(Klingen und Verklingen)이라고 불린다(15.15. 또한 13.122도 참조).

23) 음성을 특징짓는 이 시간성은 이와 같은 생성과 소멸의 의미에 따라 '**됨**'(Werden)이라는 논리적 구조를 지닌다(E. §258, 9.48 ff. 참조. 또한 Th. Bodammer, 같은 곳도 참조).

24) 물론 헤겔은 음성언어의 우월성을 분명하게 주장하지만, 그럼에도 문자언어에 대해서는 여러 상이한 평가가 있다. 보다머는 문자언어를 전적으로 헤겔적인 의미에 일치되게 하나의 "이차적인 현상"(sekundäres Phänomen)으로 여긴다. 왜냐하면 그가 보기에 문자언어는 "[입으로] 말해진 언어를 문자로 표현하는 산물일 뿐이기" 때문이다(Th. Bodammer [1969], 50). 이에 반해 예컨대 제베르거는 음성언어의 문자언어화를 단순한 재기호화가 아니라 중요한 "전진"이라고 평가한다. 왜냐하면 문자언어란 "단지 목소리로만 존재함으로 인해 언제나 소멸의 위

오로지 **표음문자** 내지 **자모문자**(Laut- bzw. Buchstabenschrift)만을 — 즉 "음성언어의 구체적 기호들, 다시 말해 단어들을 그것들의 단순한 요소들 속으로 해체하여 이 요소들을 기호화하는"(같은 곳) 형식의 문자만을— 염두에 두고 있다. 이에 반해 **상형문자**를 그는 언어기호의 실패한 형태로 여긴다. 왜냐하면 그것은 "**표상들**을 공간적 형태들(räumliche Figuren)을 통해" 기호화하기 때문이다(같은 곳). 아마도 헤겔은 상형문자에서 일어나는 내용의 **시각화**, 즉 (기호라는) 표상의 영역에서 다시 출현한 **공간적 직관성**을 어떤 퇴보로 여기고 있는 것으로 보인다. 왜냐하면 표상하는 지능의 정신적 능력의 수준은 그러한 공간적 직관성을 이미 넘어선 것이기 때문이다.[25] 상징들이 아직 정신적 내용의 직접적이고 투명한 외적 표현을 이루지 못하듯이, 상형문자는 헤겔이 보기에 근원적인 음성언어를 위한 적합한 표현방식이 되지 못한다.[26]

험을 안고 있는 기호[= 음성언어]를 더 지속성 있고 뚜렷하게 보존할 수 있는 기호가, 즉 기호의 기호가 정립된" 것이기 때문이다(W. Seeberger [1961], 334). 그러나 음성언어와 문자언어 사이에 성립하는 '전진'은 이러한 점에 그쳐서는 안 되거니와, 다시 한 번 이루어지는 전진이 언급되어야만 한다: 헤겔이 보기에 문자언어 그 자체는 어떤 화석화된 것에 불과한 것으로, 그것은 읽혀지거나(gelesen) 낭독됨(vorgetragen)으로써야 비로소 **현실적**인 언어가 된다. 그의 청년기에 씌어진 신학 저술인 『기독교의 정신』에서 이미 우리는 사상은 씌어진 말에서는 단지 사물이 될 뿐이거니와, 그것이 읽혀질 때 비로소 죽은 객체로부터 주관성을 다시 획득한다는 구절을 읽을 수 있다(1.367). 이와 비슷한 입장은 훔볼트에게서도 보인다: "문자를 통한 음성언어의 보존마저도 아직은 단지 불완전하고 미라와 같은 저장방식에 불과하다. 즉 그것은 다시금 살아있는 낭독을 통해 감각적으로 표현되어야 한다"(W. v. Humboldt, Werke III, 418).

25) W. de Vries (1988), 148 참조: "상형문자의 체계는 … 순수한 기호로 존재하기보다는 오히려 상징의 단계에 오염되어 있는 경향이 있다."

26) 상형문자에서 음성언어가 그것에 직접 상응하는 표현으로 변형되지 못하기 때문에, 상형문자는 극히 어렵게만 전수될 수 있으며, 또한 그 때문에 한 민족의 소수층만이 그것을 구사할 수 있게 된다. 나아가 정신적 재산의 그러한 독점은 그 문화의 "정체현상"의 원인이 되며 학문의 발전을 저해한다. 그에 반해 "자모문자를 읽고 쓰는 법을 배우는 것은 [비록 지금까지] 그 가치를 충분히 인정받지 못했지만, 그럼에도 무한한 가치를 지닌 교양수단으로 존중되어야 하는" 것이

3. 언어적 지칭을 통한 개별성의 지양과 보편성의 획득

방금 언급된 바에 따르면, 지능이 언어를 통해 자신의 내면적인 것을 외면적으로 존재하는 것으로 정립함에 따라 언어(특히 음성언어)에서는 (표현수단으로서의) 감각적인 것이 제2의 관념적 현존재를 획득한다. 그런데 이러한 현존재의 변용은 언어의 **대상**에서도, 즉 언어를 통해 말해진 내용에서도 일어난다. 다시 말해 직접적으로 실존하는 어떤 대상이 지능에 의해 언어적으로 기호화될 때 그 대상은 하나의 **이름**으로 변형된다.[27] 감각적-외면적으로 현존하는 대상은 이름을 통해 고도로 관념화된 현존재를 얻게 된다: 즉 이름을 통해 지칭되는 가운데 그것의 표피적-직관적 실존은 탈각되며, 또한 그것에게는 전적으로 다른 존재가 부여된다. 이에 헤겔은 인간이 지닌, 이름을 부여하는 능력을 일종의 "창조력"으로 특징짓는다 : "아담은 모든 각각의 사물에 이름을 부여했다. 이는 실로 존엄한 권리이거니와, 이러한 행위는 전 자연에 대한 최초의 점유(erste Besitzergreiffung der ganzen Natur) 또는 정신에 의거한 자연의 [재]창조이다"(GW 8.190).[28] 더 나아가 이름을 통해 획득된 이러한 관념적 존재는 지칭된 대상의 참된 존재이기까지하다(GW 8.189).[29] 왜냐하면 대상은 근원적으로는 바로 신

다(E. § 459 A, 10.274 f. 또한 12.169 f.와 M. Greene [1984], 185도 참조).

27) 1805/06년판 「정신철학」에서 헤겔은 언어를 명확하게 **"이름을 부여하는 능력"**(die Nahmengebende Krafft)으로 규정하고 있다(GW 8.189).

28) 『예나 시기의 체계구상』 제1편에서도 이미 우리는 다음과 같은 구절을 읽을 수 있다: "아담으로 하여금 짐승들에 대한 지배권을 갖추도록 해준 최초의 행위는 바로 그가 짐승들에게 이름을 지어주었다는 것이다. 즉 그는 [단적인] 존재자로서의 짐승들을 지양했으며, 그것들을 자신을 위해 관념적인 것들로 만들었다"(GW 6.288).

29) 물론 지칭되는 대상이 이름을 통해 그것의 참된 존재를 획득한다는 헤겔의 말은 제한된 의미에서만 인정될 수 있다 : 그가 보기에 모든 언어적 지칭이 단지 "이름"으로만 간주되는 것은 아니거니와, 언어적 지칭들은 엄격하게 차별화 및 위

의 말씀(로고스)에서 생겨난 것이며, 이 신적 로고스는 인간의 언어를 통해 또한 실제로도 전개되기 때문이다. (로고스의 로고스화, 즉 말씀은 말씀을 통해서야 비로소 진정한 현실성을 획득한다는 이러한 주장이야말로 객관적 관념론의 가장 전형적인 논증이라고 볼 수 있다.30))

이러한 입장은 대상에게 이름이 주어짐으로써 그 대상은 그것이 지닌 모든 외면적이고 특수한 우연적 속성을 넘어 **보편성**의 영역으로 가져다진다는 생각에 의거한다. 하나의 대상이 이름을 통해 언표될 때 그것이 지닌 외면적인 개별적 규정들은 초월된다: "이것은 무엇**인가?** 우리는 '그것은 사자, 당나귀 등등**이다**'라고 말한다. 그것은 ~**이다**. 즉 그것은 결코 황색을 띠고 여러 개의 발 등등을 가진 어떤 것, 다시 말해 저마다 고유한 [즉 특수하고 다르게 존재하는] 자립적인 것이 아니라, 하나의 **이름**이다"(같은 곳). 더 나아가 『정신현상학』에 나오는 다음의 구절은 그렇게 성취된 보편성은 심지어 말하는 자의 내적 의도마저도 초월한다는 점을 지적한다. 즉 설령 말하는 자가 실제로 의도하지 않았을지라도 그가 이름붙인 대상은 하나의 보편적인 것으로 변형된다는 것이다: "우리는 감각적인 것조차도 어떤 보편적인 것으로서 **언표**하게 된다; 즉 우리가 '**이것**은 ~**이다**'라고 할 경우, 우리는 '**이것**'이라고 말하는 가운데 **보편적인 이것**[이라는 범주]을 말하거나, '~**이다**'라고 말하는 가운데 **존재 일반**(das Sein überhaupt)을 말하게 되는 것이다. 물론 이 경우 우리가 '보편적인 이것'이나 '존재 일반'을 [실제로] **떠올리고** 있는 것은 아니지만, 그럼에도 우리는 보편적인 것을 **언표**하고 있

계화된다. 그에 따르면 이름은 오로지 "**표상의 영역**에서 현존하고 또 타당성을 지니는" 것들이다(E. §462, 10.278). 즉 이름은 아직 **개념**과는 대립되는 것이다(6.303 참조. 또한 Th. Bodammer [1969], 55 f.도 참조).

30) 다음과 같은 회슬레의 정식화는 객관적 관념론의 이러한 근본사상을 탁월하게 업데이트한 것이다: "비가언적인 (즉 무전제의) 선험적 (종합적) 인식은 존재한다. 그리고 이 선험적 인식의 법칙들은 동시에 현실의 법칙이기도 하다"(V. Hösle [1987], 245. 또한 G. Hirsch-Hadorn [2000], 231 f.도 참조).

는 것이다"(3.85). 한낱 주관적일 뿐인 사견(Meinung)마저도 그것이 언표되는 즉시 하나의 보편적인 것으로 바뀐다: "언어에서 우리는 스스로 우리 자신의 **사견**을 즉각 논박하게 된다"(같은 곳). 다시 말해 언어를 통해서는 "사물의 개별성뿐만 아니라 특수한 자아의 개별성까지도 함께 … 돌파된다." 왜냐하면 언어는 "개별성에 의한 한갓 주관적인 제각각의 사견을 지양하기" 때문이다.[31]

4. 언어의 간주관적 계기

언어에 의해 한갓 개별적인 주관성이 극복됨으로써 성취된 보편성은 의사소통적 보편성을 ─즉 모든 지적 존재에 공통적인 것을─ 또한 의미한다. 그러므로 언어적인 것은 본질적으로 **전달**될 수 있어야 한다. 독일어 어법으로 하자면 그것은 **함께** 나눌(*mit*teilen) 수 있어야 한다: "발언을 통해 스스로를 표현하는 **자아**는 [다른 자아에 의해] **청취된다**; 언어적 표명은 곧 하나의 **전염**(Ansteckung)이거니와[필자에 의한 강조], 거기에서 자아는 그가 대면하는 이들과의 직접적인 통일을 이루며 또한 보편적 자기의식이 된다"(3.376);[32] "언어는 **타자에 대해** 존재하는 자기의식이다. 자기의식은 직접적으로 **그 자체로 현존**하면서도 또한 이렇게 **타자에 대한 것**으로서 보편적인 자기의식이 된다. 언어는 자신으로부터 스스로를 떼어내는 자기(das sich von sich selbst abtrennende Selbst)인바, 이러한 자기는 순수한 '나 = 나'로서 스스로가 대상화되는데, 이러한 대상성에서 그것은 **이와 같은** [순수한 자아동일

---

31) V. Hösle (1988), 401.

32) 『철학적 예비학』에서도 이미 헤겔은 **"표상들이 다른 표상하는 존재들에 대해 지니는 관계"**(Beziehung von Vorstellugnen auf andere vorstellende Wesen)와 이로부터 출발하는 "표상들 상호간의 **이론적 전달**"을 거론하고 있다(4.52).

성으로서의] 자기를 유지하면서도 또한 직접 타자와 합류하여 이들 **타자**의 자기의식이 되기도 한다; [언어에서] **자기는 스스로를 청취하면서도 또한 타인에 의해 청취되기도** 하는데[필자에 의한 강조], 청취한다는 것은 곧 **자기가 된 현존재**이다"(3.478 f.).

언어와 필연적으로 연결되는 이러한 공동체적 성격을 헤겔은 『예나 시기의 체계구상』 제1편에서 민족(Volk)이라는 개념과 연관하여 설명한다: **"언어는 오로지 어떤 민족의 언어로서만 존재한다. 오성과 이성**도 마찬가지이다. 오로지 어떤 민족의 작품으로서만 **언어**는 **정신의 현실적 실존**이 될 수 있다. 즉 그러한 공동체의 작품으로서의 언어에서야 비로소 정신은 스스로가 자신의 본질에 따라 존재하는 바를 현실적으로 표명할 수 있는 것이다; 언어는 만인의 의식 속에서 이러한 방식으로 메아리치는, 보편적인 것이며 그 자체 **인정된**[필자에 의한 강조] 것이다; 말을 하는 모든 각각의 의식은 이러한 언어 속에서 즉각 하나의 다른 의식으로 된다"(GW 6.318). 의심할 바 없이 헤겔의 이러한 언급에서는 언어가 지니는 사회적 함축 내지 유대형성적 계기(das gemeinschaftsstiftende Moment)가, 즉 **간주관적 · 의사소통적** 성격이 진술되고 있다.33) 한 주체의 언어적 행위는 이미 그 근원에서 적어도 하나의 다른 주체를 대화상대자로 불가피하게 전제한다. 물론 이에 대해 혹자는 발화자와 청취자가 하나의 동일한 인격체인 독백을 반례로 제시할 수도 있을 것이다. 그러나 독백의 경우에도 주관성의 복수성(Pluralität der Subjektivität)은 결코 논박될 수 없다. 왜냐하면 그 경우 발화자는 스스로를 하나의 이중화된 인격체로 이해해야만 하기 때문이다.34)

---

33) 회슬레에 따르면 헤겔은 "언어 및 다양한 언어층(Sprachschicht)들이 갖는 사회적 기능을 조망한 최초의 사상가 중 한 사람"이다(V. Hösle [1988], 407).

34) 이러한 불가피한 이원성 내지 복수성은 심지어는 사유행위에도 적용된다. 왜냐하면 사유행위는 정신이 자기 스스로와 행하는 대화로 이해될 수 있기 때문이다.

5. 상상력에서 기억으로의 이행의 필연성

하지만 우리가 이 지점에서 보고 있는 것은 단지 언어의 최초의 출현단계일 뿐이며, 그것이 아직은 단지 상상력의 산물인 한에서는, 언어는 그것의 한계에 부딪친다: 즉 (언어)기호를 만드는 상상력의 주된 특징은, 지능이 자신의 주관적 표상이라는 내적 내용을 기호화하기 위해 사용하는 감각적-직관적 재료가 그 자체로는 — 내용의 직접적 외화를 위해 — 그 어떤 독자적인 의미론적 지위도 지니지 못하며, 직관적인 것인 기호와 표상의 연결은 전적으로 주체의 자의에 의해 좌지우지된다는 점에 있다. 언어기호의 발생에서 작용하는 바로 이러한 자의 — 이 자의야말로 상상력의 본질을 이룬다 — 에 이름의 결합이 존재한다. 다시 말해 이름이라는 기호의 생산이 전적으로 주체의 임의성에 의거하는 한, 기호와 의미의 결합은 아직 그 어떤 보편적 타당성도 요구할 수 없는 것이다. 상이한 저마다의 주체가 하나의 동일한 표상에 대해 저마다 다른 재료를 기호로 산출할 수 있으며, 그렇게 자의를 통해 생산된 기호는 그 어떤 고정된 것일 수도 그리고 간주관적인 것일 수도 없다. 이에 헤겔은 다음과 같이 쓴다 : "지능에 의해 산출된 직관과 그것의 의미의 결합으로서의 이름은 처음에는 하나의 개별적인 잠정적(vorübergehend) 생산이며, 내적인 것으로서의 표상과 외적인 것으로서의 직관의 결합은 그 자체가 외적인 것이다"(E. § 460, 10.277). 여기서 우리는 먼저 가령 민족과 같은 한 특정한 인간집단 내부에서 이루어지는 한 언어의 발생을 생각해볼 수 있겠다 : 지속적·공동적·집단적·보편적인 표현 및 의사소통의 수단으로 통용될 수 있기 위해서는, 한 사람에 의해 고안된 언어기호는 해당 집단의 다수를 통해 전파되어, 그들에 의해 자신들의 언어로 수용되고 인정되어야만 한다.

여기에서 헤겔이 해결하고자 하는 문제는 주체의 자의에 의한 언어기호의 발생과 그것의 객관적 타당성이라는, 서로 모순되는 것처럼 보이는 두 규정을 조화시키는 일이다. 즉 한편으로 그것의 고안되는 발생적 과정을 보면 분명한 주체의 자의가 발견되지만, 다른 한편으로 간주관적 언어공동체에서 이루어지는 그것의 타당성을 보면, 사용되는 기호들의 객관적이고 보편적인 구속성이야말로 중요한 특징이며, 이것이 없이는 그 기호는 결코 서로 간에 전달될 수 없기 때문이다. 아마도 이 두 규정을 언어에 필수적인 습득(Lernen)의 행위를 통해 서로 매개될 수 있는 것으로 파악한다면 여기서 요구되는 조화는 이루어질 수 있으리라 여겨진다. 왜냐하면 기호의 최초의 선택 단계에서 지배적이었던 자의는 바로 이 습득의 행위에서 지양되어 간주관적으로 연결되기 때문이다.

그러나 하나의 언어기호가 간주관적으로 인정받고 보편화될 수 있기 위해서는 지능의 한 특정한 행위가 아직 더 필요하다. 즉 언어기호는 무엇보다도 습득되거나 이해되어야만 하는데(E. § 457 Z, 10.269 참조), 이는 – 어린아이의 모국어 습득이나 외국어의 습득에서 볼 수 있듯이 – 개인적 지평에서도, 즉 주관정신의 틀에서도 이미 그 산물이 언제나 개별적이고 잠정적 · 한시적으로 머무는 상상력보다 더 높은 단계의 능력을 요구하며, 이러한 새로운 정신적 능력을 헤겔은 "기억"(Gedächtnis)이라고 부르거니와, 바로 이 기억이 표상의 최종 단계를 형성한다. 이것이 의미하는 것은 다음과 같다: 개별적인 언어기호가 습득되고 보편화될 수 있기 위해서는, 그리고 그럼으로써 하나의 특정한 언어체계가 이루어질 수 있기 위해서는, 그 기호는 무엇보다도 먼저 정신 안에 저장 내지 보존되어야만 한다. 헤겔식으로 표현하자면: 이름기호의 외면성은 "상기·내면화"(erinnert)되어야만 한다(같은 곳).

물론 방금 말한 것으로부터는 혼동이 유발될 수 있을 것이다. 왜냐하면 정신론의 전개상으로 이미 극복된 단계인 상기, 기호를 만드는 상상력보다 몇 단계나 앞에서 등장했던 상기가 여기에서 다시 한 번 등장하기 때문이다. 상상력에 관한 장의 마지막 문장에서뿐만 아니라 기억 장의 첫 번째 문장에서도 우리는 헤겔이 '기억'을 상기와 연관짓고 있음을 본다: "기억으로서의 지능은 단어의 직관에 맞서, 표상 일반으로서의 지능이 최초의 직접적 직관에 맞서 거치는 것과 동일한 활동들을 거친다(§ 451 ff.)"(E. § 461, 10.277). 처음 봐서는 여기에서는 마치 기억이 상기와 커다란 차이 없이 거의 동의어로 사용되거나 혼용되며, 이미 한 번 등장했던 상기라는 범주가 기억의 단계에서 단순히 반복되고 있는 것처럼 보일 수 있다. 그리고 실제로 상기와 기억이라는 두 활동은 어떤 과거의 것을 정신 속에서 다시 현재적인 것으로 만들 수 있다는 점에서 공통점을 지닌다. 그러나 헤겔에게서 상기와 기억 사이에는 분명한 차이가 존재하며, 더욱이 상기보다 기억은 범주적인 측면에서 훨씬 더 나아간 것으로 설정된다. 첫째, 상기와 기억은 방금 언급된 그 외관상의 형식에도 불구하고 그 내용의 면에서는 차별화된다. 즉 상기가 과거의 직관의 저장태인 감각적 이미지를 다시 떠올리는 것인 반면, 기억은 기호의 상기, 더욱이 표현수단인 물질적 재료와 그에 대응하는 의미의 연결성을 상기하는 것이다. 둘째, "기억"(Gedächtnis)과 "사상"(Gedanken)의 어원학적 근친성에서 이미 짐작할 수 있듯이(E. § 464 A, 10.282), 그는 자신의 체계에서 기억에 하나의 특별한 지위를 부여한다. 즉 우리가 "기억"이라는 단어를 특별한 헤겔적 의미에서 과연 어떻게 이해해야 하는지는 그것이 체계적인 면에서 단지 표상의 한 단계에만 위치할 뿐 아니라, 더 나아가 그것이 "사유와의 유기적인 연관"을 지니고 있다는 점에 그 열쇠가 있다(E. § 464 A, 10.283). 왜냐하면 기억은 사유의 단계로 이행하는 데서 — 그 중에서도 특히 그것의 마지막 형태인 "기계적 기억"(mechanisches Gedächtnis)에서 — 실로 결정적인 역할을 수행하기 때문이다.[35] 재생산적 구상력, 나아가 생산적

---

35) 풀다에 따르면 헤겔은 "횔덜린을 제외하고는 … 독일어 단어 'Gedächtnis'와 'Denken'의 근친성을 사유의 본질에 대한 물음을 해명하는 데 잘 활용한 최초의 인물이었다"(H. F. Fulda [1991], 321). 또한 B. Pascal, *Les Pensées*, N. 369 (=

구상력이 상기에서 요구되는 2차적, 3차적 직관을 필요로 함이 없이 이미지를 재현 내지 창출했다면, 기계적 기억은 기호와 의미를 더 이상 힘들게 연결시킴이 없이 마치 기계와 같이 자동적으로 기호 그 자체를 이미 하나의 의미체로 인식하는 능력이며, 그 때에 비로소 헤겔이 '사유'라고 부르는 지능의 활동이 가능해진다.

그러나 기억 일반 또는 기계적 기억에 대한 더 이상의 자세한 해명은 이 논문의 관심영역을 벗어나는 일이다. 왜냐하면 우리의 논의는 기호를 만드는 상상력이 왜 기억이라는 새로운 형식의 지능을 요청하는지를 드러내는 것으로 충분하기 때문이다.

Ⅳ. 맺음말 : 헤겔 언어철학의 의미와 문제

이 논문에서 거론된 대상은 거의 전적으로 지능철학(Philosophie der Intelligenz)의 테두리 내에서 본 언어기호였다. 다시 말해 『철학대계』 중 여기에서 다루어진 지점들에서 헤겔이 관심을 두고 있는 것은 "본질적으로는 언어의 표시기능(Bezeichnungsfunktion)에 관한" 것이다.[36)]왜냐하면 여기에서 헤겔은 언어를 "오로지 지능의 산물로서 그 고유한 규정성에 따라서, 즉 지능의 표상들을 어떤 외적인 요소로 드러낸다는 그것의 규정성에 따라서" 다루기 때문이다(E. § 459 A, 10.271).

Oevres XIII, 282)도 참조: "이성의 작동 전체를 위해 필수적인 것이 바로 기억이다"(La mémoire est nécessaire pour toutes les opérations de la raison).

36) V. Hösle (1988), 399.

1. 사태와 사유의 언어적 본질

그러나 서두에서 언급했듯이 헤겔에게서 언어는 그 이상의 의미를 지니는 문제영역이다. 언어는 주관정신, 즉 개별적 정신이라는 한정된 테두리에서 논할 수 있는 현상에 그치는 것이 아니라, 그 근원에서 보자면 모든 실재적인 것의 근저에 놓여 있는 신적인 구조이다. 실제로 헤겔은 그러한 신적 구조로서의 (절대)이념을 "근원적인 말씀"(ursprüngliches Wort)이라고 부른다(6.550). 이러한 의미에서 그는 여러 지점에서 이중적 의미를 지닌 그리스어 단어 "로고스"(λόγος)를 매우 높이 평가한다. 왜냐하면 그것은 이성 ― 그것도 '객관적 사상'(der objektive Gedanke)이라는 의미에서의 ― 과 언어를 동시에 의미하기 때문이다(20.106 f.; 18.527; GW 8.190 참조).[37]

그런데 이 단어를 통해서 표현되고 있는 것은 한편으로는 의심할 바 없이 **존재영역 자체의 논리적 ― 따라서 넓은 의미에서의 언어적 ― 본질**이지만, 이에 못지 않게 다른 한편으로는 **사유의 언어적 성격**(Sprachlichkeit des Denkens)이기도 하다: "사상이 말에 연관되어 있음을 사상이 갖는 어떤 결함이나 불행으로 간주하는 것 또한 우스꽝스러운 짓이다; 왜냐하면 통상 사람들이 **언표될 수 없는 것**(das Unaussprechliche)이 가장 탁월한 것이라고 여기고 있지만, 허영에 사로잡힌 이러한 생각은 아무런 근거도 갖지 못하기 때문이다. 언표될 수 없는 것이란 기실은 단지 어떤 불명확하고 격앙된 것에 불과한 것인 바, 그것은 언표될 수 있을 때에야 비로소 명료성을 획득한다. 이에 따라 볼 때 말은 사상들에게 그것들의 가장 존엄하고도 가장 진정한 현존재를 부여한다"(E. §462 Z,

---

37) 이런 의미에서 볼파르트(G. Wohlfart)는 『법철학』에 나오는 헤겔의 익히 알려진 "현실적인 것은 이성적이다"라는 구절(7.24)을 **"현실적인 것은 … 언어적이다"**(Das Wirkliche … ist das Sprachliche. G. Wohlfart [1984], 219)로 번역한다.

10.280).[38] 물론 이 점에 덧붙여져야 할 것은, 사유규정 내지 언어규정들은 단지 주관적이고 관념적일 뿐인 것이 아니라, 객관적이고 실재적이기도 하다는, 따라서 절대적으로 타당하며 또한 초월적이라는 점이다.[39] 그렇게 볼 때 이제 실재철학의 전개는 매우 의미심장한 한 지점에 도달하였다. 언어의 출현은 신적인 로고스가 이제 자신의 위상에 상응한 매체를 얻었으며, 그 언어라는 매체를 통해서야 비로소 인간의 정신은 순수 사상이라는 신의 왕국에 접근할 수 있다는 것을 의미한다: "이성적인 것은 오로지 언어로서만 실존한다"(18.527).[40]

---

38) 헤겔 스스로도 인정하듯이, 언어 없이 사유한다는 것은 불가능할 뿐 아니라 난센스이기도 하다: "따라서 예전에 메스메르(Mesmer)가 시도했듯이, 언어를 쓰지 않고 사유를 하고자 하는 것은, 그 사나이를 ―그의 확언에 따르건대― 거의 정신착란에까지 몰고 갔던 바의, 어리석은 짓이다"(E. § 462 Z, 10.280). 그렇지만 훔볼트와는 달리 헤겔은 사유는 그럼에도 불구하고 언어에 **전적으로** 의존하는 것은 아니며, 오히려 언어 역시 사유에 ―그것도 매우 높은 정도로― 의존한다고 생각한다. 그렇기 때문에 그는 언어는 사상의 작품이며(E. § 20 A, 8.74), 또한 언어의 문법적 측면은 바로 정신의 "논리적 본능"(der logische Instinkt)에 의거한다고(E. § 459 A, 10.272) 말한다. 따라서 회슬레가 지적하듯이 우리는 헤겔적인 의미에서는 "그리스인들이 비로소 철학을 제대로 학문으로서 구성했던 것은, 그들의 언어에 정관사가 있어서 때문이 아니거니와, 오히려 그들의 '논리적 천성'이 정관사(주지하듯이 대부분의 고대 인도게르만어에서, 심지어는 라틴어에서도 정관사가 없다)를 창출해냈다고 말해야 한다. 왜냐하면 그들의 논리적 천성은 규정적인 철학적 숙고를 위한 매체를 필요로 했기 때문이다"(V. Hösle [1988], 402). 로젠크란츠와 마찬가지로 회슬레는 스콜라 철학자들은 바로 그들 "사유의 활력"을 통해 "고대 로마를 통틀어 불가능했던 것, 즉 정관사를 만들어 냈다"는 사실을 또한 지적한다(같은 책, 403. 또한 K. Rosenkranz [1837], 297도 참조). 필자가 보기에 외국어로 된 철학적 개념들을 배우고, 번역하고, 게다가 ―그 개념들에 상응하는 단어가 모국어에 없을 경우― 모국어로 된 새로운 개념어를 만들어 내거나, 아니면 외국어 단어들을 통해 모국어를 더욱 심화·확대시키는 것 등등은 모든 사유하는 이성적 존재들의 보편적인 근간을 이루는 논리적 본능이 있음을 입증하는, 나아가 사유규정들의 초월성과 논리적인 것의 절대성을 입증하는 경험적 증거라고 여겨진다.

39) 18.527 참조: "만약 말과 사태가 서로 대립된다면, 그 때는 말이 더 고차적인 것이다."

40) 그 때문에 앞에서 인용한 『논리학』의 한 지점은, 호프만이 올바로 지적하듯이,

2. 남겨진 문제들

그런데 개별분과로서의 언어철학과 근본학으로서의 형이상학 내지 논리학과의 이러한 철저한 삼투관계에서 우리가 헤겔의 학적 엄밀함을 칭송할 수 있음에도 불구하고 반드시 지적해야만 하는 것은, 첫째, 여기에서도 그의 **이론지상주의**가 — 즉 헤겔 버전의 종말론이 — 매우 강하게 표출되고 있다는 점이다. 헤겔에게 있어서 모든 실재철학적 전개의 궁극적인 마지막 종착점인 철학 — 헤겔은 철학 이후에는 그 어떤 더 이상의 이행도 허용하지 않는다 — 은 또한 언어의 최종 단계이기도 하다. 왜냐하면 그가 보기에 실재의 영역에서 이루어지는 인간의 철학적인 개념적 언어는 곧 근원적인 로고스와 완전히 합일을 이루기 때문이다. 이론적인 것(das Theoretische)만이 전적으로 문제가 되는 한에서는 우리는 물론 헤겔의 이러한 생각에 동의할 수 있다. 왜냐하면 인간지성이 달성하는 '인식'의 영역에서 철학적 명제는 다른 어느 것에도 양보할 수 없는 지적 우월성을 주장할 수 있기 때문이다. 그러나 문제는 헤겔이 이러한 입장을 통해 모든 실재적인 것들을 — 철학을 제외하고는 — 잠정적이고 무가치한 것으로 격하시킨다는 점에 있다. 호프마이스터가 쓰듯이 "자연과 역사는 [신적 이념의] 말하기와 [인간 이성의] 듣기 사이에서 타자태 그 자체로서 소멸하는 [한낱] **매개체**(Medium)로" 되어 버렸다.[41] 페처의 다음과 같은 언급은 이러한 이론지상주의적 종말론의 의혹을 더욱 강하게 표출하고 있는데, 필자가 보

"결코 어떤 메타포 격의 수사에 그치는 것이 아니다. 오히려 헤겔의 그 말은 논리적인 것 일반의 매개와 언어의 로고스 — 사변적 명제라는 의미에서의 — 의 매개형식이 원칙적·방법적으로 일치함을 표현한다. 언어적인 사건은 그 형식에 따라서 볼 때 또한 논리적 사건이며, 그 역도 마찬가지이다 — 게다가 이러한 사실에는 논리적인 것의 언어적 표현가능성에 대한 증거가 또한 들어 있다"(Th. S. Hoffmann [1996], 269).

41) *Dokumente*, 349.

기에 그의 지적은 상당한 설득력을 지닌다: “우리는 다시금 헤겔이 슈바벤 신부 야콥 뵈메(Jakob Böhme)와 신플라톤주의자들에 의해 알게 된 신비적 사고과정에 와 있다. […] 우리는 […] 그가 신의 말씀의 완전한 청취에서, 순수 사유 속에서 이루어지는 신으로의 고양에서, 요컨대 바로 절대지에서 인간과 신의 초시간적인 합일을, 즉 그 앞에서 모든 현세적인 것, 유한한 것, 시간적인 것이 소멸되는 ‘신비로운 일치’(unio mystica)를 보고 있다고 이해할 수밖에 없다.”[42] 그가 절대이념 – 로고스$_1$이라 칭할 수 있을 – 의 자연화를 언급하는 가운데 논리학을 마무리했던 반면에, 그리고 로고스$_2$라 칭할 수 ‘사유’에 관해서는 실천적 정신으로의 이행을 언급하는 반면에, 로고스$_2$에 의한 로고스$_1$의 인식이라 칭할 수 있을 철학은, 이미 언급했듯이, 그 어떤 더 이상의 이행가능성도 지니지 않는 절대적인 최종범주이다. 즉 로고스$_1$의 육화에 대응할 수 있는 로고스$_3$의 실천적 현실화에 대해서는 헤겔은 원칙적으로 거론하지 않는 것이다. 논리학적 범주와 실재철학적 범주의 구조적 대응의 면에서도 이는 문제점을 안고 있거니와, 현실에 대한 철학의 결과적인 무력함으로 귀착될 수밖에 없는 헤겔 판 허무주의가 이 언어라는 문제영역에도 여지없이 드러나는 것이다.

둘째, 앞에서 우리는 헤겔의 언어관이 지닌 긍정적 잠재력으로서 **간주관적 계기**를 거론하였다. 그러나 그러한 단초의 마련에도 불구하고 간주관성의 계기가 본격적으로 발전되지 못하고 있는 점이 또한 지적되어야 한다. 즉 앞에서 보았듯이, 헤겔의 진술들 중 엄밀한 의미에서 언어의 간주관적 계기에 관한 이론이 될 수 있는 단초들을 끄집어낼 수 있는 지점들은 단지 『철학적 예비학』과 예나시기의 체계구상들 그리고 특히 『정신현상학』에만 있을 뿐이다. 이와는 달리 『철학대계』 판 정신론에서는 이러한 계기는 – “민족들 간의 교류”와 민족의 “교

42) I. Fetscher [1970], 175.

양"에 관한 본론적 언급들에서 극히 희미하게 암시되는 경우를 제외하고는(E. §459 A, 10.273 ff. 참조) — 거의 찾아볼 수 없다. 즉 베를린 시기의 『철학대계』에서는 물론 언어에서 이루어지는, 원자적인 개별적 주체의 지양이 지적되기는 하지만, 그럼에도 이것이 주관성 범주를 넘어서는 것으로까지 나아가지는 않는다. 그 대신 여기에서는, 회슬레가 지적하듯이, 전적으로 ① 주체의 객관화와 ② 언어에서 이루어지는 자연적인 것의 관념화만이 주요문제가 된다.[43] 이러한 근거에서 우리는 "『철학대계』에서는… 일종의 퇴행이 일어난다고 생각할 수밖에 없다."[44] 이와는 달리 훔볼트는 "이원성"(二元性, Zweiheit)을 언어철학을 위한 핵심개념으로 견지하거니와, 헤겔도 알고 있고 또 인용하고 있는(E. §459 A, 10.272 참조) 저작인 『이원에 관하여』(*Über den Dualis*, 1827)에서[45] 그는 "언어의 근원적 본질 속에" 놓여 있는 "영원불변의 이원론"(unabänderlicher Dualismus)를 거론한다; "언어행위의 가능성은 그 자체가 말 걸기(Anrede)와 대꾸하기(Erwiderung)에 의해 조건지어진다."[46]

헤겔의 경우 그의 초기 저작들에 단초로 놓여 있던 언어의 간주관적 계기가 후기로 가면서 극히 퇴색되며 심지어는 완전히 도외시되어버리는 사정은 아마도 그가 체계적인 면에서 언어를 궁극적으로 **주관**정신철학에, 즉 인간 정신의 개별적 지평만이 관건이 되는 영역에 속하도록 편성하는 것과 연결되는 것으로 보인다. 그의 초기 체계구상에서처럼 언어를 기억의 영역에 속하게 하더라도 이러한 사정은 변하지 않

43) V. Hösle (1988), 406 참조.

44) 같은 책, 408. 또한 403, 405 ff.도 참조.

45) M. Riedel (1986), 346 참조. 리델에 따르면 헤겔은 훔볼트의 이 저작을 "자신의 언명을 입증하는 증서로" 채택한다.

46) W. v. Humboldt, Werke III, 138. 또한 M. Heidegger (1959), 254도 참조: "말하기와 듣기의 동시성은 그 이상의 것을 의미한다. 말하기로서의 언어행위는 그 자체가 하나의 듣기이다."

는다. 실제로 헤겔의 동시대인들이 이러한 그의 언어관에 대해 가한 비판도 바로 이 점을 겨냥하고 있다. 그들에 따르면 언어는 주관정신철학에, 따라서 구상력의 영역에 속하는 것이 아니라, — 인륜성과 더불어 — **객관**정신철학에 속하는 것으로 규정되어야 한다.47) 그러나 그와 같은 구상은 회슬레에 따르면 다소 "도가 지나친" 것이다. 왜냐하면 "언어는 법과는 달리 철학적-규범적 요구의 체계가 아니라, — 그 구체적인 내용의 면에서 — 훨씬 더 우연적인 현상이기" 때문이다.48) 게다가 특히 언어의 최초의 생성이 주요 관건일 경우, 언어는 분명 법적인 것의 영역이 아니라 기호를 만드는 상상력에 속하는 것으로 규정해야만 한다.

필자가 보기에 좀 더 나은 대안은, 간주관성은 이미 주관성의 지평에서도 (무엇보다도 주관적-내면적인 것의 자기외화가 관건일 경우) 하나의 (가능성의 조건[Bedingung der Möglichkeit]이라는 의미에서의) 초월적인 범주로서 — 설령 단지 함축적으로라도 — 작용하고 있다는 점을 분명히 드러냄으로써, 방금 지적된 헤겔 진술의 부족한 측면을 보완하는 데서 찾을 수 있다고 여겨진다.49) 진정한 주관성은 주체가 스스로를 대상화하는 데서, 즉 스스로를 자신의 타자로 만드는 데서 성립하며, 그런 한에서 참된 주관성이란 바로 그것을 가능하게 만드는

---

47) 이러한 비판들의 구체적 내용에 관해서는 V. Hösle (1988), 405 ff.를 볼 것. 이 지점에서 회슬레는 Ch. H. Weiße (1832)와 C. F. Bachmann (1833)에서 이루어진, 언어의 체계적 위치를 변경하고자 한 시도를 개괄하고 있다.

48) 같은 책, 406.

49) 이에 대한 하나의 간접적이고 유비적인 예로 구약 「창세기」의 유명한 구절이 인용될 수 있을 것이다. 거기에서 신, 즉 **유일한 절대적 주체**는 그 양보할 수 없는 **단수성**에도 불구하고 다음과 같이 말하고 있다: "**우리**의 모상으로 **우리**와 닮게 인간을 만들**자**"(Laßt *uns* Menschen machen als *unser* Abbild, *uns* ähnlich. Gen. 1.26. 필자에 의한 강조). 나아가 현세적으로 재연된 주관성인 이러한 모상(인간) 역시 이미 단수가 아닌 복수형으로 — 즉 "인간들"(Menschen), "그들"(sie), "너희들"(euch)로 — 묘사되고 있다.

조건인 간주관성에 근거하는 것이다.[50] 그럴 경우 표상이 주관정신의 단계에 속하는 것을 부정하지 않으면서도, 그 속에 잠재되어 있는, 또는 그것을 원리적으로 근거짓고 있는 간주관성의 계기가 객관정신에 가서 복수의 주체들을 통해 현실화될 수 있는 가능성 또한 구조적으로 마련할 수 있을 것으로 여겨진다.

50) '구상력'의 틀에서 볼 때 이 점은 상징들에도 그대로 적용될 수 있다. 왜냐하면 상징들 역시 그것들을 받아들이는 다른 주체를 전제로 하며, 또한 습득되고 전파되어야 하기 때문이다.

참고문헌

1. 일차문헌

1) 헤겔의 저작들

G. W. F. Hegel, *Werke in zwanzig Bänden*, hrsg. von E. Moldenhauer und K. M. Michel, Frankfurt a. M. 1969-1971.

- Bd. 1: *Frühe Schriften.*
- Bd. 2: *Jenaer Schriften* (1801-1807).
- Bd. 3: *Phänomenologie des Geistes.*
- Bd. 4: *Nürnberger und Heidelberger Schriften* (1808-1817).
- Bd. 7: *Grundlinien der Philosophie des Rechts oder Naturrecht und Staatswissenschaft im Grundrisse* (= Rph.).
- Bd. 5 - 6: *Wissenschaft der Logik.*
- Bd. 8 - 10: *Enzyklopädie der philosophischen Wissenschaft im Grudrisse* (1830) (= E.).
- Bd. 12: *Vorlesungen über die Philosophie der Geschichte* (ed. K. Hegel, [2]1840).
- Bd. 13 - 15: *Vorlesungen über die Ästhetik* (ed. von H. G. Hotho, [2]1842).
- Bd. 18-20: *Vorlesungen über die Geschichte der Philosophie* (ed. von K. L. Michelet, [1]1833-1836).

G. W. F. Hegel, *Gesammelte Werke*, Hamburg 1968 ff. (= GW)

- Bd. 6: *Jenaer Systementwürfe I*, hrsg. von K Düsing und H. Kimmerle, 1975.
- Bd. 8: *Jenaer Systementwürfe III*, hrsg. von R.-P. Horstmann, 1976.
- Bd. 13: *Enzyklopädie der philosophischen Wissenschaften im Grundrisse* (1817), hrsg. von W. Bonsiepen und K. Grotsch, 2000.
- *Enzyklopädie der philosophischen Wissenschaften im Grundrisse*

(Heidelberger Enzyklopädie, 1817), in G. W. F. Hegel, Sämtliche Werke, hrsg. von H. Glockner, Bd. 6, Stuttgart 1927, 1-310 (= HE).

- *Vorlesungen über die Philosophie des Geistes. Berlin 1827/28*, nachgeschrieben von J. E. Erdmann und F. Walter, hrsg. von F. Hespe und B. Tuschling, Hamburg 994 (= Erdmanns Nachschrift 1827/28).

- *Dokumente zu Hegels Entwicklung*, hrsg. von J. Hoffmeister, Stuttgart-Bad Cannstatt 1936 (= *Dokumente*).

2) 그 밖의 원전

W. v. Humboldt, Werke III, *Schriften zur Sprachphilosophie*, Darmstadt 1963

B. Pascal, *Les Penses*, Oevres XIII, Paris 1904.

2. 이차문헌

권대중(2002) :「헤겔의 <이론정신철학>에서의 "사유"」,『헤겔연구』12호(『헤겔 철학과 정신』), 한국헤겔학회, 2002.

_____ (2006a):「3의 변증법과 4의 변증법, 그리고 간주관성: 헤겔 체계의 구조적 수정을 위한 회슬레의 대안적 제안」,『헤겔연구』19호(『미와 변증법』), 한국헤겔학회, 2006.

_____ (2006b):「예술에 상응하는 또하나의 정신론적 형식으로서의 "상상력"」,『미학』제46집, 한국미학회, 2006.

_____ (2007):「일면적인 자연적 주관성으로서의 '욕망': 헤겔의 정신철학에서 욕망의 체계적 위치」,『인문학 연구』39, 계명대학교 인문학연구소, 2007.

김준수 (2002): 「승인 개념 그리고 스토아적 자기의식과 보편적 자기의식 – 『정신현상학』과 『엔치클로페디』에서의 승인 이론의 차이」, 『헤겔연구』 12호(『헤겔 철학과 정신』), 한국헤겔학회, 2002.

Bachmann, C. F., (1833),: *Über Hegels System und die Notwendigkeit einer nochmaligen Umgestaltung der Philosophie*, Leipzig 1833.

Bodammer, Th., (1969), *Hegels Deutung der Sprache. Interpretationen zu Hegels Äußerungen über die Sprache*, Hamburg 1969.

Düsing, K., (1991): "Hegels Theorie der Einbildungskraft", in: F. Hespe / B. Tuschling (1991), 297-320.

Fetscher, I., (1970): *Hegels Lehre vom Menschen. Kommentar zu den §§ 387 bis 482 der Enzyklopädie der philosophischen Wissenschaften*, Stuttgart-Bad Cannstatt 1970.

Fulda , H. F., (1991): "Vom Gedächtnis zum Denken", in: F. Hespe / B. Tuschling (1991), 321-360.

Greene, M., (1984): "Hegel's Conception of Psychology", in: R. S. Cohen / M. W. Wartofsky (ed.), *Hegel and the Science*, Dordrecht 1984, 161-191

Heidegger, M., (1959): *Unterwegs zur Sprache*, Pfullingen 1959

Henrich, D.,(1979): *Hegels philosophische Psychologie*, Hegel-Tage Santa Margherita 1973, hrsg. von Dieter Henrich (Hegel-Studien / Beiheft 19), Bonn 1979.

Hespe / B. Tuschling, F., (1991): *Psychologie und Anthropologie oder Philosophie des Geistes. Beiträge zu einer Hegel-Tagung in Marburg 1989*, hrsg. von F. Hespe und B. Tuschling, Stuttgart-Bad Cannstatt 1991

Hirsch-Hadorn, G. , (2000): *Umwelt, Natur und Moral. Eine Kritik an Hans Jonas, Vittorio Hösle und Georg Picht*, Freiburg u. a. 2000

Hösle, V., (1987): "Begründungsfragen des objektiven Idealismus", in: *Philosophie und Begründung*, hg. von W. Köhler, W. Kuhlmann und P.

Rohs, Frankfurt a. M. 1987.

_____ (1988): *Hegels System. Der Idealismus der Subjektivität und das Problem der Intersubjektivität*, Hamburg 1988.

_____ (2006): *Der philosophische Dialog. Eine Poetik und Hermeneutik*, München 2006.

Hoffmann, Th. S., (1996): Artikel "Georg Wilhelm Friedrich Hegel (1770-1831)", in: T. Borsche (Hrsg.), *Klassiker der Sprachphilosophie. Von Platon bis Noam Chomsky*, München 1996, 257-495.

Riedel, M., (1986): "Sprechen und Hören. Zum dialektischen Grundverhältnis in Humboldts Sprachphilosophie", in: *Zeitschrift für philosophische Forschung 40* (1986), 337-357.

Rosenkranz, K., (1837): *Psychologie oder die Wissenschaft vom subjektiven Geist*, Knigsberg 1837.

Seeberger, W., (1961): *Hegel oder die Entwicklung des Geistes zur Freiheit*, Stuttgart 1961.

Simon, J., (1966): *Das Problem der Sprache bei Hegel*, Kohlhammer 1966

_____ (1996): "Zeichenmachende Phantasie. Zum systematischen Zusammen hang von Zeichen und Denken bei Hegel", in: *Zeitschrift für philosophische Forschung 50* (1996), 1/2, 254-270.

Szondi, P., (1974): *Poetik und Geschichtsphilosophie*, Frankfurt a. M. 1974

de Vries, W., (1988): *Hegel's Theory of Mental Activity. An Introduction to Theoretical Spirit*, Ithaca 1988.

Weiße, Ch. H., (1832): *Ueber das Verhältniß des Publicums zur Philosophie in dem Zeitpunct von Hegel's Abscheiden*, Leipzig 1832.

Wohlfart, G., (1984): *Denken der Sprache. Sprache und Kunst bei Vico, Hamann, Humboldt und Hegel*, Freiburg 1984.

Hegels Sprachphilosophie in seiner "Psychologie"[51)]

Kwon, Dae-Joong

Zusammenfassung

Nicht erst durch das "linguistic turn", das philosophische Ereingnis des 20. Jahrhunderts, sondern bereits vom Anfang der abendländischen Philosophie an ist das Problem "Sprache" als ihr Hauptthema gewesen. Besonders im Hegelschen System, welches die absolute Geltung des Logischen zu argumentieren versucht, macht die Sprache einen zentralen Themenbereich aus, da seiner Auffassung nach die Denk- und Sprachakt des Menschen als eine Nach- bzw. Wiedervollziehung des göttlichen Logos gilt. In seiner enzyklopädischen Psychologie wird das Sprachzeichen als diejenige Kategorie logisch hergeleitet, die den in der Stufe des Symbols bestehenden performativen Widerspruch aufhebt. Die Intelligenz als die nur symbolisierende Einbildungkraft beansprucht notwendig die Stufe der Zeichen machenden Phantasie, weil das Symbol noch keine direkte Übereinstimmung zwischen dem auszudrückenden Inhalt und dem ausdrückenden Mittel schaffen kann. Die durch das Sprachzeichen erreichte direkte Übereinstimmung beruht auf der vollständigen Willkür des Subjekts bei der Auswahl des Ausdrucksmittels, da das Zeichen im echten Sinne in der vollkommenen

51) This work was supported by the Korea Research Foundation Grant funded by the Korean Government (MOEHRD) (KRF-2005-003-A00044).

Befreiung von der Ähnlichkeit zwischen der Beschaffenheit des Ausdrucksmittels und dem auszudrückenden Objekt besteht. Durch das Zeichen als die vollständig direkte und transparente Äußerungsweise gewinnen sowohl der Ausdrucksgegenstand als auch das ihn bezeichnende Subjekt eine Allgemeinheit: Indem einerseits jeder einzelne Gegenstand durch das Sprachzeichen benannt wird, wird er zu einer allgemeinen Gattung bzw. einem Begriff erhoben; im Prozeß nach der Geltung des Zeichens erhebt sich andererseits die Einzelheit des Subjekts zur intersubjektiven kommunikativen Allgemeinheit. Um eine solche allgemeine Geltung zu erreichen, wird aber über die Sprachzeichen produzierende Phantasie hinaus noch eine neue geistphilosophische Kategorie in Anspruch genommen — nämlich das Gedächtnis. Das Gedächtnis funktioniert als dasjenige Moment, durch welches die Intelligenz bis zum Denken fortschreiten kann, das nach Hegel die allerhöchste Stufe der Intelligenz ist. Trotz all seiner eigentümlichen sorgfältigen Argumentationen findet sich in Hegels Sprachphilosophie ein Theoretizismus, woran sein ganzes System leidet, da nach ihm alle Bewegungen des Geistes im Vernehmen des göttlichen Logos endgültig ausgeführt werden. Außerdem könnte man von Hegels Sprachphilosophie zwar irgendeine detailierte Formulierung über den Horizont der Intersubjektivität erwarten, aber diese bleibt nur noch ein impliziertes Moment und verschwindet allmählig während des Vervollständigungsvorgangs des absoluten theoretischen Subjekts, ohne als eine sinnvolle Kategorie thematisiert zu werden.

Stichwörter : Sprache, Zeichen, Symbol, Subjektivität, Intersubjektivität, performativer Widerspruch, Logos, Phantasie, Gedächtnis

헤겔의 정치철학

— 헤겔은 자신의 국가철학을 어떻게 정당화시키고 있는가?

이재성

Ⅰ. 들어가는 말 : 계약이론에 대한 헤겔의 투쟁

Ⅱ. 국가체제 대신에 인륜성

Ⅲ. 국가와 주권이론의 관계

Ⅳ. 헤겔의 입헌 군주제 옹호 : 관념론적 현실주의인가 아니면 묵시록적 실용주의인가?

Ⅴ. 나가는 말 : 계몽의 종결

요약문

헤겔은 근대 정치이론의 계약이론에 맞서 투쟁하면서 계약이론의 개인주의적-구성주의적 관점, 즉 계몽주의적 관점을 버리고 사회적 현실을 정신의 전개로 바라보는 해석학적 방법을 구상한다. 이러한 헤겔의 구상은 인륜성을 통해 더욱 분명하게 드러나는데, 그 구체적인 실현형태가 바로 정신의 변증법적 자기전개이다. 따라서 본 연구는 헤겔이 인륜성의 구상을 통해서 자신의 국가철학을 도대체 어떻게 정당화하고 있는지를 철저하게 논증하는 것을 목적으로 한다. 이를 위해서 필자는 우선 헤겔이 왜 국가체제보다는 인륜성을 자신의 국가철학 정당화를 위한 핵심 주제로 삼고 있는지를 고찰하고, 제도화된 인륜성으로서의 국가와 주권이론이 어떻게 관계하는지를 살펴보고, 궁극적으로 헤겔이 자신의 국가이론에서 옹호하고 있는 입헌 군주제가 관념론적 현실주의인지 아니면 묵시록적 실용주의인지를 심도 있게 논증하면서 논의를 마무리할 것이다.

● **검색어 : 헤겔, 법철학, 정치철학, 국가철학, 계약이론, 인륜성, 주권, 자유, 군주제**

Ⅰ. 들어가는 말 : 계약이론에 대한 헤겔의 투쟁

오늘날 전 세계 대부분의 국가들은 자유민주주의 정치체제를 그 국가가 궁극적으로 지향해야 할 이념으로 표방하고 있다. 다시 말하면 국가는 자유에 기반을 하고 있는 민주주의의 실현을 그 정치적 목적으로 한다.[1)] 이러한 자유민주주의의 이념은 고전적 근대 정치이론의 중심적인 기획이었으며, 그 근원은 근대의 개인주의적-구성주의적 계약이론에서 출발하고 있다. 그러나 헤겔은 『법철학』(*Grundlinien der Philosophie des Rechts*)에서[2)] 근대 정치이론의 계약이론이 주장하는 계약은 근본적으로 계약 당사자의 '공동의지'를 설명할 수 없다고 주장한다. 그의 입장에 따르면 "자신의 소유물을 교환하는 계약 당사자의 공동적이며 동일한 의지는 핵심만 요약하면 공동의지, 즉 자유를 실현하는 공동체의 실체"라는[3)] 주장은 국가뿐만 아니라 사회적 관계를 '계

1) 이러한 사실은 현실 사회주의의 몰락과 더불어 전 세계적 자본주의의 확대와 팽창이 낳은 현상이며, 그 결과는 신자유주의라는 이름으로 등장한 전 지구화이다. 그런 점에서 오늘날의 자유민주주의는 고전적 근대 정치이론의 개인주의적-구성주의적 계약이론의 이념에 기반하고 있는 국민국가 내에서 작동하는 동시에 그 궤도에서 이탈한 새로운 패러다임이다.

2) 헤겔의 저작들은 G. W. F. Hegel, *Werke in zwanzig Bänden*, hg. v. E. Modenhauer und K. M. Michel(Franktfurt(M.): Suhrkamp 1969-1971)에 따라서 인용한다. 이 전집에 따라서 인용할 경우 본문에 괄호로 권수와 쪽수만 표기한다. 이 전집에서 인용하지 않은 헤겔 저작들은 따로 출전을 밝힌다.

3) W. Euchner, *Egoismus und Gemeinwohl. Studien zur Geschichte der bürgerlichen*

약론적'으로 근거 짓는 것에 반대하는 헤겔의 핵심적인 논변을 오해하고 있는 것이다. 헤겔의 입장에서 보면 사회적 관계, 보편자 그리고 보편의지는 경험적인 주체의 공동의지에 근거할 수 없다. 왜냐하면 헤겔의 '관념론적 현실주의'에서 나타나는 바와 같이 보편성은 사상(事象) 개념과 관계하기 때문이다. 보편자는 자유 안에서 그리고 자유로서의 정신의 실현을 의미한다. 루소의 보편의지(volonte generale)와 전체의지(volonte de tous)는 보편적인 것과 공통적인 것을 구별하려는 것이다.[4] 실제로 헤겔은 『법철학』의 내용 중 '시민사회'에서 '국가'에로의 인륜성의 변증법적 이행과정에서 보편의지와 전체의지에 대한 루소의 구별을 받아들여 계속 사유한다.

이처럼 근대 정치이론의 계약이론에 대한 헤겔의 투쟁은 그 이론이 기반하고 있는 개인주의적-구성주의적 근거에서 이루어진다.[5] 한 계약의 전형에 따르면 공동체는 수많은 개별자들에 의해 근거지어진다. 그러나 헤겔은 이러한 근거가 갖는 설명력뿐만 아니라 그 적법성까지도 의심한다. 헤겔이 말하는 공동체 형태의 발전은 인륜성의 틀 안에서만 보증된다. 그렇지만 그는 근대 정치이론의 계약론적 논변이 추구하는 구성주의적 태도와 관련해서는 단순히 역사적으로 논증하기보다는 이성사적으로 논증한다. 헤겔은 계약이론의 본질이라고 할 수 있는 '개인주의'에 대해서 '국가'를 근거 짓는 것과 관련하여 '집단주의적'

Philosophie, Frankfurt(M.) 1973, 147쪽.

4) 여기서 보편의지는 물질적으로 규정된 공동 복지와 관계한다면 전체의지는 타율적-이기적으로 동기 유발된 개별자의 관심 내지 이익을 조절하고 균일화하는 것과 관계한다. 이러한 의미에서 보편의지는 "절대적으로 이성적인 것"(7, 400쪽)과 관련된다(이재성, "루소의 정치철학에 대한 헤겔의 비판", 대동철학 제18집(부산: 구덕출판사 2002), 6쪽).

5) 근대 정치이론의 계약이론에 대한 헤겔의 비판과 관련해서는 이재성, "헤겔의 정치철학에 대한 일고", 한국헤겔학회 편, 『헤겔철학과 정신』, 헤겔연구 제12호(서울 : 철학과현실사 2002), 279-309쪽 참조.

논변보다는 '관념론적' 논변을 제시한다. 이 점에서 우리는 헤겔이 수많은 개별자들의 자의로부터 국가를 근거 짓는 것을 분명하게 반대하고 있는 것처럼 "오히려 국가는 이성의 권력에 의해 생겨난 것으로 간주"해야 할 것이다.[6] 헤겔이 '원자론'이라는 용어로 분명하게 표현하고 있는 것처럼 계약이론을 개인주의적-구성주의적으로 논증하는 것은 "정신적인 요소가 결여되어(geistlos)"(7, 305쪽) 있음을 말한다. 이러한 논변으로는 결코 인륜적인 것과 그것의 객관적 형태, 즉 제도들을 이룰 수 없다. 왜냐하면 헤겔이 말하는 인륜적인 것과 그것의 객관화는 단순한 "집합"이 아니라 "개별과 보편의 통일"(7, 305쪽)이기 때문이다. 그럼에도 이 통일은 개별자 혹은 개인의 자의로부터 근거지어진 것이 아니라 오직 '개념' 실현의 필연적인 발전에서만 근거지어진 것이다. 따라서 헤겔의 인륜성에 대한 구상은 관념론적이고 이성사적인 관점을 취하기 위해서 근대 계약이론의 구성주의적이고 개인주의적인 관점을 포기한다.

헤겔의 입장에서 보면 고전적 근대 계약이론은 항상 국가 창건을 위해 강조된 이성성(Vernünftigkeit)을 소홀하게 취급하는 대신에 자의와 수많은 개별자의 경험적 목적에 의존할 것을 요구한다. 그래서 헤겔은 논증적으로 불확실한 개별자의 자의 대신에 그 자리에 '이성의 자기전개'를 끼워 넣는다. 그 결과 "절대적으로(an und für sich) 존재하는 이성적 의지는 국가에서 실현될 수 있는 것이다. 이 의지는 결코 자의에서 근거지어지는 것이 아니며 자의는 이 의지에서 사라져야 하는 것"이다.[7] 그러므로 국가의 근원적인 무대를 말하기 위해 국가의 권위를 확실하게 근거 짓는 한편, 다른 한편 계몽주의적 자율성의 정언명령을 준수하려는 계약이론의 시도는 국가가 특수성과 보편성의 통일로 간

6) G. W. F. Hegel, *Philosophie des Rechts. Die Vorlesung von 1819/20 in einder Nachschrift,* Hrsg. von Dieter Henrich, Frankfurt(M.) 1983, 82쪽.

7) Henrich(1983), 82쪽.

주되는 한 국가의 이념을 정당하게 평가하지 못한다. 이러한 합리적-구성적인 연극에 대한 헤겔의 근본적인 비판은 '인륜성(Sittlichkeit)'의 개념에서 실현된다. 에토스와 제도가 철저하게 새로 시작되는 영(零)의 시점은 그 어디에도 없다. 그럼에도 헤겔의 계몽주의적 정신은 모든 사회적 질서의 합법성에 저항한다. 왜냐하면 이러한 사회적 질서의 합법성에 대한 시도는 헤겔이 할러를 매섭게 비판하고 있는 바와 같이 여전히 계약론적으로 논증하는 원자론보다 더 정신적인 요소가 결여되어 있기 때문이다. 때문에 헤겔은 그들과는 전혀 다른 방법을 제안한다. 그는 구성주의적으로 근거지어진 계약이론의 프로젝트 대신에 사회적 현실을 '정신의 전개'로 해석하는 '명시적-해석학적' 시도를 수행한다.[8] 이제 정신이 전개되는 역사의 주체로서의 수많은 개별자는 더 이상 공상에 잠겨서는 안 되며, 이성 그 자체는 바로 이러한 역사를 지배한다.

따라서 본고에서는 인륜성을 통해 정신의 변증법적 자기전개가 이루어지는 과정을 추적하면서 헤겔이 자신의 국가철학을 어떻게 정당화하고 있는지를 철저하게 따져 물을 것이다. 이를 위해서 필자는 우선 헤겔이 왜 국가체제 대신에 인륜성을 자신의 국가철학 정당화를 위한 핵심 논제로 삼고 있는지를 고찰하고(2), 제도화된 인륜성으로서의 국가에 주권이론이 어떻게 관계하고 있는지를 살펴 본 뒤에(3), 궁극적으로 헤겔의 국가이론에서 그의 입헌 군주제 옹호는 관념론적 현실주의인지 아니면 묵시록적 실용주의인지를 논증하면서(4), 논의를 마무리할 것이다(5).

---

8) 정신의 변증법적 자기전개와 관련해서는 이재성, "헤겔의 정신철학에서 정신개념의 변증법적 발전구조", 한국헤겔학회 편, 『반성과 이성』, 헤겔연구 제14호(서울: 동과서 2003), 67-96쪽 참조.

Ⅱ. 국가체제 대신에 인륜성

헤겔의 계약론적 논변에 대한 투쟁은 국가체제 내지 헌법제정에 반대하는 논쟁에서 반복적으로 나타난다. 헤겔의 전문용어를 빌려서 표현하면, 헌법(Verfassung)은 국가의 "발전되고 현실화된 이성성"(7, 412쪽)이다. 헌법 개념에 대한 헤겔의 이러한 관념론적 규정은 오랜 독일 국가이론의 요인들로 보완되는데 그것에 따르면, 헌법은 '이성의 사회적 전개'이고 경험적으로 정향된 오랜 독일 국가이론의 의미에서 '공화체'(status rei publica)이다. 그런 점에서 헤겔은 한편으로 칸트와 프랑스 혁명 이래 타당한 국가의 헌법과 이성의 질서의 근본적인 동일성 이념을, 다른 한편으로 정치적 지형을 역사적으로 기술하는 이론을 관심 있게 다룬다.[9] 그럼에도 불구하고 선재했던 헌법의 이념에 반하는 '프랑스적'이라는 의미변형이 바로 헌법개념의 핵심으로 규정되는 사이에[10] 이러한 문제는 상태(status)로서의 헌법을 해석하는데 있어서 아무런 역할도 못한다. 헤겔은 이러한 양자의 변형을 아주 독특한 방법으로 결합시킨다. 그는 '프랑스적'이라는 의미로부터 이성과의 결합을 끄집어내지만 기존 현실과의 괴리뿐만 아니라 헌법제정 내지 국가체제를 강조하는 행위도 거부한다.

그러나 "도대체 여기서 절대적으로 본질적인 것은 국가체제란 시대 속에서 생겨난 것이라고 하지만 결코 만들어진 것으로 간주되어서는 안 된다는 것이다. 왜냐하면 그것은 오히려 단적으로 절대적인 존재자

---

9) 헤겔과 간스의 관계를 통해서 정치적 지형, 즉 제도들의 안정성을 역사적 관점에서 자세히 논의하고 있는 게하르트 괼러, "헤겔과 역사의 종말: 어떻게 제도들은 스스로를 안정화시키는가?", 한국헤겔학회편, 「헤겔 철학의 역사적 지평」, 헤겔연구 제11호(서울: 철학과현실사 2002), 13-51쪽 참조.

10) 헌법이 정치적 실존을 위한 결정으로 규정된다면 칼 슈미트의 헌법개념은 이러한 전통을 따른다. 이에 대해서는 C. Schmitt, *Verfassungslehre* (1928), Berlin 1970, 20쪽 이하 참조.

이며 그럼으로써 동시에 신적이며 항구적인 것이므로 어디까지나 만들어진다고 하는 것의 영역을 넘어서는 것으로 간주"(7, 439쪽)되어야 하기 때문이다. 칼스바더(Kalsbader)의 결의 이후에 헤겔과 서구 자유주의의 정치적 표상들과의 괴리감은 더욱 심화되었다. 그러나 이러한 괴리감은 당시의 냉랭한 정치적 분위기 때문이기보다는 이미 인륜성 그 자체에 대한 헤겔의 구상 속에 계획되어 있음을 분명하게 찾아 볼 수 있다. 왜냐하면 국가체제를 "만든다는 것(das Machen)"(7, 439쪽)에 대한 헤겔의 판결은 이중적으로 근거지어지고 있기 때문이다. 그 하나는 그가 '정치적 원자론'에 강한 의구심을 갖고 있다는 것이며, 다른 하나는 '국가체제 내지 헌법의 근원'에 대한 물음을 금기시하고 있다는 것이다.

물론 헤겔은 국가체제(pouvoir constituant)에 대한 물음에 깊은 관심을 갖고 다룬다. 선(先)입헌적인 상황을 허구라고 논증하는 사람들은 "단순히 원자와 같이 떼를 지어 있는 개개인들의 무리"(7, 439쪽)가 국가체제에 이를 수 있다고 생각하는 사람들이다. 그러나 이러한 개개인들의 무리는 헤겔의 철학적 고찰에 있어서 별로 중요하지 않다. 모든 질서 이전의 국가체제의 실존에 대한 물음은 헤겔에게 아무런 의미가 없다. 왜냐하면 "개념은 그러한 무리와는 관계하지 않기 때문"(7, 439쪽)이다. 그러므로 헤겔이 보기에 정치적 계몽주의의 방법론적-비판적인 개인주의는 국가체제의 문제와 연관해서 보더라도 당연히 철학적인 오류일 뿐이다. 또한 헤겔은 정치적 계몽주의의 방법론적-비판적인 개인주의가 정치적 오류라는 것을 『법철학』 서문에서 분명하게 밝히고 있다(7, 49쪽 이하 참조). 때문에 그는 계몽주의의 개인주의적-정치적인 구성주의에 반대해서 국가체제에 대한 '참된' 철학적 고찰이 필요하다고 생각한다. 그럴 경우 이러한 철학적 고찰은 국가체제가 공동체를 정돈하는 단순한 규칙적 틀 그 이상이라는 것을 고려해야만 한다.

헤겔은 국가체제 자체를 신속하게 '신적이며 항구적인 것'으로 고양시켜 버림으로써 국가체제의 문제는 결정적인 모든 정치적 포위로부터 벗어난다. 따라서 헤겔의 결론은 '정치'에 있다기보다는 '철학'에 있다. 이것은 왕정복고적인 분위기를 지적하는 것만으로는 설명될 수 없는 매우 중요한 그의 입장표명이다. 이러한 입장표명을 통해서 현실적인 정치적 문제에 대한 헤겔의 '양면적' 태도가 더욱 더 분명해진다. 국가체제 내지 헌법은 고대법보다 '신적이며 항구적'이지도 않고 그 권위는 그 근원으로의 소급을 통해서 정당화될 수도 없다. 그러므로 헤겔은 '합법성'의 담론과 관련해서 두 마리의 토끼를 쫓고 있는 셈이다.

헤겔은 프랑스 혁명을 통해 화려하게 등장해서 세계무대를 장식했던 '자기근거지음'(Selbstbegründung)의 환상을 공격한다. 헌법은 "사상적 구성물"(7, 440쪽) 그 이상이다. 헌법의 '프랑스적' 개념은 인륜성 구상의 틀 내에서 볼 때 아무런 의미도 없다. 헤겔이 볼 때 프랑스적 헌법의 개념은 인륜적인 것을 강조하기 위해서 정치적 오만의 장소에다가 단지 그럴듯한 역사적 논증만 올려놓는 것일 뿐이다. 비록 헤겔의 사유가 아무런 의심 없이 헌법을 상태(status)로 해석한다고 하더라도 그 헌법은 단순한 현상태(status quo) 그 이상을 의미한다. 만약에 헤겔이 나폴레옹에 의해 좌절된 시도, 즉 스페인 사람들에게 헌법을 부여하려던 시도를 말하고 있는 것이라면 그는 "모든 민족이 저마다가 자기에게 적합하고 또 자기에게만 속하는 그러한 헌법을 지니게 마련"(7, 440쪽)이라는 말로 끝낸다. 헤겔은 정치적인 기하학의 환상에 반대하면서 두 가지 의구심을 제기한다. 그 하나는 헌법 일반을 제정할 수 있다는 것에 대한 의심이고, 다른 하나는 정치적 형태의 보편성에 대한 회의이다. 헤겔에 따르면 이러한 양자에 대한 의혹을 긍정적으로 방향전환 시키는 것이 바로 '인륜성'(Sittlichkeit)이다. "자유의 이념"(7, 292쪽)은 오직 국민의 정신 속에서만 현실적이기 때문에 시간과 공간을 벗어날 수 있는 어떠한 보편적인 인륜성도 존재하지 않는다. 자유의 이념과 이에 따른 헌법의 문제는 오히려 그 국민의 "자기의식의 양식과 교양"(7, 440쪽)에 기반하고 있다. 그러므로 헤겔은 제 헌법들의 특수한 조건들을 지각해야할 필요가 있다고 주장한다. 그렇다고 단순한 경험적-역사적 자료들을 말하는 것은 아니다. 이처럼 역사적으로 소여된 것은 그 자체 오직 자유이념의 실현과정에서 해석될 때에만 중요하다.

헤겔이 구상하고 있는 인륜성의 '규범적' 본질은 그것의 논쟁적인 역할만큼이나 분명하다. 그의 인륜성에 대한 구상은 경향적으로 제도적대적인 도덕성의 담론, 즉 입법자로서의 주체가 주장하는 도덕성(Moralität)의 담론에 대해 답변하는 것이 아니다. 동시에 인륜성에 대한 헤겔의 구상은 그것이 보다 기하학적이든 국민의 의지에 따른 것이든지 간에 정치적 삶을 구성하기 위하여 헌법 내지 국가체제에서 면제될 수 있다고 믿는 근대의 계약론적 구성주의의 정치적 전능의 환상에 대해서 답변하는 것도 아니다. 루소에서처럼 정치적 삶을 생각하도록 하려는 헤겔의 시도는 그 자체 '자유' 이념의 과정을 의미한다고 할 수 있을 것이다. 그러나 헤겔은 프랑스 혁명을 일별하면서 근대의 계약론적 구성주의의 긍정적인 가치를 포기한다. 물론 프랑스 혁명은 정신사에 있어서 위대한 혁명이며, 그 점에서 프랑스 혁명은 자유 이념의 자기실현을 다룬 역사에서 탁월한 위상을 점하고 있다고 긍정적으로 해석하기도 한다. 그렇지만 헤겔에게 프랑스 혁명은 추상적 사유에서 나온 것이라는 점에서 결코 "절대적 자유의 구체적 파악"이[11] 되지 못한다. 구체적 현실에 반대하는 근대의 혁명과 그 구성주의는 "모든 현존하는 것에 대립하는 환상적이고 극단적인"[12] 태도를 취하고 있을 뿐이다. 근대의 혁명과 그 구성주의는 이성의 추상에 사로잡혀 있기 때문에 다루기가 어렵다. 이로써 인륜성에 대한 헤겔 구상의 상대자는

11) G. W. F. Hegel, *Vorlesungen über die Philosophie der Weltgeschichte*, Hrsg. von Georg Lasson, Hamburg 1968, 924쪽.

12) Hegel(1968), 925쪽.

분명하게 규정된다. 그것은 바로 세계의 법을 지각하지 않은 채 세계로 돌진하는 '철학'(Philosophie)을 말하는 것이다.

인륜성의 틀 내에서 사회적-정치적 제도들을 다룬다는 것은 '현실은 언제나 이성적'이라는 것을 통해 제도적대적인 정치적인 것에 반대해서 낭만주의적 주관성의 철학, 현실과 동떨어진 정치적인 것에 반대해서 프랑스 혁명의 철학 그리고 정신이 텅 비어 있는 정치적인 것에 반대해서 부흥의 철학을 정립하려는 것을 말한다. 그러므로 현실은 한편으로 근대의 혁명과 그 혁명을 사유한 사상가 루소가 시도한 것처럼 폭력적으로 이성에 강제될 필요가 없다. 다른 한편 정치적 현실은 국가학의 부흥이 제기한 바와 같은 사상에 의존할 필요도 없다. 인륜성을 구상함에 있어서 '현실의 이성과 이성의 현실'은 '자유 개념의 역사'로 파악된다. 이처럼 이론에 기반하고 있는 헤겔의 이념의 현실에 관한 역사철학적 신임은 정치철학적 관점에서 볼 때 정치적 인간중심주의에로의 새로운 방향전환이 이루어지고 있음을 의미한다(7, 25쪽 이하 참조).

근대의 정치적 사유의 오만, 즉 계몽의 정치적 자기권능에 대한 헤겔의 비난은 다만 그가 수행한 '철학적 방향전환'의 논쟁적인 일면일 뿐이다. 헤겔은 계몽주의적 프로젝트가 내세운 '진보'에 대한 희망을 넘어서서 '정신의 실체화'로 나아가는 것을 매우 진지하게 받아들인다. 진보하는 세계사 행정의 주체와 수익자로서의 인간 역사의 자리에 이제 '정신의 자기계시'가 들어서는 것이다. 이러한 철학적 방향전환은 직접적으로 철학 자체를 "국가라고 하는 인륜적 우주를 인식하는"(7, 26쪽) 것을 과제로 삼아야 하는 것으로 규정하는 것과 관계한다. 그러므로 존재하는 것을 인식하는 것, 즉 이성을 인식하는 것을 철학의 과제로 삼는다는 것은 국가에 대한 인식과 제도를 서술하기 위한 포괄적인 결과를 갖는다. 이제 '해석'이 비판을 대신한다. 비판, 즉 실천철학으로서의 정치의 근대적 방향전환은 현실의 부조리에 의해 천신만고한다. 그럼에도 불구하고 인륜성에 대한 헤겔의 관념론적 철학에 있어서 '당위'와 '존재'의 이러한 '차이' 주장은 단지 "개념으로까지 해방되지 못한 채 한낱 추상에 얽매여 있음"(7, 26쪽)을 증명할 뿐이다. 이러한 해방이 곧 '철학의 과제'이다. 철학은 '이성적인 것에 대한 인식'을 목표로 삼는다. 철학은 비판적 잠재력을 지니고 있지만 비판의 도구는 아니다. 헤겔은 진보 낙관주의, 즉 정치적 계몽주의의 이성적 희망 그 자체에 반대해서 정치적 계몽주의의 이성적 희망을 새로운 방향으로 전환시킨다. 그 점에서 헤겔은 희망과 낙관주의를 중요시하고, 이에 따른 비판적 태도를 철학적 사상에 기초해서 취하도록 한다.

그러나 이러한 해석과 달리 헤겔을 프로이센을 옹호하는 반동 보수주의자로 읽어 내는 것은 그의 정치적 사유가 갖는 상반적 감정의 병존상태에서 벗어나는 것이다. 『법철학』에서 등장하는 온갖 흉물스런 말들과 사상의 배후에는 프로이센과 이후 독일 국가주의에 자양분을 제공하는 그 어떤 왕정 복고적 정신도 숨어있지 않다. 자신의 정치철학을 연출하고 있는 국가에 대한 헤겔의 찬가는 실제로 근대적 혹은 현대적 의미에서 국가를 다루고 있는 것이 아니다. 헤겔의 국가는 사회적인 것의 중립적인 유기적 조직이 아니다. 그의 국가는 자유가 실현된 '이념의 상태'이다. 다시 말하면 헤겔의 국가는 '제도화된 인륜성'의 다른 이름이다.

Ⅲ. 국가와 주권이론의 관계

국가에 대한 모든 담론에 있어서 헤겔의 극적인 국가이론의 전회, 즉 정치적 계몽주의의 이성적 희망으로부터의 방향전환은 궁극적으로 고전적 이미지들에 고착 혹은 고정되어 있다. 말하자면 헤겔이 말하고 있는 국가가 실제로 고전적-근대적 의미에서 말할 수 있는 국가인지 어떤지가 여전히 불확실하다. 이와 관련해서 헤겔은 『법철학』에서 이상적인 개혁안들 이외에도 지극히 평범한 논의의 대상들을 언급하고 있다. 그러나 무엇보다도 이러한 언급들에서 아주 특별한 의미가 부여되는 것은 '주권'(Souveränität)에 관한 논변이다. 인륜성의 틀 내에서 국가를 전개하는 국가이론에 주권개념을 통합시키는 것이 일견 모순이 있는 것처럼 보이기도 한다. 이러한 사실은 두 가지 근거에 의해서 그러한데, 하나는 인륜성이 주권의 '무로부터의 관점(ex-nihilo-Perspektive)', 즉 개념 안에서 드러나는 결정론, 에토스, 제도 및 존재하는 것을 비난하는 것에 반하는 것을 의미하고, 다른 하나는 인륜성의 구상에 규범적인 유산이 함의되어 있다는 것이다. 인륜성은 '이성적'인 한에서만 현실, 즉 역사적으로 존재하는 것을 실현한다. 그렇지만 주권은 규범성과 전통성의 국가이론을 멀리하는 개념이다. 주권개념은 한편으로 고조되는 권력분배를, 다른 한편으로는 고전적 자연법의 규범적 선례들, 즉 관습법의 규범적 선례들을 거부하고 사회적인 제도들을 짜 맞추는 정치적인 호모파베르(homo faber)를 끌어들인다. 특히 홉스의 주권이론에 대한 구상은 국가의 본질에 대한 근대적 논의에서 보면 하나의 특수한 경우를 표현하는 것이라고 말할 수 있다. 그렇지만 주권이론에 대한 홉스의 '발견적'인 가치는 여전히 큰 의미를 가지고 있다. 보댕이 말하는 공동체 국가 내에서의 최고 권력의 구성적-구조적 특징은 생각할 수 있는 모든 구속들로부터 최고 권력을 해방시키려는 시도 역시 마찬가지로 간과되어서는 안 된다. 그래서 이제 정치적인 현재가 항상 이미 선행하는 규범적-전통적인 법질서의 선례들로부터 벗어난다면, 그리고 벗어나기 때문에 '국가' 일반이 생각될 수 있는 것처럼 보이기도 한다. 어쨌든 주권이 갖는 제동력과 근거의 급격한 상실은 외견상 헤겔의 인륜성 구상과는 전혀 일치할 수 없는 것처럼 보인다.

헤겔의 주권이론은 루소의 주권이론을 의미하며, 인륜성의 구상 내에서 이루어지는 '이념의 전개 내지 발전'으로서 국가이론을 통합시키려고 한다. 때문에 주권의 근거를 상실한다는 것은 일견 헤겔의 주권이론에 관한 구상에서 문제가 되고 있음을 보여준다. 실제로 루소의 정치철학은 이미 자의로서의 국가권력을 드러내지 않은 채 주권의지의 성격을 밝히려고 시도한다. 물론 이것은 보편의지의 보편성이 이성적인 보편성일 수 있다면 그 보편성은 단순한 공동체 이상일 것이라는 조건 하에서만 성공할 수 있을 것이다. 헤겔의 논변 역시 이러한 루소의 희망을 따른다. 『법철학』은 '의지' 개념을 근거 짓고 있으며, 국가는 '개념'의 전개로 표현된 것에 다름 아니기 때문에 헤겔은 주권의 의지주의적 특징을 국가이론에 관한 자신의 관념론적 구상에다 통합시키려고 한다. 그러나 헤겔은 루소와는 달리 의지의 주체에 대한 물음에 답변하려고 애쓴다. 따라서 헤겔은 철저하게 '현실학문'의 의미에서 "존재하는 것을 파악하려고"(7, 26쪽) 한다. 그럼에도 바로 이 '현실적인 것을 인식'하려는 시도, 즉 현실적인 것을 이성적인 것으로 파악하려는 헤겔의 시도는 계약이론을 근거 짓는 소용돌이에서 방금 빠져 나온 정치철학을 철학이 현실의 시녀로 간주되는 새로운 소용돌이 속으로 빠져들게 만든다. 그렇다면 이 새로운 소용돌이는 도대체 무엇인가?

우리는 입헌 군주제에 대한 헤겔의 옹호에 대해 먼저 짙은 이데올로기 혐의를 둘 수 있을 것이다. 그러나 단순히 그러한 의혹만으로는 많은 것을 얻어낼 수 없다. 사실 헤겔의 주권에 대한 구상은 '국가학으로서의 자유의 철학'을 전개하는 것이다. 그렇지만 이러한 시도는 현실학문이기 때문에 자유의 계기를 유지한 채 루소의 주권이론이 갖는 규범적 신비화를 포기해야만 하는 문제에 직면한다. 루소는 지배의 필연성을 '자율'이라는 계몽적 정언명법과 결합시켜야만 하는 딜레마를 해결할 수 있는 지점을 '국민주권'에서 찾았다. 그러나 헤겔의 문제는 루소와 달리 지배를 정당화하는 것이 아니다. 그는 객관적인 것을 지배하고 그 안에서 개인들이 지양될 수 있는 정치적 질서를 '철학화'하려는 문제에 봉착해 있었다. 헤겔은 루소의 주관성 이데올로기나 낭만주의적 주관성 이데올로기가 드러내는 전(前)국가적 경향들에 빠지지 않은 채 '정치' 속에서 주관성의 계기를 구출해내려고 한다.

헤겔의 '자유의 철학'(Philosophie der Freiheit)은 주관성의 정치철학이며, 정확히 이것을 기반으로 할 때 그에게 주권의 장소(Topos)는 일반적으로 매우 흥미로운 것이 된다. 왜냐하면 오직 주권의 위상만이 국가의 실존을 위협하지 않은 채 '주관성'을 보장하기 때문이다. 근대의 특징인 '자기규정의 자유'는 국가의 인륜적 연관성을 위협했으며, 실제로 그것은 수많은 개별자들에게 속했던 것이다. 헤겔은 바로 이러한 당면의 문제를 제도적으로 해결할 수 있는 독특한 해법을 찾았던 것이다. 당연히 이러한 해결방안은 개별자가 자신의 특수성 속에서 자기 자신을 목적으로 삼는 '시민사회'의 영역에 있는 것이 아니다. 그렇다고 보편적인 것이 목적이 되는 '국가'의 영역에서 주관성을 강조하는 것이 자유의 실현이라고 하기에도 문제는 있어 보인다. 따라서 헤겔의 독특한 해결방안은 국가 자체를 자유의 주체로 고양시키는 것에 있었다. 마치 홉스를 연상시키는 듯한[13] 이러한 메타포 비판적인 논증에서 헤겔은 "주관성은 참다운 의미에서 오직 주체로서만 존재"(7, 444쪽)한다고 주장한다. 국가 그 자체를 말할 수 있는 상황에 있는 주체가 존재하는 한 주관성은 국가 내에서만 실현된다. 이처럼 입헌 군주제에 대한 헤겔의 옹호는 그 자체 이미 비판적으로 해석될 수 있는 것과 마찬가지로 동시에 절대주의의 이데올로기를 구축한다. 이것은 홉스도 사용했던 국민주권이라는 매우 메타포적인 국가학에 대해서 이데올로기 비판을 위해 헤겔이 치른 대가이다.

그러므로 헤겔은 주권의 모습을 '이중적 근거'를 통해서 다룬다. 하

---

13) "왜냐하면 복종, 명령, 권리 그리고 권력은 권력들의 우연들이 아니라 개인들의 우연들이다"(Th. Hobbes, *Leviathan*, Hrsg. von Iring Fetscher, XXXXII, Frankfurt(M.) 1991, 439쪽)

나는 국가가 개인 속에 실현되어 있기 때문에 특수성의 대립들은 지양될 것이다. 그럴 때에만 국가는 단순한 공동체가 아니라 '통일체'로서 생각될 수 있다. 다른 하나는 국가가 개인 속에 실현되어 있기 때문에 자유의지의 원리와 주관성의 낭만주의적이고 계몽주의적 파토스는 '정치적인 것'으로 생각될 수 있다. '국가' 자체의 진정한 현실성은 자신을 대표하면서 결정적으로 말할 수 있는 '개인'이 존재한다는 것에 근거한다. 루소는 군주를 시민(혹은 공민)의 유일성으로 기술하려고 했으며, 자신의 저서 『사회계약론』에는 국민주권의 문제가 매우 명백하게 반영되고 있고, 최초로 주권을 결단의 심급으로 특징짓고 있다. 그렇지만 국민을 이러한 결단의 주체로 생각하는 것은 어렵다. 개인은 항상 한 결단의 주체, 즉 결단을 세우는 한 의지의 주체로서만 생각되어질 수 있다. 국가, 즉 사회계약에 의해 근거지어진 '정치체'에는 본래 자연인에만 어울리는 속성들을 부여하려고 했다. 또한 루소는 도덕적인 인간에 대한 신학적-법학적 메타포를 상당히 진지하게 수용하고 있다. 왜냐하면 매각할 수 없고 양도할 수 없는 국민주권에 대한 루소의 구상은 그가 국민의지의 대표를 포기하는 것이 되기 때문이다. 그러므로 루소는 철저하게 인격체가 이성적 존재라는 메타포적인 전통에 서 있는 것이다.

그러나 헤겔의 현실학문은 국가에 대한 루소의 메타포적인 해석에 만족할 수 없었다. 헤겔이 주목하고 있는 이념은 '실현된 개념'으로 간주되기 때문에 모든 메타포들을 신뢰하지 않는다. 그 결과 헤겔은 군주제를 바탕으로 해서 주권에 대한 메타포적인 해석의 가려진 비현실성에 빠지지 않은 채 국가를 인격(Person)으로 해석할 수 있었다. 따라서 국가의 "인격성은 오직 한 사람의 인격, 즉 군주로서만 현실적"(7, 445쪽)이다. 이러한 헤겔의 논증은 더 이상 국민주권에 관한 학설이 갖고 있는 메타포적인 오류들과 싸우는 것에 있지 않다. 또한 헤겔은 왕정복고적인 국가학에 반대하면서 주권의 개념, 더 정확히 말하면 국가의 주권을 견지한다. 국가권력은 사적 소유가 아니라 주어적 속격(Genetivus subjectivus)의 의미에서 국가의 권력이다(7, 442쪽 참조). 이러한 배경 하에서 주권의 구체적인 유기적 조직으로서의 군주제는 헤겔이 시의 적절한 이유들을 들어 단지 기회주의적으로만 찬성하는 단순한 정치적 형태를 말하는 것이 아니다. 오히려 군주제는 『법철학』의 논증과 연관해서 보면 결정적인 역할, 즉 이성의 이념이 '정치적 현실성'이 될 수 있는 가능성을 보장하는 역할을 한다. 그렇다면 이러한 정치적 현실성은 어떻게 정당화되는가?

헤겔의 정치적 현실성은 '이념의 제도화'를 말한다. 군주의 주권은 제도의 객관적인 특징과 개인의 주관성을 관계시키고, 그 결과 인륜성을 특수자와 보편자의 '화해'로서 보장함으로써 그의 유일무이한 능력을 수행한다. 사실 헤겔은 군주제를 철저하게 '결정론적'으로 해석한다. 말하자면 군주는 최종 결정, 즉 객관적으로 근거지어졌지만 최종적으로 근거가 없는 한에서 최종 결정의 '심급'이다. 주권사상과 군주제의 제도는 어떤 경우에라도 상호 지시적이다. 보댕이나 홉스의 의도를 따라서 헤겔은 주권을 "의지의 추상적인, 그런 한에서 결정의 최종적인 것이 담겨 있는 다른 어떤 근거도 지니지 않는 자기규정으로"(7, 444쪽) 해석한다. 주권은 논의의 중단과 동시에 궁극적으로 정치적 결정에 대한 규범적인 근거지음을 포기하는 것을 의미한다.[14] 궁극적으로 헤겔의 주권이론은 국가이론으로서 비상사태 이론을 포괄한다. 이러한 의미에서 주권은 긴급사태(casus necessitatis)시의[15] 시대에 국가

---

14) 주권은 "모든 특수성을 단순한 자기 속으로 지양하고 근거와 반대근거를 저울질하여 끊임없는 동요 속에서 좌고우면하는 우유부단함을 타파함으로써 모든 근거들을 '나는 의지한다'로 종결하면서 모든 행위와 현실성을 펴나가기 시작하는 궁극적인 최종적인 것이다."(7, 445쪽).

15) "긴급사태시에는 대내적이건 대외적이건 간에 그의 여러 가지 특수성을 안고 존립하는 유기체가 주권이라는 단순한 개념 속으로 총괄되면서 국가의 구제에서도 평상시에는 정당하다고 여겨지는 것을 희생시키면서 달성되도록 하는 것

의 '실체적 통일'의 출현, 즉 정치의 환원할 수 없는 현실적 본질을 의미한다.

시민사회와 국가를 엄격하게 구별 짓는 것은 솔직히 보통 때라면 불분명하다. 개별자들이 종사하는 활동들이 매우 힘들게 진행되는 한 자신들의 자발적인 목적에 종사하는 개별자들에게 그들의 실존은 자각될 수 없다. 긴급사태에서 국가의 실존은 정당하게 본래적인 것, 말하자면 주권으로 나타난다. '통일의 관념성'은 그것이 위태로울 경우에만 비로소 그 가치가 드러나는 것이다. 주권의 출현은 유기체의 특수성이 주권의 단순한 개념 속으로 총괄된다는 것을 의미한다. 이러한 주권의 '환원주의적' 특징은 국가를 구제하는데 큰 효력을 발휘한다. 왜냐하면 그러한 환원 속에서 그리고 환원에 의해서 비로소 특수한 목적들과 활동들, 즉 시민사회의 개념 하에 포섭되는 것들은 결코 자립적이고 독립적인 것이 아니라는 것이 분명해지기 때문이다. 특수한 목적들과 활동들은 오히려 "전체의 목적"(7, 444쪽), 즉 시민사회는 국가의 '복지'에 의해 규정되고 의존한다. 헤겔의 긴급사태는 이후에 칼 슈미트(C. Schmitt)에서와 마찬가지로 철저하게 '발견적' 기능을 갖는다.[16] 헤겔이 오직 특수성의 전개, 이기적인 목적의 추구만이 보장된다고 하는 것은 그것이 전체의 계기이기 때문에 긴급사태 속에 눈에 띄지 않게 잔존하고 있다는 것을 표명하고 있는 것이다. 특수한 목적, 즉 시민사회의 영역이 전체의 목적에 의해 규정되고 의존하는 한 전체, 즉 국가를 구제하기 위하여 "평상시에는 정당하다고 여겨지는 것을 희생시키면서 달성되도록 하는 것"(7, 444쪽)은 가능한 것일 뿐만 아니라 의무이기도 하다. 그래서 국가는 시민사회보다는 긴급사태와 관계된다.

이 주권이다. 이렇게 하여 비로소 관념론은 그의 고유한 현실을 띠기에 이른다."(7, 444쪽).

16) C. Schmitt, *Politische Theologie. Vier Kapital zur Lehre von der Souveränität*(1922), Berlin 1985, 22쪽 참조.

Ⅳ. 헤겔의 입헌 군주제 옹호 : 관념론적 현실주의인가 아니면 묵시록적 실용주의인가?

관념론적 논증에다 묵시록적 논증을 관철시키는 것이 전혀 문제가 없는 것은 아니다. 왜냐하면 그렇게 하기 위해서는 국가가 단순히 자유 이념의 현상만이 아니라는 것을 '전제'해야 하기 때문이다. 인륜성의 이념 논리적 결합체계는 묵시록적 논증 안에서 실용주의적으로 실행된다. 따라서 헤겔에 의해 이루어지는 시민사회와 국가의 구별에서 분명한 것은 그 구별이 항상 '목적'과 그 목적을 보장하는 '변증법'과 관계되어야 한다는 것이다.[17] 시민사회의 영역을 규정하는 특수한 목적은 국가에서 변증법적으로 지양된다. 국가는 목적, 즉 헤겔 우파의 독일 국가이론, 특히 바이마르 공화국이 굳게 믿었던 것처럼 시민사회를 구성하고 있는 특수한 목적에 이질적으로 대립해 있는 것이 아니다. 무엇보다도 국가 '와' 시민사회가 인륜성의 '유기적' 조직형태라는 것을 간과하는 사람은 헤겔의 국가이론을 근본적으로 오해하고 있는 사람이다. 국가 '와' 시민사회는 서로 다른 만큼 헤겔에 의해 끊임없이 해석되었다. 그렇지만 그는 결코 국가 '와' 시민사회의 적대관계를 생각하지 않았다. 시민사회의 특수한 목적은 국가에서 지양되기 때문에 국가는 바로 이러한 시민사회의 특수한 목적을 보증하는 것으로 나타날 수 있다. 그럼에도 국가가 시민사회와 동일한 것도 아니고 특수한 목적을 보장하는 임무에 몰두하는 것도 아니라는 것은 확실하다. 특히 "전쟁의 인륜적 계기"(7, 492쪽)에 대한 헤겔의 주석은 긴급사태가 어떻게 국가의 고귀함을 주목하게끔 만드는지를 분명하게 보여준다.[18]

---

17) 시민사회와 국가의 구별과 관련해서는 게하르트 괼러, "헤겔의 시민사회와 국가의 구별에 관한 새로운 숙고", 한국헤겔학회 편, 『헤겔과 근대정신』, 헤겔연구 제9호(서울 : 한길사 2000), 239-271쪽; 이재성, "법철학에서 시민사회에 대한 헤겔 해석 정치철학적 의미", 헤겔연구 제18호(서울 : 동과서 2005), 89-116쪽 참조.

더 정확히 말하면 국가 속에서 자신의 특수한 목적이 지양되는 것을 개인이 아는 것이 '애국주의'의 조건으로 간주된다.[19] 그렇지만 동시에 긴급사태는 특수한 목적과 보편적인 것의 목적과의 '비동일성'을 표시한다. 그래서 "참다운 절대적인 궁극 목적, 즉 국가의 주권"(7, 496쪽)을 구제하기 위하여 개인에게 자신의 특수한 목적을 희생하도록 요구한다.

주관성(내지 국가)에 대한 이러한 '정치적-관념론적' 규정의 입헌적인 결과는 주관성 이념의 구체적인 형태, 즉 군주제만 생각할 수 있다는 것이다. 군주제는 모든 국가형태 중에 가장 구체적인 것이며, 그런 한에서 유일하게 참된 것이다. 군주제는 "궁극적으로 자기 규정적 의지결정의 계기를 (…) 독자적으로 국가의 내재적인 유기적 계기를 이루면서 자기고유의 현실성"(7, 447쪽 이하)으로 야기하기 때문에 유일하게 참된 국가 형태이다. 그러므로 유일하게 참된 국가체제로서 군주제를 선택하는 것은 ― 그런 점에서 주권 개념의 국가형태 중립성에 반대해서 ― 수많은 검토와 숙의 끝에 이루어진다. 만약 국가가 인격으로 생각된다면 국가 이념의 구체화는 그 측면을 인간적 인격에서 찾을 필요가 있는 것으로 생각된다. 헤겔에 따르면 "자체 내에서 발전된 참으로 유기적인 총체로서 이해될 때 (…) 주권은 전체의 인격으로서 존재하며, 이 인격이 스스로의 개념에 부합하는 현실 속에서 나타날 때 그것은 군주라는 인격으로 존재하는 것"(7, 447쪽)이다. 군주제는 국가에

18) 전쟁의 인륜적 특징과 관련한 자세한 논의로는 나종석, "헤겔의 전쟁이론에 대하여", 한국헤겔학회 편, 『미와 변증법』, 헤겔연구 제19호(서울 : 동과서 2006), 290쪽 이하 참조.

19) "이러한 신조(애국주의: 필자 주)는 도대체 신뢰(정도의 다소를 막론하고 교양있는 통찰로 이행할 수 있는)라고 할 수 있으며, 나의 실체적 및 특수적 이익이 타자의 (여기서는 국가) 이익과 목적 안에, 즉 (그 국가가 갖는 : 필자 주) 개별자로서의 나에 대한 관계 속에 보존되고 포함되어 있다는 것에 대한 의식이다. 그래서 여기서는 국가가 결코 나에 대한 타자가 아니며 바로 이러한 의식 속에서 나는 자유롭다."(7, 413쪽) 더불어 이와 관련해서는 Hegel(7, 458쪽 이하 참조)

대한 헤겔적 '반성'에 적절하게 어울리는 표현이다. 왜냐하면 군주제는 유일무이한 방식에 따라 인격적 국가형태를 나타내기 때문이다.

군주제는 국가법적 사유의 추상과는 관계가 먼 국가형태이다. 그러나 헤겔의 군주제는 우선 이러한 추상과의 먼 관계 때문에 흥미로운 대상이 아니다. 우리에게 흥미로운 것은 군주제를 '인격'에 의해 확정함으로써 그것이 인륜성 이론에 적합한 것처럼 자유 이념의 구체화를 매우 현실적으로 사유하는 것이 가능하기 때문이다. 헤겔은 근대 국가에 대한 구상이라고도 할 수 있는 군주제의 의미를 근거 짓기 위하여 아주 대담한 방향전환을 시도하면서 소크라테스를 끌어들인다. 소크라테스는 자유 이념의 자기전개사에 있어서 중심적인 계기로 등장한 인물이다. 그런 점에서 그는 '자유의 내면화'를 대표하는 사람이다. 그러므로 소크라테스의 세계사적 의의는 의지가 "자체 내로 옮겨지면서 스스로를 자기내면에서 인식하게 되는 것, 즉 자각적이며 그 결과 참된 자유의 시초"(7, 448쪽)라는 것에 있는 것이다. 이러한 의지의 내면화는 다른 말로 자율성(Autonomie)을 의미한다. 헤겔이 이처럼 의지 개념의 새로운 위상을 확인시켜 주는 것은 매우 중요하다. 왜냐하면 그것은 자기의식의 계기를 가능하게 하기 때문이다. 그래서 의지의 심급이 행위하는 주체 자체 내에 속하는 한 이러한 행위하는 주체는 자각되어 있기 때문에 비로소 자유의 이념을 실질적으로 구현할 수 있다. 이제 의지의 심급과 행위 주체는 동일하다. 자기의식, 즉 현존하는 것의 즉자적인 질서에 비하여 대자적인 주체를 강조하는 것은 소크라테스라는 인물의 세계사적 유의미성 때문이다. 이러한 사실은 헤겔이 말하는 군주가 국가의 자기의식을 구현하고, 국가의 자기의식이라는 점에서 그가 군주제를 옹호하는데 있어 의미심장한 것이다. 입헌 군주제에 대한 헤겔의 옹호는 개념의 자기규정 속에서 국가조직의 근거를 분별하는데서 나타난다(7, 432쪽 참조). 그러나 개념의 자기규정은 자신들의 독립성을 위하여 이념의 계기들이 전개되는 것을 목표로 한다.

하지만 강조된 의미에서 독립성은 오직 한 군주에게만 해당할 뿐이다. 따라서 국민주권에 관한 이론은 국가의 인격을 오직 메타포적으로만 사유할 수 있다는 주장에 의해서 좌절되지 않는다.[20] 군주는 자기의식적으로 의욕하고 "모든 특수화나 제약을 초월한 별도의 독자적인 정점으로서의 위치를 차지하는"(7, 449쪽) 자이다.

우리는 자유의 이념으로부터 도출된 군주제를 합법화 내지 정당화하려는 헤겔의 부단한 노력을 분명하게 감지할 수 있다. 이러한 헤겔의 노력은 자유주의적 정신에 대하여 정치적 자유의 해석을 반영하는 대의제(Repräsentation) 논증에서 그 정점에 다다른다.[21] 헤겔이 말하는 근대 국가가 자유의 국가라는 것은 그 국가체제의 자유주의적 자유화가 아니라 그 국가의 우두머리의 자유에 근거하고 있다. 군주는 국가의 자유를 보장한다. 이러한 사실은 국가 시민의 자유라는 의미에서 그렇다는 것이 아니다. 헤겔의 입장에서 보면, 시민의 정치적 자유가 국가의 자유와 동일하다는 것은 프랑스 혁명을 통해 유포된 치명적인 결과를 초래하는 오해를 의미한다. 자유는 오히려 이상적 토대이며, 두 번째로 국가의 구조이다. 군주권의 실존을 통해 근대적 인륜성의 요구에 올바로 부응하는 국가만이 자유롭다. 새로운 시대의 국가에서 주관성은 더 이상 적대적인 요소라기보다는 인륜성 그 자체의 계기로서 나타난다. 우리가 쉽게 생각할 수 있듯이, 이러한 사유의 정치적 결과는 '자유주의적 민주주의'가 될 것이다. 그럼에도 헤겔은 이것을 모든 국가형태들 중에서 다수, 대중 자체, 말하자면 마침내 천민을 국가

20) 헤겔은 군주가 없는 국민은 오직 '형태가 없는 무리'일 뿐이라는 홉스식의 대의제 논증과 더불어 국민주권 사상마저 거부한다. 관념론적 논증은 국민주권의 이념을 거부한다. 왜냐하면 헤겔은 자유의 이념이 구체화되고, 그 자유의 이념은 개인 내에서 구체화된다는 필연성을 견지하고 있기 때문이다. 그러므로 헤겔은 홉스의 계시록에 따른 해석과 달리 피와 살을 가진 현실적인 인격 속에 있는 정신의 자기개시의 필연성을 설정한다.

21) 대의제의 정치철학적 의미와 관련된 자세한 논의는 괼러(2000), 254쪽 이하 참조.

의 주체로 삼는 가장 천박한 국가형태로 묘사한다. 때문에 헤겔은 자유를 구현하기 위한 다른 해결방안을 찾아야만 했다. 이를 위해 그는 '소크라테스의 원리'를 적절한 방향으로 전환시켰다. 더 정확히 말하면, 주관성은 이념의 실존이기 때문에 근대 국가는 오직 주관성에 그 권리를 부여하는 정도에서만 '인륜적'이다. 참된 주관성은 군주에게 적합한 군주권에서 발견된다. 오직 거기서만 참된 주관성은 "실체적 의지와 동일"(7, 489쪽)하다. 따라서 국가는 개별자의 외견상의 자유가 항상 희생되어야만 존재할 것이다. 국가의 자유는 군주의 '나는 의지한다'에 간직되어 있다.[22)]

이러한 의미에서 군주가 고양된 자유의 주체로 간주되는 것은 헤겔 『법철학』이 남긴 철저한 '관념론적' 유산이다. 헤겔 『법철학』에서 군주권은 "우선 그 권력 속에서 개념 그 자체의 실존, 즉 개념 그 자체의 지위를 가지기 때문에 주관성으로 간주"된다.[23)] 국가는 현실적이기 위해서 주체이어야 한다. 따라서 헤겔의 주관성 이론은 국가의 주관성 이론이다. 국가는 유기적 총체성으로서 자기 실존의 모든 계기를 자기 자신 안에 포함하고 있다. 이것은 국가 권력과 구별 짓는 철학적 핵심이다. 군주권은 특수한 방식으로 국가 자체의 실존을 대신하여 일한다. 입헌 군주제에 대한 옹호에서 헤겔은 군주를 국가의 유기적 총체성을 보장하는 것으로 묘사한다. 그의 주장에 따르면, 입헌적인 국가체제는 이성성의 국가체제이다. 국가가 군주제에 기초하는 정도에서만 국가의 실존이 존재하고, 이념의 '현상'이 보장된다. 군주는 국가의 실존을 대표하여 일한다. 왜냐하면 군주의 인격은 국가의 인격성을 실현하기

22) 그 외에 시민사회가 특수성의 자립적인 발전에 의해 특징지어지는 점에서 개별자의 자유는 그 속에서 자신들의 고유한 활동의 영역을 갖지만 국가에서는 갖지 못한다. 그러므로 시민사회와 국가의 철학적 분리는 헤겔이 국가를 개인주의의 문제로 부담지우지 않은 채 '자유의 정치철학'을 시대의 정점으로 구상할 수 있게끔 한다.

23) Henrich(1983), 238쪽.

때문이다. '개념'은 자기실현을 위하여 '한 인격'에 의존한다. 바로 이것이 헤겔의 '관념론적 현실주의'이다. 철학적 현실학문은 불가피하게도 '관념론적'이며, 그 학문의 대상은 '개념의 전개', 즉 '이념의 구현'이다.

헤겔의 주권 현실주의는 겉으로 보기에 군주의 주권을 정당화하기 위해 실용주의적 근거들을 끌어들였던 홉스의 논증을 따르고 있지만 그는 "군주의 개념에서 신비적인 것을" 시인해야만 한다.[24] 그럼에도 불구하고 헤겔 논증의 사변적인 특징은 결함이기보다는 정치적인 지성적 사유에 저항하는 마지막 보루로 평가되어야 할 것이다. 왜냐하면 "지성은 존엄성(Majestät)을 이해할 수 없기 때문이다. 그래서 헤겔은 군주가 이해되어서는 안 된다고, 즉 분별되어서는 안 된다고 당연히 말할" 수 있었던 것이다.[25] 칸트에서 군주는 국가의 근원인 것처럼 금기시 된다. 이러한 금기는 군주의 본질, 즉 "무조건적인 직접성"(7, 452쪽)과 관계한다. 군주의 본질은 오직 '사변적'으로만 파악될 수 있기 때문에 "오로지 철학만이 이 존엄성을 사상적으로 고찰할 수 있다. 왜냐하면 무한한 이념, 즉 자기 자체 내에 근거지어진 이념에 대한 사변적인 연구방법 이외의 그 어떤 다른 방법도 이 존엄성의 본성을 절대적으로 지양해버릴 것이기 때문"(7, 452쪽)이다.

다른 모든 정치적 사유에 대한 사변철학의 이러한 선전포고는 사상의 왕국에서 권력을 장악하기 위한 헤겔의 시도를 간명하게 묘사하고 있다. 사변적인 법의 철학은 입헌 군주제가 필수불가결한 것임을 증명해야 한다. 그 이유는 오로지 사변적인 법의 철학만이 군주의 합법성 내지 정당성을 이해할 수 있기 때문이다. 헤겔은 다른 모든 군주에 대한 근거지음을 군주를 사변적으로 근거 짓는 것에 불과한 것으로 간주

24) Henrich(1983), 243쪽.
25) Henrich(1983), 243쪽.

함으로써 정치적 담론의 다른 모든 형태에 대한 전면적인 추방을 선포한다. 개념의 자기실현으로부터 국가를 근지지음으로써, 즉 '국가의 이념'으로부터 군주를 근거지음으로써 '법철학'은 계몽주의적 합법성 담론에 철저한 방수벽을 친다.

이처럼 군주의 존엄성을 '무조건적인 직접성'으로 규정함으로써 계몽주의적인 정치적 사유에 대한 근거지음의 연쇄는 완전히 차단된다. 헤겔은 존엄성의 개념, 즉 주권의 질을 직접적으로 도입한다. 이 개념의 의미는 계몽주의적 합법성을 고려하는 것에 반대해서 군주의 불가침을 끌어들이는 것이다. 주권적 결정의 무조건성 혹은 무제약성은 군주의 '무조건적인 직접성'을 반영한다. 그러므로 군주제에 있어서 "국가에서의 최종 결정이 (…) 직접적인 자연성과"(7, 450쪽 이하) 결합되어 있다는 것은 군주권의 특정한 구현을 위한 하나의 선택일 뿐만 아니라 논증적인 책략(List)이다. 이러한 논증적 책략으로 사변적인 법의 철학은 군주와 특수한 관계를 맺으며 동시에 여타 정치철학적인 경쟁을 완벽하게 차단한다.[26]

이러한 관념론적 논증과정에서 헤겔이 왕권신수설을 논증적으로 소생시키는데 까지 변증법적으로 이행해 간다는 것은 더 이상 놀라운 일이 아니다. 무엇보다도 헤겔에게 있어서 중요한 것은 위대한 적출자로서의 신의 의지를 끌어들이는 것이 아니라 계몽주의적인 정치적 사유에 대한 근거지음의 연쇄를 철저하게 차단시키는 일이다. 왕권신수설은 신의 의지 안에서 지배의 합법성을 말하는 것이 아니라 '합법성의 근거를 지성으로 해결하는 것이 불가능함을 정당화하는 것'이다.[27] 군

26) 정치적인 것의 본질과 형성을 파악하려고 하는 다른 모든 시도들에 대해 헤겔이 존엄성의 명예훼손이라고 비난하는 것은 가장 밥 맛 떨어지는 것이며(unappetitlich), 헤겔 스스로 자신을 정치적 기회주의자의 비난을 넘어서 철학적 고발자의 위치에다 편입시키는 행위라고 할 수 있을 것이다.

27) "따라서 군주의 권리는 신적인 권위에 근거한다고 보는 생각이 여기에 가장 잘 어울리는 셈이다. 왜냐하면 군주의 무제약성은 바로 이 신적 권위 속에 담겨 있

주제의 이론인 헤겔의 주권이론은 계몽 그 자체를 넘어서 계몽함으로써 '계몽의 종말'을 의미한다. 결국 입헌 군주제를 근거지우려는 사변적인 소모전은 근거지어진 것과 특이한 불화를 이룬다. 더욱이 무조건성 혹은 무제약성이 그 본질을 이루고 있는 군주제에 관해서 이론적으로든 실천적으로든 그 어떠한 말도 못하게 하는 헤겔의 노회한 논증적 책략은 아주 이상한 논변임에 틀림없는 것 또한 사실이다.

Ⅴ. 나가는 말 : 계몽의 종결

지금까지의 논증을 통해서 살펴본 바와 같이 필자가 생각하기에, 입헌 군주제에서 군주권과 그것의 구현에 대한 헤겔의 해석은 '철학이 정치의 시녀'로 나타날 수 있는 정도에서 현실에 접근하고 있다는 인상을 준다. 그러나 이러한 인상이 헤겔에게는 불가피한 것이며, 입헌 군주제에 대한 그의 찬양 내지 찬가는 극단적으로 제멋대로이다. 헤겔은 국가 형태에 관해 고전적-경험적으로 각인된 이론에 대항해서 현실을 이해할 수 있는 필연성을 끌어들인다. 그러나 우리는 그가 말하는 현실을 오직 '사변적'으로만 이해할 수밖에 없다. 왜냐하면 헤겔의 현실은 오로지 사변적으로 이해될 때에만 '이성적'인 것으로 존재하기 때문이다. 말하자면 '개념의 전개'로서 인식할 수 있기 때문이다. 또한 헤겔의 주권이론은 주권이론의 고전적 계기를 관심 있게 다루고는 있지만 철저하게 사변에 의해서 규정된 정치제도의 철학에서만 사용한다. 따라서 그의 사변적 정치철학은 현실을 '개념의 전개'로 해석함으로써 이성적 현실을 해명한다. 물론 고전적 주권이론의 모든 요소들이

기 때문"이다. 이 무제약적성은 파생된 것이 아니라 "오히려 단적으로 자기로부터 시작된 것"(7, 446쪽)이라는 점에서 군주의 권리이다.

반복될 수는 있다. 그렇지만 그 의미는 다시 사변철학에 의해서 새롭게 규정된다. 그럼에도 이러한 이해는 매우 부자연스럽고 억지스러워 보인다. 때문에 현실학문으로서의 법의 철학은 아주 특이하게도 불분명한 상태로 남는다. 헤겔 스스로 『법철학』 서문에서 맹세하고 있는 '현실'과 '당위'의 규범적 동일성에 관한 주장은 「대내주권」(§278) 이후의 장에서 시험되고 있다. 왜냐하면 「대내주권」에서 헤겔은 '정치적인 것' 자체가 실현된 당대의 제도에 접근하고 있기 때문이다. 정치적 현실에 대한 '관념론적 철학'의 문제는 주체 속에서 개념과 그 실존 사이의 경첩을 명명하려는 필연성에 있다. 철학은 현실학문으로서 개념의 왕국에 통달해 있을 뿐만 아니라 현실 세계에 통달해 있다. 그럼에도 불구하고 헤겔은 현실 세계를 이해하려면, 즉 현실 세계를 이성적으로 해석하려면 결정적인 계기에서 '매개'와 '근거지음의 모델'을 포기하고, 그 대신에 '비약'을 주장하라고 말한다. 바로 이 비약에 의해 현실 세계는 '개념의 전개', 즉 '이념'으로서 나타난다. 그 결과 계몽의 정치철학 영역은 헤겔과 더불어 '종결'되고 말았던 것이다.

참고문헌

게하르트 굅러, "헤겔과 역사의 종말: 어떻게 제도들은 스스로를 안정화시키는가?", 한국헤겔학회편, 『헤겔 철학의 역사적 지평』, 헤겔연구 제11호(서울 : 철학과현실사 2002).

_____, "헤겔의 시민사회와 국가의 구별에 관한 새로운 숙고", 한국헤겔학회 편, 『헤겔과 근대정신』, 헤겔연구 제9호(서울 : 한길사 2000).

나종석, "헤겔의 전쟁이론에 대하여", 한국헤겔학회 편, 『미와 변증법』, 헤겔연구 제19호(서울 : 동과서 2006).

이재성, "법철학에서 시민사회에 대한 헤겔 해석 정치철학적 의미", 헤겔연구 제18호(서울 : 동과서 2005).

_____, "헤겔의 정신철학에서 정신개념의 변증법적 발전구조", 헤겔연구 제14호(서울 : 동과서 2003).

_____, "헤겔의 정치철학에 대한 일고", 헤겔연구 제12호(서울 : 철학과현실사 2002).

_____, "루소의 정치철학에 대한 헤겔의 비판", 대동철학 제18집(부산 : 구덕출판사 2002).

Euchner, W., *Egoismus und Gemeinwohl. Studien zur Geschichte der bürgerlichen Philosophie*, Frankfurt(M.) 1973.

Hegel, G. W. F., *Werke in zwanzig* Bänden, hg. v. E. Modenhauer und K. M. Michel(Franktfurt(M.): Suhrkamp 1969-1971).

_____, *Grundlinien der Philosophie des Rechts*, Bd.7(Frankfurt(M.): Suhrkamp 1970).

_____, *Vorlesungen über die Philosophie der Weltgeschichte*, Hrsg. von Georg Lasson, Hamburg 1968.

_____, *Philosophie des Rechts.* Die Vorlesung von 1819/20 in einder Nachschrift, Hrsg. von Dieter Henrich, Frankfurt(M.) 1983.

Hobbes, Th., *Leviathan*, Hrsg. von Iring Fetscher, XXXXII, Frankfurt(M.) 1991.

Schmitt, C. , *Verfassungslehre*(1928), Berlin 1970.

_____, *Politische Theologie. Vier Kapital zur Lehre von der Souveränität*(1922), Berlin 1985.

Hegels politische Philosophie: Wie rechtfertigt Hegel seine Staatsphilosophie?

Yi, Sae-Seong

Zusammenfassung

Hegel tritt der Vertragstheorie in der modernen politischen Theorie entgegen und verwirft den individualistisch-kontraktualistischen Aspekt, d.h. den Aspekt der Aufklärung. Stattdessen entwirft er eine hermeneutische Methode, welche die soziale Wirklichkeit als Entwicklung des Geistes betrachtet. Dieser Entwurf Hegels tritt durch die Sittlichkeit noch deutlicher hervor. Die konkrete Verwirklichungsform dessen ist die dialektische Selbstentwicklung des Geistes. Der vorliegende Beitrag zielt daher darauf ab zu beweisen, wie Hegel durch das Konzept der Sittlichkeit seine Staatsphilosophie rechtfertigt. Zu diesem Zweck werde ich erörtern, weshalb Hegel die Sittlichkeit und nicht das Staatssystem als Kernthema zur Rechtfertigung seiner Staatsphilosophie heranzieht. Danach soll betrachtet werden, wie sich Staat und Souveränitätstheorie als Sittlichkeit aufeinander beziehen. Schließlich wird der Frage nachgegangen, ob es sich bei der von Hegel verteidigten konstitutionellen Monarchie um einen idealistischen Realismus oder apokalyptischen Pragmatismus handelt und damit die Erörterung abgeschlossen werden.

Schlagwörter : Hegel, Rechtsphilosophie, Politische Philosophie, Staatsphilosophie, Vertragstheorie, Sittlichkeit, Souveränität, Freiheit, Monarchie

제2부

일반 논문

『일리아스』의 신들

조대호

요약문

서양 최초의 서사시 『일리아스』에 담긴 신 관념의 특징은 그것이 매우 인간중심적이라는 데 있다. 『일리아스』의 신들은 웃고 울고, 속이고 속으며 인간 세계에 대한 영향력을 행사하기 위해 서로 싸움질을 한다. 이런 사람을 닮은 신들이 후대 철학자들 사이에서 격렬한 비판의 표적이 되었음은 잘 알려진 사실이다. 그 가운데 첫손에 꼽을 수 있는 철학자로는 크세노파네스와 플라톤이 있는데, 이들은 호메로스의 인간적인 신들을 도덕적이고 형이상학적인 원리로서의 신 또는 신들로 대체하려고 했다. 바로 여기서 '철학과 시문학 사이의 오래된 불화'가 빚어진다. 그런데 호메로스의 신들에 대한 철학자들의 비판은 한 가지 중요한 점, 즉 그것들이 지닌 미학적인 기능을 무시하고 있다는 점에서 일면적이다. 이 기능은 다음과 같이 기술할 수 있을 것이다: 일찍이 A. Lesky가 지적했듯이, 호메로스의 신 관념은 이율배반성을 그 특징으로 하며 이런 특징은 세 가지 대립항들, 즉 친근과 소원, 총애와 무자비, 자의와 정의에 의해 기술될 수 있다. 이런 이율배반적인 특징을 가진 호메로스의 신들은 '인간의 존재 전체가 내맡겨져 있는 강력한 힘의 장들이 이루는 느슨한 체계'를 이룬다. 하지만 우리는 이런 해석 방향에서 한 걸음 더 나아가 두 가지 대립쌍을 덧붙일 수 있을 것이다. 신들의 개시와 은폐 및 숭고함과 경박함이 그것이다. 『일리아스』의 신들은 흔히 인간에게 자기 모습을 드러내는 가운데 그들을 행동으로 이끈다. 하지만 언제나 그런 것은 아니다. 신들은 종종 자신의 의지를 숨기며 이 숨은 뜻을 인간은 알지 못한다. 인간의 비극을 낳는 것은 바로, 신의 숨은 의지에 대한 인간의 무지인데, 우리는 이런 무지가 초래하는 비극을 파트로클로스, 헥토르, 아킬레우스의 비극에서 확인할 수 있다. 하지만 호메로스의 신들은 이런 인간의 비극에 동요하지 않는다. 그들은 숭고한 존재로서, 인간의 비참한 운명을 무시할 수 있다. 그들은 심지어 이런 인간의 비극을 조롱하고 마치 장난을 하듯 그것을 유희의 대상으로 삼기도 한다. 호메로스의 신들에게 있어 숭고함과 경박함은 함께 공존한다. 그리고 바로 여기서 호메로스의 세계를 가로지르는 건널 수 없는 심연, 즉 인간들의 비극과 신들의 희극 사이의 심연이 입을 벌린다. 한 세계 안에 놓인 이 두 차원의 공존은 얼핏 보면 매우 눈에 거슬리지만, 바로 그런 부조화야말로 '신적인 장치'의 시적인 기능을 우리에게 분명하게 보여준다. 즉 이 장치는 *conditio divina*를 배경으로 해서 *conditio humana*를 시적으로 형상화하는 수단이다. 이 장치는 인간의 세계에 영향을 미치는 초인간적인 힘들에 대한 호메로스의 해석과 그런 힘들의 작용에 내맡겨져 있는 인간의 실존에 대한 서사시적 설명의 본질적인 요소라고 말할 수 있을 것이다.

● 주요어 : **호메로스, 일리아스, 신들, 신적인 장치, 신인동형설, 이율배반성, 대립쌍, 인간의 무지, 비극, 희극, *conditio humana*, *conditio divina*.**

I. 호메로스의 신들 - '철학과 시문학 사이의 오래된 불화'

「창세기」의 야훼는 자신의 형상을 따라 인간을 만든다. 반면, 그리스의 서사시인들은 인간의 형상을 따라 신들을 만든다.[1] 이런 인간적인 신들에 대한 서양 최초의 기록은 물론 『일리아스』에 담겨 있다. 기원전 8세기 무렵에 기록된 이 서사시에는 사람의 모습을 하고 사람의 행태를 내보이는 신들이 작품 곳곳에 등장해서, 웃고 울고, 속고 속이며, 분노하고 싸우며 대소사를 가리지 않고 인간사에 개입한다. 그런 뜻에서 『일리아스』는 '아킬레우스의 분노'에 대한 이야기이면서 동시에 사람 모습을 한 신들의 행적에 대한 이야기이기도 하다.

『일리아스』에 그려진 이런 인간적인 모습의 신들이 후대 철학자들의 큰 시빗거리 가운데 하나였음은 잘 알려진 사실이다. 일찍이 크세노파네스는 "호메로스나 헤시오도스가 신들에게 돌린 것은 모두 사람들 사이에 손가락질과 비난을 받는 것들, 곧 도둑질, 혼인을 더럽히는 일, 서로 속이는 일이다."[2]라고 비판한다. 이런 비판에 뒤이어 크세노파네스는 그리스 고전기 철학에 전형적인 새로운 신 관념을 도입하는데, 이에 따르면 신은 아무 부족함이 없는 존재로서 생겨나지도 않고

---

1) 이에 대해서는 Herodotos II 53, 1-2를 참고하라: "그러나 각각의 신이 어디서 생겨났는지, 그들이 영원히 있었는지 또는 그들의 생김새가 어떤지에 대해서 헬라스인들은 말하자면 엊그제야 비로소 알게 되었다. 왜냐하면 내 생각에 헤시오도스와 호메로스는 나보다 400년 앞서 살았던 사람들이고 그 이상은 아니기 때문이다. 하지만 바로 이들이 헬라스인들에게 신들의 족보를 만들어주었고(hoi poiēsantes theologiēn) 신들에게 별명을 붙여주었으며 여러 가지 명예와 기술을 나누고 그들의 생김새를 일러 준 사람들이다." 헤로도토스의 이 발언이 갖는 뜻에 대해서는 W. Kullmann, *Realität, Imagination und Theorie*, Hrsg. v. A. Rengakos, Stuttgart 2002, 139쪽 아래를 참고.

2) H. Diels-W. Kranz (Hrsg.), *Die Fragmente der Vorsokratiker*, Zürich-Hildesheim ^{6}1964, 21 B 11. 아리스토텔레스도 Met.에서 사람의 모습을 한 신들을 내세우는 사람들을 두고, "이 사람들이 하는 일이란 영원한 인간들을 만들어내는 것밖에 아무것도 없었다"고 말한다 (Met. III 2, 997b 10-11).

사라지지도 않으며, 모든 것을 알고, 모든 것을 할 수 있으며, 호메로스의 신들이 하는 것과 같은 혼외정사나 도둑질이나 기만행위와 무관하다.[3] 이런 탈인간화된 신의 관념은 누구보다도 플라톤에 이르러 철학적으로 확고한 자리를 얻는다. 플라톤은 『국가』를 비롯한 다른 대화편에서 신은 좋은 존재이며 좋은 것의 원인일 뿐이라는 테제를 내세운다.[4]

『일리아스』의 신들에 대한 후대 철학자들의 비판은 이른바 '철학과 시문학 사이의 오래된 불화'(palaia tis diaphora philosophiai kai poiētikēi)[5]의 한 장을 이룬다고 보아도 좋을 것이다. 형이상학과 도덕의 추상적 원리로서 신을 이해하려고 했던 고전기 그리스 철학자들의 눈에 『일리아스』의 신들은 자신들의 철학적 관심에 부응할 수 없는, 비판의 대상으로만 보였을 것이다. 하지만 어떤 측면에서 보면, 인간의 모습을 한 호메로스의 신들에 대한 철학자들의 비판은 부적절하고 자의적인 측면이 없지 않다. 그 비판은 인간의 모습을 한 신들을 끌어들임으로써 『일리아스』의 시인이 작품 속에서 의도하는 바가 무엇인지에 대해 진지한 고려를 하지 않기 때문이다. 그렇게 본다면, 고전기 철학의 신 관념을 잣대로 삼아 『일리아스』의 신들을 평가하기에 앞서 필요한 일은 이 인간적인 신들이 서사시 안에서 수행하는 문학적, 미학적 기능이 무엇인지를 확인하는 일일 것이다.

이 글의 목적은 『일리아스』의 인간적인 신들에 대한 묘사가 그 작품 전체 맥락에서 수행하는 미학적 기능은 어떤 것이고, 또 인간적인 신들을 끌어들임으로써 『일리아스』의 시인이 제시하는 인간 존재에 대한 해석은 어떤 것인지 살펴보는 데 있다. 이를 위해 우리는 신들의 이율배반적 측면, 특히 그들의 숭고함과 경박성, 현시와 은폐의 측면

3) W. Burkert, *Kleine Schriften 1: Homerica,* Hrsg. v. Christoph Riedweg, Göttingen 2001, 80쪽.

4) 다음의 구절을 참고하라: Platon, *Resp.* 397a, 380c 아래; *Gorg.* 507e.

5) Platon, *Resp.* 607b.

에 논의의 초점을 맞추려고 한다. 『일리아스』 안에서 인간적인 신들에 대한 묘사가 수행하는 미학적인 기능은 이율배반적인 신들이 그 작품의 주제인 인간 비극과 어떤 내적인 관계를 갖고 있는지를 분명히 할 때 비로소 충분히 밝혀질 수 있겠기 때문이다.

II. 호메로스의 신들의 양면성

1. 신들의 이율배반성

호메로스의 신들은 영원히 사는 복된 존재들이다.6) 그런 점에서 신들은 비참한 삶을 살다가 죽을 수밖에 없는 존재인 인간과 근본적으로 다르다.7) 하지만 호메로스의 신들은 인간의 삶과 동떨어진 세계에서, 자신들의 영원하고 복된 삶을 향유하는 에피쿠로스의 신들이 아니다.8) 『일리아스』에서 그려진 신들은 사사건건 인간사에 개입하면서, 그런 가운데 자신들의 진면목을 생생하게 보여준다. A. Leksy는 그들이 인간과의 관계에서 내보이는 친근과 소원(Nähe und Distanz), 총애와 무자비(Huld und Grausamkeit), 자의와 정의(Willkür und Recht) 등의 측면에 초점을 맞추어 신들의 모습을 기술한 적이 있는데,9) 우리는 신들

6) 신들의 존재는 보통 'athanatoi'(undying, immortal, 4.394)라는 표현 이외에 'aieigenetai'(everlasting, 2.400), 'rheia zōontes'(living at easy, 6.138), 'makares theoi aien eontes'(blessed gods that are for ever, 24.99) 등의 어구를 통해 표현된다.

7) 인간의 존재는 다음과 같은 어구들로써 표현된다: 'brotoi'(mortal, 5.304), 'deiloi'(miserable, 22.31), 'epichthonioi'(earthly, 1.266, 272), 'thnētoi'(liable to death), 'oizyroi'(woeful, 1.417).

8) M. Tullius Cicero, *Vom Wesen der Götter*, leteinisch-deutsch, hrsg, übers. und erläutert. v Wolfgang Gerlach und Karl Bayer, München-Zürich^{2}1987, I 51.

9) A. Lesky, *Geschichte der griechischen Literatur*, Darmstadt^{3}1971, 88쪽 아래.

의 이율배반성에 대한 이런 Leksy의 기술을 우리 논의의 단서로 삼아도 좋을 것이다.

Lesky의 관찰에 따르면, 호메로스의 신들은 무엇보다도 가깝고도 먼 존재이다. 신들은 자신들이 사랑하는 영웅에게 더없이 친근하다. 아테네 여신은, 용감하게 싸우다가 상처를 입고 지쳐있는 디오메데스에게 다가와 그를 꾸짖은 다음 도움을 약속하면서 분발시키는가 하면(5.799 아래), 아프로디테는 디오메데스와 맞서 싸우다가 위기에 처한 아이네이아스를 싸움터에서 구해낸다(5.311 아래). 하지만 같은 장면에서 아폴론이 디오메데스에게 보이는 태도는 그와 판이하다. 아이네이아스를 보호하고 있던 아폴론은 디오메데스가 달려들자 이렇게 꾸짖는다: "튀데우스의 아들이여, 조심하고 물러가라. 그대는 / 자신을 감히 신들과 같다고 생각지 말아라. 불사신들과 / 대지 위를 걷는 인간들은 결코 같은 종족이 아니니라."(5.440 아래) 디오메데스를 향해 "너 자신을 알라"고 경고하는 아폴론은 자신에게 싸움을 거는 포세이돈에게 이렇게 권고하기도 한다: "대지를 흔드는 이여, 그대는 나를 신중하다고 생각지 않을 것입니다, 만일 내가 가련한 인간들 때문에 그대와 싸운다면 말입니다. / 인간은 마치 나뭇잎과 같아서 때로는 / 대지의 열매를 먹고 불꽃처럼 타오르는가 하면, / 때로는 생명을 잃고 시들어집니다. 그러니 자, 우리는 / 어서 싸움을 그만두고, 저희들끼리 싸우도록 내버려둡시다." 신들은 그들이 인간에게 보이는 가까움에도 불구하고, 인간이 건널 수 없는 심연의 저편에 있는 소원한 타자이다.

가까이 있는 타자로서 신들이 인간에게 취하는 태도 속에는 친절함과 잔혹함이 공존한다. 신들은 마치 어머니가 어린아이를 돌보듯 자신이 사랑하는 영웅을 돌본다. 아테네 여신은 '마치 어머니가 단잠을 자고 있는 아기에게서 파리를 쫓아 버리듯' 메넬라오스의 몸에서 화살을 벗어나게 한다.(4.130 아래) 하지만 자신들의 뜻에 거역하는 인간 앞에서 신들은 무자비한 존재로 돌변한다. 그 전형적인 사례는 3권에 그려진 아프로디테와 헬레나의 조우 장면이다. 오랜 전쟁에 지친 트로이아인들과 아카이아인들은, 파리스와 메넬라오스의 일대일 대결을 통해 9년간 지속된 지루한 전쟁을 끝맺는 데 합의한다. 메넬라오스는 이 결투에서 파리스를 제압하고 그를 자기 진영으로 끌고 간다. 하지만 피비린내 나는 전쟁을 평화롭게 끝맺는 계기가 될 수 있었던 이 합의는 아프로디테의 개입으로 무산된다. 아프로디테는 위기의 순간에 파리스를 구해내서 왕궁의 침실에 데려다 놓은 뒤, '양모를 빗질하는 노파의 모습으로' 변신하여 헬레네를 파리스의 침실로 유혹한다. 노파의 정체를 알아낸 헬레나는 이를 거부한다. 순간, 애욕을 일으켜 헬레나를 유혹하려던 아프로디테는 돌연 태도를 바꿔 여신의 무자비한 얼굴을 내보인다: "나를 자극하지 말아라, 무모한 여인이여. 내가 성나는 날에는 / 그대를 버릴 것이고, 지금 몹시 사랑하고 있는 그만큼 그대를 / 미워하게 될 것이며, 트로이아인들과 아카이아인들 사이에 무서운 / 적의를 불러일으킬 것이다. 그러면 그대는 비참한 죽음을 당하게 되리라."(3.414-7)

인간에 대한 신들의 이율배반적인 태도는 친근과 소원, 친절과 무자비뿐만 아니라 정의와 자의에서도 확인할 수 있다. 신이 정의로운 존재라는 생각은 그리스 고전기 신론(theologia)의 근본 공리를 이룬다. 이런 생각은 소크라테스와 플라톤에 이르러 확고하게 자리를 잡지만, 더 거슬러 올라가면 이미 『오뒤세이아』(1.32 아래; 19.109 아래)와 헤시오도스의 『일과 나날』(7)에서 그 뿌리를 찾을 수 있다.[10] 물론 『일리아스』에도 정의로운 신의 관념이 없지는 않다. 『일리아스』의 시인은 헥토르를 태우고 파트로클로스의 추격을 따돌리며 질주하는 말들을 이렇게 비유한다: "마치 신들의 복수도 아랑곳하지 않고 회의장에서 / 힘으로 비뚤어진 판결을 내려 정의를 추방하는 / 인간들에게 진노한 제

10) W. Kullmann 앞의 책, 144쪽, Anm. 23을 참고.

우스가 노여움을 보이고자/ 비를 가장 맹렬한 기세로 퍼붓는 늦여름날 / 검은 대지가 온통 폭풍에 짓눌릴 때와 같이 / (...) / 꼭 그처럼 트로이아의 말들은 크게 헐떡이며 질주했다."(16.385 아래; 13, 623 아래도 함께 참고) 하지만 『일리아스』에서 더욱 눈에 띄는 것은 정의의 수호자보다는 자의적인 파괴자로서의 신들의 모습이다. 4권의 첫머리에 나오는 제우스와 헤라의 대화는 그런 자의성을 보여주는 좋은 사례이다. 헤라는 파리스의 판결로 인한 수모를 되갚기 위해 온갖 수단과 방법을 동원해서 트로이아를 멸망시키려고 한다. 그녀의 복수심을 누그러뜨리지 못한 제우스는 양보의 전제로 한 가지 조건을 내세운다. 자기가 어떤 도시를 파괴하려고 한다면, 그런 소원을 헤라가 나서서 막지 않는다는 조건이다. 제우스가 제시하는 타협안에 대한 헤라의 대답이 놀랍다: "정말이지 내가 가장 사랑하는 세 도시는 / 아르고스와 스파르테와 길이 넓은 뮈케나이여요. 이 도시들이 / 미워지시거든 언제든지 파괴해 버리셔요. 나는 이들을 위하여 / 나서지도 않을 것이며, 그대에게 거절하지도 않을 거여요."(4.51-4) 아르고스와 스파르타와 뮈케나이는 헤라가 친자식처럼 아끼는 아카이아인들의 도시이다. 헤라는 지금 바로 이들의 승리를 위해 올림피아의 어떤 신보다 동분서주하고 있다. 하지만 아카이아인들을 돕는 여신의 유일한 관심은 트로이아인들에 대한 앙갚음에 있다. 복수를 소원하는 헤라 여신에겐 뒷날 아카이아인들의 도시의 운명은 관심 밖이다. 제우스와 헤라의 대화 속에서 우리가 확인하는 것은 정의의 수호자로서 신들의 모습이 아니라 자의적인 파괴자의 모습일 따름이다.

2. 신들의 숭고와 경박

친근과 소원, 총애와 무자비, 자의와 정의라는 대립 관념을 통해 Lesky가 지적한 신들의 이율배반성은 위대한 독재자의 그것과 크게 다르지 않다. 그런 점에서 우리는 Nilsson 이래 일반화된 견해, 즉 호메로스의 신들이 뮈케나이 시대의 군주들을 모델로 삼은 것이라는 견해에 동의할 수 있다.[11] 하지만 『일리아스』의 신들에게서 우리는 인간적인 지배자의 모습을 넘어서 신의 고유한 얼굴도 확인할 수 있다. 우리는 지금까지 살펴본 신들의 이율배반성이라는 관점에 잇대어 이런 측면을 일컬어 신들이 내보이는 숭고함와 경박성, 현시와 은폐의 측면이라고 부르고자 한다.

올림포스의 신들은 인간의 수준을 넘어서 있다. 인간들과 신들의 아버지 제우스는 눈짓 하나로 세상을 움직이고, 그의 아우 포세이돈은 삼지창으로 대지를 뒤흔든다. 이 두 신들의 작용은 20권의 신들의 싸움 장면에서 다음과 같이 묘사된다(20.56 아래):

> 인간들과 신들의 아버지는 위에서 무섭게
> 우레를 쳤고, 밑에서는 포세이돈이
> 끝없이 넓은 대지와 가파른 산꼭대기를 흔들었다.
> 그리하여 샘물이 많은 이데 산의 기슭들과 등성이들이 모두
> 흔들렸고 트로이아인들의 도시와 아카이아인들의 함선들도
> 흔들렸다. 그러자 하계(下界)의 왕 하데스가 밑에서 겁에 질려
> 고함을 지르며 옥좌에서 뛰어올랐으니,
> 대지를 흔드는 포세이돈이 그의 위에서 땅을 찢어
> 신들조차 싫어하는 무시무시하고 곰팡내 나는 그의 거처가
> 인간들과 불사신들 앞에 드러나지 않을까 두려웠기 때문이다.

『신통기』에 나오는 티탄들의 전쟁의 한 장면[12]을 연상시키기도 하

11) A. Dihle, *Griechische Literaturgeschichte. Von Homer bis zum Hellenismus*, München 1991, 28쪽.

12) Hesiodos, *Theogonia*, 713 아래. 조대호, 「카오스와 헤시오도스의 우주론」, 『철학』, 제71집, 2002, 62쪽을 참고.

는 이 묘사는 인간 세계를 너머선 신들의 위대함을 보여주는 전형적인 사례로서 자주 인용되어 왔다.13) 하지만 신들은 그들의 행동 규모의 크기에서뿐만 아니라 그들의 경박함에서도 인간이 범접할 수 없는 경계에 있다. 『일리아스』에 나오는 신들의 인간적인 면모는 도둑질과 혼외정사와 기만에서뿐만 아니라 그들의 웃음에서도 드러난다. 이와 관련해서 후대 독자의 눈길을 끄는 것은 1권의 신들의 폭소 장면이다. 아킬레우스의 어머니 테티스의 청원에 따라, 아카이아인들을 궁지로 몰아 아킬레우스의 명예를 되찾아 주겠다는 제우스의 속내를 눈치 챈 헤라는 남편을 다그쳐 그의 본심을 캐묻는다. 대답을 거부하는 제우스와 대답을 강요하는 헤라 사이의 언쟁은 드디어 구타 일보 직전의 부부싸움으로 치닫는데, 이때 헤파이스토스가 끼어들어 상황을 중재한다: "두 분께서 죽게 마련인 인간들의 일로 해서 이렇게 다투시고 / 여러 신들이 모인 앞에서 소동을 벌이신다면 이는 참으로 / 유감스럽고 견디기 어려운 일입니다. 사태가 더 악화된다면, / 우리의 훌륭한 잔치에는 아무런 흥도 나지 않을 것입니다 (...) / 참으십시오, 어머니, 마음이 상하시더라도 꾹 참으십시오. / 나는 사랑하는 어머니께서 내 면전에서 얻어맞는 것을 보고 싶지 않습니다." 신들에게 인간의 운명은 그리 심각한 고려의 대상이 아니다. 인간의 상황을 너무 심각하게 받아들이는 것은 술자리의 흥을 깨는 몰지각한 일일 따름이다(21.462 아래). 헤파이스토스의 중재에 마음이 풀린 헤라는 미소를 지으며, 아들이 건네는 술잔을 받는다. 헤파이스토스는 '오른쪽으로 빙 돌아가며 술 섞는 동이에서 달콤한 신주를 떠서 다른 신들에게도 빠짐없이 따라 주는데', 이 절뚝발이 신이 헐레벌떡 술잔을 나르는 광경이 신들의 폭

---

13) Pseudo-Longinus, *Vom Erhabenen*. Griechisch und Deutsch, von Reinhard Brandt, Berlin 1966, 9, 6. 이 장면은 '압도적으로 큰 것'(hyperphya)이라는 의미에서 숭고한 것이다. 김상봉, 「롱기누스와 숭고의 개념」, 『서양고전학연구』, vol. 9, 1995, 217쪽을 참고.

소를 낳는다(1.599-600):

> 헤파이스토스가 궁전 안을 분주하게 돌아다니는 것을 보고는
> 축복받은 신들 사이에 그칠 줄 모르는 웃음이 일었다.

신들의 파안대소는 플라톤의 커다란 불만거리였다.[14] 그는 어떤 사람이 심한 웃음에 자신을 내맡길 경우, 이런 것은 십중팔구 강한 심정 변화를 유발시킬 것이라는 이유에서 젊은이들이 웃음을 좋아하는 사람이 되길 원치 않았다. 젊은이들에게 모범을 보여야 할 사람들도 웃음에 사로잡히는 것으로 묘사되어서는 안 되는데, 하물며 어떻게 신들의 폭소가 허용될 수 있을 것인가? 하지만 『일리아스』의 시인이 묘사하는 '그칠 줄 모르는 신들의 웃음'은 신들을 인간의 수준으로 끌어내리는 것이 아니라 그들을 인간이 도달할 수 없는 높이에 올려놓는다. 지금, 인간들은 아폴론의 화살에 맞아 역병에 죽어가고 있다. 또한 조금 전 트로이아인들과 아카이아인들의 운명이 걸린 제우스의 결정이 내려졌다. 이제 아킬레우스의 명예가 회복될 때까지 수많은 아카이아인들은 도륙을 당할 것이다. 이런 절박한 상황은 인간에게 웃음을 허락지 않는다. 그러나 신들은 다르다. 신들에게는 죽을 인간들의 운명을 두고 옥신각신 불화를 일으키는 일은 신의 품격에 어울리지 않는 일이다. 신들은 비참한 인간들의 운명에 개의치 않고 웃을 수 있다. 지상의 인간들이 전장에서 생사를 건 싸움을 하는 동안 아폴론의 수금과 뮤즈 여신들의 노래에 마음이 흡족하여 향연을 즐기는 올림포스의 신들은 분명 인간이 도달할 수 없는 경계에 있다.

『일리아스』의 신들은 웃을 뿐만 아니라 웃기기도 한다. 이미 살펴보았듯이, 신들의 주연에서 다리를 절뚝거리며 헐레벌떡 술잔을 나르는

14) Platon, *Resp.* 388e 아래.

헤파이스토스뿐만 아니라 아프로디테와 아레스가 우리를 웃기는 한 쌍이다. 아프로디테는 아들 아이네이아스와 디오메데스의 결투에서 아들을 도우려다가 디오메데스의 창끝에 손목이 찔려 '불멸의 피'(5.339)를 흘린다. 아폴론의 도움으로 간신히 구출된 사랑의 여신은 올림포스에 올라가 디오네의 보살핌과 제우스의 위로를 얻는다: "내 딸아, 전쟁에 관한 일은 네게 맡겨지지 않았으니. / 너는 결혼에 관한 사랑스런 일이나 맡아 보도록 하여라.'(5.428-9) 막말로 '주제를 파악하라'는 말이다. 하지만 아버지의 이 조언을 귀담아 듣지 않은 아프로디테는 다시 신들의 싸움판에 끼어들어 아레스를 구하려다가 아테네 여신의 억센 주먹에 가슴을 얻어맞는다. 무릎과 심장이 풀어진 여신은 아레스와 함께 '풍요로운 대지 위에 눕는다."(21.415 아래) 아프로디테의 연인 아레스의 이력도 만만치 않다. 군신이라는 이름이 무색하게 아레스는 아테네의 도움을 받는 디오메데스에게 상처를 입는다. 하지만 천상으로 가서 의신에게 치료를 받고 원기를 회복한 아레스는 겉옷을 걸치고 제우스 옆에 앉아, 지상의 일을 까맣게 잊은 듯, 되찾은 자신의 '힘'을 뽐내며 희극적인 장면을 연출한다(5.906). 아레스의 위엄은 신들의 싸움판에서 다시 한 번 무색해진다. 그는 청동 창을 들고 아테네에게 덤벼들다가 여신이 던진 돌덩이에 맞아 사지가 풀리고 조롱거리가 된다. 아테네가 '웃었고, 환성을 올리며' 말한다: "어리석은 자여, 나와 힘을 겨루려 하다니, 내가 그대보다/ 얼마나 더 강하다고 자부하고 있는지 아직도 몰랐더란 말인가!"(21.410-1) 신들의 '숭고한 경박'[15)]을 보여주는 사례는 이것 이외에도 이른바 '제우스의 미혹'(Dios apatē, 14.153 아래)을 비롯해서 수없이 나열할 수 있다.

15) A. Heubeck, *Die homerische Frage*, Darmsatdt 1988, 185쪽을 참고.

3. 신들의 현시와 은폐

신들의 또 다른 양면성, 즉 현시와 은폐라는 측면으로 눈을 돌려보기로 하자. 『일리아스』의 신들은 다양한 방식으로 인간의 감정과 행동에 영향을 미친다. 그들은 행동을 통해 인간사에 개입하기도 하고, 조언을 하기도 하며, 어떤 징조를 보내어 자신들의 뜻을 알리기도 한다. 그런가 하면 신들이 인간사에 개입하면서, 인간들을 기만하거나 자신들의 의지를 감추는 경우도 드물지 않다. 신들이 어떤 방식으로 자신을 드러내고 감추는가, 신들의 행동과 의지는 어떻게 개시되고 은폐되는가라는 물음은 더 자세한 논의를 필요로 하는 흥미로운 문제이겠지만,[16] 이 글의 논의 목적상 우리는 대체로 다음과 같은 사실들을 확인하는 데 만족해야 할 것이다.

많은 경우 신들은 인간에게 자신의 본모습을 드러낸다. 아킬레우스의 칼부림을 저지하는 아테네(1.193 아래), 헬레나를 파리스의 침실로 이끄는 아프로디테(3.413 아래), 아이네이아스의 전투를 부추기는 아폴론(17.333 아래) 등이 그 전형적인 경우라고 할 수 있는데, 물론 이런 경우 신들의 정체는 인간에게 분명히 알려진다.

신들이 본모습을 숨기고 다른 인간의 모습으로 변신해서 인간에게 접근할 때도 있다. 플라톤에 따르면 신들은 자신의 모습을 바꿀 수 없지만,[17] 호메로스의 신들은 그렇지 않다. 아테네는 전령의 모습으로 오뒤세우스를 도와서 군사들의 회의를 소집한다(2. 278 아래). 이리스는 트로이아의 파수꾼 폴리테스의 목소리로 트로이아인들에게 아카이아인들의 공격을 알린다(2.790 아래) 아테네는 안테노르의 아들 라오도코스의 모습으로 판다로스를 부추겨 메넬라오스에게 활시위를 당기

16) W. Kullmann, *Das Wirken der Götter in der Ilias*, Berlin 1956을 참고.
17) Platon, *Resp.* 380d.

게 하는데, 이 일로 말미암아 평화로운 종전의 희망은 물거품이 된다(4.86 아래). 헤라는 스펜토르의 모습으로 아카이아인들의 단호한 저항을 종용한다(5.784 아래). 변신한 신들의 정체는 인간들이 알아차리지 못하는 것이 보통이지만, 언제나 그런 것은 아니다. 앞서 살펴보았듯이 아프로디테는 양모를 빗질하는 노파의 모습으로 변신해서 헬레나를 파리스의 침실로 유혹하려 들지만 헬레나는 "여신의 더할 나위 없이 아름다운 목과 매력적인 가슴과 반짝이는 두 눈을 알아본다."(3.396 아래) 포세이돈은 예언자 칼카스의 모습으로 아카이아인들의 분전을 독려한다. 하지만 오일레우스의 아들 아이아스는 자신들을 독려하는 자의 정체를 눈치 채고 텔라몬의 아들 아이아스에게 이렇게 말한다(13.68 아래):

> 아이아스여, 올림포스에 사는 여러 신들 중에 어떤 분이
> 예언자의 모습을 하고 우리에게 함선들 옆에서 싸우도록 명령하시니
> — 그는 분명히 신의 뜻을 알리는 새 점쟁이 칼카스가 아니오.
> 그것은 그가 떠날 때 발과 정강이의 움직임을 보고 뒤에서
> 쉽게 알 수 있었소. 신들은 금방 알아볼 수 있는 법이니까 —
> 벌써 내 자신의 가슴속 마음은
> 더욱더 전쟁과 전투를 갈망하고 있으며,
> 아래로 두 발과 위로 두 손이 근질근질하오.

신들은 새나 구렁이 등 어떤 징조를 보내어 앞으로의 일을 예고할 때도 더러 있는데, 이런 징조에 대한 인간들의 반응은 제각각이다. 셋째 날 전투에서 트로이아군이 헥토르를 앞세워 공격을 하면서 그리스인들의 최후 방어선, 즉 그들이 파놓은 호를 건널지 말지를 고민하고 있을 때 하늘에 독수리가 나타난다(12.200 아래). 독수리가 아직 살아서 버둥대는 크고 시뻘건 구렁이를 발톱에 차고 백성들의 앞을 지나 왼쪽으로 난다. 구렁이는 붙들려가면서도 전의를 잃지 않고 머리를 뒤

로 틀어 독수리의 목가슴을 깨문다. 독수리는 고통을 이기지 못해 구렁이를 땅에 내던져 무리의 한 가운데 떨어뜨리고 소리 내어 울면서 날아가 버린다. 이 전조를 통해 고지되는 제우스의 뜻을 트로이아의 현자 풀뤼다마스는 곧바로 알아차리고 트로이아인들에게 공격 중지를 종용한다. 하지만 전사 헥토르는 현자 풀뤼다마스를 비웃는다. 결국 헥토르는 무모하게 싸움을 계속하다가 그리스 군대의 저항에 부닥쳐 진퇴양난의 곤경에 처한다(13. 821 아래).

하지만 신들의 은폐성을 이야기할 때 지나칠 수 없는 것은 신들의 의도적 기만과 계획 은폐의 사례들이다. 『일리아스』 2권의 아가멤논의 꿈은 첫 번째 경우에 해당하는 전형적인 사례이다(2.1 아래). 아들의 실추된 명예를 되찾게 해달라는 테티스의 부탁을 들은 제우스는 밤샘 궁리 끝에 그리스 군대를 궁지에 몰아넣을 방도를 생각해 낸다. 그는 거짓 꿈을 아가멤논에게 보내고, 아가멤논은 이 거짓 꿈에 속아 패배가 예정된 싸움을 벌이다가 헤쳐 나올 수 없는 궁지에 몰린다. 한편, 파트로클로스의 참전과 죽음은 제우스 신의 숨은 의도와 관련된 에피소드라고 볼 수 있다(16.1 아래). 아킬레우스와 파트로클로스가 이끄는 뮈르뮈돈인들의 함선이 트로이아군의 불길에 휩싸일 지경에 이르자 파트로클로스가 아킬레우스 대신 싸움에 나선다. 아킬레우스의 무구를 걸친 파트로클로스는 트로이아군을 내몰고 제우스의 아들 사르페돈까지 죽이면서 분전하지만, 급기야 헥토르에게 살해당하기에 이른다. 파트로클로스의 죽음은 어떤 뜻에서 보면 자청한 결과이다. 왜냐하면 그의 죽음은 "함선들을 구하는 대로 되돌아오라"(16.95)는 아킬레우스의 말을 따르지 않은 데서 비롯된 것이기 때문이다. 하지만 『일리아스』의 시인은 이 사건을 다른 관점에서 보기도 한다. 트로이아인들과 뤼키아인들을 추격하며 트로이 성으로 질주하는 파트로클로스를 두고 시인은 이렇게 노래한다(16.685 아래):

(…) 마음의 눈이 멀어버린
바보 같으니라고! 펠레우스의 아들이 한 말을 준수했던들,
그는 검은 죽음의 사악한 운명을 면할 수 있었을 텐데.
하나 제우스의 지혜는 언제나 인간들의 지혜보다 더 강력한 법이어서,
그는 용감한 자도 달아나게 하여 손쉽게 승리를
빼앗아 버리는가 하면, 그를 다시 일으켜 세워 싸우게 하거늘,
이때도 그는 파트로클로스의 가슴에 용기를 불어넣었던 것이다.

파트로클로스는 동료들 사이에서 신들 못지않은 지혜를 가진 인물로 추앙을 받는 영웅이다(17.477). 하지만 제우스의 지혜는 그의 지혜보다 더 강력하다.[18] 파트로클로스는 자신의 가슴에 용기를 불어넣어 싸움을 부추기는 제우스의 숨은 의지를 깨닫지 못한다. 그의 죽음을 통해 아킬레우스의 참전을 재촉하려는 제우스의 계획은 그에게 은폐되어 있다. 이 은폐된 신의 의지에 대한 무지는 파트로클로스를 죽음으로 이끈다. 그런 점에서 그를 죽음으로 부른 것은 신들이다. 마음의 눈이 멀었던 파트로클로스는 마지막 순간에야 이 사실을 깨우친다(16.844).[19]

---

18) 제우스의 지혜에 대해서는 다음의 구절들을 참고하라: '지혜에서 모든 인간들과 신들을 능가하는'(peri phrenas emmenai allōn, andrōn ēde theōn, 13.631), '제우스의 현명한 마음'(Dios pykinon noon, 15.461), '제우스의 지혜는 언제나 인간들의 지혜보다 강력한 법이어서'(aiei te Dios kreissōn noos ēe per andrōn, 16.688), '불멸의 계책을 아시는 제우스'(Zeus aphthita mēdea eidōs, 24.88)

19) 파트로클로스의 비극에 대한 분석에 관해서는 W. Kullmann, *Realität, Imagination und Theorie*, 144쪽을 참고.

III. 비극적 영웅주의, 인간의 무지, 신들의 숨은 뜻

우리가 지금까지 살펴본 대로 호메로스의 신들은 — 인간들에 대해 그들의 관계에서 보자면 — 이율배반적이고 모순적이다. 이런 서로 상충하는 양면성을 지닌 존재로서, 인간에게 힘을 미치는 신들은 분명 그리스 고전기 철학의 신 관념과 양립하기 어렵다. 이 신들은 자연세계를 초월한 형이상학적 원리도 아니고 이 세계의 좋음을 보증하는 최선의 도덕적 원리도 아니다. 또한 호메로스의 신들이 그가 살던 시대의 종교적 믿음을 표현한다고 보는 데도 무리가 있다. 신들에 대한 호메로스의 이야기 가운데는 종교적인 함축을 가진 내용이 전혀 없는 것은 아니지만, 그런 종교적인 요소는 『일리아스』에서 주변적인 역할을 할 뿐이기 때문이다.[20] 그런 점에서 우리는 A. Lesky의 해석을 따라 호메로스의 신들을 '인간의 존재 전체가 내맡겨져 있는 강력한 힘의 장들이 이루는 느슨한 체계'(ein lockeres System gewaltiger Kraftfelder, in die das menschliche Sein zur Gänze hingestellt ist)[21]로 보는 것이 좋을 것이다. 물론, 신들에 대한 이러한 관념은 - 적어도 부분적으로는 - 인간 안팎의 현실이 인간 자신의 의식적이고 주체적인 통제를 벗어나 있는 신적인 힘들로 가득 차 있다는 다신교의 근본 신념에 뿌리를 둔 것임에 틀림없다. 이에 따르면 우리 안의 현실(감정과 의지)과 우리 밖의 현실(외부의 자연 사건)은 그 힘들의 작용에서 벗어날 수 없지만, 그 힘들의 정체는 우리에게 가려져 있고 그 힘들의 작용은 인간의 도덕적 기준을 넘어서 '선과 악의 피안'에 있다. 그런 뜻에서 신들은 무책임하다. 하지만 『일리아스』의 시인은 한편으로 이런 다신교적인 신

---

20) 『일리아스』에서 묘사된 종교적 예식이나 의례 등에 대해서는 W. Burkert, 앞의 책, 80쪽 아래를 참고.

21) A. Lesky, 앞의 책, 87쪽.

관념을 수용하면서도, 다른 한편으로는 그것을 분명한 미학적 의도에 따라 변형한다. 그리고 그런 점에서 호메로스의 신들이 시인의 개인적 창작으로 보아야 한다는 견해가 설득력을 갖게 된다.[22] 그렇다면 이율배반적인 신들, 특히 우리가 살펴보았듯이 숭고하면서도 경박하고, 자신을 알리면서도 숨기는 신들이 수행하는 미학적인 기능은 무엇인가? 이제 『일리아스』가 인간 비극의 서사시라는 사실에 다시 눈을 돌려 그런 맥락에서 '신적인 기제'(Götterapparat)의 미학적 기능을 살펴보기로 하자.

대략 16000행에 이르는 『일리아스』는 '아킬레우스의 분노'에서 시작해서 '헥토르의 장례'로 끝난다. 분노와 장례를 시작과 끝으로 삼는 『일리아스』는 – 아리스토텔레스가 적절히 표현했듯이 – '파토스적'(pathetikon)이며,[23] 이 어둡고 무거운 파토스는 『일리아스』의 비극적 영웅주의의 기조를 이룬다. 『일리아스』의 주인공들은 전사이자 영웅들이다. 이들은 두 가지 동기에 이끌려 싸움에 나선다. 아카이아의 영웅들은 트로이아를 정복하고 납치당한 헬레나를 되찾기 위해서 싸우고, 트로이아의 영웅들은 그에 맞서 트로이아와 헬레나를 지키기 위해 싸운다. 하지만 이런 동기는 전쟁의 외적 동기에 불과하다. 영웅들을 움직이는 더욱 더 중요한 동기가 있으니, 그것은 내적인 동기, 즉 명예[24]를 얻는 일이다. 아가멤논과 메넬라오스는 헬레나를 빼앗김으

---

22) W. Kullmann, *Homerische Motive*, Stuttgart 1992, 257쪽: "In the *Iliad* we obviously get a special individual conception of the gods and no traditional pattern". M.L. West, "Homeric and Hesiodic poetry" in *Ancient Greek Literature,* ed. by J. Dover, Oxford 1980, 17쪽과 M.M. Wilcock, "Some Aspects of the Gods in the Iliad", in *Homer. Critical Assessments*, vol. II. *The Homeric World*, ed. by Irene J.F. de Jong, London-New York 1999, 404 아래, 특히 413쪽을 참고.

23) Aristoteles, *Poetica* 24, 1459b 14 아래.

24) '명예'에 대한 낱말로는 'timē'(복수, 명예, 권위), 'kydos'(힘, 승리, 승리의 영광), 'kleos'(소문, 명성), 'euchos' (승리의 명성) 등이 쓰인다.

로써 실추된 명예를 되찾기 위해 원정에 나섰다. 아킬레우스는, 트로이아인들이 자신에게 아무런 해악도 끼친 적이 없음에도 불구하고, 아트레우스의 두 아들이 명예를 얻을 수 있게 하기 위해서 원정군에 참전한다. 이들의 맞수 헥토르 역시 동생 파리스의 행위가 그릇된 것임을 인정하면서도 조국의 수호자로서 명예를 잃지 않기 위해 죽음을 마다하지 않고 싸운다. 『일리아스』에 등장하는 무수한 영웅들도 다르지 않다. 펠레우스가 전쟁의 길을 떠나는 아들에게 준 권고는 『일리아스』의 영웅들 모두에게 하나의 정언명령이다(11.784): "항상 으뜸이 되고 남보다 뛰어나거라."

명예를 위한 싸움은 일종의 '인정투쟁'이다. 이 투쟁은 생존을 위한 투쟁과 다르다. 명예를 위해 싸우는 영웅들은 동물들처럼 살아남는 데 연연하지 않는다. 명예를 위해 싸우는 영웅들은 오히려 인간 세계를 두고 주도권 쟁탈전을 벌이는 신들과 닮았다. 그럼에도 불구하고 명예를 위한 인간들의 싸움과 신들의 싸움은 한 가지 점에서 근본적으로 다른데, 그 둘의 차이는 영웅들의 싸움에는 생사가 걸려 있다는 점에 있다. 암브로시아와 넥타를 먹고 마시는 올림포스의 신들은 죽지 않으며, 따라서 그들의 싸움은 생사가 걸린 싸움이 아니다. 하지만 데메테르의 곡식을 먹고 사는 지상의 인간들은 죽을 수밖에 없다. 인간의 명예는 이 죽음을 담보로 해서만 얻을 수 있는 것이다. 그런 점에서 명예를 건 영웅들의 싸움은 신들과 동물 사이에 놓인 인간 존재의 극단적인 표현이라고 보아도 좋다.

명예를 위한 전장은 죽이거나 죽는 자리이다. 이긴 자에게는 싸움이 명예의 자리이지만 진 자에게는 죽음의 자리이다. 그런 점에서 '명예를 주는 싸움'(kydianeira machē, 4.225)은 '눈물 젖은 싸움'(dakryoeis polemos, 5.737)이기도 하다. 전장에서는 내가 명예를 얻을지 타인에게 명예를 내어줄지가 결판난다. 죽이는 자와 죽임을 당하는 자가 갈리고, 승리자의 함성과 패배자의 곡성이 뒤섞이며(4.450 아래), 자유의 날과 예속의 날이 함께 온다(6.455, 6.463).

생사를 걸고 인정투쟁을 벌이는 영웅들은 그 싸움에 쉴 새 없이 개입하는 신들 앞에서 얼마나 자유로운가? 물론 신들의 꼭두각시가 아닌 이상, 영웅들에게는 자유가 있다. 아킬레우스는 아테네의 조언을 수용하거나 거부할 자유가 있으며, 그에게는 또한 아폴론 신에게 대항할 힘은 없지만 그에게 맞서려는 의지는 있다. 하지만 마침내 모든 것은 신들의 의지와 계획대로 이루어진다.[25] 이때 『일리아스』의 영웅들에게 남는 마지막 자유는 자신에게 예정된 운명을 과감하게 받아들이고 자발적으로 수용할 자유이다.[26] 영웅들이 한편으로는 신들에게 의존해 있으면서 다른 한편으로는 그에 못지않은 의사결정의 자유가 있다는 사실, 즉 신들에의 의존과 자기 결정의 자유의 공존, 이것은 『일리아스』의 비극적 영웅주의의 밑바탕에 깔린 모순적 사태이다.

그런데 『일리아스』의 주인공들은 주어진 운명에 맞서 내적인 자유를 지키며 명예를 추구하는 영웅들이지만, 그와 동시에 자신에게 주어진 운명과 신적인 의지에 대해 무지한 인간들이다. 영웅의 의지와 인간의 무지는 『일리아스』에 등장하는 비극적 영웅들의 행동의 근본 동기이며, 인간의 무지를 통해 신의 숨은 의지가 관철된다. 이미 파트로클로스의 비극에서 보았던 이런 복합적 사태를 우리는 『일리아스』의 두 영웅, 헥토르와 아킬레우스의 경우에서 확인할 수 있다.

먼저 헥토르의 경우를 보자. 도시의 수호자 헥토르는 도시의 파괴자 아킬레우스의 맞수이지만, 어떤 점에서 아킬레우스의 분노를 근간으

---

25) C.M. Bowra, *Landmarks in Greek Literature*, London 1966, 38쪽. 호메로스의 신들과 운명 사이의 관계에 대한 자세한 논의는 이 논문의 범위를 넘어선다. 그에 대한 다양한 해석에 대해서는 E. Ehnmark, "The Gods and Fate", in *Homer. Critical Assessments*, vol. II. *The Homeric World*, ed. by Irene J. F. de Jong, London-New York 1999, 359 아래를 참고하라. Ehnmark 자신은 신들을 자연력(natural forces)으로 본다.

26) H. Rupe (Übers.), *Homer. Ilias*, München-Zürich [9]1989, 878쪽.

로 하는 사건 진행의 종속 변수이다. 제우스가 헥토르에게 영예를 베푼 것은 테티스의 소원을 풀어주기 위한 방책의 하나이기 때문이다(15.596). 그는 파트로클로스를 죽인 뒤 아킬레우스에게 살해될 운명이다(15.612; 18.133). 안드로마케와의 이별 장면(6.440 아래)에서 우리가 볼 수 있듯이, 헥토르 자신도 자신의 운명을 예감한다. 하지만 그의 영웅적 의지는 그를 트로이아 성밖의 전장으로 내몬다. 그리고 이런 헥토르의 의지는 자신의 죽음을 통해 이루어질 신의 의지에 대한 무지에 의해 더욱 더 강력하게 불타오른다. 전투의 넷째 날 밤 '앞일과 지난 일을 볼 줄 아는'(18.249) 풀뤼다마스는 함선들을 떠나 성 안으로 들어가기를 권고한다. 하지만 헥토르는 현자의 말을 묵살한다(18. 285 아래):

> 풀뤼다마스여, 그대는 우리가 도로 돌아가 도성 안에 갇히기를
> 권하나, 그대의 그 열변은 나에게는 더 이상 달갑지 않소이다.
> 탑들 안에 갇혀 있는 것에 아직도 싫증이 나지 않았단 말이오?
> (...)
> 하나 지금은 음흉한 크로노스의 아드님께서 내가 함선들 옆에서
> 영예를 얻고 아카이아인들을 바닷가에 가두도록 해주셨으니,
> 어리석은 자여, 다시는 그런 의견을 백성들 사이에 내놓지 마시오.
> 트로이아인들 중에 그대의 말을 들을 사람은 아무도 없으며,
> 내가 그러지 못하게 할 것이오 (...)

어리석은 자는 풀뤼다마스가 아니라 헥토르이다. 성문 밖에서의 전투를 고집하는 것은 헥토르의 과욕(hybris)이다. 이 과욕은 물론 영웅적 의지의 표현이지만, 그 영웅적 의지 뒤에는 제우스의 숨은 의지에 대한 무지가 있다. 제우스는 물론 헥토르를 사랑하지만 그와 아킬레우스에게 똑같은 명예를 내릴 생각은 없다(24.66). 제우스의 이런 생각은 헥토르에게 가려져 있다.

아킬레우스의 비극도 크게 다르지 않다. 아킬레우스의 운명은 처음

부터 정해져 있지만, 이 예정된 운명은 아직 가언적 형태를 취하고 있을 뿐이다. 그가 트로이아에 남아서 끝까지 싸우면 단명하는 대신 명예를 얻지만, 고향으로 되돌아간다면, 명예 없이 장수할 수 있다.[27] 아킬레우스의 편에서 보자면, 『일리아스』의 전 과정은 이 조건적 운명이 정언적 운명으로 바뀌는 과정이라고 보아도 틀린 말이 아닐 것이다. 무엇이 그렇게 만드는가? 그렇게 만든 것은 그의 분노와 잃어버린 명예를 되찾으려는 의지이다. 아가멤논에 대한 노여움은 그를 맹목적으로 만든다. 그는 아카이아인들이 도륙을 당하고 함선들이 불길에 휩싸여도 노여움을 풀지 않는다. 마치 헥토르가 풀뤼다마스의 후퇴 권고를 묵살했듯이, 아킬레우스는 사절의 참전 권유를 무시한다(9.606 아래를 참고). 결국 그는 목숨보다 더 소중한 친구 파트로클로스를 잃는다. 그는 이제 새로운 분노에 사로잡히고, 새로운 분노가 낡은 분노를 대신한다. 새로운 노여움은 그를 전장으로 이끌고 헥토르를 살해하게 한다. 하지만 헥토르의 죽음과 더불어 그의 죽음도 정해진 운명이 된다(18.96). 아킬레우스는 제우스가 자신의 명예를 회복시켜 주기를 원했지만, 그 명예 회복의 대가가 어떤 것인지를 알지 못했고 알려고 하지도 않았다. 그는 자신의 명예 회복이 파트로클로스의 참전과 죽음을 대가로 하게 될 것임을 알지 못했다. 자신을 향한 '위대한 제우스의 뜻'은 그에게 숨겨져 있었다(17.404 아래):

> (...) 그는 파트로클로스가 자기 도움 없이,

---

27) 아킬레우스는 자신을 설득해서 싸움터로 이끌려는 오뒤세우스에게 이렇게 대꾸한다(Il. 9.410-416): "나의 어머니 은족(銀足)의 여신 테티스께서 내게 말씀하시기를 / 두 가지 상반된 운명이 나를 죽음의 종말로 인도할 것이라고 하셨소. / 내가 만약 이 곳에 머물러 트로이아인들의 도시를 포위한다면, / 고향으로 돌아갈 길은 막힐 것이나 내 명성은 불멸할 것이오. / 하나 내가 만약 사랑하는 고향으로 돌아간다면, / 나의 높은 명성은 사라질 것이나 내 수명은 길어지고 / 죽음의 종말이 나를 일찍 찾아오지는 않을 것이오."

아니 자기와 함께라도 도시를 함락하리라고는 꿈에도 생각지 않았던
것이다. 그의 어머니가 위대한 제우스의 뜻을 그에게 알려주었을 때,
그렇게 그는 여러 번 어머니에게서 몰래 들었기 때문이다.
하나 그때도 그의 가장 사랑하는 전우가 죽는 것과 같은
큰 불상사가 일어난다고는 그의 어머니도 말하지 않았던 것이다.

친구의 죽음을 복수로써 되갚고 자신의 죽음을 기꺼이 받아들이겠다는 그의 결정은 영웅적이지만, 제우스의 숨은 뜻에 대한 그의 무지는 인간적이다. 신과 같은 헥토르뿐만 아니라 여신의 아들 아킬레우스도 죽음의 운명을 알고 있었지만, 그 운명을 실현시키는 신적인 의지의 진상은 알지 못했던 것이다.

IV. 인간의 비극과 신들의 희극

작은 비극이 모여 큰 비극을 이루고, 개인의 비극이 모여 집단의 비극을 낳는다. 그리고 이 비극의 배후에는 신적인 의지로 형상화되는, 이 세상에 편재하는 불가해한 힘들의 작용과 그것을 모르는 인간의 무지가 있다. 그런 점에서 『일리아스』의 인간 비극은 아리스토텔레스가 말한 '하마르티아'(hamartia)의 비극을 선취하고 있다.[28)] 인간의 사유와 행위의 가능성은 그가 처한 상황에 의해 이미 제약되어 있다. 그런 뜻에서 인간을 향한 신의 뜻은 이미 정해져 있다. 인간은 이 한계를 넘어설 수 없다. 하지만 당사자 인간은 자신에게 닥칠 운명을 알지 못한다. 무지에서 비롯되는 맹목적 의지는 인간으로 하여금 자기 운명의 추이를 헤아리지 못하게 한다. 마침내 그의 의지는 어긋나고 그는 예

28) Aristoteles, *Poetica* 13, 1453a 7 아래를 참고.

상치 못했던 상황에서 비극적 종말을 맞이한다.[29]

하지만 『일리아스』의 비극은 한 가지 점에서 앗티카의 고전 비극과 근본적으로 다르다. 고전기 비극에서와 마찬가지로 『일리아스』에도 신들이 등장하지만, 호메로스의 신들은 희극배우와 같다. 웃고 울고, 속고 속이고, 서로 엉겨 붙어 싸움질을 하는 가운데 보여주는 그들의 경박한 희극적 행태는 아킬레우스의 분노에서 시작해서 헥토르의 장례로 끝나는 『일리아스』의 비극적 파토스와 전혀 어울리지 않는다. 이 서사시 안에서는 신들의 희극이 인간의 비극이 공존한다. 이 부조화의 공존을 우리는 어떻게 설명해야 할까? 『일리아스』의 시인이 하필 웃기는 신들을 끌어들임으로써 의도하는 바는 무엇인가?

이 물음에 대해서는 여러 가지 대답의 가능성이 열려 있다. 어떤 이는 신들에 대한 호메로스의 묘사를 종교 비판의 한 증거로 받아들여, 시인이 올림포스의 신앙을 조롱거리로 삼고 있다고 말할 수 있을 것이다. 또 어떤 사람은 신들에 대한 시인의 묘사를 당대 지배자들의 여흥을 위한 오락적 요소로서 풀이할 수도 있다.[30] 이런 해석 가운데 어떤 것도 단정적으로 배제하기는 어렵다. 하지만 우리는 이런 다양한 해석의 가능성을 인정하면서도, 더욱 설득력 있는 또 다른 해석의 실마리를 작품 안에서, 특히 『일리아스』의 대미(大尾)를 이루는 마지막 장면에서 찾아내려고 한다. 아들이 아킬레우스에게 살해되고 열하루 동안 그의 시신이 능욕당하는 것을 보다 못한 프리아모스는 아킬레우스의 군막을 찾아와 그의 무릎을 잡고 시신 반환을 간청한다. "아킬레우스여, 신을 두려워하고 그대의 아버지를 생각하여 / 나를 동정하시오. 지

---

29) 이런 뜻에서 『일리아스』의 사건들은 이중적인 인과성에 의해 지배된다. 이에 대한 고전적인 연구로는 A. Lesky, "Motivation by God and Men", in *Homer. Critical Assessments*, vol. II. *The Homeric World*, ed. by Irene J. F. de Jong, London-New York 1999, 384-403쪽을 참고.

30) 이런 다양한 해석에 대해서는 A. Lesky, *Homeros, Stuutgart* 1967 (Sonderdruck aus RE Suppl. XI, Sp. 687-846), Sp. 733 아래를 참고.

상에 사는 어떤 사람도 차마 하지 못할 짓을 하고 있지 않소! 내 자식들을 죽인 사람의 얼굴에다 손을 내밀고 있으니 말이오.” 프리아모스의 애절한 청원에 아킬레우스는 고향에 두고 온 아버지 생각에 눈물이 복받쳐 오른다. 아버지와 아들은 저마다 죽은 아들과 버려진 아버지를 생각하며 우는데, 그들의 울음소리가 군막을 가득 채운다. “분노는 연민 속에서 정화된다.”[31] 울음을 그친 아킬레우스가 말한다(24.518 아래):

> 아아 불쌍하신 분, 그대는 마음속으로 많은 불행을 참았소이다.
> 그대의 용감한 아들들을 수없이 죽인 사람의 눈앞으로
> 혼자서 감히 아카이아인들의 함선들을 찾아오시다니!
> 그대의 심장은 진정 무쇠로 만들어진 모양이구려.
> 자, 아무튼 의자에 앉으시오. 아무리 괴롭더라도
> 우리의 슬픔은 마음속에 누워있도록 내버려둡시다.
> 싸늘한 통곡은 아무런 도움도 되지 않을 테니까요.
> **그렇게 신들은 비참한 인간들의 운명을 정해 놓았지요.**
> **괴로워하며 살아가도록 말이오, 하나 그분들 자신은 슬픔을 모르지요.**
> (인용자의 강조)

모든 것이 끝났다. 아킬레우스의 화도 풀렸다. 그동안의 화풀이 과정에서 수많은 아카이아인들이 죽었고, 파트로클로스가 죽었으며, 헥토르가 죽었다. 이제 남은 것은 아킬레우스 자신의 죽음이다. 이 아킬레우스가 타인의 죽음을 기억하고 자신의 죽음을 예견하는 자리에서 시인은 주인공의 입을 통해 인간의 삶과 신들의 삶을 대비시킨다. 괴로워하며 살다가 죽을 수밖에 없는 비참한 운명의 인간과 슬픔을 모르며 영원히 사는 신들의 삶이 대비된다.

인간의 비극적 운명은 신적인 힘들에게서 비롯되지만, 그런 운명을

31) “anger is purged in pity.” C. M. Bowra, *Ancient Greek Literature*, Oxford 1933, 23쪽.

낳는 신적인 힘 자체는 비극적이 아니다. 뜨거운 것은 뜨거운 것을 낳고, 좋은 것은 오직 좋은 것에서 유래하며, 좋은 것에서는 나쁜 것이 생겨날 수 없다는 생각은 고전기 그리스 철학이 정립한 인과관계의 근본 공리였다.[32] 하지만 호메로스에게는 이런 인과적 동종성 공리가 통용되지 않는다. 인간의 괴롭고 슬픈 운명은 슬픔과 괴로움을 모르는 신들에게서 올 수 있다. 슬픔을 모르는 신들에게 인간의 비극은 심각한 고뇌의 대상이기보다는 오히려 유희의 대상이자 구경거리이다. '인간들과 신들의 행적'[33]을 노래하는 서사시는 비극 실연자의 고통과 관객의 만족을 함께 보여주려고 한다. 이런 시인의 의도는 인간의 가사성과 신들의 불멸성, 인간 존재의 어둠과 신들의 광명, 인간의 무력과 신들의 위력, 인간의 무지와 신들의 뜻을 대비시킴으로써, 간단히 말해서 인간의 비극과 신들의 희극을 대비시킴으로써 그 최고의 효과를 발휘한다. 대비의 한쪽에는 *conditio humana*가, 다른 쪽에는 *conditio divina*가 있다. 그리고 이 대비 속에서 인간 존재의 진정한 차이, 즉 'diaphora'가 드러난다. 후대 철학자들이 인간의 종적인 차이를 '이성적 능력'이나 '사회성' 등에서 찾는다면, 호메로스는 그것을 인간의 무지와 비극적 존재성에서 찾는다.[34] H. Fränkel의 표현을 빌자면, "인간의 고통은 양면적인 세계의 한쪽 절반부 안에서만 연출된다. 서사시에서는 다른 한쪽이 빠져서는 안 된다. 왜냐하면 그 시대의 논리(Logik der Epoche)가 요청하는 바에 따르면 인간은 오직 신적인 세계를 배경으로 해서만 자신에 합당한 자리를 배당받기 때문이다."[35] 우리는 '시

---

32) 다음의 구절들을 참고하라: Platon, *Resp*. 380c; Aristoteles, *Metaphysica*, I 4, 985a 9-10, II 1, 993b 24 아래.

33) *Od*. 1, 338.

34) 인간 존재의 비극성을 오뒤세우스는 다음과 같이 표현한다(*Od*. 18.130 아래): "... 대지가 기르는 것들 중에서, 숨쉬며 대지 위를 기어다니는 온갖 것들 중에서 인간보다 더 허약한 것은 아무것도 없소."

35) H. Fränkel, *Dichtung und Philosophie des frühen Griechentums*, München ^{4}1993, 61쪽.

대의 논리'(Logik der Epoche)를 '서사시의 논리'(Logik der Epik)로 바꿔도 좋을 것이다. 그리고 이 논리에 따른다면, 우리는 인간의 비극과 신들의 희극 사이의 부조화는 주도면밀하게 의도된 부조화이며, 이 부조화의 공존 속에서만 인간의 비극은 총체적으로 드러난다고 말해야 할 것이다.

V. 맺음말

후대 그리스의 철학자들이 그랬듯이 우리가 『일리아스』의 신들을 형이상학이나 도덕의 관점에서 평가하거나 당대의 종교적인 관념을 반영하는 것으로 받아들이려 한다면, 이는 정당화되기 어려운 관점일 것이다. 호메로스의 신들은 오히려 인간의 세계에 편재한 이율배반적이고 불가해한 힘들의 시적인 구성물로 보는 것이 옳다. 이 '신적인 기제'를 도입함으로써 시인은 세계에 편재한 저항할 수 없는 힘들의 불가해한 작용을 형상화하면서 그 힘들의 개입에 의해 몰락의 구렁텅이로 내몰리는 인간의 비극적 운명을 보여준다. 이때 신들의 은폐성이나 희극적 성격은 인간의 무지와 그 무지가 낳는 비극적 운명을 효과적으로 부각시키는 데 본질적인 요소로서 작용한다. 자의적이고 희극적인 존재로서의 신들과 그런 신들의 유희에 무지한 비극적 영웅들의 대비, 이 명암의 대비 속에서 비로소 인간의 조건(conditio humana)은 여실히 드러나기 때문이다. 물론 신적인 것과 인간적인 것의 이러한 대비는 그것이 작품 안에서 지니는 미학적 효과뿐만 아니라 거기에 함축된 세계와 인간에 대한 이해 방식에서도 우리의 관심을 끌기에 충분하다. 그것은 인간의 의지를 넘어서 있는 현실에 대한 하나의 해석이자 그 현실과 마주한 인간의 무지와 무력에 대한 서술이기 때문이다. 우리는 그런 서술을, 자연과 인간에 대한 후대의 자연철학이나 고전기 철학의 설명과 구별해서 '세계와 인간에 대한 서사적 설명'이라고 불러도 좋을 것이다.

참고문헌

1. 그리스 원전, 번역, 주석

· 호메로스

호메로스, 천병희 옮김, 『일리아스』, 단국대학교 출판부 1996.

______, 천병희 옮김, 『오뒤세이아』, 단국대학교 출판부 1996.

Monro, D. B. et Allen, T.W. (ed.), *Homeri Opera*, Oxford 1956.

Rupe, H. (Übers.), *Homer. Ilias*, München-Zürich 1989.

· 다른 작가들

Brandt, R. (Hrsg.), *Pseudo-Longinus. Vom Erhabenen*, Griechisch und Deutsch, Berlin 1966.

Burnet, J. (ed.), *Platonis opera*, vol. 4, Oxford 1902.

Diels, H.-Kranz, W.(Hrsg.), *Die Fragmente der Vorsokratiker*, Zürich-Hildesheim 1964.

Feix, J. (Hrsg.), *Herodot Historien*, Griechisch-deutsch, Zürich 1995.

Gerlach, W. und Bayer, K. M. (Hrsg.), *M. Tullius Cicero. Vom Wesen der Götter*, leteinisch-deutsch, München-Zürich 1987.

Jaeger, W. (ed), *Aristotelis Metaphysica*, Oxford 1957.

Kassel, R. (ed.), *Aristotelis De arte poetica liber*, Oxford 1965.

Solmsen, F. (ed.), *Hesiodi theonia opera et dies scutum*, Oxford 1990.

2. 이차문헌

김상봉, 「롱기누스와 숭고의 개념」, 『서양고전학연구』, vol. 9, 1995, 201-228쪽.

김 헌, 「아킬레우스의 분노와 제우스의 뜻」, 『서양고전학연구』, vol. 11, 1997, 53-81쪽.

이상인, 「연민과 비극의 도덕」, 『철학』, 제64집, 2000, 83-111쪽.

조대호, 「카오스와 헤시오도스의 우주론」, 『철학』, 제71집, 2002, 51-74쪽.

Bowra, C. M., *Ancient Greek Literature*, Oxford 1933.

_____, *Landmarks in Greek Literature*, London 1966.

Burkert, W., *Kleine Schriften 1: Homerica*, Hrsg. v. Christoph Riedweg, Göttingen 2001.

de Jong, Irene J. F. (ed.), *Homer. Critical Assessments*, vol. II. *The Homeric World*, London-New York 1999.

Dihle, A., *Griechische Literaturgeschichte. Von Homer bis zum Hellenismus*, München 1991.

Dover, K. J. (ed.), *Ancient Greek Literature*, Oxford 1980.

Ehnmark, E., "The Gods and Fate", in *Homer. Critical Assessments*, vol. II. *The Homeric World*, ed. by Irene J. F. de Jong, London-New York 1999, 359-368쪽.

Fränkel, H., *Dichtung und Philosophie des frühen Griechentums*, München 1993.

Heubeck, A., *Die homerische Frage*, Darmsatdt 1988.

Kullmann, W., *Das Wirken der Götter in der Ilias*, Berlin 1956.

_____, *Homerische Motive*, Stuttgart 1992.

_____, *Realität, Imagination und Theorie*, Hrsg. v. A. Rengakos, Stuttgart 2002.

Lesky, A., *Homeros*, Stuutgart 1967 (Sonderdruck aus RE Suppl. XI, Sp. 687-846).

_____, *Geschichte der griechischen Literatur*, Darmstadt 1971.

_____, "Motivation by God and Men", in *Homer. Critical Assessments*, vol. II. *The Homeric World*, ed. by Irene J. F. de Jong, London-New York 1999, 384-403쪽.

Nilsson, M., "Mycenaean and Homeric Religion", in *Homer. Critical Assessments*, vol. II. *The Homeric World*, ed. by Irene J. F. de Jong, London-New York 1999, 369-383쪽.

Snell, B., *Die Entdeckung des Geistes*, Göttingen 1986.

_____, 김재홍 옮김, 『정신의 발견』, 까치, 1994.

West, M. L., "Homeric and Hesiodic poetry", in *Ancient Greek Literature*, ed. by K. J. Dover, Oxford 1980.

Wilcock, M. M., "Some Aspects of the Gods in the Iliad", in *Homer. Critical Assessments*, vol. II. *The Homeric World*, ed. by Irene J.F. de Jong, London-New York 1999, 404-415쪽.

Die Götter in der *Ilias*

Cho, Dae-Ho

Zusammenfassung

Das Götterbild, das die *Ilias,* das früheste Epos im Abendland, vermittelt, ist von allzu anthropomorphischen Zügen geprägt. Die Götter in der *Ilias* lachen und weinen, betrügen sich und kämpfen miteinander, um ihren Einfluß auf die Menschenwelt zu gewinnen. Bekanntlich gab dieser Anthrophomorphismus der homerischen Göttervorstellung den späteren Philosophen einen wichtigen Anlass zu ihrer Kritik an Homer. Zu diesen Philosophen zählen u.a. Xenophanes und Platon, die im Göttlichen eher ein moralisches bzw. metaphysisches Prinzip sehen wollten. Daraus entsteht um den Begriff vom Göttlichen 'ein alter Streit zwischen Philosophie und Dichtung'. Doch in der philosophischen Kritik an den homerischen Göttern wird ein wesentlicher Punkt völlig vernachläßigt, nämlich ihre poetische Funktion, wie sie sich folgendermaßen darstellen läßt: Die homerische Göttervorstellung ist, wie schon A. Lesky bemerkt, in ihrem antinomischen Charakter durch drei Gegensatzpaaren zu charakterisieren: göttliche Nähe und Distanz, Huld und Grausamkeit der Götter, Willkür und Recht. Die durch solche antinomischen Zügen charakterisierbaren Götter stellen 'ein lockeres System gewaltiger Kraftfelder' dar, 'in die das menschliche Sein zur

Gänze hingestellt ist' (Lesky). Doch man kann wohl in diese Interpretationsrichtung einen Schritt weitergehen, indem man noch zwei andere Gegensatzpaare hinzufügt, die für das Verstehen der dichterischen Funktion der iliadischen Theologie von besonderer Bedeutung sind: göttliche Offenbarung und Verborgenheit einerseits und ihre Erhabenheit und Leichtsinnigkeit andererseits. Die Götter in der *Ilias* geben sich oft den Menschen zu erkennen und treiben sie dadurch zu ihren Taten. Dies ist jedoch nicht immer der Fall. Die Götter sind manchmal in ihrem Willen für die Menschen verborgen und die Menschen wissen es nicht. Es ist eben diese Unwissenheit der Menschen, die ihre Tragögie verursacht, wie man es u.a. bei den Fällen von Patroklos, Hektor und Achill beobachten kann. Auf der anderen Seite bleiben die Götter gegenüber dieser menschlichen Tragödie unberührt. Ja, sie sind so erhaben, dass sie über all das elende Schicksal der Menschen hinwegsehen können. Sie machen sich sogar über das menschliche Elend lustig und haben damit einen spielerischen Umgang. Bei den homerischen Göttern ist vom Erhabenen zum Lächerlichen nur ein Schritt. Somit tut sich in der homerischen Welt eine unüberbrückbare Kluft auf, die Kluft nämlich zwischen der menschlichen Tragödie und der göttlichen Komödie. Das Nebeneinander von den *zwei* Dimensionen in *einer* Welt scheint zwar auf den ersten Blick sehr merkwürdig, es stellt sich aber darin die dichterische Funktion des 'Götterapparates' klar ins Auge: Dieser Apparat dient dazu, vor dem Hintergrund der *conditio divina* die *conditio humana* dichterisch zu gestalten. Dabei bietet sich auch die homerische Deutung der übermenschlichen Kräfte um das menschliche Geschehen und eine epische Erklärung für das ihrer Wirkung ausgelieferte menschliche Dasein.

Schlagwörter : Homer, Ilias, Götter, Götterapparat, Anthropomorphismus, Antinomie, Gegensatzpaar, menschliche Unwissenheit, Tragödie, *conditio humana, conditio divina.*

파르메니데스에서 "있다"와 "있지 않다"의 문제

— 고대 희랍철학의 존재-신-논리적 구조와 관계해서[1)]

양태범

1) 이 논문은 2005년 정부의 재원으로 한국학술진흥재단의 지원을 받아 수행된 연구임 (KRF-2005-043-A00043).

3. "좋은 것"과 "하나인 것"의 신플라톤주의적인 동일시에서 "있지 않다"의 문제

요약문

본 논문은 고대 희랍철학의 존재-신-논리적 구조와 관련해서 파르메니데스에서 "있다"와 "있지 않다"의 문제를 다룬다. 본 논문은, 서양 존재론의 아버지라고 불리는 파르메니데스의 진리의 길에서부터 나타나는 "있다"와 "있지 않다"의 문제를, 플라톤의 『파르메니데스』편을 거쳐 신플라톤주의의 형성에 이르는 과정 속에 다루고자 한다.
파르메니데스의 확신의 길, 진리의 길은, "있다" 그리고 "있지 않음은 있지 않다"이다. 여기에 이미 "있다"와 "있지 않다"의 문제가 내포되어 있음은 분명하다. 그런데 여기서 "있지 않다"가 문제되는 것은 "있지 않음" 때문이다. 그리고 "있지 않음"은 "있다"에 대한 우리 유한한 인간존재의 자기존재규정이다. 우리 인간존재는 "있다"를 "있음"으로 파악한다. 그런데 "있다"에 대해 우리 인간존재는 "있지 않음"으로 있다. 그러므로 "있지 않음"은 "있다"에 대한 우리 유한한 인간존재의 자기존재규정이다. 그런데 파르메니데스는 "있지 않음"은 "있지 않다"고 한다. 왜냐하면 "있지 않음"은 "있다" 속에 "있지 않기" 때문이다. "있지 않다"는 말은 "있다" 속에 "있지" "않다"는 말이다. "있음"은 "있다"에 대한 우리 인간존재의 "의견"이다. 파르메니데스에 따르면, "있음"은 "있다." 그런데 파르메니데스는 "있다"와 "있지 않다" 사이의 양자택일을 요구함으로써 "있음"과 "있지 않음"을 "있다" 속에 "있지 않는 것"으로 만들었다. 그러나 "있는 것"을 탐구하기 위해서나 "있지 않은 것"을 탐구하기 위해서나 "있음" 또는 "있지 않음"이 요구된다. 파르메니데스는 "있다"와 "있지 않다"의 양자택일을 강요함으로써 "있음" 내지 "있지 않음"을 단지 "의견" 내지 "있지 않는 것"으로 만들었다. 이런 사유의 배경에는 "무로부터 아무 것도 생기지 않는다"는 생각이 있다. "생긴다"는 동사가 말하듯, 이 명제는 "자연"에 관한 것이다. 무로부터 아무것도 생기지 않는다는 말은, 만약 어떤 것이 생겼다고 한다면, 그것은 "있는" 것으로부터 생겼다는 말이다. 즉 "신"으로부터 생겼다는 말이다. 여기에 "있다" 또는 "있지 않다"의 양자택일이 성립한다. "있다" 그리고 "있지 않음은 있지 않다"는 파르메니데스의 사상은 그와 같은 존재-신-논리적 세계관을 반영한 것이다.

● **주제어 : 파르메니데스, 있다, 있지 않다, 플라톤, 신플라톤주의**

Ⅰ. 들어가는 말

본 논문에서 필자는 파르메니데스에서 "있다"와 "있지 않다"의 문제를 고대 희랍철학의 존재-신-논리적 구조와 관계해서 다루고자 한다. 파르메니데스의 확신의 길에서는 "있다" 뿐만 아니라 동시에 "있지 않음" 내지는 "있지 않다"가 문제로 되어있다. "있다" 그리고 "있지 않음은 있지 않다."[2] 이 문장에서 파르메니데스는 오직 "있다"고 할 수 있으며, "있지 않음"은 "있지 않다"고 주장한다. 그러나 파르메니데스가 주장하는 대로 오직 "있다"고만 할 수 있다면, "있지 않음" 내지는 "있지 않다"는 것은 어떻게 가능할 것인가? 여기서 "있지 않음" 그리고 "있지 않다"는 어디로부터 유래하는 것인가? "있다"는 것이 그 말을 통해 이해되어지는 바 그대로라고 한다면, "있지 않음" 내지 "있지 않다"는 어디로부터 유래하며, 또한 어떻게 이해하여야 하는가? 본 논문에서는 이러한 문제를 역사적인 파르메니데스로부터 플라톤의 『파르메니데스』 편을 거쳐 신플라톤주의의 형성에 이르는 고대 희랍철학의 발전과정 속에서 다루고자 한다.

그런데 "있지 않음" 내지는 "있지 않다"의 문제를 다루는 데 있어 필자는 그것이 단지 그 자체로 다루어져야 한다고 생각할 뿐만 아니라,

2) H. Diels und W. Kranz, Fragmente der Vorsokratiker(이후 약칭하여 D-K) 28 B 2.

또한 동시에 "있다"에 대한 사유의 고유한 논리 속에서 다루어져야 한다고 생각한다. 그리고 "있다"에 대한 사유의 고유한 논리는 존재-신-논리적이라고 부를 수 있는 형이상학의 구조에 의해 특징지워진다고 생각한다. 파르메니데스에게 있어서 "있다"의 주어가 무엇이었든 간에, 그것이 결국 어떤 "있는 것"이라는 것은 자명하다. 그로부터 아리스토텔레스가 『형이상학』에서 "있는 것을 있는 것으로 고찰하는 학문"[3)]이 제1철학이라고 한 것까지의 길은 그렇게 먼 거리에 있는 것이 아니다. 왜냐하면 "있는 것을 있는 것으로 고찰하는" 존재론은 어떤 있는 것을 "있다"의 빛 속에서 고찰하고자 한 파르메니데스의 기본생각을 이어받은 것 이외에 다름이 아니기 때문이다. 그런데 아리스토텔레스에 따르면 이러한 제1철학은 동시에 "신학"이기도 하다.[4)] 그로부터 하이데거가 말하는 형이상학의 존재-신-논리적 구조가 성립된다. 그러나 이러한 형이상학의 존재-신-논리적 구조는 단지 아리스토텔레스의 형이상학에만 타당한 것이 아니라, 파르메니데스, 플라톤, 플로티노스를 망라하여 고대 희랍철학 일반에 타당한 것으로 보인다.[5)] 그렇기에 본 논문에서 필자는 이러한 구조 속에서 "있지 않음" 내지는 "있지 않다"의 문제를 다루고자 한다.

그러나 문제는 그와 같은 형이상학의 존재-신-논리적 구조 속에서 "있지 않음" 내지는 "있지 않다"가 어떤 위치를 지니며, 어떤 역할을 하느냐이다. 이 문제를 다루기 위해서 본 논문은 "있다"에 대한 사유를 고대 희랍철학의 존재-신-논리적 구조 속에서 수행하는 가운데 "있지 않음" 내지 "있지 않다"의 문제를 다룰 것이다. 이 문제를 다루는

---

3) Aristoteles, Metaphysica 1003a 21.

4) 같은 책, 1064a 28아래를 보라.

5) 필자는 형이상학의 존재-신-논리적 구조가 단지 고대 희랍철학에만 타당하다고 생각하지 않는다. 이것은 특히 중세기의 기독교적인 형이상학에 타당하며, 하이데거가 말하는 대로 서양 형이상학 일반에 타당하다. 다만 이 논문은 고대 희랍철학에 국한에서 논의를 전개할 뿐이다.

데 있어서 필자는, 먼저 “있다”와 “있지 않다”의 문제가 파르메니데스에서 어떻게 시작되었는지, 이어서 그것이 플라톤의 『파르메니데스』편에서 어떤 방식으로 해명되었으며, 그리고 마지막으로 신플라톤주의로의 형성과정 속에서 어떻게 해석되었는지를 밝힐 것이다.

Ⅱ. 파르메니데스에서 “있다”와 “있지 않다”의 문제

파르메니데스에서 “있다”와 “있지 않다”의 문제는 무엇보다도 먼저 확신의 길, 진리의 길에서 나타난다. ἡ μὲν ὅπως ἔστιν τε καὶ ὡς οὐκ ἔστι μὴ εἶναι.

1. 진리의 길에 대한 번역 문제

먼저 번역상의 문제가 있다. 일단 ἐστιν은 보어가 없기 때문에 “~이다”로 번역되어서는 안 되고, “있다”라고 번역되어야 한다.[6] H. Diels와 W. Kranz는 ὅπως ἔστιν을 “daß IST *ist*”[7]라 수긍하기 어렵게 번역하였는데, F. M. Cornford는 그것이 어째서 그런지 알지 못하겠다고 거부했다[8]. 문제는 오히려 ἐστιν의 주어가 무엇이냐는 것이다.

6) G. E. L. Owens를 위시하여 D. J. Furley, D. Gallop, A. Finkelberg, D. O'Brien과 같은 해석가들은 ἔστιν을 실존적인 의미로 이해하고, C. Kahn, Mason, A. P. D. Mourelatos, P. Curd와 같은 해석가들은 술어적인 의미로 이해하며, M. Furth, Furley, Goldin은 두 가지 의미가 융합되어 사용된다고 한다. 그러나 필자가 보기에 이들 사이의 견해 차이는 번역에서라기보다는 해석에서 기인하는 차이이다. 그들은 먼저 ἔστιν의 주어를 “말 되어지고 생각되어질 수 있는 것”으로 파악하고, 그때 ἔστιν의 사용이 실존적인 의미인지 아니면 술어적인 의미인지를 판단한다. 그러나 필자가 생각하기에는 해석에 앞서 그런 번역이 가능한지를 먼저 고려해야 한다. 해석은 나중의 문제다.

7) H. Diels와 W. Kranz, Fragmente der Vorsokratiker, 231쪽.

Cornford는 B 6의 ἐὸν ἔμμεναι처럼 ἐόν을 함축된 주어로 봤는데, 이것은 원문의 고유한 문맥에 따라 그것이 주어라는 것이 아니라, 그것이 "있다"의 주어라고 한다면, 그것은 "있는 것"을 암시한다는 뜻에서이다.[9] 그러나 W. K. C. Guthrie는 그 밖에도 "길", "자연", "전체", "생각되어질 수 있는 것" 등과 같이, 생략된 주어가 의미할 수 있는 여러 가능성을 소개하고 있다.[10] 이 문제는 어떻든 원문의 고유한 문맥에 따라 결정되어야 할 문제이다.

그리고 μὴ εἶναι를 "있지 않음"이라고 번역하는 데에도 별다른 문제가 없는 것 같다. Diels와 Kranz는 "Nichtsein"이라 번역했고, G. S. Kirk와 J. E. Raven은 "not to be"로 옮겼다. 여기에서도 보어가 따로 있지 않음으로 "~이지 않음"이라 번역해서는 안 되고, "있지 않음"이라 번역하여야 한다. 다만 필자는 그것이 부정사형이기 때문에 현재형과 구분하여 "있지 않음"이라고 번역하였다. 파르메니데스에게 있어 부정사형과 현재형 사이의 구분은 필수적으로 보이는데, 만약 그렇지 않다고 한다면, B 6의 ἔστι γὰρ εἶναι와 같은 문장은 어떻게 번역할 것인가?

그러나 무엇보다도 문제가 되는 것은 οὐκ ἔστι의 번역이다. 필자는 "있지 않다"라고 번역했다. 이점에서 Diels와 Kranz의 번역을 따랐는데, 이유는 확신의 길과 수행불가능한 길 사이의 뚜렷한 대비를 고려해서이다. ἡ δ' ὡς οὐκ ἔστιν τε καὶ ὡς χρεών ἐστι μὴ εἶναι. 파르메니데스는 한편의 길, 이른바 확신의 길에서는 "있다" 그리고 "있지 않음은 있지 않다"고 주장하고, 다른 한편의 길, 이른바 탐구불가능한 길에서는 "있지 않다" 그리고 "있지 않음이 필요하다"고 주장한다. 명확한 대비가 형성되며, 탐구불가능한 길에서 οὐκ ἔστιν은

---

8) F. M. Cornford, Plato and Parmenides. 31쪽을 보라.

9) 같은 책. 30-1쪽을 보라.

10) W. K. C. Guthrie, A History of Greek Philosophy. Vol. II, Parmenides를 보라.

"있지 않다" 외에 달리 번역될 수 없다. 그런데 ἔστιν이나 οὐκ ἔστιν 다음에 부정사가 오면 가능이나 불가능으로 번역될 수 있다는 용례에 따라 상당수의 학자들이 οὐκ ἔστιν μὴ εἶναι를 "있지 않음은 불가능하다"고 번역한다.

그러나 이럴 경우에 논의는 왜 있지 않음은 불가능한지의 물음을 해명하는 방향으로 나아간다. 왜 있지 않음은 불가능하여야 하는가? 우리가 "있지 않음"에 대하여 말할 수 있다는 것이 곧 그것이 가능하다는 것을 말하지 않는가? 그러나 있지 않음이 불가능한 이유가 다름이 아니라 그것이 "있지 않다"는 것이라면, 그리고 위의 문장이 다른 논의 없이 그 자체로 완결된 주장이어야 한다고 한다면, 왜 우리는 그것을 "있지 않음은 있지 않다"라고 처음부터 번역하면 안 되는가? 게다가 οὐκ ἔστι의 악센트 위치가 동사를 실존적인 의미로 이해할 것을 지지한다.

그러나 Cornford는 ἔστιν의 숨겨진 주어를 μὴ εἶναι의 의미상의 주어로 만들어서 "그것이 있지 않음은 불가능하다"는 모순논리를 편다. <That which is> is and it is impossible for it not to be. 하지만 이것은 숨겨진 주어를 부각시키는 것이며, μὴ εἶναι가 독자적으로 οὐκ ἔστι의 주어로 쓰이는 것을 배제하는 것이며, "있지 않음"이 여하튼 가능하며, 그것이 어디로부터 유래하는지의 문제를 방치하는 것이다. 그러나 Cornford는 οὐκ ἔστι의 불가능성 번역을 고수하기 위해서, 탐구불가능한 길을 "있지 않다"고 번역한 다음에 그것을 근거짓기 위하여 B 6의 μηδὲν δ᾽ οὐκ ἔστιν을 "아무 것도 아닌 것은 있지 않다"라고 번역하지 않고, 부당하게도 "아무 것도 아닌 것이 있는 것은 불가능하다"고 불가능성으로 번역한다.[11] it is not possible for "nothing" to be.

하지만 파르메니데스의 확신의 길은 "있지 않음은 있지 않다"는 것

11) F. M. Cornford, Plato and Parmenides. 31쪽을 보라.

을 통해서 오직 “있다”는 것을 진리로서 확신하는 길이다. 그리고 탐구불가능한 길은 “있지 않다”는 것이고 “있지 않음이 필요하다”는 길이다. 그런데 이 길이 수행 불가능한 이유는 “있지 않는 것”(τὸ μὴ ὄν)은 있지 않기 때문에 인식할 수도 말할 수도 없기 때문이다. 그러나 문제는 바로 “있지 않음”이 “있지 않다”고 한다면, 그 “있지 않음”은 어디로부터 유래하는 것인가 하는 것이다. “있지 않음이 있지 않다”고 한다면, 그때 “있지 않다”고 하는 말의 의미는 “있다”고 하는 것에 “있지 않다”는 것이다. 그러나 “있지 않음”이란 도대체 어디로부터 유래하는 것인가?

2. “있다”의 주어 문제

그런데 이 문제에 앞서 “있다”의 주어는 무엇인가? 그리스어에서 주어는 앞서 알려진 것을 지시대명사로 받을 경우, 그것을 생략할 수는 있어도, 문장에서 주어가 없을 수는 없다. 그래서 주어를 “그것”이라 번역한다 하더라도, 문제가 되는 것은 “그것”이 무엇이냐는 것이다. Cornford는 그것을 “있다”의 주어이기 때문에 “있는 것”이라고 하였지만, “있다”라는 근원적인 언명에서 “있는 것”이 도출되는 것은 그 이후이지 그 이전이 아니다. “있는 것”이란 표현은 B 1에서 발견되지 않고, B 4에서 비로서 발견된다. 이것은 B 2에서 “있지 않다”로부터 “있는 것”이 도출되어 “있지 않다” 다음에 오는 것과 마찬가지이다.

Owens는 “있다”의 주어를 단순히 “말 되어지고 생각되어질 수 있는 것”이라고 하였지만, 이것은 B 8에 근거하는 해석으로 B 2의 고유한 문맥에 따른 것은 아니다. ταὐτὸν δ᾽ ἐστὶ νοεῖν τε καὶ οὕνεκεν ἔστι νόημα. οὐ γὰρ ἄνευ τοῦ ἐόντος, ἐν ᾧ πεφατισμένον ἔστιν, εὑρήσεις τὸ νοεῖν. 이 구절에 따르면, “사유”(νοεῖν)와 “그 때문에 사상이 존재하는”(οὕνεκεν ἔστι νόημα) 그것, 즉 존재 내지

는 존재자는 "동일한 것"(ταὐτόν)이다. 근거는, "그 안에서 그것(즉, 사상)이 말 되어져 있는"(ἐν ᾧ πεφατισμένον ἐστιν) "존재자"(τὸ ἐόν) 없이는 사유라는 것을 발견할 수 없을 것이기 때문이라는 것이다. 이런 근거로 Owens는 "있다"의 주어를 단순히 "말 되어지고 생각되어질 수 있는 것"이라고 하고, "있다"를 실존적인 의미로 이해한다.

그러나 이와 같은 논의는 B 3과 B 6을 전제로 할 뿐만 아니라, B 2의 고유한 문맥에 따른 것이 아니다. τὸ γὰρ αὐτὸ νοεῖν ἐστίν τε καὶ εἶναι. (B 3.) 흔히 이 문장은 "왜냐하면 사유와 존재는 동일하기 때문이다"라고 번역된다. 그러나 사유와 존재는 왜 동일한가? 위와 같이 번역할 때, 이 문장은 그 근거를 알려주지 않는다. 그래서 문장을 어순에 따라 곧이곧대로 읽으면, 그것은 "왜냐하면 동일한 것이 사유이고 존재이기 때문이다"라고 번역되어진다. 동일한 것이란 엄밀하게 말하면, 어떤 것이 그것이 무엇인지 "정체"(identity)가 확인될 때, 성립하는 것이다. 그러므로 그것은 사유된 것이며, 그리고 그렇게 사유된 것이 곧 존재, "있음"이다. 일단 이런 의미에서 사유와 존재, 생각과 있음은 동일한 것이다. 그러나 이러한 동일성에 근거해서는 사유와 존재하는 것, 즉 존재자 사이의 동일성에 이를 수 없다. 그렇기 때문에 Owens와 같이 ἔστιν을 실존적인 의미로 이해하는 사람은 사유와 존재자 사이의 동일성의 근거를 B 3에서가 아니라 B 8에서 찾는 것이다.

그러나 사유와 존재하는 것이 동일하기 위해서는 최소한 "있음"이 "있다"고 하는 것이 앞서 전제되어야 한다. χρὴ τὸ λέγειν τε νοεῖν τ᾽ ἐὸν ἔμμεναι. ἔστι γὰρ εἶναι. (B 6.) 그로부터 B 8에서 사유와 존재자의 동일성은, 그 안에서 사상이 말 되어지는 "존재자"가 없이는 사유라는 것을 발견하지 못할 것이라는데 성립한다. 그리고 여기서 사유와 존재자의 동일성은, "동일한 것은 사유이며 또한 그리고 그 때문에 사상이 존재하는 그것", 즉 존재 내지는 존재자라는 방식에서이다. 그러나 이런 방식으로 "있다"의 주어, 여기서는 그것이 이미 존재자인

데, 그것이 "말 되어지고 생각되어질 수 있는 것"이라 이해된다 하더라도 그것은 이미 B 3, 6, 8에 근거해서 해석된 것이지, B 2의 고유한 문맥에 따른 것이 아니다.

또한 철학사적인 문맥에서 파르메니데스 역시 자연철학에 속하기 때문에 "있다"의 주어를 "자연"[12](φύσις)이라고 볼 수도 있고, 또 '만물은 ~이다'라고 하는 자연철학의 전통에 따라 그것을 "모든 것"[13](πᾶν)이라고 볼 수도 있다. 그러나 파르메니데스는 바로 자신의 확신의 길에서 "있다"라고 말함으로써 어떤 의미에서 자연철학을 넘어서고 있다. 물론 그렇다고 해서 이것은 "있다"의 주어가 "자연"이나 "모든 것"일 수 있다는 것을 배제하는 것은 아니다. 그러나 이것은 원문의 고유한 문맥에 따라 결정된 것은 아니다. 그렇다면 우리는 어떻게 원문의 고유한 문맥을 결정할 수 있을 것인가? 우리는 아마도 그 해답을 B 2 이후가 아니라 그 이전, 즉 B 1에서 찾아야 할 것이다.

그러나 원문의 고유한 문맥에 따라 볼 때, "있다"의 주어는 무엇인가? 이 질문이 곤혹스러운 점은 아마도 주어가 생략되어 있다는 것일 것이다. 그러나 고대 그리스어에서 주어가 생략됐다는 것은 그것이 앞서 알려진 것이기 때문이다. 그렇다면 그것은 무엇인가? 일단, ἡ μὲν ὅπως ἔστιν τε καὶ ὡς οὐκ ἔστι μὴ εἶναι라는 문장 중에서 필자가 판단하기에 문법적으로 가능한 유일한 주어는 ἡ μέν이 받고 있는 "길"(ὁδός)이다. 그리고 내용적으로 이 길은 B 1 서두의 "많이 거론된 길"(ὁδὸς πολύφημος)을 지시한다. 파르메니데스에 따르면, 이 길은 "모든 도성들을 두루 걸쳐 아는 자(智者)를 이끈"(ἣ κατὰ πάντ᾽ ἄστη

12) 이에 대한 근거로, D-K, 28 B 8, v. 10, φῦν을 보라. P. Curd는 파르메니데스의 텍스트 전체를 일관되게 자연에 관한 것으로 보려 한다. 이에 대해서는, P. Curd, The Legacy of Parmenides, 24쪽 아래를 보라.

13) 이에 대한 근거로, D-K, 28 B 8, v. 5, νῦν ἔστιν ὁμοῦ πᾶν을 보라. 그 밖에, B 1, vv. 28-32 참고.

φέρει εἰδότα φῶτα), 길이며, 또한 그 자신이 세계라는 마차에 실려 이끌려진 길이다. 그를 이 길로 이끈 것은 신적인 "다이몬들"(δαίμονες)이었으며, 그가 "태양의 시녀들"(Ἡλιάδες κοῦραι)에 의해 안내된 길의 방향은 "빛 쪽으로"(εἰς φάος)였다. 그리고 그가 "정의"(Δίκη)가 지키는 밤과 낮의 문을 통과하였을 때, 그를 손을 잡고 맞이한 것은 "진리의 여신"(θεὰ Ἀληθείης)이었다. 이 여신이 확신의 길이자 진리라고 말한 것이 바로, "있다" 그리고 "있지 않음은 있지 않다"이다. 그러므로 "있다"의 주어는 길이며, 이 길은 "있다"라는 진리의 길이다. 그리고 이 "있다"라는 진리의 길은 어떤 신적인 길이다.

3. "있지 않음은 있지 않다"의 문제

그러나 어째서 진리와 확신의 길은 "있다" 그리고 "있지 않음은 있지 않다"인가? 여기서 "있지 않음은 있지 않다"는 반드시 필요한 부분인가? 진리가 오직 "있다"라는 것이라면, 그것은 불필요한 부분이 아니겠는가? 그러나 오직 "있다"는 것을 확신하게 하는 것은 "있지 않음은 있지 않다"는 것을 통해서이다. 왜냐하면 "있지 않음"이 "있지 않다"고 할 때, 비로소 오직 "있다"는 것이 확실하게 되기 때문이다. 그러므로 "있지 않음은 있지 않다"는 것이 오직 "있다"라는 진리를 확실하게 하기 위해 필수불가결하다. 그러나 오직 "있다"고 한다면, "있지 않음" 내지 "있지 않다"는 어떻게 가능할 것인가? "있지 않음"이 "있지 않다"고 한다면, 그것은 "있다" 속에 "있지 않다"는 말이다. 그러나 "있지 않음"은 도대체 어디로부터 유래하는 것인가?

B 8에서 파르메니데스는 다음과 같이 말한다. "사멸하는 자들이 진리라고 확신하면서 정립한 것은 모두 이름일 것이다. 생성과 소멸, 있음과 아니, 장소 이동과 빛나는 색을 통한 변화."[14] "사멸하는 자들"(βροτοί)이란 생성과 소멸의 질서에 속하는 자들로서 우리 인간 존

재를 말한다. 그들은 불멸하는 신적인 존재들과 대비되는 존재로, 파르메니데스는 앞서 B 6에서 그들을 "아무 것도 알지 못하는 사멸하는 자들"(βροτοὶ εἰδότες οὐδέν)이라고 하였다. 그들은 사멸하는 자로서, 말하자면 신적으로 "있는 것"(ἐόν)에 대해서 아무 것도 알지 못하는 존재인 것이다. "진리라고 확신하면서"(πεποιθότες εἶναι ἀληθῆ)란 표현을 통해서 파르메니데스는 확신의 길, 진리의 길을 지시한다. 그런데 그에 따르면, 우리 사멸하는 인간 존재가 진리라고 확신하면서 정립한 것은 모두 "이름"(ὄνομα)이라는 것이다. 그리고 그는 이러한 이름으로 "생성과 소멸, 있음과 아니, 장소 이동과 빛나는 색을 통한 변화"(γίγνεσθαί τε καὶ ὄλλυσθαι, εἶναί τε καὶ οὐχί, καὶ πόπον ἀλλάσσειν διά τε χρόα φανὸν ἀμείβειν)를 말한다. 이 가운데 "있음"(εἶναι)과 "아니"(οὐχί)도 속한다.

말하자면, 우리가 "있다"라는 것을 진리라고 확신하면서 무엇인가를 정립한다고 하더라도, 우리가 정립하는 것은 단지 "있다"라는 말뿐이라는 것이다. 이런 말을 표현하기 위하여 파르메니데스는 그것을 부정사 εἶναι "있음"으로 표현한다. 그런데 우리 인간은 사멸하는 존재로서 단지 "있음"일 뿐만 아니라, 동시에 "아니"이기도 하다. 그렇기 때문에 파르메니데스는 B 6에서 아무 것도 알지 못하는 사멸하는 자들을 "두 머리"(δίκρανοι)라고 불렀다. 그들은 운동 중에 "있음"(πέλειν)임과 동시에 "있지 않음"(οὐκ εἶναι)이기 때문에 두 머리인 것이다. 그러므로 "있지 않음"은, 우리 사멸하는 인간 존재가 "있다"라는 진리를 확신하면서 "있음"이라고 정립할 때, 이 "있음"은 "있다"가 "아니"라는 데에서 유래하는 것이다.

그러나 이러한 "있지 않음"이란 무엇을 의미하는가? 그것은, 우리 사멸하는 인간 존재가 "있다"라는 진리를 확신하면서 "있음"으로 관

---

14) D-K, 28 B 8, vv, 38-41.

계할 때, 우리를 초월해 신적으로 "있는 것"에 대해 우리 유한한 사멸하는 인간 존재가 어쩔 수 없이 갖게 되는 인간 존재의 유한성을 의미한다. 물론 이것은 파르메니데스가 "있음"은 "있다"라고 생각했다는 것을 부정하는 것은 아니다. 왜냐하면 파르메니데스는 "있음은 있다"고 말하기 때문이다. ἔστι γὰρ εἶναι. 그러나 그럼에도 불구하고 여기서 "있지 않음"은 "있는 것"에 대한 우리 사멸하는 인간 존재의 유한한 존재에 대한 존재규정을 나타낸다.

그런데 파르메니데스는 이러한 "있지 않음"을 "있지 않다"고 한다. "있지 않다"는 말은 "있다" 속에 "있지 않다"는 말이다. 그리고 "있지 않음"이 "있다" 속에 "있지 않다"는 말은 맞는 말이다. 그러나 그렇다고 해서 그것은 아무 것도 아닌 것인가? 그것은 분명 있는 것의 어떠한 것도 아니라는 의미에서 "아무 것도 아닌 것"(οὐδέν)이다. 그러나 파르메니데스에 따르면 이런 의미에서 "아무 것도 아닌 것"도 여전히 "있지 않다". μηδὲν δ' οὐκ ἔστιν. B 6. 여기서도 "있지 않다"는 말은 여전히 "있다" 속에는 있지 않다는 말이다. 그러나 "있지 않음" 내지는 "아무 것도 아닌 것"은 단지 있지 않는 것일 뿐인가? "있지 않음"이란 우리 유한한 인간 존재의 유한한 자기 존재 규정이 아니었던가? 그리고 "아무 것도 아닌 것"이란 그것의 대상 지향적 표현이 아니었던가? 그러나 파르메니데스는 이러한 것들에 대해 단지 "있다"고 할 것인지 "있지 않다"고 할 것인지를 정하라는 매우 단호한 입장을 취한다. ἔστιν ἢ οὐκ ἔστιν. B 8.

4. "있다"와 "있지 않다"의 양자택일로부터 기인하는 문제

파르메니데스의 이러한 입장 때문에, 먼저 그가 탐구불가능하다고 했던 길, 이른바 "있지 않다" 그리고 "있지 않음은 필요하다"는 길은 탐구의 길에서 배제된다.[15] 그에게 "있지 않는 것"(τὸ μὴ ὄν)은 수행

불가능하기 때문에 인식되어질 수도 언급되어질 수도 없는 것이다. 그러나 "있지 않는 것"이 수행불가능하기 때문에 인식되어질 수도 언급되어질 수도 없는 것이라면, "있지 않는 것"은 도대체 어떻게 언급되어지며, 인식되어지는 것인가? "있지 않는 것"이란 도대체 무엇이며, 어디로부터 유래하는 것인가? 그러나 파르메니데스가 "있지 않는 것" 내지는 "있지 않다"를 "있지 않음"과 연관시키고 그로부터 도출한다는 것은 명백하다. 그러기에 그는 확신의 길에서 "있지 않음은 있지 않다"고 하고는, 탐구불가능하다고 하는 길에서 "있지 않다" 그리고 "있지 않음이 필요하다"고 말한다. 그럼에도 불구하고 그는 "있지 않음"은 "있지 않다"는 입장을 고수한다. 하지만 "있지 않는 것"이 인식되고 언급될 수 있기 위해서는 그것은 "있음"과 연관되어야 한다. 그러나 그는 B 7에서 "있지 않는 것들"이 "있음"과 연관되는 것을 금지시킨다. οὐ γὰρ μήποτε τοῦτο δαμῇ εἶναι μὴ ἐόντα. 하지만 이것이야말로 플라톤이 『소피스테스』 편에서 극복하고자 한 파르메니데스의 테제이다.16)

그러나 파르메니데스는 그가 탐구불가능하다고 했던 길을 탐구의 길에서 배제한 다음에 이어서 "아무 것도 알지 못하는 사멸하는 자들이 스스로 구상하는" 길마저도 진리의 길에서 배제한다.17) 그는 B 6에서 사멸하는 자들을 "두 머리"(δίκρανοι)라고도 부르고 "분별없는 무리"(ἄκριτα φῦλα)라고도 부르는데, "두 머리"라고 부르는 이유는 그들이 "있음"(πέλειν)과 "있지 않음"(οὐκ εἶναι)에 의해서 규정되기 때문이고, "분별없는 무리"라고 부르는 이유는 그들에게 "있음"과 "있지

15) D-K, 28 B 2, vv. 5-8, B 6, vv. 2-3, B 7, vv. 1-2를 보라.

16) Platon, Sophistes 237a 아래를 보라.

17) D-K, 28 B 6, vv. 4-5, B 7, vv. 3-5를 보라. B 6에서 Diels가 πλάττονται를 πλάζονται로 이해하고 einherschwanken이라 번역한 것은, 그것이 πλάσσονται의 와전이라고 보기 때문이다.

않음"은 "동일"(ταὐτόν)하기도 하고 "동일하지 않기"(οὐ ταὐτόν)도 하기 때문이다. 그에 의하면 여기서 "모든 것들의 길은 상반된 방향으로 나간다." 그리고 B 7에서 그는 "많은 경험적인 습관"(ἔθος πολύπειρον)이 이 길로 사람을 강제해서는 안 된다고 하고, 눈이나 귀나 "언어"(γλῶσσα)가 지배하도록 하지 않고, 단지 "논리로"(λόγῳ) 제기된 문제의 쟁점을 판정할 것을 주문한다. 그러므로 이 길은 "경험적인 습관"에 기반을 두는 길이며, 구체적으로 눈, 귀, 언어에 의해 지배되는 길이다. 그런데 파르메니데스는 이런 경험적인 습관에 의존하지 말고, 논리로 사안을 판정할 것을 주문하는 것이다. 여기서 "논리"(λόγος)는 아마도 B 4에 나오는 "이성"(νοῦς)에 근거하는 말일 것이다. 그러나 B 6에서 "아무 것도 알지 못하는 사멸하는 자들"은 "그들의 가슴 속에" 단지 "길 잃은 이성"(πλακτὸν νόον)을 지닐 뿐이다. 그러므로 사멸하는 자들이 스스로 구상하는 길이란, 진리의 길이 아니라, B1 에서 말하는 "사멸하는 자들의 의견들"(βροτῶν δόξαι)의 길이며, 그리고 이 의견들은 "모든 것을 통해 모든 것들을 관철하면서"(διὰ παντὸς πάντα περῶντα) "그러하게 보이는 것들"(τὰ δοκοῦντα)에 대한 의견들이다. 파르메니데스에 따르면, 우리는 "잘 다듬어진 진리의 확고부동한 핵심"(Ἀληθείης εὐκυκλέος ἀτρεμὲς ἦτορ)뿐만 아니라, 또한 이렇듯 "그러하게 보이는 것들"이 어떻게 "납득할만한 방식으로 있어야 하는지"(χρῆν δοκίμως εἶναι)도 배워야한다. 그러나 그럼에도 불구하고 파르메니데스에게 있어서 이러한 의견은 여전히 진리가 아니므로 있는 것이 아니라 있지 않는 것이다. 그로부터 파르메니데스는 이 길을 진리의 길에서 배제한다. 그러나 그가 이 길을 진리의 길에서 배제한다고 하더라도, 이 길 자체에 대한 탐구를 포기한 것은 아니다.

그렇기에 파르메니데스는 B 8에서 오직 있고, 생성과 소멸은 있지 않다는 것을 증명하면서, 어떻게 생성과 소멸이 성립하는지를 보여준다. "그러나 아직도 있다는 길에 대한 설명이 유일하게 남아있다. 그런데 이 길에는 (그것이) 생성되지 않은 채로 있으면서(ἐόν) 또한 소멸하지 않는다고 하는 데에 대한 매우 많은 징표들이 있다. 왜냐하면 그것은 온전한 지체에, 요지부동하고, 끝이 없기 때문이다. 그것은 한 번도 있었지 않았고 그리고 있지도 않을 것이다. 왜냐하면 그것은 현재 같은 곳에서 전체가, 하나로서, 결속된 채로 있기 때문이다."[18] 여기서 "있다"는 것은 그 자체로 "생성되지 않은"(ἀγένητον) 채로 "있는"(ἐόν) 것이라는 것으로부터, 그리고 생성되지 않은 것이기에 또한 "소멸하지 않는"(ἀνώλεθρον)다는 것으로부터, 이미 이 첫 문장에서 생성과 소멸은 있는 것이 아니며, 있는 것에는 있지 않는 것이라는 것이 증명되었다. 그러나 이런 방식으로 있지 않은 것은 어떤 방식으로도 있지 않는 것인가? 그러나 그것이 있다고 한다면 어떤 방식으로 있는 것인가? 파르메니데스는 그런데 생성과 소멸이 있지 않다는 증명의 근거로, 있는 것은 "온전한 지체에"(οὐλομελές), "요지부동하며"(ἀτρεμές), "끝이 없다"(ἀτέλεστον)는 점을 든다. 있는 것이 온전한 지체에 요지부동하며 시간과 공간 속에서 끝이 없다고 한다면, 그것은 생성도 소멸도 하지 않을 것이다. 그런데 그는 생성과 소멸을 설명하기 위해, 있는 것을 시간과 공간 속에서 관찰한다. 그러나 그가 몸체를 가진 그것을 아무리 시간과 공간 속에서 관찰한다 하더라도, 그것을 있는 것의 관점에서 고찰하는 한 그것은 생성도 소멸도 하지 않은 것이다. 그로부터 "그것은 한 번도 있었지 않았고 그리고 있지도 않을 것이다"(οὐδέ ποτ' ἦν οὐδ' ἔσται)라는 결론이 도출된다. 여기서 파르메니데스가 생성과 소멸을 있는 것에 대한 우리의 시간적 규정으로 이해한다는 점이 명백히 드러난다. 그런데 이러한 생성과 소멸은 있을 수가 없는데, 왜냐하면 "모든 것"(πᾶν)이 "동일한 장소에서"(ὁμοῦ) 지속적인 "현재로"(νῦν) "있기"(ἔστιν) 때문이며, 그렇게 "하나"(ἕν)로 "결속되

18) D-K, 28 B 8, vv. 1-6.

어"(συνεχές) 있기 때문이다. ἐπεὶ νῦν ἔστιν ὁμοῦ πᾶν, ἕν, συνεχές.

이로부터 파르메니데스가 있는 것 전체를 생성과 소멸을 특징으로 하는 자연(φῦν)에 연관시킨다는 것이 분명하다.[19] 그런데 파르메니데스에게 생성과 소멸을 특징으로 하는 자연(φύσις)은 우리에게 단지 "그러하게 보이는 것"이란 의미에서, 있는 것에 중에는 있지 않는 것이다. 파르메니데스는 그러한 자연이 있지 않다는 것을 논증하는데, 이것은 "있다"와 "있지 않다" 사이의 양자택일을 강요함으로써 이다. 그에 의하면 생성과 소멸은 "있지 않는 것으로부터"(ἐκ μὴ ὄντος) 내지는 "무로부터"(τοῦ μηδενός) "존재"(πελέναι)로 그리고 "있는 것"(ἐόν)으로부터 다시금 있지 않는 것에로의 이행인데, 그는 있지 않는 것 내지는 무로부터는 아무 것도 생길 수 없다는 것을 논증함으로써 생성이 가능하지 않다는 것을 증명한다. 그의 논의에 따르면, 먼저 있지 않는 것은 말할 수도 생각할 수도 없다는 것이다. 그러므로 그것은 아무 것도 아닌 것, 즉 무인 것이다. 그리고 또 그 무로부터도 어떤 것이 생길 필요가 없다. 생겼다면, 그것은 완전히 존재일 것이고, 아니라면 비존재일 것이기 때문이다. 그리고 마지막으로 어떤 것이 자기 자신에 반해 있지 않는 것으로부터 생긴다고도 말할 수 없다. 그러므로 파르메니데스가 무로부터 아무 것도 생기지 않는다는 것을 논증하는 것은 "있다"와 "있지 않다" 사이의 양자택일을 강요하기 때문이다. ἡ δὲ κρίσις περὶ τούτων ἐν τῷδ᾽ ἔστιν· ἔστιν ἢ οὐκ ἔστιν. 이러한 양자택일의 상황에서는 생성과 마찬가지로 또한 소멸도 있을 수 없다. 어떻게 있는 것이 소멸할 수 있을 것인가? 그리고 그것은 또한 어떻게 생성할 수 있을 것인가? 생성하기 위해서는 그것은 앞서 있지 않아야 한다. 그러나 그렇다면 생성은 소멸할 것이고, 소멸은 사라

19) D-K, 28 B 8, vv. 6 아래를 보라.

질 것이다. 그러므로 "있다"와 "있지 않다"의 양자택일 상황에서는 생성도 소멸도 있을 수 없다. 그렇다면 생성과 소멸은 도대체 어떻게 가능한 것인가? 그러나 파르메니데스는 "있다"와 "있지 않다"의 양자택일에 근거해서 생성과 소멸은 있지 않다는 것을 논증한다.

5. 무로부터 어떠한 것도 생기지 않는다는 명제의 형이상학적인 의미

그런데 무로부터 아무 것도 생기지 않는다는 명제, 즉 ex nihilo nihil fit라는 명제는 어떤 특정한 형이상학적인 의미를 그 자신 안에 함축하고 있다. 그런데 여기서 "무"(nihil)란 무엇인가? 왜 "무로부터"(ex nihilo)인가? '생기다' 동사 fit가 말하듯이, 이 명제에서 문제가 되는 것은 "생성"이다. 그런데 이 명제가 의미하는 것은, 무는 아무 것도 아니므로 무로부터는 어떠한 것도 생기지 않는다는 것이다. 즉 무는 생성의 원인이 아니라는 것이다. 왜냐하면 무는 아무 것도 아닌 것으로 있지 않는 것이기 때문이다. 즉 있지 않는 것은 있지 않기 때문에 생성의 원인이 아니라는 것이다. 그러므로 이 명제가 적극적으로 말하고자 하는 것은, 만약 어떤 것이 생겼다고 한다면, 그것은 있지 않는 무로부터가 아니라, 존재하는 어떤 것으로부터 생겨야 한다는 것이다. 이것이 의미하는 것은, 생성의 원인은 어떤 존재하는 것이라는 것이다. 말하자면, 있지 않는 "무"가 아니라, 자연을 초월하는 어떤 신적인 "존재자"가 생성의 원인이라는 것이다. 그러므로 무로부터 어떠한 것도 나오지 않는다는 명제는 자연신학적인 함축을 안고 있다.[20]

이런 ex nihilo nihil fit란 명제가 함축하는 형이상학적인 의미를 자연

---

20) 필자는 이런 자연신학적인 함축이 전 시대의 신화적인 세계를 함축적으로 표현하다고 생각한다. 이에 대해서는, T.-B. Yang, Platon in der philosophischen Geschichte des Problems des Nichts, 335쪽 아래를 보라.

철학시대에 철학적인 방식으로 표현한 것이 파르메니데스의 확신의 길, 진리의 길이다. "있다" 그리고 "있지 않음은 있지 않다." 그런데 이러한 생각의 근저에는 있는 것과 있지 않는 것 사이의 양자택일이 전제로 되어있다. 즉 생성은 있지 않는 것으로부터가 아니라면, 있는 것으로부터 유래해야 한다는 것이다. 그런데 파르메니데스는 이러한 양자택일로부터 생성과 소멸을 특징으로 하는 자연은 있을 수 없다는 것을 논증한다. 즉 생성과 소멸은 있지 않는 것으로부터도 있지 않고, 있는 것으로부터도 있지 않다는 것이다. 그러나 생성과 소멸을 특징으로 하는 자연이 있지 않는 것으로부터도 있지 않고, 있는 것으로부터도 있지 않다고 한다면, 그것은 어떻게 있을 수 있을 것인가? 파르메니데스에게 있어서 자연은 우리에게 "그러하게 보이는 것"으로 "의견"의 대상이지, 진리의 대상이 아니다. 그러므로 그것은 고유하게 '의견부분'(B 8, v. 51 이후)에서 다루어지지 '진리부분'(B 8, v. 51 이전)에서 다루어지는 것이 아니다. 물론 앞서 보았듯이 진리부분에서 의견이 전혀 다루어지지 않는 것이 아니다. 그러나 진리부분에서 의견은 있지 않은 것으로 부정적으로 다루어졌다. 사멸하는 인간 존재의 의견이 긍정적으로 다루어지는 것은 의견부분에서이다.

그 첫 부분에서 파르메니데스는 "사멸하는 자들은 사념들을 이름 짓기 위하여 두 개의 형상을 정립하였다"[21]고 한다. 사멸하는 인간 존재의 "사념들"(γνώμαι)이란 "있음"과 "있지 않음"에 대한 사념이므로, 그들이 정립한 "두 개의 형상"(δύο μορφαί)이란 이 둘에 상응하는 형상을 말한다. 파르메니데스는 이 두 개의 형상으로 "태양불과 밤", 또는 "빛과 밤", 또는 "낮과 밤"을 제시한다.[22] 그리곤 그는 모든 것을 빛과 어두움의 관점에서 파악한다.[23] 그런데 그에 의하면 "이 둘 가운

---

21) D-K, 28 B 8, v. 53. 여기서 필자는 Diels나 Cornford의 번역을 따르지 않고, S. Austin의 번역을 따랐다.

22) D-K, 28 B 8, vv. 56-59, 9, v. 1-4, 그리고 1, v. 9-11을 보라.

데 하나는 필요하지 않으며, 이점에서 사람들은 잘못을 범했다"[24]는 것이다. 달리 말하면 이 말은 다른 하나는 필요하며 이점에 관해서는 잘못을 범한 것이 아니라는 말이다. 말하자면 밤은 필요하지 않은 것이며, 이것을 정립하였다는 데서 잘못을 저질렀다는 것이다. 왜냐하면 밤은 사실상 있지 않은 것이기 때문이다. οὐκ ἔστι μὴ εἶναι. 그러나 빛 또는 낮 내지는 태양불은 필요한데, 이는 잘못이 아니라는 것이다. 왜냐하면 그것은 어떻든 있는 것에 근거하기 때문이다. ἔστι γὰρ εἶναι. 물론 그렇다고 해서 그것이 진리처럼 있다는 말은 아니다. 파르메니데스에 따르면 그것은 "그럴싸한"[25](ἐοικότα) 것이다. 그러나 진리인 것에 비해 "그럴싸한" 것은 여전히 "기만적인"[26](ἀπατηλόν) 것이다. 그러기에 그것은 그러한 것으로 여전히, 있는 것에는 있지 않는 것이다. 이런 의미에서 자연 또한 파르메니데스에게는 있지 않은 것이다.

그런데 이런 의미에서 자연도 있지 않다고 한다면, "있지 않다"는 것은 무엇이며, 그것은 어디에서 성립하는가? 파르메니데스는 그 길을 탐구불가능한 길이라고 해서 탐구의 길에서 배제하였다. 그러나 고대 희랍철학의 역사에서 "있지 않다" 내지는 "있지 않는 것" 또는 "아무것도 아닌 것"의 문제가 불가피하게 다시 나타나게 된 것은, "아무 것도 있지 않다"[27]고 한 고르기아스, "있는 것들"에 대해서뿐만 아니라 "있지 않는 것들"에 대해서도 "인간은 만물의 척도"[28]라고 한 프로타

23) D-K, 28 B 6을 보라.
24) D-K, 28 B 8, v. 54.
25) D-K, 28 B 8, v. 60.
26) D-K, 28 B 8, v. 52.
27) De Melisso Xenophane Gorgia(이하 약칭하여 MXG) 979a 12. οὐκ ἔστιν οὐδέν. Sextus Empiricus, Adversus Mathematicos, VII, 65와 비교.
28) D-K, 80 B 1. πάτων χρήματων μέτρον ἐστὶν ἀνθρωπος, τῶν μὲν ὄντων ὡς ἔστι, τῶν δὲ οὐκ ὄντων ὡς οὐκ ἔστιν.

고라스, "어떤 하나인 것은 (우리 정신에게는) 아무 것도 아닌 것"[29]이라고 한 안티폰 소피스트와 같은 소피스트들에 의해서이며, 그렇게 "있지 않는 것"이 있는 것들 사이에서 어떻게 있는지 또는 있지 않는지를 해명한 것은 플라톤의 『소피스테스』 편이다[30]. 그러나 본 논문은 "있다"와 "있지 않다"의 문제가 플라톤의 『파르메니데스』 편을 거쳐 어떻게 신플라톤주의의 형성과정으로 수렴되었는지를 밝히는 것을 과제로 삼기 때문에 논의의 초점을 『파르메니데스』편에 맞추고자 한다. 『소피스테스』 편에서보다는 훨씬 논쟁적인 방식으로 진행되고 있지만 『파르메니데스』 편에서도 "있지 않다" 내지는 "있지 않는 것"은 있는 것들 사이에서 다루어졌다[31].

Ⅲ. 플라톤의 『파르메니데스』 편에서 "있다"와 "있지 않다"의 문제

플라톤의 『파르메니데스』 편에서 "있다"와 "있지 않다"의 문제가 가장 분명하게 나타나는 곳은 대화편의 마지막 결론이다. "그렇게 보이는 바, 하나가 있다고 하든 또는 있지 않다고 하든, 그 자신과 또한 다른 것들이, 또한 자기 자신에 관계해서 그리고 서로 서로에 관계해서, 모든 것이 모든 방식으로 있다 또한 그리고 있지 않다 그리고 나타난다 또한 그리고 나타나지 않는다."[32] 플라톤에 따르면 모든 것이 모

29) D-K, 87 B 1. ταῦτα δὲ γνοὺς εἴσῃ ἕν τι οὐδὲν αὐτῷ οὔτε ὧν ὄψει ὁρᾷ <ὁ ὁρῶν> μακρότατα οὔτε ὧν γνώμῃ γιγνώσκει ὁ μακρότατα γιγνώσκων.

30) Platon, Sophistes 257b 아래를 보라.

31) Platon, Parmenides 160b 아래를 보라.

32) 같은 책, 166c. F. M. Cornford는 대화편의 이 마지막 결론이 앞선 논의의 결과로

든 방식으로 "있고 또한 그리고 있지 않다"[33](ἐστί τε καὶ οὐκ ἔστι), 그리고 "나타난다 또한 그리고 나타나지 않는다"(φαίνεταί τε καὶ οὐ φαίνεται)고 한다. 파르메니데스가 "있다 아니면 있지 않다"(ἔστιν ἢ οὐκ ἔστιν)고 한다면, 플라톤은 "있다 또한 그리고 있지 않다"고 말하는 것이다. 즉 파르메니데스가 "있다"와 "있지 않다"의 '양자택일'(ἤ)을 말한다면, 플라톤은 "있다"와 "있지 않다"의 '결합'(τε καί)에 대해서 말하는 것이다. 그러나 "있다"와 "있지 않다"의 결합은 어떻게 가능한가?

1. 플라톤의 『파르메니데스』 편과 역사적인 파르메니데스의 관계

그런데 플라톤의 『파르메니데스』 편과 역사적인 파르메니데스의 관계는 직접적인 것이 아니라 제논과 소크라테스를 매개로 한 간접적인 것이다. 대화편의 도입부에서 소크라테스는 제논의 논의를 자신의 방식대로 요약함으로써 논의를 시작한다. "만약 있는 것이 여럿이라면, 그 자신 동종적이며 또한 비동종적이어야 한다. 그런데 이것은 불가능하다. 왜냐하면 비동종적인 것이 동종적일 수도, 또한 동종적인

도출된 것이 아니기 때문에 "단지 외면적인" 결론이라고 생각한다. 그리고 이것은 "실패의 고백"이라고 한다. F. M. Cornford, Parmenides and Plato, 244쪽 아래를 보라. 그러나 R. E. Allen은 그것이 단지 외면적인 결론이 아니라, 선행하는 모든 것에 대한 논의와 그 구조에 의해 요구되지는 결론이라고 한다. R. E. Allen, Plato's Parmenides, 288쪽 아래를 보라. 그러나 그는 이 논의가 난제에 대한 귀류법적 논의의 구조를 갖는다고 하고, 결론은 귀류법에 따라 전제를 부정하는 결론이라고 생각한다. 그리고 H. K. Miller는 후반부의 아포리아적인 요소가 다시 대화의 문제 상황으로 돌아가게 하도록 대화편 전체가 구성되어 있다고 주장한다. 그러나 필자가 보기에는 그 결론은 단지 외면적인 결론도 아니고, 그렇다고 귀류법에 따른 결론도 아니며, 어떻게 "있다"와 "있지 않다"가 결합되어 있는지에 대한 선행하는 논의의 논리적 귀결일 따름이다. 이점에서 필자는 K. M. Sayer의 견해에 가깝다.

33) 또한, Platon, Sophistes 258e-259b 참조.

것이 비동종적일 수도 없기 때문이다."[34] 그로부터 제논의 논의에 따라, 있는 것은 "여럿이 아니"(οὐ πολλά ἐστι)고, "여럿은 있지 않다"(οὐκ ἔστι πολλά)는 결론이 도출된다. 이러한 제논의 논의는, 있는 것 전체는 하나라는 파르메니데스의 테제를 옹호하기 위해서, "만약 여럿이라면"(εἰ πολλά ἐστιν), 이러저러한 부조리가 발생한다는 것에 의해 원래 증명하고자 하는 테제를 논증하는 제논의 귀류법적인 논의방식에 따른 것이다. 파르메니데스 자신도 생성과 소멸이 가능하기 위해서는 시간과 공간 중에 여럿이 필요하다는 것을 인지하고 있었으나, 있는 것에는 여럿이 있지 않다는 입장을 취했다.[35] 제논 자신의 논의는 귀류법을 사용하여 이런 파르메니데스의 입장을 보다 분명하게 논증한 것이다. 가령 B1에서 그는 다음과 같이 논증한다. "만약 있는 것이 양을 갖지 않을 것이라면, 그것은 있지 않을 것이다." "그런데 만약 있다면, 각각은 어떤 양과 두께를 갖고, 그리고 바로 그 자리에서 어떤 것은 어떤 것으로부터 떨어져 있어야 하는 것이 필연적이다. 또한 앞에 놓여 있는 것에 대해서도 동일한 논리가 적용된다. 왜냐하면 또한 그것도 양을 가질 것이고, 그리고 바로 그 자리에서 어떤 것이 앞에 놓여 있을 것이 때문이다. 그러므로 이것을 한번 말하나 계속 말하나 동일하다. 왜냐하면 바로 그 자리에서 어떤 이와 같은 것의 끝이 있지 않을 것이며 또한 어떤 것은 어떤 것에 대해서 있지 않는 것이 아니기 때문이다. 이런 방식으로 만약 그들이 여럿이라면, 그들은 작고 크다는 것이 필연적이다. 한편으로 작은데, 그 결과 양을 갖지 않을 것이고, 다른 한편으로 큰데, 그 결과 무한정일 것이다."[36] 이 논의에서 "양"(μέγεθος)은 있는 것의 필수조건으로서 파악된다. 그러므로 어

---

34) Platon, Parmenides 127e. 두 번째 문장은 원래 의문문이지만, 서술문으로 번역해도 뜻의 차이가 없기 때문에 그렇게 번역했다.

35) D-K, 28 B 4와 8, v. 1 아래를 보라.

36) D-K, 29 B 1.

떤 것이 있기 위해서는 그것은 항상 어떤 양과 두께, 그리고 다른 것과의 거리를 가져야만 한다. 왜냐하면 양은 "여럿"(πολλά)의 가능조건이기 때문이다. 그런데 여럿이 있지 않게 되는 것은 양이, 있는 것의 필수조건으로 있을 때가 아니다. 양이 있는 것의 필수조건으로 있는 한에서, 양은 있는 것과 더불어 반드시 함께 있어야 한다. 여럿이 있지 않게 되는 것은 양이 생각에 의해 어떤 공간적인 규정으로 추상화되어질 때이다. 여기서 여럿은 공간, 즉 "바로 그 자리"(αὐτοῦ)에 대한 생각의 추상적인 수적 규정 이외에 다름이 아니다. 이러한 여럿은, 있는 것의 필수조건인 양으로부터 생각에 의해 공간에 대한 규정으로 추상화되어질 때, 시, 공간적으로 "무한정"(ἄπειρον)이게 된다. 그런 까닭에 제논은, 그것이 작다고 하든 크다고 하든, 무한소급시킴으로써 그것이 양을 갖고 있는 것들 가운데 사실상 있지 않다는 것을 증명한다. 다른 곳에서도 제논은 여럿을 이와 같이 추상태로 파악함으로써 그것이 있지 않다는 것을 증명한다.[37] 그가 운동은 있지 않다고 증명하는 것도, 운동을 시간과 공간 속에서 사유를 통해 추상적으로 파악함으로써 이다.[38]

그런데 "있는 것"(원문에서는 τὰ ὄντα 복수!)이 여럿이라면, 왜 그 자신 "동종적이며 또한 비동종적"(ὅμοιά τε καὶ ἀνόμοια)이어야 하는가? 그리고 있는 것이 여럿이라면 그래서 그 자신 동종적이며 또한 비동종적이어야 한다면, 어째서 동종적인 것이 비동종적이고, 비동종적인 것이 동종적인 것이 불가능한가? 그리고 그것이 불가능하다고 한다면, 그것은 어떤 의미에서인가? 그런데 소크라테스가 제논 저술의 "첫 번째 논의의 첫 번째 전제"(ἡ πρώτη ὑπόθεσις τοῦ πρώτου λόγου)라고 파악한 이 논의는 제논 자신의 논의가 아니라, 플라톤이

37) D-K, 29 B 2, 3을 보라.
38) D-K, 29 A 25-28, H. D. P. Lee, Zeno of Elea, 42쪽 아래를 보라.

파악한 제논의 논의이다. "동종적"(ὅμοια), "비동종적"(ἀνόμοια)이란 용어는, 플라톤이 이데아와 관계해서 "있는 것들"을 설명하기 위한 용어이다. 제논에게 이 용어는 아직 전문용어로 사용되고 있지 않다.[39] 플라톤에게, 만약 어떤 것이 있다고 한다면, 그것은 이데아와 동종적이어야 한다. 왜냐하면 이데아란, 있는 것의 형상인(形相因) 이외에 다른 것이 아니기 때문이다. 그런데 만약 있는 것이 이데아와 단지 동종적이라고 한다면, 그것은 하나일 것이다. 그러므로 그것이 여럿이기 위해서는 그것은 단지 동종적이어서는 안 되고 동시에 비동종적이어야 한다. 그러나 플라톤은 비동종적이라는 것으로 무엇을 의미하는가? 비동종적인 것으로 그는 "동종성의 이데아에" "대립되는 어떤 다른 것"[40](τῷ τοιούτῳ ἄλλο τι ἐναντίον), 즉 동종성의 이데아에 대립되어, 그 이데아와는 종류에 있어 다른 어떤 것으로, 그 이데아의 근저에 놓여있는 어떤 것, 말하자면 아리스토텔레스적인 의미에서 '기체'(基體, ὑποκείμενον)를 의미한다. 그러므로 이것은 원래 이데아가 아니다. 그런데 플라톤이 간혹 그것을 비동종성의 이데아로 파악한다면[41], 그것은 동종성의 이데아와 관련해서이다. 왜냐하면 이데아란, 있는 것의 형상인 이외에 다른 것이 아니기 때문이다. 그러나 그것은 고유하게는 동종성의 이데아에 대립되어, 그와는 다른 것으로, 그 근저에 놓여있는 어떤 것을 의미한다. 그리고 그것은 동종성의 이데아에 대립되어 그와는 다른 어떤 것으로 있기 때문에 "비동종적"이라고 불리는 것이다. 그리고 그런 식으로 그것은 또한, 있는 것이 개별자가 되기 위한

39) D-K, 29 B 1을 보라. 제논에게 동종성/비동종성에 따른 논의가 있다는 Cornford의 견해는, 플라톤의 Phaidros 261d, Parmenides 127e와 플로클로스의 Commentarium in Platonis Parmenidem, IV, 22에 근거한 것이지, 제논 자신의 저술에 근거한 것이 아니다. 그 밖에도 제논 자신의 논의는 위에 플라톤이 파악한 제논의 논의보다 언어적으로나 내용적으로 훨씬 복잡하게 전개된다.

40) Platon, Parmenides 129a.

41) 예컨대, 같은 책, 129d를 보라.

원리이기도 하다. “너는 동종성의 어떤 이데아가 그 자신 자기 자신에 따라 있다고 생각하지 않는가, 그리고 이와 같은 것에 대립되는 어떤 다른 것이, 이것은 비동종적인데, 이 둘이 있는 동안에, 나와 너 그리고 그 밖에 우리가 여럿이라고 부르는 것들이 이 둘에 참여한다고 생각하지 않는가?”[42] 그러므로 있는 것이 여럿이기 위해서는 그 자신 동종적이며 동시에 비동종적이어야 한다. 여기서 주목해야할 것은, 플라톤이 제논의 논의의 서두부터 “있는 것들”(τὰ ὄντα 복수!)을 아리스토텔레스적인 의미에서 개별자들로 파악한다는 것이다. 그렇기 때문에 그것들은 처음부터 여럿이고, 동종적이며 동시에 비동종적이어야 하는 것이다.

그런데 이렇게, 있는 것이 여럿이기 때문에, 그 자신 동종적이며 비동종적이어야 한다고 한다면, 어째서 동종적인 것이 비동종적이고, 비동종적인 것이 동종적인 것이 불가능한가? 있는 것이 여럿이라면, 그것은 당연히 동종적이며 또한 동시에 비동종적이어야 하지 않는가? 그럼에도 그것이 불가능하다면, 그것은 어떤 의미에서인가? 플라톤은 제논의 논의를 올바로 파악했는가? 제논과 달리 플라톤은 여럿이 있지 않다는 입장이 아니다.[43] 그렇기에 그는 제논의 논의가 “말해진 모든 것들에 반하여”(παρὰ πάντα τὰ λεγόμενα) “그것(있는 것)은 여럿이 아니”(οὐ πολλά ἐστι)라는 것을 관철시키려는 것 이외에 다른 것이 아니라고 한다.[44] 그러므로 동종적인 것이 비동종적이고 비동종적인 것이 동종적이라는 것은 불가능하다는 논의는, 플라톤 자신의 논의가 아니라 제논의 논의에 따른 플라톤의 논의이다. 그러나 그것은 어떤

---

42) 같은 책, 129d. οὐ νομίζεις εἶναι αὐτὸ καθ᾽ αὑτὸ εἶδός τι ὁμοιότητος, καὶ τῷ τοιούτῳ αὖ ἄλλο τι ἐναντίον, ὃ ἔστιν ἀνόμοιον τούτοιν δὲ δυοῖν ὄντοιν καὶ ἐμὲ καὶ σὲ καὶ τἆλλα ἃ δὴ πολλὰ καλοῦμεν μεταλαμβάνειν;

43) 같은 책, 131b를 보라. ἐν πολλοῖς καὶ χωρὶς οὖσιν.

44) 같은 책, 127e를 보라.

의미에서 불가능하다는 말인가? 그것은 단순히 논리적인 모순이기 때문에 불가능한 것인가? 만약 그것이 단순히 논리적인 모순이기 때문에 불가능하다고 한다면, 왜 여럿이 아니라 하나가 있지 않으면 안 되는가? 그러므로 그것은 단순히 논리적인 모순이 아니다. 플라톤은 동종적인 것을 형상으로 파악하고, 비동종적인 것을 이런 형상에 대립되어, 그런 형상과는 종류에 있어 다른, 그 근저에 놓여있는 어떤 기체로 파악한다. 그러므로 비동종적인 것이 동종적이고 동종적인 것이 비동종적인 것이 불가능하다는 말은, 기체가 형상이고 형상이 기체인 것은 불가능하다는 말이다. 왜냐하면 양자는 대립되어 서로 다른 것이기 때문이다. 그런데 플라톤은 제논의 논의를 올바로 파악하였는가? 그는 몇 차례에 걸쳐 자신이 제논의 논의를 올바로 파악했다는 것을 확언한다.[45] 그런데 그것은, 형상은 있는 것의 형상이고, 기체는 그러한 형상과 대립된 기체이기 때문에, 있는 것은 있고, 있지 않는 것은 있지 않다는 의미에서 그런 것인가? 제논 자신도, 있는 것은 있고 있지 않는 것은 있지 않다는 파르메니데스의 기본입장에 근거해서 논의를 전개시킨다. 그러나 그가 자신의 논의에서 논증하는 것은, 있는 것은 하나로서 여럿이 아니고, 여럿은 있지 않다는 것이다. 그는 이것을, 있는 것이 여럿이라면, 부조리가 생긴다는 것을 통해 논증한다. 플라톤도, 있는 것이 여럿이라면, 그것은 동종적이며 또한 비동종적이어야 하는데, 이것은 불가능하다는 것을 통해서, 그것이 "여럿이 아니"라는 것과 "여럿은 있지 않다"는 것을 논증한다. 그로부터 그의 논증은, 비동종적인 것은 있는 것의 형상을 의미하는 동종적인 것이 아니라는 것으로부터 그것은 있지 않다는 데에 성립한다. 여기서 비동종적인 것이란, 동종성의 이데아에 대립되어 그와는 다른 어떤 것으로 그 근저에 놓여 있는 것을, 동종성의 이데아와는 '종류에 있어 같지 않는 것'으로 지시하

---

45) 같은 책, 127e, 128a, 128c, 128e를 보라.

는 것이다. 그리고 이런 비동종적인 것은 동종적인 것이 아니라는 점에서, 그래서 있는 것의 형상에는 있지 않다고 하는 점에서, (그와 더불어 또한, 있는 것은 여럿이 아니며, 여럿은 있지 않다는 점에서,) 플라톤은 제논의 논의를 올바로 파악했다고 보아진다.

그런데 흥미로운 점은, 플라톤은 여기서 있는 것 "전체는 하나"(ἓν εἶναι τὸ πᾶν)라는 파르메니데스의 테제와 그것은 "여럿이 아니"(οὐ πολλά)라는 제논의 주장을 수사학적인 관점에서(οὕτως λέγειν) 고찰해서, 동일한 것을 말하면서도 마치 어떤 상이한 것을 말하듯이 우리를 속이기 위한 시도라고 파악한다는 점이다. 제논이 이러한 의도를 가졌다는 데에 대해서는 여기 이외에는 알려진 바가 없다. 여기서 '속이다'를 나타내는 동사 ἐξαπατᾶν과 동일한 의미를 지닌 동사 ἀπατᾶν은 고르기아스의 수사학을 특징짓는 용어로서 고르기아스는 말을 "설득하고 영혼을 속인 말"[46](λόγος ὁ πείσας καὶ τὴν ψυχὴν ἀπατήσας)이라 한다. 그가 보기에 "비극"에서는 "속인 자가 속은 자보다 더 정당하며 또한 속은 자가 속지 않은 자보다 더 현명하다."[47] 그런데 플라톤이 여기서 "하나"와 "여럿 아니"를 단지 수사학적인 관점에서 고찰할 수 있는 근거는, 그 말들을 마치 소피스트처럼 "우리"(ἡμᾶς)의 관점에서 고찰하기 때문이다. 그 말들이, 비록 어떤 동일한 것을 지시한다 하더라도, 단순히 말로 이해되어지는 한에서는 그렇게 다르게 말 되어진 말은 우리를 속이는 말일 것이다. 그러나 파르메니데스나 제논은 그러한 말을 가지고 "동일한 것"(ταὐτόν), 즉 어떤 하나로 있는 것을 말하고자 한 것이었다. 그렇기 때문에 플라톤은 다음과 같이 말한다. "한 쪽은 하나라고 주장하고, 다른 쪽은 여럿이 아니라고 한다는 점, 그리고 두 사람이 각각 그렇게 말한다고 하는 점,

---

46) D-K, 82 B 11, (8). Th. Buchheim, Gorgias von Leontinoi, XI 아래 참조.

47) D-K, 82 B 23. ἀπατήσας δικαιότερος τοῦ μὴ ἀπατήσαντος καὶ ὁ ἀπατηθεὶς σοφώτερος τοῦ μὴ ἀπατηθέντος.

그래서 동일한 것들을 말하면서도 결코 동일한 것들에 대해서는 거의 어떠한 것도 말하지 않는 듯이 보인다는 점, 너희들에게 말해진 것들은 나머지 우리를 넘어서 말해진 듯이 보인다."[48] "하나"와 "여럿 아니"를 단지 말로만 생각하는 한에서, 그러한 말들은 "동일한 것들"(ταὐτά), 즉 어떤 하나로 있는 것들에 대해서 "어떠한 것도 말하지 않는다"(μηδὲν τῶν αὐτῶν εἰρηκέναι)는 듯이 보인다. 왜냐하면 그것들은 우리를 초월하기 때문에 "우리를 넘어서"(ὑπὲρ ἡμᾶς) 말 되어진 것으로 보이기 때문이다. 그런데 "어떤 하나인 것"(ἕν τι)은 우리 정신에게 지각되고 인식되어질 수 있는 그 "어떠한 것도 아닌 것"(οὐδέν)이란 입장을 표명한 사람은 안티폰 소피스트였다. 플라톤이 여기서 소피스트처럼 우리의 관점에서 파르메니데스와 제논의 말을 고찰하여, 그로부터 그것은 동일한 것에 대해서 어떠한 것도 말하지 않으며, 파르메니데스나 제논에 의해 말 되어진 것들은 우리를 넘어 말해진 것으로 보인다는 결론에 이르렀다는 것은 분명하다.

그런데 제논의 논의가 소피스트들의 반박술(ἀντιλογική)의 기원이 된다는 것은 플라톤 당시에는 이미 잘 알려진 사실이다. 예컨대 이소크라테스는 제논을 "동일한 것을 가능한 것으로 그리고 다시 불가능한 것으로 시도하는 자"[49](Ζήνωνα τὸν ταὐτὰ δυνατὰ καὶ πάλιν ἀδύνατα πειρώμενον)라고 평가한다. 그리고 플라톤도 『파이드로스』 편에서 다음과 같이 말한다. "우리는 엘레아의 팔라메데스(즉, 제논)가 기술을 가지고 말한다는 것을, 그래서 듣는 사람들에게 동일한 것을 동종적이며 비동종적인 것으로, 하나이며 여럿인 것으로, 정지하며 운동하는 것으로 보여준다는 것을 알지 못하는가?"[50] 그런데 그는 현재의 대화편에서 이것이 역사적인 "우연의 산물"(συμβεβηκότων τι)일

48) Platon, Parmenides 128b.
49) Isocrates, Helenae encomium, III, 3.
50) Platon, Phaidros 261d.

따름이라고 하며, 사건의 진상이 아니라고 한다. 그러므로 그가 파르메니데스나 제논의 말을 수사학적인 견지에서 파악한 것은 이러한 기존의 견해에 근거해서이다. 그런데 사건의 참된 진상은, 제논의 저작은 있는 것 전체는 하나라고 하는 파르메니데스의 테제를 옹호하기 위한 도움이였다는 것이다. 그것은, "하나"라고 한다면 많은 우스운 결론이 생긴다고 파르메니데스의 테제를 희화화하는 사람들에게, 만약 "여럿"이라고 한다면 그 이상의 우스운 결론이 발생할 것이라고 되받아치는 '반박서'(ἀντιλέγει)이었다는 것이다. 그러나 이러한 반박적인 성격 때문에 플라톤은 이 저작이 젊은 사람의 호승심에 의해 저술된 것이지, 나이든 사람의 명예심에 의해 진지하게 저술된 것이 아니라고 한다. 그로부터 그는 제논이 출판을 고려하기 전에 누군가가 그것을 훔쳐 출간했다는, 다른 곳에는 전거가 없는 도난설을 제시한다. 그는 그 저작의 한계를 잘 인식하고 있었던 것이다.

그로부터 플라톤은 제논의 논의을 다음과 같이 비판한다. 그에 따르면, 제논이 생각하는 것과는 달리, 동종성(의 이데아)에 참여하는 것은 동종적이 되고, 비동종성(의 이데아)에 참여하는 것은 비동종적이 되고, 양자에 참여하는 것은 양자가 된다는 데에는 어떤 문제도 없다. 이것은, 모든 것이 하나인 것(一者)에 참여하여 하나가 되고 양(量)에 참여하여 여럿이 된다고 해도 마찬가지다. 그런데 동종적인 것이 그 자체로 비동종적이 되고, 비동종적인 것이 동종적이 된다면, 그것은 놀랄만한 일이다. 이것은, 하나로 있는 것이 그 자체로 여럿이고, 여럿인 것이 하나라고 해도 마찬가지다. 그러나 문제는, 유와 이데아들이 그 자체로 자기 자신들 안에서 서로 대립되는 성질들을 지닌다는 것이다. "그러나 만약 그가 하나인 것이 그 자체로 여럿이라는 것을 보여줄 거라면, 그리고 다시금 여럿인 것들이 하나라는 것을 보여줄 거라면, 이 점에 대해 나는 곧바로 놀랄 것이다."[51) 『파이돈』 편에서 플라톤은 이데아와 유들이 다른 이데아나 유들에 어떻게 귀속될 수 있는지를 보여

주었다.[52] 그러나 거기에서 이데아나 유들은 대립되는 이데아나 유들을 자신으로부터 배제하였다. 왜냐하면 이데아나 유는 자기 자신으로부터 논리적인 모순을 배제하였기 때문이었다. 그러나 현재 여기에서는 "동종성과 비동종성, 양과 하나인 것, 정지와 운동 등"과 같이 서로 대립되는 이데아들 사이의 관계가 문제다. 그런데 여기서 이런 서로 대립되는 이데아들 사이의 관계 문제는 필연적인데, 왜냐하면 여러 있는 것들 안에는 이러한 대립되는 이데아들 사이의 관계가 필연적이기 때문이다. 그런데 문제는, 어떤 개별적인 존재자가 여러 부분을 갖기 때문에 여럿이고, 또 여럿 가운데 하나이기 때문에 하나이기도 하다는 데 성립하는 것이 아니다. 오히려 문제는, 그것이 양(量)에 참여해서 여럿이고, 하나인 것(一者)에 참여해서 하나라는 데 성립한다. 그래서 문제는, 그 자신 자기 자신에 따르는 이데아들을 구별하고, 이들이 그들 자신 안에서 어떻게 결합되고 분리될 수 있는지를 보여주는 것이다. 그렇기 때문에 플라톤은 다음과 말한다. "그런데 누군가가 내가 방금 말했던 것들 가운데 먼저 형상들 자체를, 예컨대 동종성과 비동종성, 양과 하나, 정지와 운동 그리고 그와 같은 모든 것들을, 그 자신 자기 자신에 따라 분리(分離)하여 나누고, 그런 다음 자기 자신들 안에서 이들이 어떻게 결합되고, 분리되어 질 수 있는지를 보여준다면, 나는, 그가 말하길, 참으로 놀라울 정도로, 오 제논, 기뻐할 것이다."[53] 달리 말하면, 플라톤은 있는 것의 객관적 질서 속에서 이데아들이 어떻게 "결합"(συγκεράννυσθαι)되고 "분리"(διακρίνεσθαι)될 수 있는지를 파악하고자 한다.[54] 그런데 그에 따르면, 이것은 이미 소크라테스가

---

51) Platon, Pamenides 129c.

52) Platon, Phaidon 103e 아래를 보라.

53) Platon, Parmenides 129d-e.

54) 여기서 "결합"과 "분리"를 나타내는 용어 συγκεράννυσθαι와 διακρίνεσθαι는 동일하게 결합과 분리를 나타내는 아낙사고라스의 용어 συμμίσγεσθαι와

실행하고 있었던 것이다. “그런데 나(=소크라테스)는 내가 이런 것들을 아주 용감하게 실행하고 있다고 생각한다.”55) 그로부터 과제는 이데아들 자체 안에서 온갖 방식으로 결합되어 있는 난제를 해명하는 것이다. “그럼에도 불구하고, 만약 누군가가 형상들 자체 안에 온갖 방식으로 엮여있는 이 동일한 아포리아를, 마치 너희들(=파르메니데스와 제논)이 보여진 것들 안에서 두루 섭렵했듯이, 그렇게 또한 논리적으로 파악된 것들 안에서도 내보일 수 있다면, 나는, 장담하건대, 참으로 훨씬 더 기뻐할 것이다.”56) 그런데 플라톤이 생각하기에 이러한 과제는 이미 파르메데스와 제논이 “보여진 것들 안에서”(ἐν τοῖς ὁρωμένοις) 모범적으로 수행한 것이다. 플라톤은 다만 동일한 과제를 “논리적으로 파악된 것들 안에서”(ἐν τοῖς λογίσμῳ λαμβανομένοις) 수행하고자 한다. 다만 그는 이와 같이 있는 것의 객관적 질서 속에서 “있지 않는 것”의 문제를 다루기 위해서, 우리를 넘어 신적으로 있는 것에 대하여 “나는 내가 아무 것도 알지 못한다는 것을 안다”57)고 한 인간 소크라테스의 입장을 부각시킨다. “오 소크라테스여, 로고스들에로의 충동 때문에 너는 얼마나 놀랄만한 가치가 있는가.”58) Ὦ Σώκρατες, φάναι, ὡς ἄξιος εἶ ἄγασθαι τῆς ὁρμῆς τῆς ἐπὶ τοὺς λόγους.

플라톤의 이데아는 스승 소크라테스의 무엇 질문에 대한 그 자신의 적극적인 대답으로 간주된다. 그것은, “있는 것들”(τὰ ὄντα)을 우리의 사유가 “로고스들 안에서”(ἐν λόγοις) 본 바대로 그렇게 있는 것이다.59) 플라톤은 이런 방식으로 별 문제없이 “있는 것들의 진리”(ἡ

διακρίνεσθαι와 의미에서 일치한다. D-K, 59 B 17을 보라.

55) Platon, Parmenides 129e.

56) 같은 책, 129e-130a.

57) Platon, Apologia 21d. 또한, Parmenides 133c를 보라.

58) Platon, Parmenides 130a-b. 135d καλὴ μὲν οὖν καὶ θεία, εὖ ἴσθι, ἡ ὁρμὴ ἣν ὁρμᾷς ἐπὶ τοὺς λόγους와 비교. 여기서는 “그 충동”(ἡ ὁρμή)에 “아름답고 신적”(καλὴ καὶ θεία)이라는 수식어가 붙어 있다.

ἀλήθεια τῶν ὄντων)가 고찰될 수 있다고 생각하였다. 그리고 중기 대화편들에서 이데아는 "그 자신 자기 자신에 따라"(αὐτό καθ᾽ αὑτό) 있는 것으로 독자적인 실존이 보장되었었다. 그러나 『파이드로스』 편에 이르러 우리의 영혼이 하늘로부터 땅위로 떨어졌다는 생각에 의해 이데아가 조건 없는 독자적인 실존을 갖는지가 의문시되었다. 그 결과, 현재 『파르메니데스』 편에서 플라톤은 "이데아들을 그 자신 자기 자신에 따라 있는 것으로 규정"할 경우의 "어려움"에 대해서 말하고, 그 어려움이 "항상 어떤 것을 규정하면서, 있는 것들의 각각에 하나의 이데아를 설정"할 경우의 어려움이라는 것을 밝힌다.[60] 그런데 그는 소크라테스 자신을 바로 "어떤 것"의 "규정"이라는 이데아의 가능조건으로서 제시한다.[61] 그로부터 대화편의 "최대"(μέγιστον)의 아포리아라고 하는 문제 상황이 형성된다.[62] 그런데 이러한 문제 상황의 핵심은, 소크라테스와 같은 우리 인간 존재에게 있어서는 어떠한 "실재"(實在, οὐσία)도 있지 않을 것이라는 것이다. "왜냐하면, 오 소크라테스, 나는, 너와 그리고 다른 이, 말하자면 각각에 대해 그 자신 자기 자신에 따르는 어떤 우시아가 있다고 정립하는 자는 누구나, 먼저 이들 가운데 어떠한 것도 우리 안에 있지 않다는 것을 동의할 것이라고 생각하기 때문이네."[63] μηδεμίαν αὐτῶν εἶναι ἡμῖν. 그로부터 대화편 전반부의 마지막 결론은, 마치 고르기아스의 세 명제[64]처럼, 1. 이데아들

59) Platon, Phaidon 99d 아래를 보라.
60) Platon, Parmenides 133a-b를 보라.
61) 같은 책, 130e 아래를 보라.
62) 같은 책, 133b 아래를 보라.
63) 같은 책, 133c.
64) 고르기아스의 세 명제에 대해서는, MXG 979a 12 아래와 Sextus Empiricus, Adversus Mathematicos, VII, 65 아래를 보라. O. Gigon, H.-J. Newiger, J. Wiesner, B. Cassin 등의 연구로 MXG의 신빙성이 더 인정되었다. 특히, H.-J. Newiger, Untersuchungen zu Gorgias' Schrift *Über das Nichtseiende*, 47쪽 아래, 82쪽 아래, 142쪽 아래, 161쪽 아래를 보라.

은 "있지 않다"(οὔτε ἔστι), 2. "능히 잘 있을 수 있다고 하더라도 인간의 본성에는 인식되어질 수 없다", 3. "이러한 것들을 말하는 자는 또한 어떤 것을 말하는 듯이 보이나 놀랍게도 설득되어지기 어렵다"는 것이며, 결국 "생각을 어디로 돌려야할지 모를 것이라"(οὐδὲ ὅποι τρέψει τὴν διάνοιαν ἕξει)는 것이다.[65] 이와 같은 이데아론 비판에 플라톤은 비판자로서 파르메니데스를 등장시키는데, 이것은 파르메니데스가 우리 사멸하는 인간 존재의 견지에서, 있는 것을 우리 인간 존재에게는 있지 않는 것으로 파악하였기 때문이다. 그러나 플라톤은 자신의 이데아론 비판에서 이데아를 단지 우리 인간 존재의 견지에서 "있지 않다"고 비판하는 것이 아니라, 또한 동시에 개별적으로 있는 '개별자'의 신적으로 있는 '이데아'에의 실존적인 참여 관계 속에서 비판한다.[66]

2. 소크라테스와의 논의에서 파르메니데스의 이데아론 비판

소크라테스와의 논의(130a-135c)에서 파르메니데스는 플라톤의 이데아론을 비판한다. 비판의 핵심은, 이데아를 소크라테스가 갖는 '인간 존재의 관점'에서 의문시하는 것이다. νῦν δὲ ἔτι πρὸς ἀνθρώπων ἀποβλέπεις δόξας διὰ τὴν ἡλικίαν. 130e. 물론 우리 인간 존재는 어떤 물질적인 것에 조건지워져 있을 뿐만 아니라, 또한 동시에 있는 것에 열려있다. 그런데 파르메니데스가 플라톤의 이데아, 즉 있는 것의 형상을 의문시하는 것은, 물질적인 어떤 것에 조건지워져 있는 인간 존재의 관점에 근거해서이다. 파르메니데스 식으로 말하자면, 사

---

65) Platon, Parmenides 135a 아래를 보라.
66) 같은 책, 130b 아래를 보라. 플라톤은 이데아를 어떤 신적인 것이라 생각한다. 134c 아래의 논의를 보라. 거기에서 그는 직접 "신"(ὁ θεός)에 대해서 언급한다.

멸하는 자들이 진리라고 확신하면서 정립한 "이름"(ὄνομα)의 관점에서이다. 그런데 사멸하는 인간 존재의 관점은, 한편으로는 물질적인 어떤 것에 조건지워져 있고, 다른 한편으로는 있는 것의 형상, 즉 이데아에 개방되어 있기 때문에, 플라톤의 이데아론에 대한 비판은 크게 '수학적'(mathematical), '논리적'(logical), '존재론적'(ontological)이란 세 차원에서 이루어진다. "그런데 이것을 나에게 말해보아라. 너에게는, 네가 주장하듯이, 이들 나머지들이 참여하여 그들의 이름(ἐπωνυμίας)을 얻는, 가령 동종성에 참여하는 것들이 동종적이 되고, 큼에 참여하는 것들이 크게 되고, 아름다움과 정의에 참여하는 것들이 정의롭고 아름답게 되는, 어떤 형상들이 있어 보이는가?"[67] 동종성(의 이데아)에 참여하여 '동종적'이 되는 사물의 이름은 '논리적'인 차원을, 큼(의 이데아)에 참여하여 '크게' 되는 사물의 이름은 '수학적'인 차원을, 아름다움과 정의(의 이데아)에 참여하여 '아름답고 정의롭게' 되는 사물의 이름은 '존재론적'인 차원을 시사하고 있다. 이에 따라 소크라테스와의 논의에서 파르메니데스의 이데아에 대한 비판은 크게 세 부분으로 나누어진다. 첫 번째 부분(131a-e)은 수학적인 차원에서의 비판에 해당하고, 두 번째 부분(132a-133a)은 논리적인 차원의 비판에 해당하며, 마지막 세 번째 부분(133b-135c)은 존재론적 차원의 비판에 해당한다. 파르메니데스가, 또는 플라톤이 유한한 인간 존재의 견지에서 자신의 이데아론을 비판한다고 하더라도, 그렇다고 이데아의 존재가 부정되는 것은 아니며, 단지 의문시될 뿐이다. 135a-b에서 보이듯이, 플라톤은 여전히 유나 이데아의 존재가 그 자신 자기 자신에 따라 있다고 하는 점을 부정하지 않았으며, 도리어 그것의 학습, 발견, 교육 가능성을 주장하였다. "그리고 각각에 대해 어떤 유가 그리고 우시아가 그 자신 자기 자신에 따라 있다는 것을 배울 수 있는 사람은 매우 소질이 뛰어나지만,

67) 같은 책, 130e-131a.

그러나 발견해내고 그리고 이 모든 것들을 충분히 잘 분별해낸 다른 사람을 가르칠 수 있는 사람은 훨씬 더 놀라울만하다."[68] 그러므로 비판의 세 부분에서의 논의가, 이데아의 존재를 인정하고 그것의 존재 여부를 수학적, 논리적, 존재론적으로 의문시하는 방식으로 진행된다고 하는 점에는 아무 문제도 없으며, 매 논의가 순수 수학적, 논리적, 존재론적 차원의 논의이지 않고, 다른 차원의 논의를 함축하고 있다는 데에도 별다른 문제가 없다.

131a 이전의 파르메니데스와 소크라테스의 대화는, 플라톤의 이데아론 비판의 근거가 되는 인간 존재의 관점을 부각시키기 위한 것이다. 여기서 플라톤은 자신의 이데아론이 인간 존재의 "의견"(δόξα) 내지는 "이름"(ἐπωνυμία)에 어떻게 조건지워져 있는지를 밝힌다. 파르메니데스의 소크라테스에 대한 질문에서 그는 먼저 이데아론의 구성요소로서 이데아와 이데아에 참여하는 것, 그리고 동종성 자체와 우리가 갖고 있는 동종성을 구별한다. "그리고 나에게 말해다오, 너 자신은 네가 말하듯이 그렇게 한편으로는 어떤 형상들 자체를, 다른 한편으로는 다시금 이들에 참여하는 것들을, 서로 분리(分離, χωρίς)하여 구분하는지? 그리고 어떤 것과 관계해서 너에게는 우리가 갖고 있는 동종성과는 분리된 동종성 자체가 있어 보이는지, 그리고 하나와 여럿, 그리고 네가 방금 제논으로부터 들었던 모든 것들이?"[69] 그에 따르면, 방금 제논으로부터 들었던 모든 것들, 예컨대 하나와 여럿, 운동과 정지 등도 동종성과 같이 그 자체와 우리가 갖고 있는 것으로 구별된다.[70] 이러한 구별 하에서 그는 이데아론이 어떻게 구성되는지를 밝히기 위해서, 나아가 어떤 것이 그 자신 자기 자신에 따르는 이데아이고 어떤 것이 아닌지, 그리고 어떤 것이 이데아를 갖고 어떤 것이 갖지 않는지

68) 같은 책, 135a-b.
69) 같은 책, 130b.
70) 같은 책, 129c-d를 보라.

를 규명한다. 그에 의하면, 올바른 것, 아름다운 것, 좋은 것과 같은 것은 모두 어떤 그 자신 자기 자신에 따르는 이데아이다. 그러나 인간이나 불, 물과 같은 것의 이데아에 대해서는, 그것들이 "우리를 구성하는 요소들이나 우리로부터 떨어져"(χωρίς ἡμῶν καὶ τῶν οἷοι ἡμεῖς ἐσμεν) 있을 수 있느냐에 대해 난색을 표명한다.[71] 문제는, 이러한 것들의 이데아가 있지 않다는 것이 아니라, 이러한 것들의 이데아가 우리 인간 존재에 의해 조건지워져 있다고 한다면, 올바른 것, 아름다운 것, 좋은 것의 이데아처럼 그 자신 자기 자신에 따라 있을 것인지 "아니면 다르게"(ὥσπερ περὶ ἐκείνων ἢ ἄλλως) 있을 것인지이다. 그러나 플라톤은 머리카락, 진흙, 오물과 같이 "가소로워 보이는 것들"(ἃ καὶ γελοῖα δόξειεν ἂν εἶναι)에 대해서는 어떤 이데아도 허용하지 않는다. 왜냐하면 그들은 "우리가 보는 바로 그것들"(ἅπερ ὁρῶμεν)이기 때문이다. 그러나 그들은 왜 가소로워 보이는 것들이며, "매우 하찮고 사소한 것"(ἀτιμότατόν τε καὶ φαυλότατον)인가? 플라톤에 의하면, 그들은 "우리가 손으로 쥐는 것들"(ὧν <τι> ἡμεῖς μεταχειριζόμεθα), 즉 물질 이외에 다른 것이 아니다. 이것은 있는 것의 질서 가운데 가장 낮은 데에 있는 것이다. 그렇기 때문에 그것은 "매우 하찮고 사소한 것"이며 "가소로워 보이는 것"이다. 그런데 플라톤은 그와 같은 것들을 가지고 이오니아 자연철학자들이 말하는 질료를 의미했던 것 같다. 먼저 "머리카락"(θρίξ)이란 말은, "대체 어떻게 머리카락이 아닌 데서 머리카락이, 살이 아닌 데서 살이 생길 수 있겠는가?"[72]라고 반문한 아낙사고라스를 연상시킨다. 그리고 "진흙"과 "오물"이란 말로는 '만물은

71) 여기서 플라톤이 난색을 표명하는 이유는, Cornford나 Allen이 생각하듯이 문제의 이데아가 "생명체와 4요소"(living creatures and four elements)의 이데아이거나 "실체적인"(substantial) 이데아이기 때문이 아니라, 그것이 우리 인간 존재의 조건에 조건지워져 있는 이데아이기 때문이다. F. M. Cornford, Plato and Parmenides, 82쪽과 R. E. Allen, Plato's Parmenides, 107쪽 아래를 보라.

72) D-K, 59 B 19.

물'이라고 한 탈레스를 풍자한 듯이 보인다. 왜냐하면 "진흙"(πηλός) 이란 말은 '물이 섞인 흙'을 의미하고, "오물"(ῥύπος)란 말은 '흙과 섞인 물'을 의미하는 것처럼 보이기 때문이다. 파르메니데스에게 이러한 것들은 가소로워 보이는 것이었을 것이기 때문에 플라톤은 이러한 것들을 그렇게 우스꽝스럽게 표현했던 것 같다. 그런데 소크라테스에 따르면, 이러한 것들은 "우리가 보는 바로 그것들"이며, 그리고 이들은 바로 우리가 보고 생각한 대로 그렇게 있는 것이다.[73] ἀλλὰ ταῦτα μέν γε ἅπερ ὁρῶμεν, ταῦτα καὶ εἶναι. 그러나 이러한 "있음"(εἶναι)은 우리를 넘어서 그 자신 자기 자신에 따라 존재하는 것이 아니다. 그렇기 때문에 그는 그런 것들에게 어떤 이데아가 있을 것이라고 생각하는 것은 매우 부당할 것이라고 결론짓는다. εἶδος δέ τι αὐτῶν οἰηθῆναι εἶναι μὴ λίαν ᾖ ἄτοπον.

그런데 그는 한 때 "모든 것들에 대해 어떤 동일한 것"(τι περὶ πάντων ταὐτόν)이 있지 않을까 하는 생각이 자신의 마음을 흔들어 놓았다고 한다. 그리고는 거기에 머물 때, 그는 "어떤 헛소리의 심연에"(εἴς τινα βυθὸν φλυαρίας) 빠져 죽지 않을까 두려워하여, 이데아들을 갖는다고 하는 것들에로 도피해 여태껏 그런 것들에 종사하면서 보낸다고 한다. 소크라테스의 이 이야기는, 플라톤이 젊은 시절에 "모든 것을 지탱하는 아틀라스"[74](Ἄτλαντα ἅπαντα συνέχοντα)를 발견할 수 있다는 믿음 아래, 생성과 소멸의 원인에 대한 탐구로부터 출발하였다가, 결국 차선책으로 어떻게 자신의 이데아론에 이르게 되었는지를 알려주는 『파이돈』 편에서의 자서전적인 내용(95e-102a)과 부합한다. 당시에 플라톤은 생성과 소멸의 원인에 대해 너무나 상이한 의견들이 제시되었기에, 그와 같은 "아틀라스"를 발견할 수 있을 것이

73) 이런 해석의 근거로, Platon, Sophistes 246a 참조.

74) Platon, Phaidon 99c.

라는 데 회의적이었다. 그렇기 때문에 그는 여기서 자신이 거기에 머무를 때, "어떤 헛소리의 심연에"(εἴς τινα βυθὸν φλυαρίας) 빠져 죽지 않을까 두려워하여, 도피했다고 말한다. 그러나 현재 그는 "모든 것들에 대해 어떤 동일한 것"(τι περὶ πάντων ταὐτόν)이 있다는 입장이다. 당시에 그는 "뼈와 근육"에 의한 운동에 대한 기계적인 설명을, "그것 없이는"(ἄνευ οὗ) 목적인이 있을 수 없는, 목적인의 가능조건으로서 차치해 두었다. 그러나 현재 그는 "모든 것들에 대해 어떤 동일한 것"을 사물이 이데아에 참여하기 위한 조건으로서 다시 받아들인다.

그렇기 때문에 파르메니데스는 '자신의 견지에서 보면'(κατ᾽ ἐμὴν δόξαν) 소크라테스는 '그의 연령 때문에'(διὰ τὴν ἡλικίαν) 여전히 "인간들의 의견들에"(πρὸς ἀνθρώπων δόξας) 주목하고 있다고 하며, 앞서 말한 것들 가운데 어떠한 것도 무시하지 않을 때 철학이 그를 사로잡을 것처럼 아직 철학이 그를 사로잡지 않았다고 평가한다. 그런 연후에 그는 소크라테스에게 "이들 나머지들이 참여하여 그들의 이름을 얻는, 가령 동종성에 참여하는 것들이 동종적이 되고, 큼에 참여하는 것들이 크게 되고, 아름다움과 정의에 참여하는 것들이 정의롭고 아름답게 되는, 어떤 형상들이 있어 보이는지"를 묻는다. 파르메니데스가 보기에 사멸하는 인간 존재인 소크라테스의 위상은, 이데아에 참여하는 것들이 그 이데아에 참여하여 얻게 되는 "이름들"(ἐπωνυμίαι)에 존립한다. 그리고 그가 이후로 플라톤의 이데아론을 비판하는 것은 이러한 이름들에 준거해서이다. 왜냐하면 그가 133a-b에서 말하듯이, 선행논의에서 개진된, "이데아를 그 자신 자기 자신에 따라 있는 것으로 규정"할 때의 어려움이란, 바로 "항상 어떤 것을 규정하면서, 있는 것들의 각각에 대해 하나의 이데아를 설정"할 때의 어려움이기 때문이다. 그로부터 앞서 설명한 대로 파르메니데스는 수학적, 논리적, 존재론적 차원에서 세 가지 난제를 제시한다.

첫 번째 난제(131a-e)는 "참여하는 것 각자는 이데아의 전체에 참여하는지 아니면 부분에 참여하는지 아니면 이들과는 별도로 어떤 다른 참여가 있을 수 있는지?"의 물음으로부터 시작한다. 일단 중기의 이데아론에 따르면 이데아 전체가 여럿인 것들의 각각 안에 하나로 있으면서 있는 듯이 생각된다. 그러기에 소크라테스는 무엇이 그것이 하나임을 방해하는가를 반문한다. 그런데 파르메니데스의 논의에 따르면 그것이 하나이자 동일한 것으로 있으면서 여러 분리되어 있는 것들 안에 전체가 동시에 내재한다면, 그 자신은 자기 자신으로부터 분리되어 있을 것이라는 것이다. 이러한 난제는 근본적으로 있는 것이 개별자 안에 내재한다고 한다면, 그것은 개별화되어 있어야 한다는 점에 성립한다. 플라톤은 이러한 난제를 태양의 비유를 원용하여 그것이 마치 빛처럼 있다고 한다면, 그것은 하나이자 동일한 것으로 모든 곳에 동시에 있을 것이며 또한 그 자신 자기 자신으로부터 분리되지도 않을 것이라고 해결책을 제시하지만, 파르메니데스는 그것을 여러 사람을 덮고 있는 "도포"[75]와 같은 것으로 해석하면서 플라톤을 곤경에 빠트린다. 왜냐하면 그렇다면 그것은 각 개인을 덮고 있는 지점에서 각 개인에 의해 나눠질 것이기 때문이다. 그로부터 이데아들은 쪼개져서, 참여하는 것들은 그들의 부분에 참여할 것이며 이데아는 개별자 안에서 전체로서가 아니라 개별자의 부분으로 있을 것이다. 결국 이 난제는 개별자가 이데아에 참여하고 그래서 이데아가 개별자에 내재한다면, 이데아는 전체로서 개별자의 부분으로 있을 것이라는 것이다. 또한 이러한 난제 안에서 플라톤은 개별자와 이데아 사이에서의 우리의 매개 역할을 부각시키기 위하여 "하나의 이데아가 우리에 의해서 진리에 따

75) 파르메니데스가 왜 빛을 도포와 같은 것으로 생각했는지는 이해하기 어렵다. 추측건대 도포는 어떤 양을 가진 것으로 여러 사람을 덮는다는 점에서 공간적으로 규정되어질 수 있으며 또한 배처럼 움직인다는 점에 시간적으로 규정되어질 수 있는 것으로 생각된다. 그러므로 파르메니데스는 아마 도포로 공간적이며 시간적인 규정을 받아들일 수 있는 양의 이데아를 생각했을 것이다.

라 나뉘어진다”[76]는 말로부터 시작한다. 이 말은 위의 논의에 따라 볼 때 우리도 양을 지니는 존재이기 때문에 이데아가 우리에 의해 나뉘어진다는 것이며, 그리고 이데아가 우리에 의해서 나뉘어진다고 한다면 그것은 진리에 따라서라는 말이다. 왜냐하면 진리란 우리의 사유와 이데아의 일치 속에 성립하기 때문이다. 그런데 논의는 위의 논의의 속계인 것처럼 양의 차원에서 논의된다. 그로부터 논의는 다음과 같이 전개된다. 1. “큼 자체를 네가 나눈다면 그리고 여러 큰 것들의 각각이 큼 자체보다 보다 작은 큼의 부분에 의해서 크다고 한다면, 그것은 불합리하게 보이지 않겠냐? - 확실히 그렇다.” 2. “동등한 것의 작은 부분을 각각이 취한다고 할 때 그것은 어떤 동등한 것 자체보다는 보다 작은 것으로 있으면서 그것을 갖는 것은 어떤 것과 동등하게 되는 것을 가질 것인가? - 불가능하다.” 3. “그러나 작은 것의 부분을 우리들 가운데 누가 가질 것이다. 그런데 이것(즉, 부분) 자체보다는 작은 것이 더 클 것이다, 왜냐하면 그것은 그 자신의 부분이기에, 또한 그렇게 작은 것 자체가 더 클 것이다. 그런데 그것에 빼졌던 것이 덧붙여지면, 이것은 보다 작아질 것이며, 이전보다 더 커지지는 않을 것이다. - 이런 일은 발생하지 않을 것이다.”

둘째 난제는 우리의 개별자에 대한 인식, 즉 독사와 관련된 것이다. 여러 큰 것들을 볼 때, 그 모든 것을 보는 우리에게는 어떤 하나의 동일한 이데아가 있다고 생각되어지며, 그로부터 또한 하나의 큰 것이 있다고 생각되어진다. 그러나 그렇게 큰 것 자체와 다른 큰 것들을 보는 우리에게는 또 다시 어떤 하나의 큰 것이 나타나며, 이것은 이러한 행위를 할 때마다 그렇다고 생각된다. 그로부터 그와 같은 이데아는 하나가 아니라 양에 있어서 무한하다는 문제가 발생한다. 이것이 첫 번째 무한소급이다. 그러나 소크라테스는, 만약 이데아가 그런 것이라

76) Platon, Parmenides 131c.

면, 그것은 사유된 것(νόημα)이 아니겠느냐고 문제를 피해가고자 한다. 그러나 사유되어진 것은 어떤 것에 대한 것인지 아니면 아무 것도 아닌 것에 대한 것인지, 어떤 것에 대한 것이라고 한다면, 어떤 있는 것에 대한 것인지 아니면 어떤 있지 않는 것에 대한 것인지의 문제가 생긴다. 물론 답은 어떤 있는 것에 대해 사유되어진 것이다. 그러므로 이것은 소크라테스 자신의 입장이 문제라는 것 이외에 다른 문제가 아니다. 그러나 그로부터 플라톤은 사유되어진 것이 모든 것들 위에 있으면서 사유하는 어떤 하나의 것에 대해 있는 이데아가 무엇인지를 해명하고자 한다. 이데아란 플라톤에 의하면 항상 하나라고 생각되어지면서 모든 것들 위에 동일한 것으로 있는 것이다. 두 번째 무한소급은 개별자가 그런 이데아에 참여한다는 것으로부터 발생한다. 여기서 참여란 개별자가 이데아와 닮아지는 것 이외의 다른 것이 아니다. 그로부터 참여하는 것은 이데아에 참여해서 이데아와 동종적이 되고 그와 동종적인 이름을 지니게 되며, 그리고 그렇게 동종적인 개별자가 참여하는 것이 이데아 자체라는 것은 논란의 여지가 없다. 그러나 이것은 개별자 자체는 이데아가 아니며, 이데아 또한 어떤 다른 이데아, 즉 사물의 이름이 아니라는 것을 뜻한다. 그런데 만약 그렇지 않고, 동종성에 의해 이데아가 개별자와 동종적이 된다고 한다면, 이러한 이데아에 반해 어떤 다른 이데아가 나타날 것이고, 또한 이것이 어떤 (개별적인) 것과 동종적이라면, 또 다시 다른 이데아가 생겨날 것이며, 이것은 끝이 없을 것이다. 이것이 끊임없는 이유는 개별자가 이데아에 참여할 때마다 매번 새로운 이데아가 참여하는 개별자 안에 생겨날 것이기 때문이다. 이 논의에서 플라톤은 앞서 첫 번째로 나타난 무한소급의 논의를 첫 번째 난제에서 문제가 되었던 개별자에게까지 적용시켜 종합적으로 논의한다. 논의의 결과로 플라톤은 동종성에 의해서가 아니라 어떤 다른 것에 의해서 참여를 설명해야한다는 결론에 도달한다. "그러므로 동종성에 의해서 다른 것들이 이데아들에 참여하는 것이 아니라, 오히려 그것에 의해서 참여할 어떤 다른 것을 탐구해야만 한다."[77] 앞뒤 문맥을 고려할 때, 이 "어떤 다른 것"(τι ἄλλο)을 가지고 플라톤이 어떤 것에 대한 규정적 인식을 의미한다는 것은 확실하다. 그렇기에 플라톤은 "이데아들을 그 자신 자기 자신에 따라 있는 것들로 규정"할 경우의 어려움에 대하여 말하며, 이 어려움이 "항상 어떤 것을 규정하면서, 있는 것들의 각각에 대해 단 하나의 이데아를 설정"할 경우에 발생하는 어려움이라는 것을 명시적으로 밝힌다.

그리고 이러한 문제 상황 속에서 세 번째 난제로 그는 다음을 "가장 큰"(μέγιστον) 어려움이라 말한다. "만약 누군가가 그것들이, 우리가 이데아들이 그와 같이 있어야만 한다고 주장하는 바대로 그렇게 있다면, 인식되어지는 것은 적합하지 않다고 주장할 것이라면, 그렇게 말하는 자에게 아무도 그가 속인다는 것을 증명할 수 없을 것이다, 만약 한편으로 반박하는 자가 경험이 많고 소질이 뛰어나지 않다면, 다른 한편으로 저것들은 인식되어질 수 없다고 강압하는 자가 증명이 행해지는 동안 매우 많은 것을 또한 멀리서부터 쫓아오려고 하지 않고, 오히려 설득력에 있어 떨어진다고 한다면 (말이다)."[78] 그러므로 "가장 큰" 어려움이란 이데아들이 우리가 그렇게 있어야 한다고 주장하는 바대로 그렇게 있다면 그것들 자신은 인식되어져서는 안 된다는 것, 그리고 그렇게 주장하는 사람들이 틀렸다는 것을 밝히고 그들을 설득하는 것이 어렵다는 것이다. 그리고 이에 대한 근거로 그는 우시아들 가운데 어떠한 것도 우리 안에 있지 않음을 제시한다. "왜냐하면, 소크라테스여, 내가 생각하기에 너나 각각에 대해 우시아가 그 자신 자기 자신에 따라 있다고 설정하는 사람은 누구나 먼저 그것들 가운데 어떠한 것도 우리 안에 있지 않음을 인정하기 때문이다."[79] 그로부터 가장 큰

77) 같은 책, 133a.
78) 같은 책, 133b-c.
79) 같은 책, 133c.

어려움은 "있지 않음" 내지는 "있지 않다"의 문제로 된다. 그렇기 때문에 플라톤은 전반부의 마지막 부분에서 지금까지의 어려움을 종합하면서 마치 고르기아스처럼 이데아들은 "있지 않다", 또한 있다고 하더라도 "인간의 본성에는 인식되어질 수 없다", 그리고 그와 같은 것(이데아)들을 주장하는 사람들은 어떤 것을 말하는 것처럼 보이는데 그럼에도 불구하고 "놀랍게도 설득되어지기 어렵다"는 아포리아를 말하게 된다.[80] 그러므로 『파르메니데스』 편에서 최대의 아포리아란 결국 고르기아스에게 있어서와 마찬가지로 "있지 않다"의 문제였다는 것이 분명하다. 그리고 이점은 후반부에로의 이행부에서 파르메니데스가 진리를 발견하기 위한 변증법적 훈련을 위해 설정한 일반적인 가정, "그것이 무엇이든 그것이 있다고 하고 또 있지 않다고 하는"[81] 가정과 대화편의 마지막 결론, "하나가 있다고 하든 있지 않다고 하든, 하나와 다른 것들은 자기 자신과 관계해서 또한 서로서로와 관계해서 모든 것이 모든 방식으로 있다 그리고 있지 않다 그리고 나타난다 그리고 나타나지 않는다"[82]는 결론으로부터 명백하다.

그런데 파르메니데스의 이데아론 비판은, 비록 이데아는 "있지 않다"는 결론에 이르렀다고 하더라도, 이데아의 존재를 부인하는 것이 아니라 단지 의문시하는 것이다. 왜냐하면 이데아의 존재가 우리에게 있지 않다고 하여서, 그것이 그 자체로 있지 않다는 말은 아니기 때문이다. 그러나 그것이 우리에게는 있지 않는 것이기 때문에, 그것의 존재는 의문시되고 '문제적'(problematisch)인 것이 되었다. 그렇기 때문에 이행부에서 파르메니데스는, 한편으로는 그것이 "있다면"이라고 가정하고, 다른 한편으로는 그것이 "있지 않다면"이라고 가정함으로써 문제를 다루고자 한다. 그러나 이렇게 가정적으로 전제하는 것부터

80) 같은 책, 135a.
81) 같은 책, 135b.
82) 같은 책, 166c.

가 이미, 그것이 "있다"는 것과 "있지 않다"는 것이 문제적으로 되었다는 것을 의미한다. 그런데 그것이 "있다"는 것이 문제적으로 되는 것은, 먼저 우리에게 그것이 "있지 않다"는 것이 문제적으로 되었기 때문이다. 그러므로 무엇보다도 먼저 문제가 되는 것은, 우리에게 그것이 "있지 않다"는 것이다.

그런데 이런 상황에서 플라톤에게 문제가 되는 것은 무엇인가? 그에게는, 첫째 "생각을 어디로 돌려야할지 모를" 것이라는 점, 둘째 그러면 "변증법의 힘을 완전히 상실할" 것이라는 점, 셋째 그리하여 마지막에는 "철학과 관련하여 무엇을 행해야할지" 알지 못하겠다는 점이 문제이다. 생각을 어디로 돌려야할지 모르겠다는 것은 생각이 지향 대상을 상실하였다는 것을 의미한다. 그리고 변증법의 힘을 완전히 상실할 것이라는 말은, 있는 것과 사유 사이의 관계를 규정하는 대화, 즉 "변증법"(διαλέγεσθαι)의 힘이 사유가 지향 대상을 상실함으로써 잃어버리게 된다는 뜻이다. 그로부터 지혜를 사랑하는 "철학"(φιλοσιφία)과 관계해서 무엇을 해야 할지 모르겠다는 결론이 도출된다. 그런데 이러한 결론은, 플라톤이 "있지 않다"의 문제 상황에서도 끝까지 추구하고자 한 것이 "지혜"(σοφία) 내지는 "진리"(ἀλήθεια)라는 것을 알려준다. 그러나 지혜 또는 진리 안에서 "있지 않다"는 것은 무엇인가? 진리 안에서 "있지 않다"의 문제는 사라져버리는가? 아니면 지속되는가? 그러나 지속된다고 한다면, 진리 안에서 "있지 않다"는 것은 무엇을 의미하는가? 플라톤은 이 문제는 어떻게 해결할 수 있을 것인가?

3. 전반부에서 후반부에로의 이행부에서 문제의 해결방식

전반부에서 후반부에로의 이행부(135c-137c)에서 플라톤은 문제의 해결방식을 제시한다. 그에 따르면 지금까지의 문제는, 소크라테스가 아름다운 것, 올바른 것, 좋은 것과 같은 이데아를 훈련도 하기 전에 너무 성급히 규정하려고 시도한 데 있다. “왜냐하면 너는, 훈련도 하기 전에, 너무 일찍, 오 소크라테스, 어떤 아름다운 것을 그리고 올바른 것을 그리고 선한 것을 그리고 형상들 가운데 각각의 하나를 규정하려고 시도하기 때문이다.”[83] 여기서 “훈련”(γυμνασθῆναι)이란 당연히 변증법적인 훈련을 말한다. 그러나 여러 학자들이 생각하듯이 그것은 진리와는 무관한 단순히 논리적인 훈련을 의미하는 것이 아니다.[84] 왜냐하면 플라톤은 몇 차례에 걸쳐 중요한 문맥에서 “진리”(ἡ ἀλήθεια, τὸ ἀληθές)에 대하여 말하고 있기 때문이다.[85] 그러므로 이러한 변증법적 훈련에서 문제가 되는 것은 “진리”이다. “그렇지 않다면, 진리가 너를 피해갈 것이다.”[86] 그런데 “있지 않다”의 문제는 신적으로 있는 것과 유한한 인간 존재 사이의 간극의 문제였다. 진리 안에서라고 하더라도 이 간극은 어떻게 극복될 수 있는가? 여기서 플라톤은 앞서 130b에서 언급한 소크라테스의 기본입장으로 돌아간다. “잘 알아라, 로고스들에로 향하는 너의 충동은 아름답고 신적이다. 아직 젊은 동안에, 너 자신을 조여라, 그리고 무가치하게 보이는 그리고 대다수에게 쓸데없는 소리라고 불리는 것(말하자면, 변증법)을 통해서 더욱 훈련하라. 그렇지 않다면, 진리가 너를 피해갈 것이다.”[87] καλὴ μὲν οὖν καὶ θεία, εὖ ἴσθι, ἡ ὁρμὴ ἣν ὁρμᾷς ἐπὶ τοὺς λόγους. 앞서 문장과의 차이는, “로고스들에로 향한 충동”(ἡ ὁρμὴ ἡ ἐπὶ τοὺς λόγους)이란 말에 “아름답고 신적”(καλὴ καὶ θεία)이라는 수식어가 붙은 것이다. 이런 수식어를 통해 플라톤은 앞서와는 달리 “로고스들에로 향한 충동”의

---

83) 같은 책, 135c-d.

84) 이러한 입장에 대해서는, Wilamowitz-Moellendorf, O. Apelt, A. E. Taylor, Sir W. D. Ross 등을 보라. 그 밖에 다른 입장에 대해서는, J. Wahl, G. Calogero, F. M. Cornford, E. A. Wyller, K. M. Sayre, R. E. Allen, M. H. Miller 등을 보라.

85) Platon, Parmenides 135d, 136c, 136e를 보라.

86) 같은 책, 135d.

87) 같은 책, 135d,

신적으로 있는 것과의 실존적인 일치를 강조한다. 신적인 존재자와 일치되어 있기에 그러한 충동 또한 신적인 것이다. 이것은, 플라톤이 『심포지온』 편에서 에로스는 아름다운 것과 좋은 것을 추구하기 때문에 여전히 이들을 결여하고 있다는 이유로 그것은 신이 아니라 어떤 "큰 다이몬"[88](δαίμων μέγας)이라고 하였다가, 『파이드로스』 편에 와서 자신이 잘못했다고 자책하고는 에로스는 아름다움의 여신 아프로디테의 아들이기 때문에 그 자신 또한 "신"(θεός)이며 "어떤 신적인 것"[89](τι θεῖον)이라고 한 것과 같은 논리이다. 『파르메니데스』 편은 도입부 안티폰에 대한 묘사[90]로부터 시작해서 이행부 마지막 파르메니데스 자신의 이비코스의 말에 대한 비유[91]에 이르기까지 철저히 『파이드로스』 편의 마차의 비유에 의해 각인되어 있다. 플라톤은 소크라테스와 제논과 파르메니데스의 논의 전체를 말(言)을 가지고 말(馬)을 타고 가는 변증법적인 마차여행이라고 생각하였던 것이다. 이런 문맥에 따라서 여기서도 "조여라"(ἕλκυσον)나 "훈련하라"(γύμνασαι)와 같은 말은 비유적인 의미로 사용한다. 그러나 신적인 존재자와 인간 존재의 실존적인 일치 속에서, 달리 말하면 진리 속에서 변증법을 수행한다고 해서, "있지 않다"의 문제는 사라져버리는 것인가? 일단 플라톤은 신적인 존재자와 인간 존재 사이의 실존적인 일치 속에서, 즉 그와 같은 진리 속에서 변증법을 수행하고자 한다. 그러나 "있지 않다"의 문제는, 신적인 존재자와 유한한 인간 존재의 간극에 존립하는 한에서 이러한 간극이 없어지지 않는 한, 사라져버리는 것이 아니다. 그렇다면 이와 같은 "있지 않다"의 문제는 플라톤이 말하는 변증법에 의해서 어떻게

88) Platon, Symposion 202d.

89) Platon, Phaidros 242e.

90) Platon, Parmenides 126e 아래를 보라,

91) Platon, Parmenides 136e 아래를 보라, 이비코스의 말에 대해서는, Ibico, Testimonianze e Frammenti a cura di Franco Mosino, fr. 6 참조.

해결될 수 있는 것인가?

플라톤에 따르면 훈련의 방식은 제논의 방식이다. 그런데 플라톤은 왜 변증법적 훈련의 방식으로 제논의 방법을 채택하는가? 제논의 방식이란, 일단 어떤 것을 가정하고 그로부터 결론을 도출해내는 방식을 말한다. 물론 이때 결론을 도출해내는 것은 진리에 근거해서이다. 그런데 이와 같은 제논의 방식에는 무엇인가가 '문제적'(problematisch)으로 되어있어야 한다. 그러므로 플라톤이 일반적으로 "어떤 것에 대해 그것을 있는 것으로 가정하기도 하고 있지 않는 것으로"[92](περί ὅτου ἂν ἀεὶ ὑποθῇ ὡς ὄντος καὶ ὡς οὐκ ὄντος)도 가정한 다음에, 제논의 방식에 따라 변증법적인 논의를 수행하고자 한다면, 여기에는 일반적으로 이미 어떤 것이 "있다"고 하는 것이 문제가 되었고, 또 그것이 "있지 않다"는 것이 문제가 되었기 때문이다. 그런데 "있다"는 것이 문제가 되는 것은, 그것이 우리에게 "있지 않다"는 것에 의해서이다. 그러므로 어떤 것을 "있다"고도 가정하고 "있지 않다"고 가정하는 데에는, 무엇보다도 먼저 "있지 않다"가 문제로 되어있기 때문이다. 그러므로 플라톤이, "단지, 각각 전제되어진 것이 있다면, 이 전제로부터 귀결되는 것들을 고찰할 뿐만 아니라, 또한, 네가 더 훈련하기를 원한다면, 이 동일한 전제가 있지 않다면, 이 전제로부터 귀결되는 것들을 고찰할 필요가 있다"[93]고 말한다면, 여기서 "더 훈련하기"(μᾶλλον γυμνασθῆναι)란 말로 그는 단지 양적으로 더 많은 변증법적 훈련을 말하는 것이 아니라, 문제의 변증법적 훈련에 본질적으로 속하는 더 많은 훈련을 말한다. 왜냐하면 어떤 것이 "있지 않다"고 하는 것이 문제의 본질을 형성하기 때문이다. 그로부터 어떤 것이 "있다"고 가정할 뿐만 아니라, "있지 않다"고 가정하는 것이 필연적이다. 그리고 어떤

92) Platon, Parmenides 136b.

93) 같은 책, 135e-136a.

것이 "있다"고도 가정하고 "있지 않다"고도 가정하는 것은 앞서 "있지 않다"와 "있다"가 문제적으로 되었기 때문이다. 그런 까닭에 이와 같은 문제 상황을 해결하기 위하여, 가정으로부터 결론을 도출하는 제논의 방식을 채택하는 것이 불가피하게 요구되었다.

그러나 플라톤은 이와 같은 제논의 방식에 따라 어떻게 "있다"와 "있지 않다"의 문제를 해결할 수 있을 것인가? 플라톤이 제논의 방식에 따라 "있다"와 "있지 않다"의 문제를 해결하는 방법은, 먼저 어떤 것이 "있다"고 가정할 뿐만 아니라 또한 "있지 않다"고 가정함으로써, "있다"와 "있지 않다"의 문제 상황에서 가능한 모든 경우를 전제하고는, 이로부터 결론을 도출해내는 것이다. 물론 결론의 도출은 진리에 의존하는 것이다.[94] 그런데 플라톤은 단지 가정된 것뿐만 아니라 가정된 것과는 반대되는 것과의 관계 속에서 "있다"와 "있지 않다"의 문제를 다루고자 한다.[95] 왜냐하면 "있다"와 "있지 않다"의 문제는, 동종성과 비동종성, 하나인 것과 여럿, 운동과 정지, 생성과 소멸, 있음과 있지 않음과 같은 그러한 대립을 자체 내에 함축하고 있기 때문이다. 그로부터 그 어떤 하나를 선택해서, "있다"고도 가정하고 "있지 않다"고도 가정한 다음에, 그것을 그것과 대립되는 것과 관계해서도 다루고 또 그 각각을 독자적으로도 다루면, 2x2x2로 전체 8가지 가정의 경우가 생긴다. 그리고 이것이, 후반부에서의 변증법적 훈련이, 155e-157b의 이른바 "제3의"(τὸ τρίτον) 가정을 예외로 할 때, 전체 8가지 가정

---

94) 그러나 G. Calogero, R. E. Allen, M. H. Miller와 같은 사람들은 플라톤의 변증법적 논의가 제논의 논의처럼 귀류법적인 논의라고 생각한다. 그러나 그것은 바른 해석이 아니다. 왜냐하면 플라톤이 "있다"라고 가정하고, 그로부터 부조리를 도출해서 반대의 결론, 즉 "있지 않다"에 이르는 것은 아니기 때문이다. 이것은 "있지 않다"를 가정했을 때도 마찬가지다. 그러므로 후반부 마지막 결론에서 "있다"와 "있지 않다"가 귀류법에 따라 도출된 결론이라는 Allen의 해석은 불필요하게 과도한 것이다. R. E. Allen, Plato's Parmenides, 288쪽 아래 참조.

95) Platon, Parmenides 136a 아래를 보라.

을 갖는 이유이다. 물론 여기서도 가정으로부터 결론의 도출은 진리에 의존하는 것이다. 그런데 나아가 플라톤은 어떤 하나를 단지 그것과 다른 것 전체와 관계해서만 다루고자 하는 것이 아니라, 또한 임의적으로 선택한 그 일부, 심지어는 그 각각과 관계해서 다루는 것을 궁극적인 목표로 하고 있다.[96] 이런 방식으로 그는 전체의 진리에 다가 가고자 한다. "만약 네가 장차 완벽하게 훈련을 마친 다음에 자유자재로 참된 것을 통찰하고자 한다면, ..."[97] 그런데 이것은 거의 불가능한 목표이다. 말하자면 "실로 대책 없는 일"[98](ἀμήχανόν γ᾽ πραγματεία)이다.

그렇기 때문에 플라톤은 그 중 파르메니데스 자신의 가정인 "하나인 것"(τὸ ἕν), 이른바 "일자"(一者)를 선택해서, 후반부의 변증법적 논의를 진행시킨다. 플라톤이 일자를 선택해서 가정한다고 해서 이에 대한 논의가 다른 것에 대한 논의를 배제하는 것은 아니다. 일자는 자기 자신 안에 이미 동종성을 함축하고 있고, 또한 다른 것과의 관계에서 시간, 공간, 운동, 정지, 생성, 소멸, 있음과 있지 않음 등등을 함축하고 있다. 그런데 일자를 가정하고 다른 것과 관계해서 다룸에 있어서 자의로 그것의 전체뿐만 아니라 일부, 심지어는 각각을 선택할 수 있다고 한다면, 어떻게 "제3의" 가정과 같은 예외가 있을 수 있으며, 또 8가정의 논의가 그 많은 논의를 함축하는지 이해할 수 있다. 그러나 전체의 논의에서 무엇보다도 문제가 되는 것은 "있다"와 "있지 않다"의 문제이므로, 이 모든 논의는 "있다"와 "있지 않다"의 문제, 특히 "있지 않다"의 문제를 주제화하도록 구성되어있다. 그리고 이러한 논의의 결과로 나온 마지막 결론이 앞서 인용한 166c의 결론이다. "그렇게 보이는 바, 하나가 있다고 하든 또는 있지 않다고 하든, 그 자신과 또한

96) 같은 책, 136c를 보라.
97) 같은 책, 136c.
98) 같은 책, 136c.

다른 것들은, 또한 자기 자신에 관계해서 그리고 서로 서로에 관계해서, 모든 것이 모든 방식으로 있다 또한 그리고 있지 않다 그리고 나타난다 또한 그리고 나타나지 않는다."[99)]

Ⅳ. 신플라톤주의에로의 이행에서 "있다"와 "있지 않다"의 문제

암모니오스 삭카스를 시조로 한다고는 하지만, 실질적으로는 플로티노스로부터 기원하는 신플라톤주의는, 무엇보다도 플라톤이 『파르메니데스』편의 후반부 제1가정에서 말하는 "어떠한 방식으로도 있지 않다"[100)](οὐδαμῶς ἄρα ἔστι τὸ ἕν)고 하는 "일자"(τὸ ἕν)를 '사유와 존재도 넘어서는'(τὸ ἓν οὔτε ἕν ἐστιν οὔτε ἔστιν) 신적인 일자로 간주하고, 『국가』 편 태양의 비유에서 "지위와 힘에 있어서 존재조차도 넘어선"[101)](ἔτι ἐπέκεινα τῆς οὐσίας πρεσβείᾳ καὶ δυνάμει ὑπερέχοντος)다고 하는 "좋은 것의 이데아"(ἡ τοῦ ἀγαθοῦ ἰδέα)와 동일시하는 데 성립한다. "하나인 것과 좋은 것은 동일한 것이다."[102)]

---

99) 같은 책, 166c. Cornford는 대화편의 이 마지막 결론이 앞선 논의의 결과로 도출된 것이 아니기 때문에 "단지 외면적인" 결론이라고 생각한다. 그리고 이것은 "실패의 고백"이라고 한다. F. M. Cornford, Parmenides and Plato, 244쪽 아래를 보라. 그러나 R. E. Allen은 그것이 단지 외면적인 결론이 아니라, 선행하는 모든 것에 대한 논의와 그 구조에 의해 요구되어지는 결론이라고 한다. Plato's Parmenides, 288쪽 아래를 보라. 그러나 그는 이 논의가 난제에 대한 귀류법적 논의의 구조를 갖는다고 하고, 결론은 귀류법에 따라 전제를 부정하는 결론이라고 생각한다. 그리고 H. K. Miller는 후반부의 아포리아적인 요소가 다시 대화의 문제 상황으로 돌아가게 하도록 대화편 전체가 구성되어 있다고 주장한다. 그러나 필자가 보기에는 그 결론은 단지 외면적인 결론도 아니고, 그렇다고 귀류법에 따른 결론도 아니며, 어떻게 "있다"와 "있지 않다"가 결합되어 있는지에 대한 선행하는 논의의 논리적 귀결일 따름이다. 이점에서 필자는 K. M. Sayer의 견해에 가깝다.

100) Platon, Parmenides 141e.

101) Platon, Politeia 509b.

그러나 하나인 것과 좋은 것의 이데아는 어떤 의미에서 동일하며, 그 때 거기에서 말하는 "있지 않다"는 것은 무엇을 의미하는가? 그러나 원래 제1가정에서 "있지 않다"는 것은 무엇을 의미하며, 신플라톤주의는 그것을 어떻게 이해한 것인가?

1. 『파르메니데스』 편의 제1가정에서 "있지 않다"의 문제와 신플라톤주의

제1가정을 예외로 하면, 『파르메니데스』 편 후반부에서 나오는 나머지 8가정은 모두 "하나인 것이 있다면"(ἓν εἰ ἔστιν, 또는 τὸ ἓν εἰ ἔστιν) 또는 "하나인 것이 있지 않다면"(εἰ μὴ ἔστι τὸ ἕν, 또는 ἓν εἰ μὴ ἔστι)이란 전제로부터 시작한다. 하지만 제1가정은 "<그것이> 하나라면"(εἰ ἕν ἐστιν)이란 전제로부터 시작한다. 여기서 악센트가 없는 ἐστιν은 실존을 나타내는 동사가 아니라 계사로 사용되었다. 그러므로 여기서 "하나"(ἕν)는 주어가 아니라 보어이다. 그러나 문장 중에 명시되어있지 않은 주어는, 문맥상 파르메니데스가 앞서 137b에서 전제한 "일자"(τὸ ἕν), 즉 하나인 것을 지시한다. 그러나 문맥상 무엇을 지시하든, 숨겨진 주어 <그것>은, "<그것이> 하나라면"이라는 전제에서 자동적으로 하나인 것을 의미한다. 그러므로 제1가정의 전제는 어쨌든 내용상 "하나인 것이 하나라면"이 된다. 그러나 그렇다고 한다면, 이 전제는 "하나인 것이 있다면"이란 전제에 속하지 않는단 말인가? 하지만 하나인 것이 당연히 있는 것으로 전제되어 있다고 한다면, 이 전제는 "하나인 것이 있다면"이란 전제에 속하지 않는 것도 아니다.

---

102) Proclus, Commentaria in Platonis Parmenidem, VI, 1097, Instituion theologica 113. G. R. Morrow & J. Dillon, Proclus' Commentary on Plato's Parmenides. 385 아래 참조.

다만 그와 같은 전제하에서 플라톤은 "<그것이> 하나라면"이란 전제에서 "그것"과 "하나"라는 술어의 차이를 부각시키는 것이다.

그런데 137b에서 파르메니데스가 하나인 것을 상정할 때, 그는 "하나인 것이 있다면" 또는 "하나인 것이 있지 않다면"이라고 전제하는 것이 아니라, "<그것이> 하나라면 또는 하나가 아니라면"이라고 전제한다. εἴτε ἕν ἐστιν εἴτε μὴ ἕν. 그리스어에서 "εἴτε ..., εἴτε..." 문장은 두 가지 방식으로 이해될 수 있다. 그것은 한편으로 "~이라면, 또한 그리고 ~이라면"이라고 이해될 수 있는가 하면, 다른 한편으로 "~이라고 하더라도, ~이라고 하더라도"라고 이해될 수 있다. 필자가 보기에는 후자로 이해되어야 할 것 같다. 왜냐하면 여기서는 후반부에 나오는 "하나인 것이 있다면" 또는 "하나인 것이 있지 않다면"이란 전제를 설정하는 것이 아니라, "<그것이> 하나이든, 하나가 아니든" 상관없이 "하나인 것 자체에 대해 전제"(περὶ τοῦ ἑνὸς αὐτοῦ ὑποθέμενος)할 때, 그로부터 "무엇이 귀결되어야 하는지"(τί χρὴ συμβαίνειν)란 문제를 설정하는 것이 문맥의 관건이기 때문이다. 문맥을 이렇게 잡을 때, "<그것이> 하나이든, 하나가 아니든"이란 문장이 지니는 의미는, "하나인 것 자체에 대해" "하나"(ἕν)라는 술어는 하나인 것 자체가 "아니"(μή)기 때문에, "<그것이> 하나이든 하나가 아니든" 상관없이 "하나"(ἕν)라는 술어와 "하나가 아니"(μὴ ἕν)라는 술어 모두 하나인 것 자체가 아니라는 것을 말하는 것이다. 그로부터 하나인 것 자체가 당연히 있는 것이라고 전제할 때, "하나"나 "하나가 아니"나 하나인 것 자체가 아니라는 것을 통해, 하나나 하나가 아닌 것으로 있지 않는 것을 문제로 제기하는 것이다.

동일한 방식으로 제1가정에서도 "<그것>이 (또는 하나인 것, 즉 일자가) 하나라면"이라는 전제하에 "하나"라는 술어로부터 출발하면서, 플라톤은 하나인 것은 하나가 아니며, 하나가 함축하는 그 어떠한 것도 아니라는 것을 논증한다. 그로부터 그는 "하나인 것은 어떠한 방식으로도 있지 않다"는 것과 "하나인 것은 하나도 아니고 있지도 않다"는 것을 증명한다. 그런데 플라톤이 하나인 것은 "어떠한 방식으로도 있지 않다"는 것의 증명근거로 제시하는 것은, 단지 그것이 하나가 함축하는 그 어떠한 것도 아니라는 것이 아니라, 존재의 가능조건인 시간[103] 속에 그것이 있지 않다는 것이었다. "하나라면"이라는 전제하에, 전체와 부분(137c-d)에 대한 논의에서 출발하여, 시작과 끝과 중간, 한정과 비한정, 형태(137d-138a), 장소(138a-b), 정지와 운동(138b-139b)에 대한 논의를 지나, 동일과 상이(139b-e), 동종과 비동종(139e-140b), 동등과 비동등(140b-d)에 대한 논의를 거쳐, 운동에서의 시간에 대한 논의(140e-141e)로 수렴하는 전체 논의는, 바로 "하나"를 존재의 가능조건인 "시간"에 정초시키는 논의였다. 그렇기 때문에 그는 하나인 것이 "있지 않다"는 것을 하나가 아니라는 데서 직접 도출하는 것이 아니라, 존재의 가능조건인 시간 속에 그것이 있지 않다는 것을 통해 도출한다. 그로부터 그는 "하나인 것은 하나도 아니고 있지도 않다"는 것을 다음과 같이 도출한다.[104] 하나인 것은 존재의 가능조건인 시간 속에 있지 않으므로, "하나인 것은 결코 존재(=우시아)에 참여하지 않는다."(οὐδαμῶς ἄρα τὸ ἓν οὐσίας μετέχει.) "그러므로 하나인 것은 어떠한 방식으로도 있지 않다."(οὐδαμῶς ἄρα ἔστι τὸ ἕν.) "그러므로 또한 그 결과 하나이게 그렇게 있지 않다."(οὐδ᾽ ἄρα οὕτως ἔστιν ὥστε ἓν εἶναι.) 그러므로 "하나인 것은 하나도 아니고 있지도 않다."(τὸ ἓν οὔτε ἕν ἐστιν οὔτε ἔστιν.) 그러므로 플라톤이 제1가정에서 일자가 "어떠한 방식으로도 있지 않다"는 것을 증명하는 것은, 하나를 존재의 가능근거인 시간에 정초시킨 다음, 그 시간 속에 하나인 것이 있지 않다는 것을 보임으로 해서이지 단지 하나가 함축하는

103) 시간이 존재의 가능조건이라고 하는 점에 대해서는, Platon, Parmenides 141d 아래를 보라.

104) 같은 책, 141e를 보라.

그 모든 것이 아니기 때문이 아니다.

그러나 신플라톤주의는 그렇게 "있지 않는 하나인 것"을 존재와 사유도 넘어서는 어떤 신적인 일자로 이해하고, 그와 같은 일자를 『국가』 편 태양의 비유에 나오는 "지위와 힘에 있어서 존재를 넘어서는" 좋은 것의 이데아와 동일시한다. 그러나 『파르메니데스』 편의 일자와 『국가』 편의 선의 이데아는 어떤 의미에서 동일한 것인가? 그리고 거기에서 "있지 않다"는 말은 어떤 의미로 이해하여야 하는가?

2. 『국가』 편에서 선의 이데아와 『파르메니데스』 편의 일자의 동일성 문제

플라톤은 『국가』 6권 말미의 태양의 비유에서 "좋은 것의 이데아"에 대해서 설명한다. 그의 비유적인 설명에 따르면, 눈이 가시적인 것을 볼 때, 제3의 것, 이른바 빛이 필요한데, 그 빛이 태양으로부터 유래하듯이, 우리가 영혼의 눈, 즉 사유를 가지고 가지적인 것을 볼 때, 마찬가지로 빛이 필요한데, 그 빛은 좋은 것의 이데아로부터 기인한다는 것이다. 그런데 플라톤에 의하면, 우리의 사유가 좋은 것의 이데아를 가능하게 하는 것이 아니라, 도리어 좋은 것의 이데아가 "인식"(γιγνώσκεσθαι)을 가능하게 할 뿐 아니라, 또한 "있음"(εἶναι)과 "존재"(οὐσία)도 가능하게 한다는 것이다. "그리고 그가 말하길, 인식되어진 것들에게 단지 인식되어짐이 좋은 것에 의해서 있게 될 뿐만 아니라, 또한 그들에게 있음과 존재가 그것에 의해서, 좋은 것이 존재가 아니고, 여전히 존재를 지위와 힘에 있어서 넘어서는 동안에, 덧붙여진다고 하였다."[105] 그리고 나아가 그는 좋은 것은 존재가 아니고, 존재를 지위와 힘에 있어서 넘어선다고 한다. 그런데 "좋은 것"(τὸ ἀγαθόν)이란 무엇이기에 이러한

105) Platon, Politeia 509b.

것을 가능하게 하는 것인가?

그러나 플라톤이 태양의 비유를 사용한 것은 『국가』 편에서 처음이 아니다. 이미 『파이돈』 편에서 그는 자신이 어떻게 이데아론에 이르게 되었는가를 설명할 때, 그는, 비록 『국가』 편에서와 같이 완전히 발전된 형태는 아니라고 하더라도, 태양의 비유를 사용하였던 것이다. 그러므로 『국가』 편의 태양의 비유는 갑자기 생겨난 것이 아니라고 말할 수 있다. 『파이돈』 편에서 그는, 우리가 "일식 때"[106](ἐκλείποντα) 태양을 직접 관찰하면 눈이 멀까봐 물에 비친 영상을 바라보듯이, 마찬가지로 "있는 것들"[107](τὰ ὄντα)을 직접 관찰하면 영혼의 눈이 멀까봐 차선책으로 "로고스들 안에서"[108](ἐν λόγοις) "있는 것들의 진리"[109](τῶν ὄντων τὴν ἀλήθειαν)를 관찰할 필요가 있다고 생각했다고 하면서 자신의 이데아론으로 나아갔다. 이미 이 비유에서 함축적으로 '있는'(ὄν) 것이 태양과 비유되지만, 그것은 아직은 "일식" 상태로 무엇인가에 가려져 있는 것이다. 그러나 그것은 무엇에 의해서 가려져 있는가? 그리고 또 왜 우리가 그것을 직접 보면, 마치 태양을 직접 보면 눈이 멀듯이, 눈이 멀 것이라고 하는가? 우리가 "있는" 것을 영혼의 눈으로, 즉 사유로 직접 보면, 눈이 머는 이유는, 마치 태양을 육체의 눈으로 직접 보면 너무 밝아서 눈이 머는 것과 마찬가지로, 그것은 우리의 사유에 너무 밝기 때문이다. 우리의 사유가 어떤 것을 알아듣는 것은, 그것이 무엇인지를 앎으로써이다. 그러나 "있는" 것은 그 "무엇"이 아니다. 그러므로 그것은 우리의 사유에 말하자면 너무 밝은 것이다. 그렇기 때문에 플라톤은 우리가 영혼의 눈으로 "있는 것들"을 관찰하면, 마치 일식 때 태양을 직접 보면 눈이 머는 것과

---

106) Platon, Phaidon 99d.
107) 같은 책, 99d.
108) 같은 책, 99e, 100a.
109) 같은 책, 99e.

마찬가지로, 눈이 멀 것이라고 말하는 것이다. 그러나 지금의 비유에서 태양은 일식상태에 비유된다. 태양이 일식 때 달에 의해 가려져 있다고 한다면, 그렇다면 현재 "있는 것들"은 무엇에 의해 가려져 있는 것인가? 여기서 "있는 것들"이란 복수표현에 주목할 필요가 있다. 말하자면 현재 "있는" 것들은 여러 가지 사물들에 의해 가려져 있는 것이다. 이들 사물들이란 먼저 감각에 의해 지각되고 사유에 의해 그들 각각이 "무엇"인지로 인지되는 그런 사물들이다. 이런 사물들에 의해서 "있는" 것은 가려져 있는 것이다. 그러나 "있는" 것이 이렇게 사물들에 의해 가려져 있다고 하더라도, 그것은 우리의 사유가 직접 볼 수 있는 것이 아니다. 그렇기 때문에 플라톤은 그것을 일식 상태에 비유하고, 일식 때 우리가 육체의 눈으로 태양을 직접 보면 눈이 머는 것과 마찬가지로, "있는 것들"을 영혼의 눈으로 직접 보면 눈이 멀 것이라고 두려워하면서, 차선책으로 그것들을 직접 보는 것이 아니라, 마치 일식 때 태양을 물에 비춰 관찰하듯이, "로고스들 안에서" 비추어 고찰하겠다고 하면서 자신의 이데아론으로 나아간 것이었다. 그러나 플라톤은 "있는 것들"을 "로고스들 안에서" 비추어 본다고 해서, 우리가 "있는 것들의 진리"를 파악하지 못하고 단지 그것들을 외관 속에서 관찰한다고 생각하지 않는다. 왜냐하면 그는 여기서 진리를 로고스와 있는 것의 일치 이외에 다른 것이 아니라고 생각하기 때문이다.[110)]

그러나 『국가』 편 태양의 비유에서의 태양은 더 이상 일식 상태의 태양이 아니다. 그런데 플라톤이 『국가』 편에서 "가장 큰 배움"(μέγιστον μαθήματα)이라고 하는 "좋은 것의 이데아"(ἡ τοῦ ἀγαθοῦ ἰδέα)에 대해 설명을 시작하는 것은[111)], 지금까지 탐구해온 "올바름"(正義, δικαιοσύνη)의 이데아를 넘는 어떤 "다른 더 큰

110) 같은 책, 100a를 보라.
111) Platon, Politeia 505a를 보라.

길"[112](ἄλλη μακροτέρα περίοδος)이 있다고 하면서이다. 그러나 그는 이것에 대해 지식이 가능하지 않고 단지 의견만이 가능한 듯, 말하기를 주저한다.[113] "그런데 너에게는 어떤 사람이 알지 못하는 것들에 대해 마치 아는 듯이 말하는 것이 올바르다고 생각되는가?"[114] Τί δέ; ἦν δ᾿ ἐγώ· δοκεῖ σοι δίκαιον εἶναι περὶ ὧν τις μὴ οἶδεν λέγειν ὡς εἰδότα; 그러나 소크라테스의 대화 상대자는 지금까지 "올바름과 절제와 그 밖의 것들"에 대해 그가 설명하였듯이, "좋은 것"에 대해서도 설명을 하면 만족할 것이라고 하면서 설명을 촉구하였다.[115] 이에 소크라테스도 그렇다면 자기도 아주 만족할 것이라고 하면서도, 자신이 "아마도 그럴 수 있을 처지가 아닌 바"(ὅπως μὴ οὐχ οἷος τ᾿ ἔσομαι), 의욕적으로 한다고는 하지만, "모양새도 못 갖춘"(ἀσχημονῶν) 듯이 보여 웃음을 자초할 것이라고 단서를 붙인다.[116] 그리고는 506e에서 여전히 이러한 설명이 "자신의 의견"(τὸ δοκοῦν ἐμοί)에 불과한 것이라는 것을 다시 한 번 명시한다. 그런데 여태껏 "올바름과 절제와 그 밖의 것들"에 대한 설명방식이란 "있는 것들"을 "로고스들 안에서" 비추어 보는 이데아론의 설명방식 이외에 다른 것이 아니었다. 플라톤에게 매번 함께 거론되는 세 가지 이데아, 이른바 '윤리적, 미적 이데아'라고 불리는, 올바른 것, 아름다운 것, 좋은 것의 이데아 가운데 로고스를 갖고 있는 인간 존재에게 있어서 무엇보다도 먼저 문제가 되는 이데아는 올바름의 이데아이다. 왜냐하면 올바름의 이데아란, 우리가 "있는 것들"을 "로고스들 안에서" 비추어 고찰할 때, 있는 것들의 근거가 되는 로고스가 바로 올바름이기 때문

---

112) 같은 책, 504b.
113) 같은 책, 505d 참조.
114) 같은 책, 506c.
115) 같은 책, 506d를 보라.
116) 같은 책, 506d.

이다. 달리 말하면, 올바름이란 존재의 근거이다. 그렇기 때문에 플라톤은 『국가』 편 4권에서 올바름을 "사람들과 국가들을 그런(즉, 올바른) 사람들과 국가들로 제공하는 그런 힘"[117](ταύτην τὴν δύναμιν ἣ τους τοιούτους ἄνδρας τε παρέχεται καὶ πόλεις)이라고 정의 내린다. 그런데 플라톤에 따르면, "좋은 것"의 이데아는 이와 같은 올바름의 이데아도 넘어가는 것이기 때문에 이데아론의 방식으로 다루는데 문제가 있다는 것이다. 그런데 "좋은" 것의 이데아란 도대체 무엇이기에 그와 같은 올바름의 이데아도 넘어간다는 것인가? 그러나 그럼에도 불구하고 여전히 "좋은" 것의 이데아는 "이데아"라고 불리지 않는가? 도대체 "좋은" 것의 "이데아"란 무엇을 의미하는 것인가?

『국가』 편 태양의 비유에서 태양과 비유된 "좋은" 것의 이데아를 플라톤이 『파이돈』 편에서 "일식"의 비유와 더불어 개진한 이데아론과 관계해서 볼 때, "좋은" 것이 "있는"(ὄν) 것을(또는 ἔστιν, "있다" 자체를) 지시한다는 것은 명백하다. 그리고 그것이 "있는" 것을 지시하기 때문에, 그것이 또한 "존재"(οὐσία)를 넘어선다고 하는 것도 명백하다. 왜냐하면 "존재", 여기서 말하는 "존재"는 οὐσία를 말하는데, οὐσία란 "있는"(ὄν) 것을 우리가 사유를 통해서 그것이 무엇이라고 파악했을 때, 그렇게 파악되어진 존재를 말하기 때문이다. 왜냐하면 "있는" 것에서의 "있다"는 그렇게 파악되어진 존재, 즉 οὐσία도 넘어가기 때문이다. 그리스어에서 οὐσία란 말은 여성 현재분사형 οὖσα에서 파생된 nomen actionis로서 "작용"(action)을 나타내는 추상명사이다. 그러므로 그것은 여전히 ὄν의 작용을 나타내지만, 그 작용 자체는 그 명사가 지시하는 대상을 넘어선다. 이렇게 οὐσία도 넘어가는 ὄν을 플라톤은 "좋은" 것이라고 파악한다. 그런데 이렇게 "좋은" 것이 "있는" 것으로 이해되면, "있는 것들"을 "로고스들 안에서" 고찰하는 그의

117) 같은 책, 443b.

이데아론의 견지에서 볼 때, 왜 "인식되어진 것들"(τὰ γιγνωσκόμενα)에게 "인식되어짐"(γιγνώσκεσθαι)이, 그리고 그와 함께 "있음"(εἶναι)과 "존재"(οὐσία)가 좋은 것에 의해서 부가되어지는지가 설명된다. 왜냐하면 "좋은" 것이 "있는" 것이라고 한다면, 그것은 그와 같은 "존재", "있음", 그리고 "인식되어짐"의 원인일 것이기 때문이다. 그런데 이와 같은 "있는" 것은 이 모든 것, 심지어는 존재 자체도 넘어서는 것이다. 그렇기 때문에 플라톤은 좋은 것은 존재가 아니며, 존재를 지위와 힘에 있어서 넘어선다고 하며, 그것을, 가시적인 것을 비추는 빛의 근원이 태양인 것처럼, 가지적인 것을 비추는 빛과 힘의 근원으로 파악한다. 그런데 그것은 "인식"과 "있음"과 "존재"도 넘어서는 것이기 때문에, 사실 "이데아"도 넘어서는 것이다. 그런데 그것이 여전히 "좋은" 것의 "이데아"라고 불리는 이유는, 플라톤이 그 "있는" 것을 "이데아"의 견지에서 고찰하기 때문이다. 그러나 그것은 왜 "좋은" 것의 이데아인가? "있는" 것이 "좋은" 것의 이데아라고 불릴 수 있는 이유는, "있는" 것이 이데아의 견지에서 존재의 규정을 규정하면서 그것을 지위와 힘에 있어서 넘어서기 때문에, 추구되어져 할 것이기 때문이다.

그러나 신플라톤주의는 이와 같은 "좋은" 것의 이데아를 『파르메니데스』 편의 후반부 제1가정에 나오는 일자와 동일시한다. 그러나 그들에게 "좋은 것"과 "하나인 것"은 어떤 의미에서 동일한 것인가? 그리고 거기에서 "있지 않다"는 무엇을 의미하는가?

3. "좋은 것"과 "하나인 것"의 신플라톤주의적인 동일시에서 "있지 않다"의 문제

신플라톤주의는 『파르메니데스』 편 후반부 제1가정에 나오는 "하나인 것", 이른바 일자를 『국가』 편 태양의 비유에 나오는 "좋은 것"

의 이데아와 동일시한다. 이렇게 함으로써, 신플라톤주의는 『파르메니데스』 편 후반부 제1가정의 해석에서, 플라톤이 술어 “하나”가 함축하는 모든 것은 “하나인 것”이 아니라는 의미에서 하나인 것은 “어떠한 방식으로도 있지 않다”고 한 것을, 그 모든 것이 “존재도 넘어서는 좋은 것”과 동일한 그런 “하나인 것”이 아니라는 의미에서 “하나인 것은 어떠한 방식으로도 있지 않다”고 한다. 그런데 플라톤은 하나인 것이 “하나도 아니고 있지도 않다”는 것을, 단지 하나가 함축하는 모든 것이 “하나인 것”이 아니라는 것으로 증명하는 것이 아니라, 오히려 하나가 함축하는 모든 것과 더불어 “하나”라고 불리는 그것이 존재의 가능조건인 시간 속에 있지 않다는 것에 근거하여 증명하였다. 그러나 프로클로스는 시리아누스가 개진한 시간의 신적인 “힘들”(δύναμεις)에 관한 이론을 원용해[118] 시간을 객관적으로 해석하고, ‘신적인’ 일자는 “시간에 참여하지 않고”, 그와 같은 시간을 “벗어나 단일해질” 뿐만 아니라, 또한 시간이 조건이 되었던 “존재에 참여”(μετέχειν οὐσίας)하지도 않고, 나아가 “제1존재”(ἡ πρώτη οὐσία)도 아니기 때문에, 결국 “어떠한 방식으로도 있지 않다”고 한다[119]. “일자는 시간에 참여하지 않는다.”[120](τὸ ἓν οὐδενὸς χρόνου μετέχει) “일자는 시간적인 삼성과 일성을 벗어나 단일해진다.”[121](τὸ ἄρα ἓν ἐξῄρηται καὶ ὑπερήπλωται καὶ τριάδος τῆς χρονικῆς καὶ τῆς ἑνάδος.) “전자(파르메니데스)는 하나로 있는 것에 주목하고, 이것이 모든 것들의 원인이라고 주장하였고, 후자(플라톤)는 하나로 있는 것으로부터 있는 것 전에 단지 하나인 것에 이르러, 하나인 것에 주목한다. 그로부터 하

---

118) G. R. Morrow & J. M. Dillon, Proclus' Commentary on Plato's Parmenides. 484쪽을 보라. Proclus, Commentaria in Platonis Timaeum, III, 38 아래 참조.

119) Proclus, Commentaria in Platonis Parmenidem 1238-1241를 보라.

120) 같은 책, 1238.

121) 같은 책.

나인 것이 존재에 참여한다는 것을 부정하고는, 왜냐하면 그는 어떤 [하나인] 것이 제1존재일 수 있다는 것을 알기 때문에 (왜냐하면 참여한다는 것은 현재 이차적으로 향유한다는 것을 명백히 보여주기 때문에) 그러하고는, '그러므로 하나인 것은 어떠한 방식으로도 있지 않다'는 명제를 제시했다. 이것을 더 이상 증명을 통해 파악하지는 못하였다."[122] 이러한 방식으로 그는 제1가정에서 하나인 것이 함축한 모든 것들이 '신적인' 일자가 아니라고 해석하고, '신적인' 일자는 이런 의미에서 "어떠한 방식으로도 있지 않다"고 한다. 이와 같이 신플라톤주의는, 먼저 『파르메니데스』 편의 제1가정을 "<그것이> 하나라면"(εἰ ἕν ἐστιν)이라고가 아니라, "하나인 것이 있다면"[123](εἰ ἓν ἔστιν)이라고 이해하고는, 제1가정에서의 "하나인 것은 어떠한 방식으로도 있지 않다"는 것을, "하나인 것"은 『국가』 편의 "좋은 것"과 마찬가지로 모든 존재하는 것을 넘어선다는 의미에서 "있지 않다"고 해석한다.

그러나 신플라톤주의에게 있어서 "하나인 것"과 "좋은 것"은 어떤 의미에서 동일한 것인가? "어떠한 방식으로도 있지 않다"고 하는 "하나인 것"은 어떻게 "있는" 것이기 때문에 "지위와 힘에 있어서 존재도 넘어"간다고 하는 "좋은 것"의 이데아와 동일할 수 있는 것인가? 이제 그것이 둘 다 "있기" 때문에 동일한 것이라고 말할 수는 없지 않은가?

그러나 『플라톤의 파르메니데스편 주해』에서 프로클로스는 "하나인 것"과 "좋은 것"은 다음과 같은 의미에서 동일한 것이라고 말한다.

---

122) 같은 책, 1240-1241. ἐπέκεινα γὰρ οὐσίας ἐξῄρηται καὶ τοῦ ὄντος, καὶ ταύτῃ διέστηκεν ὁ παρὰ Πλάτωνι Παρμενίδης τοῦ ἐν τοῖς ἔπεσιν, ὅτι ὁ μὲν εἰς τὸ ἓν ὂν βλέπει καὶ τοῦτό φησιν εἶναι πάντων αἴτιον, ὁ δὲ εἰς τὸ ἕν, ἀπὸ τοῦ ἑνὸς ὄντος εἰς τὸ μόνως ἓν καὶ πρὸ τοῦ ὄντος ἀναδραμών. Ἀποφήσας δ' οὖν τὸ μετέχειν οὐσίας τὸ ἕν, ἐπειδὴ οἶδεν ὅτι δύναταί τι [ἓν] ἡ πρώτη οὐσία εἶναι τὸ γὰρ μετέχειν νῦν τὸ δευτέρως ἀπολαύειν ἐδήλου), προσέθηκεν ʽοὐδαμῶς ἄρα ἔστι τὸ ἕν̓, οὐκέτι τοῦτο δι' ἀποδείξεως λαμβάνων.

123) 같은 책, 1039.

"이를 통하여 우리는 첫 번째 것과 하나인 것은 동일한 것이라고 주장한다. 그런데 이것이 또한 『국가』 편에서 있음과 존재를 넘어선다고 거기서 말해지고 또한 존재 이상이라고 하는 '좋은 것'이라고 하는 것이 덧붙여 말해져야겠다. 왜냐하면 또한 하나인 것과 좋은 것은 동일한 것이기 때문이다. 왜냐하면『파이돈』 편에서 말해지듯, 좋은 것은 모든 것을 묶어주는 것이며, 모든 것을 묶어주는 것은 하나인 것과 동일한 것이기 때문이다. 아니라면 그것은 하나인 것을 넘어서 있거나, 아무 것도 아니거나, 하나가 아닌데, 각각이 부조리하다. 그러므로 첫 번째 것은 참으로 하나인 것이며 또한 만물의 왕이며 좋은 것이다."124) 여기서 하나인 것과 좋은 것은 동일하다는 프로클로스의 논의를 정리하면 다음과 같다. 좋은 것은 "모든 것들을 묶어주는 것"(πάντα συνέχον)이다. 그런데 모든 것을 묶어주는 것은 하나인 것과 동일하다. 그러므로 좋은 것과 하나인 것은 동일하다. 이것이 기본논리이다. 그런데 여기에는 논의의 대전제, "좋은 것은 모든 것들을 묶어주는 것이다"의 근거가 밝혀져 있지 않다. 전거는『파이돈』 99c이다. 그러나 거기서 "모든 것들을 지탱하는"이란 분사는 아틀라스에 꾸며주는 말이지, 좋은 것을 꾸며주는 말은 아니다. 그러나 아틀라스에 대해서만 그렇게 생각하고 좋은 것은 그렇지 않다고 생각하는 잘못일 것이라는 문맥을 고려해 보면, 의미상 "좋은 것"을 지시할 수 있다. 그러나 거기에서는 왜 좋은 것이 모든 것들을 묶어주는 것인지가 명시적으로 드러나 있지 않다. 그러나 왜 좋은 것은 모든 것을 묶어주는 것인가?

그래서 하나인 것과 좋은 것의 동일에 대해 언급하는 다른 구절을 살펴보면, 다음과 같다. "모든 신은 수적으로 하나이다. 왜냐하면 만약 신적인 수가, 마치 지적인 사람이 지성을 그리고 영적인 사람이 영혼을 그러하듯이, 하나인 것을 선도하는 이유를 갖는다면, 그리고 도처

124) 같은 책, 1097.

에 양이 원인에 대해 비례한다면, 또한 신적인 수가 하나라는 것은 명백하다. 왜냐하면 하나인 것은 신이기 때문이다. 그리고 이것은, 좋은 것과 하나가 동일한 것이기 때문이다. 왜냐하면 또한 좋은 것과 신은 동일한 것이기 때문이다. 왜냐하면 저것을 넘어서는 어떠한 것도 있지 않기 때문이며, 그리고 모든 것들이 그로부터 유래하기 때문이다. 그리고 모든 것들이 그로부터 나와 그로 돌아가는, 바로 그것이 좋은 것이다. 그러므로 신들의 <수적인> 양(數量, πλῆθος)이 있다면, 그 양은 하나이다."[125] 여기서는 좋은 것과 하나가 동일한 이유가, 좋은 것이 신과 동일한 것이기 때문이라고 한다. 부연 설명하면, 신적인 수는 하나인데, 그 이유는 하나인 것이 신이기 때문이고, 하나인 것이 신인 이유는 좋은 것과 하나가 동일한 것이기 때문이라는 것이고, 그리고 이것의 최종 이유는 좋은 것이 신과 동일한 것이기 때문이라는 것이다. 그러므로 하나인 것이 신이고 좋은 것과 동일한 이유는, 좋은 것이 신이기 때문이라는 것이다. 그러므로 최종근거는 좋은 것이 신이라는 것이다. 그러나 좋은 것은 어째서 신인가? 여기에서는 그 이유가 분명하게 제시되어있다. 그 이유는, 첫째, "그것을 넘어서는 어떠한 것도 있지 않다"(οὗ γάρ μηδέν ἐστιν ἐπέκεινα)는 것이고, 둘째, "모든 것들이 그로부터 기인한다"(οὗ πάντα ἐφίεται)는 것이다. 첫 번째 이유는, 명백히 "존재를 넘어서는 좋은 것"을 의미하는 것 같고, 의미는, 좋은 것은 존재를 넘어서는 것이기 때문에 그것을 넘어서는 존재는 아무 것도 없다는 뜻인 것 같다. 일단 이런 의미에서 좋은 것은 신이다. "모든 것들이 그로부터 기인한다"는 두 번째 이유는, 좋은 것이 모든 것들의 기원이라는 것을 말한다. 또한 그 때문에 신이라는 것이다. 그러나 어째서 좋은 것은 모든 것들의 기원인가? 『국가』 편 태양의 비유를 돌이켜보면, 그것은 모든 존재가 그로부터해서 "있는" 것이기 때문이 아니

125) Proclus, Institutio theologica 113.

었던가? 그렇다면 좋은 것은 "있는" 것이기 때문에 신이란 말인가? 그리고 프로클로스가 "그로부터 나와 그로 돌아가는 것, 이것이 좋은 것"(ἀφ᾽ οὗ τὰ πάντα καὶ πρὸς ὅ, τοῦτο δὲ τἀγαθόν)이라고 말한다면, 그것은 명백히 "있는" 것을 말하는 것이 아닌가? 그렇다면 좋은 것은 바로 "있는" 것을 말하는가? 그리고 그래서 그것은 "신"(θεός)인가? 그리고 그렇기 때문에 그것은 "하나인 것"과 동일한 것인가? 그러나 프로클로스는 "하나인 것"은 "존재"(οὐσία)가 아니라고 하지 않았는가? 그렇다면 "존재"(οὐσία)는 아니고 "있는"(ὄν) 것이기 때문에 동일하단 말인가? 그러나 이미 앞서 VI 1240에서 프로클로스는 하나인 것은 "있는 것"(τὸ ὄν)도 아니라고 하지 않았는가? 그렇다면 "좋은 것"과 "하나인 것"은 어떤 의미에서 동일한 것인가?

그래서 다시 앞의 인용문으로 돌아가면, 프로클로스가 "좋은 것은 모든 것을 묶어주는 것이기" 때문에 "하나인 것과 동일한 것"이라고 한 구절이 눈에 띈다. 이제는 왜 좋은 것은 모든 것을 묶어주는지가 어느 정도 분명해졌다. 좋은 것이 모든 것을 묶어주는 것인 이유는, "있는"(ὄν) 것이 모든 것을 묶어주기 때문이다. 그렇다면 역시 모든 것을 묶어주는 것이 하나인 것과 동일한 것인 근거는 "있는" 것이란 말인가? 그러나 하나인 것은 이런 있는 것을 넘어가는 것이 아니었던가? 그것이 "제1존재"(ἡ πρώτη οὐσία)를 의미한다고 하더라도 말이다. 그렇다면 "하나인 것"과 "좋은 것"은 어떤 의미에 동일한 것인가? 그로부터 그 뒤의 변증법적 논의가 주목된다. 만약 모든 것을 묶는 것이 하나인 것과 동일한 것이 아니라면, "그것은 하나인 것을 넘어서 있거나, 또는 아무 것도 아니거나, 또는 하나가 아닌데, 각각이 부조리하다." 모든 것들을 묶는 것이 하나인 것을 넘어서 있을 수는 없다. 이것은 명백하다. 묶는 것 자체가 하나이기 때문이다. 그렇다고 아무 것도 아닌 것일 수도 없다. 왜냐하면 그것은 "있는" 것이기 때문이다. 그렇다고 하나가 아닐 수도 없다. 그것이 바로 하나이기 때문이다. 그럼으로 그것이 하나가 아닌 것은 부조리하다. 다만 주목해야할 것은, 프로클로스가 여기서 "하나인 것을 넘어서 있다"(ἔστιν ἐπέκεινα τοῦ ἑνός)고 할 가능성을 고려한다는 것이다. 모든 것을 묶어주는 것은 "있는"(ὄν) 것이기 때문에 "아무 것도 아닌 것"(οὐδέν)일 수 없다. 그렇다고 그것이 "있는" 것으로 하나인 것을 넘어서 있는 것도 아니다. 도리어 하나인 것이 있는 것을 넘어서 있는 것이다. 그러므로 프로클로스는 두 가지 의미의 하나를 말하고 있는 것이다. 첫 번째는 모든 것들을 묶어주는 그런 하나이고, 두 번째는 그것을 넘어서 있는 하나이다. 그렇다면 하나인 것과 좋은 것은 어떤 의미에서 동일한 것인가? 일단은 첫 번째 의미에서 동일하다고 말해야 할 것이다. 그러나 좋은 것도 있는 것을 넘어선다고 할 수 있는 한, 그것은 두 번째 의미에서도 동일한 것이어야 한다. 그로부터 두 번째 인용문에서 "그것을 넘어서는 어떠한 것도 있지 않다"(οὗ γὰρ μηδέν ἐστιν ἐπέκεινα)고 구절이 눈에 들어온다. 좋은 것은 이런 것이고 이러한 것이 프로클로스가 말하는 "신"(θεός)이다. 그리고 하나인 것도 바로 이런 의미에서 신이라는 것이다. "그것을 넘어서는 어떠한 것도 있지 않으면서 그로부터 모든 것이 기인하는 것", 이것이 프로클로스가 말하는 "신"이다. 그리고 이런 의미에서 하나인 것과 좋은 것은 동일한 것이다. 프로클로스는 처음부터 이런 의미에서 좋은 것과 하나인 것을 신으로 이해하고 있는 것이다.

좋은 것은 『국가』 편에서 본대로 그렇다고 치고, 하나인 것도 진짜 그러한 신인가? 그것은 단지 좋은 것의 이데아에 대한 유비를 통한 『파르메니데스』 편에 대한 신플라톤주의적인 해석이 아닌가? 그것은 기껏해야 문헌학적인 해석에 불과한 것은 아닌가? 그렇지만 첫 번째 인용문 앞에 선행하는 논의를 보면 그것이 그렇게 단순하지 않다는 것을 알 수 있다. 첫 번째 인용문에 처음부터 나오는 "첫 번째 것"(τὸ πρῶτον)이란 "모든 것들의 첫 번째 것"(τὸ πρῶτον τῶν πάντων)을 말한다. 그런데 이 첫 번째 것을 가지고 프로클로스는 모든 것들이 아닌 첫 번째 것, 즉 이런 저런 특정하게 규정된 어떤 것이 아니라, 그 모든 것들의 첫 번째 것을 말한다. 그것은 "그 자신 하나인 것"(τὸ αὐτοέν)이기 때문에 프로클로스는 "첫 번째 것과 하나인 것은 동일한 것"이라고 말한다. 그리고 그가 이 첫 번째 것을 처음부터 "신"(θεός) 이라고 이해한다. 그리고 그가 이해하는 신이란 이런 저런 특정한 신이 아니라 "그 자신 신"(αὐτοθεός)인 그런 신이다. 이런 신은 특정한 데미우르고스나 아버지 하나님이 아니다. 도리어 이런 특정한 신을 신이게 하는 그 자신 신인 것이다. 이러한 첫 번째 것이 신이기 때문에 또한 하나인 것도 신이어야 한다. 물론 이 하나인 것은 이런 저런 특정한 하나인 것을 말하는 것이 아니라 그 자신 하나인 것을 의미한다. 그런데 신이 그런 첫 번째 것이자 그 자신 하나인 것으로 이해되면, 나머지 특정하게 있는 것들은 그 밑에 놓이게 되고, 그 자신은 그 위에 있으면서 그로부터 이 모든 특정한 것들이 유래하는 것이 된다. 그러므로 이와 같은 독자적인 논의에 의해 하나인 것은 프로클로스가 말하는 신이 된 것이지, 좋은 것의 이데아에 대해 유비관계에만 성립하게 된 것은 아니다. 그러나 좋은 것도 같은 종류의 것이었기 때문에 프로클로스는 하나인 것과 좋은 것은 동일한 것이라고 말하는 것이다. 그러나 아직 플라톤에게 있어서 좋은 것의 이데아와 있는 것 사이의 우위관계는 그렇게 분명하지 않다. 어떤 점에 보면 좋은 것의 이데아가 우위에 있고, 어떻게 보면 있는 것이 좋은 것의 이데아보다 우위에 있는 듯이 보인다. 그러나 신플라톤주의에 오면, 확실히 좋은 것, 하나인 것이 있는 것보다 우위에 놓이게 되고, 그것은 있는 것을 모두 넘어서고, 있는 것을 그로부터 도출해내는 "신"(θεός)으로 이해되는 것이다. 그리고 그것은 있는 것들과의 관계 속에 있지 않는 것이 된다.

참고문헌

원문 및 번역본

Allen, R. E., Plato's *Parmenides*/translation and analysis. University of Minnesota Press 1983.

Apelt, O., Platons Dialog: Theatet, Parmenides, Philebos. Platons sämtliche Dialoge Bd. 4 Felix Meiner Leipzig 1920.

Cornford, F. M., Plato and Parmenides; Parmenides' Way of Truth and Plato's *Parmenides* translated with an Introduction and a running Commentary. Routledge & Kegan Paul, London 1939.

Diels, H. und Kranz, W., Die Fragmente der Vorsokratiker; Griechisch und Deutsch v. Hermann Diels, hrsg. v. Walther Kranz. Weidmann ^{6}1952.

Diès, A., Platon: Oeuvres complètes, VIII-Ier Partie 1956.

Eigler, G., Platon, Werke in acht Bänden, übers. v. Friedrich Schleichermacher. Griechisch und Deutsch. Wissenschaftliche Buchgesellschaft, Darmstadt 1970-1984.

Fowler, H. N., Plato: Cratylus, Parmenides, Greater hippias, Lesser hippias. Harvard University Press William Heinemann, London 1926.

Gallop, D., Parmenides of Elea: fragments; a text und translation with an introduction. University of Toronto Press Toronto Buffalo 1984.

Hölscher, U., Parmenides : vom Wesen des Seienden die Fragmente, griechisch und deutsch / herausgegeben, übersetzt und erläutert von Uvo Hölscher. Suhrkamp Verlag, Frankfurt a. M. 1969.

Jowett, B., The Dialogues of Plato I-II. translation into English with Analyses and Introductions. Bigelow Brown, New York 1914.

Kirk, G. S., and Rave, J. E., The Presocratic Philosophers. Cambridge University Press, Cambridge 1964.

Loewenthal, E., Platon Sämtliche Werke in drei Bänden hrsg. v. Erich Loewenthal.(Unveränderter Nachdrcuk der 8., durchgesehenen Auflage der Berliner Ausgabe von 1940 Verlag Lambert Schneider, Heidelberg). Wissenschaftliche Buchgesellschaft, Darmstadt 1982.

Platonis Opera recognovit brevique adnotatione critica instruxit Ioannes Burnet. Tomi V. Oxonii e typographeo Clarendoniano 1900-1907.

Procli Philosophi opera inedita. ed. V. Cousin. Paris 21864, Ftm. 1964.

Taylor, A. E., The Parmenides of Plato, tr. into Eng. with introd. and appendixes. Oxford 1934.

Zekl, H. G., Platon, Parmenides, übers. u. hrgs. v. H.G. Zekl. Felix Meiner Hamburg 1972.

희랍어 고전

Aristotelis Metaphysica recognovit brevique adnotatione critica instruxit W. Jaeger. Oxonii e typographeo Clarendoniano 1957.

Aristotelis Physica recognovit brevique adnotatione critica instruxit W. D. Ross. Oxonii e typographeo Clarendoniano 1957.

Aristotelis quae feruntur de Melisso Xenophane Gorgia. edidit Otto Apelt. Lipsiae in aedibus B.G. Teubneri 1888.

Aristotelis qui fertur de Melisso Xenophane Gorgia libellus edidit Hermannus Diels. Philosophische und historische Abhandlungen der königlichen Akademie der Wissenschaften zu Berlin. Aus den Jahren 1899 und 1900 mit 1 Tafel. Berlin 1900.

Foss, H. E., De Gorgia Leontino Commentatio. Interpositus est Aristotelis de Gorgia liber, emendatus editus. Halle 1828.

Homeri Opera recognoverunt brevique adnotatione critica instruxerunt David B. Munro et Thomas W. Allen. Tomus I. Iliadis Libros I-XII continens editio tertia. Oxonii e typographeo Clarendoniano 1920.

Ibico, Testimonianze e Frammenti a cura di Franco Mosino. Calabria 1966

Isocrate, Discours, texte établi et traduit par G. Mathieu et É. Brémond, 4 Tomes. Paris 1952-62.

Plotini Opera recognoverunt brevique adnotatione critica instruxerunt Paulus Henrius et Hans Rudolphus Schwyzer. Tomi III. Oxonii e typographeo Clarendoniano 1964-1982.

Plotinus, Enneads. tr. A. H. Armstrong, 6 vols., Loeb Classical Library 1966.

Proclus, Commentarius in Platonis Parmenidem ed. V. Cousin. Paris 1864 (Nachdruck Hildesheim 1961).

Sexti Empirici opera, rec. H. Mutschmann, Vol. III, Leipzig 191214, Vol. III ed. J. Mau, indices adi. K. Janáček 1954, Vol. IV indices auct. K. Janáček 1962.

Sextus Empiricus, Adversus Mathematicos ed. J. A. Fabricius. Leipzig 1841, in: Sexti Empirici Opera, Vol. II.

이차 저작

Allen, R. E., The Interpretation of Plato's Parmenides: Zeno's Paradox and the Theory of Forms, in: The Journal of the History of Philosophy 2, 1964,143-55.

_____, Studies in Plato's Metaphysics. Routledge & Kegan Paul London 1965, 1968.

_____, Plato's Parmenides/translation and analysis. University of

Minnesota Press 1983.

Apelt, O., Untersuchungen über den Parmenides, Weimar 1879.

_____, Beiträge zur Geschichte der griechischen Philosophie, Leipzig 1891.

_____, Platons Dialog: Theatet, Parmenides, Philebos. Platons sämtliche Dialoge Bd. 4 Felix Meiner, Leipzig 1920.

Austin, S., Parmenides; Being, Bounds, and Logic. Yale University Press New Haven and London 1986.

Buchheim, Th., Die Sophistik als Avangarde normalen Lebens. Felix Meiner, Hamburg 1987.

_____, Gorgias von Leontinoi; Reden, Fragmente und Testimonien, mit Übersetzung und Kommentar. Griechisch-deutsch. Felix Meiner, Hamburg 1989.

Calogero, G., Studi sull' eleatismo. Roma 1932.

_____, Studien über den Eleatismus, übers. v. Wolfgang Raible. Wissenschaftliche Buchgesellschaft, Darmstadt 1970.

Cassin, B., Si Parménide; Le traité anonyme De Melisso Xenophane Gorgia. Presses Universitaires de L'ille 1981.

Cornford, F. M, Plato's Theorey of Knowledge; *The Theaetetus* and *the Sophist* of Plato, translated with a running commentary. Routledge & Kegan Paul, London 1935.

_____, Plato and Parmenides; Parmenides' Way of Truth and Plato's *Parmenides* translated with an Introduction and a running Commen -tary. Routledge & Kegan Paul, London 1939.

Curd, P. K., 'Some Problems of Unity in the First Hypothesis of *the Parmeniedes*', in : Southern Journal of Philosophy 27 1989 347-59.

_____, The legacy of Parmenides : Eleatic monism and later presocratic thought. Princeton University Press 1998.

Finkelberg, A., "The Cosmology of Parmenides", in: American Journal of Philology 107 1986 303-17.

_____, "Parmenides' Foundation of the Way of Truth", in: Oxford Studies of Ancient Philosophy 6 1988 39-67.

_____, "Xenophanes' Physics, Parmenides' Doxa and Empedocles' Theory of Cosmological Mixture", in: Hermes: Zeitschrift für Klassische Philologie 107 1997 1-16.

Furth, M., "Elements of Eleatic Ontology", in: Journal of the History of Philosophy 6 1968 111-32.

Gallop, D., "'Is' or 'Is Not'?", in: The Monist 62 No. 1 1979 61-80

_____, Parmenides of Elea: fragments; a text und translation with an introduction. University of Toronto Press, Toronto Buffalo 1984.

Guthrie, W.K.C., A History of Greek Philosophy. Vol. II: The Presocratic Tradition from Parmenides to Democritus. Cambridge 1965.

Kahn, C., "The Greek Verb 'To Be' and the Concept of Being." Foundations of Language 2 1966 245-65.

_____, "The Thesis of Parmenides", in: Review of Metaphysics 22 1969 700-24.

_____, "More on Parmenides: A Response to Stein and Mourelatos", in: Review of Metaphysics 23 1969/70 333-40.

_____, The Verb 'Be' in Ancient Greek, The Verb 'Be' and its Synonyms, Philosophical and Grammatical Studies Part 6. Foundations of Language Supplementary Series Vol. 16 Reidel Boston 1973.

_____, "Why Existence Does Not Emerge as Distinct Concept in Greek Philosophy", in: Archiv für Geschichte der Philosophie 58 1976 323-34.

_____, "Retrospect on the Verb 'To Be' and the Concept of Being", in: Simo Knuuttila and Jaakko Hintikka (eds.), The Logic of Being: Historical Studies, Dordrecht et al.: D. Reidel Publishing Co., 1986 1-28.

_____, 'Some Philosophical Uses of "To Be" in Plato', in: Phronesis 26 1981 105-34.

_____, "Being in Parmenides and Plato", in: La parola del passato 43 1988 237-61.

Lee, H. D. P., Zenon of Elea; A Text, with Translation and Notes. Adolf M. Hakkert, Amsterdam 1967.

Miller, H. K., Plato's *Parmenides*; The Conversion of the Soul. Princeton 1986.

Morrow, G. R. & John, M. D., Proclus' Commentary on Plato's Parmenides; with introduction and notes by John M. Dillon. Princeton University Press 1987.

Mourelatos, A. P. D., "φράζω and its Derivatives in Parmenides", in: Classical Philology 60 1965 261-2.

_____, The Route of Parmenides: A Study of Word, Image, and Argument in Fragments. Yale University Press, New Haven and London 1970.

_____, "Some Alternatives in Interpreting Parmenides", in: The Monist 62 No. 1979 3-14.

_____, "'Nothing' as 'Not Being': Some Literary Contexts that Bear on Plato", in: G.W. Bowerstock, W. Burkert & M.C. Putnam (eds.), Arktouros, Hellenic Studies Presented to B. M. W. Knox. Walter de Gruyter 1979.

Newiger, H.-J., Untersuchungen zu Gorgias' Schrift *Über das Nichtseiende*.

Walter de Gruyter, Berlin 1973.

O'Brien, D., Le Poème de Parmènide: Texte, Traduction, Essai et Critique, Vol. 1 of Pierre Aubentique 1987.

_____, "Parmenides and Plato on What Is Not", in: M. Kardaun & J. Spruyt (eds.) Winged Chariot: Collected Essays on Plato and the Platonism in Honour of L.M. Rijk. E. J. Brill, Leiden 1987.

Owen, G. E. L., "Eleatic Questions", in: Classical Quarterly ns 10 84-102 Plato on Not-Being, in: Plato, I: Metaphysics and Epistemology, ed. Gregory Vlastos. Garden City 1971 223-67.

_____, 'Plato and Parmenides on the Timeless Present.' The Monist 50 1966.

Ross, W. D. Sir, Plato's Theory of Ideas. Clarendon Oxford 1951.

Sayre, K. M., Plato's Late Ontology. Princeton University Press Princeton 1983.

Speiser, A., Ein Parmenideskommentar; Studien zur Platonischen Dialektik. Koehler Stuttgart 1937, ²1959.

Taylor, A. E., Plato; The Man and His Work. Methuen, London 1926, ²1927, ⁴1937, ⁶1949.

_____, The 'Parmenides' of Plato. Oxford University Press Oxford 1940.

_____, On the interpretation of Plato's *Parmenides*. Mind 1896-897-1903.

Wahl, J., Étude sur le Parménide de Platon. Vrin Paris 1926, ⁴1951.

Wiesner, J., Ps-Aristoteles, MXG. Der historische Wert des Xenophanesreferats. Amsterdam 1976.

Wilamowitz-Moellendorf, U., Platon. Bd. II, Beilagen und Textkritik. Wissenschaftliche Buchhandlung, Berlin 1919.

Wundt, M., Platons Parmenides, Tübingen 1935.

Wyller, E. A., Platons Parmenides in seinem Zusammenhang mit

Symposion und Politeia; Interpretationen zur Platonischen Henologie, Oslo 1960.

_____, Der späte Platon; Tübinger Vorlesung 1965. Felix Meiner, Hamburg 1970.

Yang, T.-B., Platon in der philosophischen Geschichte des Problems des Nichts, Königshausen und Neumann, Würzburg 2005.

The Problematic of "is" and "is not" by Parmenides regarding the onto-theo-logical constitution of ancient Greek philosophy

Yang, Tai-Bum

Abstract

This paper treats the problematic of "is" and "is not" by Parmenides in the onto-theo-logical constitution of ancient Greek philosophy. It deals with it in the development from Parmenides, the father of ontology, to the Neoplatonism through Plato's Parmenides.

The Way of Truth says that "<it> is" and "not to be is not". It already contains the problematic of "is" and "is not". It "is". It is true. "Not to be" comes problematically prior to "is not". Our human being understands "is" as "to be". Our human being is as "not to be" regarding to "is". Therefore, "not to be" means our understanding of the finite human being regarding to "is". But Parmenides says that "not to be is not". For "not to be" is not in "is". "Is not" means "is not" in "is". "To be" is the "opinion" of our human being regarding to "is". According to Parmenides to be is. But, since Parmenides demands either "is" or "is not", he makes "not beings" of "to be" and "not to be". "To be" and respectively "not to be" are required for the quest of "being" and "not being". But demanding either "is" or "is not", he makes only "opinion" or "not beings" of "to be" and "not to be". Behind this there is a thought that ex nihilo nihil fit. As the verb "fit" designates, it is about the physis. The thought that nothing comes from nothing means that if something comes to existence it comes from the being, namely God. There is an alternative between being and nothing. Parmenides' thought that "<it> is" and "not to be is not" represents the onto-theo-logical world view.

The relation of Plato's Parmenides to the historical Parmenides is not direct but indirect through Zeno, the sophists and Socrates. Zenon argues that if there is many so many absurdities result from it so that there is no many in order to save the Parmenides' thesis that all that is, is one. The Parmenides begins with Zenon's argument, but reconstructs it with the concept of likeness and unlikeness in the relation to Form. It is not Plato's position that many beings are not. But if there are many beings they must be like and unlike. Therefore if there are many beings there must be the relation of contrary Forms such as likeness and unlikeness, one and many, movement and rest etc. But Parmenides talks about the difficulty in declaring the Forms as being in and for themselves and criticizes Socrates who defends the theory of Form. According to him the difficulty arises from that the theory of Form has cognition of something as a necessary condition. Therefore in first half of the dialogue he first makes clear how the theory of Form is conditioned by the cognition of something in order to criticize the theory of Form on the base of the condition. It is because of his concerns about condition that he in the first hand places "many" and "unlikeness" beginning with Zeno's argument. According to the condition the critic of the theory of Form proceeds in three, in mathematical, logical and ontological dimensions. The final conclusion from the critic is that the Forms which are in and for themselves are not, even if they are, unknowable, even though they are knowable difficult to convince in saying because the substance is not in us. Therefore the most difficult of the whole dialogue is that they are not. In transition to the last half of the dialogue Plato attempts to solve the problem on the base of truth. Due to this the very last conclusion of the dialogue is that everything in every way is and is not. While the historical Parmenides forces the alternative "is or is not" Plato is talking about the coexistence of "is and is not".

The first thesis in the last half of the dialogue which is deciding to the transition to Neoplatonism is "if it is one". It is Plato's position that if it is one that which is one is not the predicate "one" and all that the predicate "one" implicates. But the Neoplatonism which identifies the One in Parmenides with the Good in the Republic reads the first thesis as "if the One is" and interprets that the One transcends all beings which it contains in itself. But while Plato says that the one is not because it is not in time which is the condition for the existence the Neoplatonist Proclus asserts that the One is not because it is God which transcends not only the time but also the first substance.

Keyword : Parmenides, is, is not, Plato, Neo-Platonism

자기인식의 역설

— 고·중세의 정신 철학적 관점을 중심으로

이상섭

요약문

자기인식은 소크라테스 이래로 철학의 중심문제였다. 그런데 이러한 물음을 제기하는 자기가 타자와는 구별되고 그 자체로는 더 이상 나뉠 수 없는 존재인 한에서, 즉 개별자인 한에서, 자기인식은 개별자로서의 자기인식을 의미한다. 그런데 고·중세의 정신 철학적 관점에서 고찰하면, 개별자로서의 자기 자신에 대한 인식은 개별자로서의 자기의 지양이라는 역설적인 상황을 맞이하게 된다는 것이 이 논문의 테제이다. 고·중세의 철학에서 엄밀한 의미에서의 자기관계는 오직 인식하는 자와 인식대상 그리고 인식 자체가 절대적으로 동일한 순일한 존재에게만 허용된다. 반면에 복합적인 존재인 인간은 자기의 한 부분이 그 부분을 포함하는 전체를 인식하는 양태를 띤다. 그러나 이러한 양태의 자기인식은 불완전한 양태의 자기인식이다. 왜냐하면 인식하는 나와 인식되는 나가 완전히 서로 일치하지 않기 때문이다. 이러한 불충분성은 나의 한 부분을 본래적인 나로 파악하고 나머지의 부분들을 비-본래적인 나로 간주함으로써 지양될 수 있다. 이러한 고찰방식에 따르면 참된 자기 자신은 순수한 정신으로 이해되고, 더 나아가 이 정신은 신적인 것으로 파악된다. 그러나 이제 나는 정신과 다른 부분들로 나뉘게 되고, 정신의 비-질료성 때문에 타자와의 구분성이 지양된다. 결국 자기인식은 자기의 개별성이 지양됨으로써 성취되는 것이며, 따라서 나의 인식은 나 아닌 것에 대한 인식이라는 역설적인 상황에 처하게 된다. 이러한 역설에 대한 대안은 복합적인 존재로서의 인간에게 자기인식은 불가능하거나 가능하더라도 아주 제한된 양태로만 가능하다는 것을 인정하는 것이다.

● **검색어 : 개별성, 개별자, 자기인식, 지성, 참된 자아, 초탈 / 초연**

I. 머리말

"너 자신을 알라"(*gnothi seauton*)는 델피신전의 권고를 철학적 해명의 과제로 삼은 소크라테스 이래로 '자기 자신에 대한 성찰'은 고·중세 철학에서 가장 중요한 물음중의 하나가 되었다.[1] 그러나 과연 이러한 권고는 실현가능한 것일까? 간단히 말해 과연 '나'는 '나'자신을 알 수 있을까?

이 물음은 보다 정확히 제기될 필요가 있다. '너 자신을 알라'는 권고

1) 고·중세철학의 자기인식에 관한 이론들에 대해서는 P. Courcelle, *Connais-toi toi-même. De Socrate a Saint Bernard*, Vol. 1-3 (Paris 1974-1975) 참조.

에 따라 '나는 누구인가?'라는 물음을 던지기 시작하는 '나'는 '너'나 '그'가 아닌, 즉 '그'와 '너'와는 구별되는 나, 즉 '개별자'(*individuum*)로서의 나일 것이다. 스콜라철학에서도 인격적 주체(*persona*)로서의 나는 흔히 "정신적 본성을 가진 개별자"(*individuum rationalis naturae*)로 규정된다.[2] 그런데 고·중세 철학, 특히 스콜라철학이 이해하는 개별자(개인)는 타자와 구분되는(*divisum/distinctum ab altero*) 존재이며, 어원적으로도 분명히 알 수 있듯이 자기와의 관계에서 불가구분적인 존재, 더 이상 나뉠 수 없는 존재(*indistinctum in se*)이다.[3] 개인으로서의 '나'의 본질적 규정에는 이렇게 단일성과 자립성이 포함된다. 그러므로 개별자인 '나'의 자기 인식이 가능하려면, '나'는 '나'를 '자기와 다른 존재자'와는 '구분되는 존재자'로서 그리고 자체로 '더 이상 나누어질 수 없는 단일한 존재자'로서 파악해야만 할 것이다.

처음의 물음은 이제 '개별자로서의 나는 나 자신을 개별자로서, 다른 존재와 구별되고 자체로는 더 이상 나누어질 수 없는 존재로서 인식할 수 있는가?'라는 형태로 다시 제기될 수 있다. 이 글의 목적은 바로 이 물음을 고·중세의 정신 철학적 관점에서 살펴보는 것이다. 이 글이 말하고 싶은 것은 고·중세의 정신 철학적 관점에서 보면 개별자로서 나의 자기인식은 가능하지 않으며 오히려 나의 인식은 '나'가 지양된 곳에서 이루어지며, 결국 역설적으로 '자기 인식'은 '자기가 아닌 것의 인식'으로 귀결된다는 것이다. 이를 살펴보기 위해서 먼저 고·중세 철학이 제시하고 있는 자기인식의 가능성의 기준을 생각해보고(II), 고 · 중세의 정신철학의 커다란 세 흐름, 플라톤(주의)철학(III-1), 아리

---

2) Thomas Aquinas, *Scriptum super I librum sententiarum magistri Petrus Lombardi,* ed. R. Mandonnet, (Paris 1929), d. 23, a. 1, ad 4 참조.

3) L. Oeing-Hanhoff, "Art.: Individuum, Individualität. II. Hoch - und Spätscholastik", in: *Historisches Wörterbuch der Philosophie* Bd. 4, hrsg. von J. Ritter & K. Gründer (Basel/Stuttgart 1976), 304-310, 여기에서는 305쪽 참조.

스토텔레스(주의)철학(III-2) 및 신비주의 철학에서의 인간의 자기인식(III-3)에 관한 이론들을 서술하고 비교해볼 것이다. 이 작업을 통해서 자기 인식의 역설적 상황이 자세히 설명될 것이다. 마지막으로 결론에서는 토마스 아퀴나스의 관점에서 '자기인식'이 처하게 될 난점을 살펴봄으로써 고·중세 철학에서 인간의 자기인식의 가능성과 한계를 종합적으로 생각해볼 것이다.

II. 자기인식의 가능조건

1. 섹스투스 엠피리쿠스의 자기인식불가능성 논변과 시사점

자기인식의 가능 조건을 살펴보기 위한 좋은 방법 중의 하나는 자기 인식의 불가능성에 대한 논증을 살펴보는 일이다. 우리는 3세기 활동했던, 피론의 회의주의 전통에 서 있는 섹스투스 엠피리쿠스(Sextus Empiricus)에게서 자기인식의 불가능성에 대한 고전적인 논증을 발견할 수 있다.[4] 그는 인식주체가 각각 순일한(*simplex*) 존재일 경우와 복합적인 존재일 경우로 나누어서 논증을 전개한다. 그러나 그는 어느 경우에서이건 어떠한 종류의 인식이든 모든 인식은 인식주체와 인식대상의 이원성을 전제로 한다는 사실에서 출발한다. 먼저 그는 (1) 인식주체가 아무런 합성을 갖지 않는 순일한 존재일 경우를 고려한다. 이 경우에 자기 인식을 수행하는 주체는 자기 자신 전체가 되어야 할 것이다. 그러나 그렇게 되면 자기에 의해 알려지게 되는 대상으로서의

4) Sextus Empiricus, *Adversus Mathematicos* VII 284-286 & 31-312. 논증의 설명과 해석에 관해서는 J. Halfwassen, *Geist und Selbstbewusstsein. Studien zu Plotin und Numenios*, (Mainz·Stuttgart 1994), 12쪽 참조.

자기 자신이 남지 않게 되고, 결국 자기인식은 대상이 없는 인식이 되고 만다. 따라서 자기인식은 불가능하다. (2) 자기 자신 전체가 자기 자신을 인식하지 않고, 자기 자신의 한 부분이 나머지 다른 부분들을 인식해야만 하는 복합적인 존재의 경우에도 자기인식이 불가능하기는 마찬가지이다. 이 경우에는 인식주체가 되는 한 부분이 자신을 제외한 나머지 부분들뿐 아니라 자기 자신도 인식할 때에만 비로소 복합적인 존재가 자기 자신을 인식한다고 말할 수 있다. 그런데 만일 인식을 하는 부분이 단순하다면 (1)과 동일한 상황에 직면하게 되고 복합적이라면 이러한 과정은 무한히 계속 진행되게 될 것이다. 따라서 복합적인 존재의 자기인식도 불가능하다는 결론에 이르게 된다. 여기에서 소위 "무한반복"(unendliche Iteration)에 기초한 자기인식의 불가능성논변을 발견할 수 있다.[5)]

섹스투스 엠피리쿠스의 논변은 비록 자기인식의 불가능성을 증명하려는 목적을 갖고 있지만, 간접적으로 자기인식의 가능조건과 인간에게 가능한 자기인식의 형태를 시사해주고 있다: 첫째, 순일한 존재의 자기 인식이 가능하기 위해서는 전체로서의 자기가 전체로서의 자기를 인식해야 하며, 자기 자신이 인식주체나 대상으로서 소진되어서는 안 된다. 이것은 자기인식의 궁극적이고 절대적인 가능조건이 될 것이다. 둘째, 복합적인 존재의 자기인식의 가능성은 순일한 존재의 자기인식의 가능성에 의존한다. 셋째, 인간에게 가능한 자기인식의 양태는 두 번째 일 것이다. 자기 자신에 대해 '사유'하는 인간에게 사유와 다른 '신체가 있다'는 것은 또는 '사유와 신체가 다르다'는 것은 고·중세의 철학자들에게는 자명해 보이기 때문이다.

---

5) 무한반복논변의 다양한 형태에 대해서는 K. Düsing, *Selbstbewußtseinsmodelle. Moderne Kritiken und systematische Entwürfe zur konkreten Subjektivität*, (München:Fink, 1997), 97쪽 이하 참조.

2. 순일한 존재의 자기 인식과 자기인식의 절대적 기준

충분한 의미의 자기인식은 '인식하는 나'와 '인식되는 나'가 완전히 일치할 경우에나 가능할 것이다. 만일 물음의 주체인 '나'와 물음의 대상인 '나'가 서로 다르거나 또는 부분적으로만 일치한다면, (물음의 주체인) '나'의 인식이 아닌 ('나'가 아닌) 타자의 인식이 되거나 또는 '나'의 일부분에 대한 인식이 될 것이기 때문이다. 전자의 경우 나는 나에 대해서 전적으로 무지하고 후자의 경우라면 자기인식은 부분적으로 자기에 대한 무지를 포함하게 된다. 자기 자신과의 완전한 일치는 자신 안에 부분을 갖지 않는 순일적인 존재에게만 가능한 일일 것이다. 문제는 섹스투스 엠피리쿠스가 지적했듯이 자기 자신을 인식하는 나 또는 인식되는 나로 소진시키지 않고서 어떻게 자기 자신을 인식할 수 있을 것인가? 다시 말해서 어떠한 경우에 인식하는 나와 인식되는 나가 완전한 일치를 이룰 수 있을 것인가? 복합적 존재인 인간의 자기인식의 가능성이 여기에 달려 있다면, 우리는 이 물음을 우회할 수는 없을 것이다. 이 문제에 대해 고·중세 철학은 어떠한 해결을 제시하였는지 생각해보기로 하겠다.[6)]

이 물음에 답하기 위해서 우리는 먼저 어떠한 존재가 자기 자신에 대해서 물을 수 있는지를 생각해 보아야 할 것이다. 우선 '반성 능력을 갖춘 존재'(*reflexivum*)만이 자기 자신을 돌아보고 자기 자신에 대해 물을 수 있다고 말할 수 있을 것이다. 그런데 고·중세 철학이 아니더라도 반성 능력은 '정신'의 능력에 있다는 데에는 이론이 없을 것이다.[7)] '나

---

6) 이하의 논의는 고·중세의 어떤 특정한 철학자의 이론이 아니라 플라톤의 『카르미데스(Charmides)』, 아리스토텔레스의 『형이상학(metaphysica)』 12권, 플로티누스의 『엔네아데스(Enneades)』 V 3, 토마스 아퀴나스의 『신학대전(Summa theologiae)』 1부, 프라이베르크의 디트리히(Dietrich von Freiberg)의 『지복직관에 대하여(*De visione beatifica*)』 등에 나타난 생각들을 종합한 것이다.

는 누구인가?'라는 물음은 사유할 수 있는 능력을 갖춘 정신적인 존재에 의해서 제기될 수 있기 때문이다. 그러나 정신적인 존재, 사유할 수 있는 존재는 자기 자신에 대해 물을 수 있지만, 정신적인 존재라는 사실만으로는 충분한 의미에서의 자기인식이 담보되지 않는다. 인간의 경우를 살펴보면 그 이유를 간단히 알 수 있다. 고·중세철학의 전통에서 인간은 '이성적 동물'(*animal rationale*)로 정의된다. 인간은 비록 이성을 갖추고 있지만 동시에 신체를 갖춘 복합적인 존재이다. 그러므로 충분한 의미의 자기인식은 단순히 정신적인 존재일 뿐 아니라 자기의 본질이 정신 자체인 존재, 정신 외에는 어느 것도 자신의 구성요소로 갖지 않는 순일한 정신적 존재 자체에게만 가능할 것이다.

순일한 존재는 자기 안에 아무런 구별이 없는 존재이다. 순일한 정신적 존재는 자신 안에 실체와 활동(우유성)의 구별을 허용하지 않는다. 그런데 지성의 본질, 즉 지성의 지성성(*intellectualitas*)은 인식에 있다. 따라서 순일한 정신적 존재는 본질적으로 지성성 자체, 즉 인식활동 자체이어야만 한다. 만일 그렇지 않다면 인식활동은 지성적 존재의 본질에 속하지 않고 더해진 어떤 것(*accidens*)이 될 것이다. 그 경우 자기 인식은 자기 자신에게 더해진 어떤 것을 통한 인식이 될 것이고, 이것은 섹스투스 엠피리쿠스의 지적대로 자기의 한 부분이 나머지 부분들을 인식하는 것이 된다. 그러므로 자기 인식을 하는 정신적 존재는 자신의 인식활동과 구별되어서는 안 되며, 오히려 인식활동 자체이어야만 한다. 그것도 어떤 때는 인식하고 어떤 때는 인식하지 않는 그러한 종류의 인식이 아니라 항상 현실적으로 인식하는, 즉 항상 현실태에 있는 인식활동을 의미하여야만 할 것이다. 그렇지 않을 경우 '지금 현실태에서 (자기 자신을) 인식하는 활동'(주체로서의 인식활동)이

---

7) Thomas Aquinas, *Summa theologiae* I, q. 14, a. 1; Meister Eckhart, LW V, 61: "...quia tanto aliquid est minus reflexivum quanto materialius" 등 참조. 에크하르트 저작의 표기방식에 대해서는 각주22 참조.

전체로서 자기 자신을 인식하기 위해서는 '지금 현실태에서 인식하는 활동뿐 아니라 가능태에 있는 인식활동'까지 포함하는 인식활동으로서의 나를 인식해야만 할 것이다. 이 경우 전자의 인식하는 나와 후자의 인식하는 나는 서로 다를 것이다. 더구나 가능태란 '존재할 수 있음'을 의미하지만 그 자체로 '아직 존재하지 않음'이다. 가능태에 있는 존재는 자기 자신 안에 '무'(*nihil*)를 포함하기 때문에 순일적인 존재일 수 없다. 따라서 충분한 의미의 '자기 인식'(*episteme heautou*)은 항상 현실태에 있는 '인식의 인식'(*episteme epistemes*) 또는 '사유의 사유'(*noesis noeseos*)의 형태를 띠게 된다.

'사유의 사유'는 최소한으로는 '인식한다는 사실에 대한 인식(*intelligit se intelligere*)'을 의미한다. 그런데 인식은 항상 '…에 대한 인식'이다. 그러므로 충분한 의미의 '인식의 인식'은 '인식한다는 *사실*'(that)에 대한 인식뿐 아니라 '인식하고 있는 *것*'(what)에 대한 인식을 포함해야만 한다. 그런데 단적인 의미에서 – 인식의 '부분'이 아니라 인식 자체의 인식이 문제가 되는 한에서 – 어떤 것을 안다는 것은 그것이 현재에 어떤 것인가만을 아는 것이 아니라 과거와 미래에 어떤 것이었는가도 아는 것을 포함해야만 한다. 또한 어떤 것을 안다는 것은 그것이 다른 어떤 것과 다르다는 것을 아는 것을 포함해야만 한다. A가 어떤 점에서 B와 구별되는지를 알지 못하면서 A를 안다고 말할 수 없다. 그런데 B가 무엇인지 알지 못한다면, A와 B를 구별하지 못할 것이다. 그러므로 A의 인식은 B의 인식을 포함한다. 그리고 이러한 사정은 A와 A가 아닌 모든 것과의 관계에도 적용된다. 따라서 (단적인 의미에서) 어떤 것을 안다는 것은 모든 것을 모든 측면에서 안다는 것을 의미한다. 충분한 의미의 자기인식은 모든 것에 대한 인식이며 모든 것 안에서 모든 것을 인식하면서 모든 것을 자기 자신으로 인식하며, 자기 자신을 모든 것으로 인식하며 자기 자신을 인식하면서 모든 것을 인식하는 것이다. 또한 자기의 밖에는 아무 것도 허용하지 않는다. 그런데 이것은 모든 것, 모든 존재자가 곧 사유이고, 사유가 곧 모든 존재자인 경우에만 그러할 수 있을 것이다.

고·중세의 여러 철학자들이 각기 이해하는 충분한 의미의 자기인식에 대한 규정성들을 종합적으로 고려하면 이상과 같이 묘사될 수 있을 것이다. 그런데 이러한 형태의 자기인식을 하는 존재자는 사실상 자기의 밖에 아무것도 허용하지 않기 때문에 자기 자신에게로 돌아오는 일(*reflexio*)도 없다. 순일적인 존재자는 항상 '자기 자신에게 머물러 있는 존재'(Bei-sich-sein)이어야만 할 것이다. 이러한 종류의 존재는 무한한 존재, 신적인 존재일 수밖에 없을 것이다.

III. 인간의 자기인식

고대 및 중세철학에서 인간은 비록 '나눠지지 않는 존재(개별자)'(*individuum*)로 이해되기는 하지만 신(적인 존재)처럼 순일한(*simplex*) 존재는 아니다. '이성적 동물, 그것도 사멸하는 동물'(*animal rationale mortale*)로서 인간은 육체를 가진 정신(플라톤(주의)), 육체를 이용하는 영혼(*anima corpore utens*, 아우구스티누스) 또는 적어도 육체와 실체적으로 결합된 정신(아리스토텔레스(주의))이기 때문이다. 그러므로 섹스투스 엠피리쿠스의 기준을 적용한다면 인간의 자기인식은 인간의 한 부분이 자기 자신과 나머지 부분들을 인식하는 양태를 취하게 될 것이다. 물론 인식하는 부분은 사유할 수 있는 능력을 갖춘 부분, 즉 지성적 부분일 것이다. 이것은 자기인식의 절대적 기준이 지적하고 있는 바이기도 하다. 그런데 복합적인 존재는 자기의 한 부분이 자기 자신과 나머지 부분들을 인식해야만 하기 때문에, 복합적인 존재의 자기인식은 복합적인 존재 전체의 관점에서 보면 이미 부분성과 불충분성을 내포하고 있다. 인식하는 나와 인식되는 나의 완전한 일치는 가능하지 않기 때문이다. 이 부분성과 불충분성을 어떻게 처리하는가에 따라서 복합적인 존재인 인간의 자기인식의 다양한 양태들이 생겨날 수 있다. 만일 부분성과 불충분성을 극복하고자 한다면, 자기의 한 부분을 참된 자기로 인식하거나 – 이것은 자기 자신을 단순한 존재자(신적인 존재자)로 이해하는 것과 같다 – , 또는 부분성과 불충분성을 인간의 조건(*conditio humana*)으로 인정하고 인간에게는 충분한 의미의 자기인식이 가능하지 않다는 결론을 내리거나 하게 될 것이다.

1. 플라톤의 『알키비아데스 I』과 그 전통에서의 자기인식

플라톤 철학의 근저에는 "너 자신을 알라"라는 소크라테스의 모토가 작동하고 있다. 자기 인식(인간론)은 윤리학의 전제이며 기초가 된다. 자기 자신이 누구인지를 알아야 비로소 이 인식에 기초해서 자기 자신을 훌륭하고 덕스럽게 만드는 일을 할 수 있기 때문이다(『알키비아데스 I』, 128e). 이러한 관점에서 보면 플라톤은 비록 『카르미데스』 편에서 자기인식의 문제를 아포리아로 끌어가고 있지만 그것은 자기인식이 불가능하다는 생각에서라기보다는 인간의 자기인식이 갖는 복잡한 함의들을 염두에 두고 있었기 때문일 것이다. 실제로 플라톤은 – 비록 일군의 연구가들로부터 위작으로 평가되고 있는 작품이지만 – 『알키비아데스 I』에서 자기인식의 길을 보여주고 있다.[8]

이 대화편에서 플라톤은 자기인식을 설명하기 위해서 먼저 몇 가지 구별을 한다. 그는 '자기 자신(을 돌보는 일)'(*epimeleisthai sautou*)과 '자기 자신에게 속하는 것(을 돌보는 일)(*epimeleisthai tōn sautou*)'을 구

8) 『알키비아데스 I』의 자기인식의 문제에 대해서는 D. Johnson, "God as the True Self: Plato's Alcibiades I", in: *Ancient Philosophy* 19(1999), 1-19쪽 참조.

분하고(128a-d), '사용하는 자'(*ho chrōmenos*)와 '사용되는 것'(*ho chrētai*)을 구분한다(129c). 이 구분들이 의도하는 것은 인간에게서 영혼과 신체의 구별 및 관계를 확정짓기 위한 것이다. 예를 들어 제화공은 도구들을 이용해서 가죽을 재단하고 구두를 만드는데, 이 때 제화공과 도구의 관계는 사용하는 자와 사용되는 것의 관계에 있다. 그런데 플라톤은 제화공은 도구들을 이용해서 구두를 만들뿐만 아니라 도구를 쥐는 손을 이용한다고 말함으로써 제화공과 손을 구분하고, 더 나아가 다른 예를 통해서 이 관계를 인간과 그의 신체 전체로 확대한다. 즉 플라톤에 따르면 인간과 그의 신체는 사용하는 자와 사용되는 것의 관계에 있으며, 결국 인간과 인간의 신체는 서로 다른 것이라는 결론에 이르게 된다(129e). 그렇다면 인간의 무엇이 신체를 이용하는가? 플라톤에 따르면 그것은 '영혼' 외에 어떤 다른 것도 아니다(130a). 그런데 영혼과 신체의 관계가 사용하는 자와 사용되는 것의 관계라면, 결국은 인간은 신체도 아니고 신체와 영혼의 합도 아니며 오직 영혼이라는 결론이 도출된다(130c). 우리 안에 있는 어떤 것도 영혼보다 더 본질적인 것은 없고 '나'와 '너', 즉 우리가 대화를 하는 것은 언어를 이용해서 영혼을 통해 영혼과 대화를 나누는 것이다(130d). 반면에 신체는 '자기에게 속하는 것'일 뿐이지 자기 자신이 아니다(131a). 그러므로 플라톤에 따르면 자기 자신을 돌보는 일은 "영혼을 돌보는 일"(*epimeleia tes psyches*)이며, 신체를 돌보는 일은 자기 자신에게 속한 것을 돌보는 일일 뿐이고 더욱이 돈이나 기타의 것들은 자기 자신에게 속하지 않는 외적인 것을 돌보는 일에 불과하다. 그래서 플라톤에게는 영혼이 무엇인지를 아는 것이 자기 자신이 무엇인지를 아는 것이고 이러한 자기 인식을 전제하고 나서야 비로소 자기 자신을 훌륭하게 만드는 일도 가능하게 된다.

스텐첼의 말대로 "신체가 '나'(Ich)에게 속한다는 통찰은 그리스인들의 철학적 본능에는 언제나 자명한 것이었다."[9] 이러한 철학적 전통의 관점에서 보자면 플라톤이 이해하는 자기인식은 '자기'의 인식이 아니다. 오히려 플라톤이 이해하는 '참된' 자기의 인식은 '(그리스인들의 일반적인 관점에서) 자기가 아닌 것'의 인식인 셈이다. 『알키비아데스 I』의 관점에서 보면 '신체를 가진 나'는 '더 이상 나눠질 수 없는 자', 즉 개별자(*individuum*)로서의 나가 아니다. 왜냐하면 영혼으로서의 나는 신체와 다르고(*heteron*) 따라서 구분(*divisum*)되기 때문이다. 이러한 의미에서의 개별자라는 명칭은 영혼에게 부여될 수 있을 것이다.[10] 그러나 개별자의 다른 기준, 즉 다른 영혼과 구분됨이라는 기준을 영혼이 충족시킬 수 있는지는 불명확하다.

그런데 『알키비아데스 I』에서 플라톤은 참된 나는 신체성의 지양만을 통해서 인식될 수 있는 것이 아니라, 더 나아가 – 유한성의 지양이라는 의미에서 – '나가 아닌 것'(신) 안에서 인식된다고 생각한다. 계속되는 소크라테스와 알키비아데스의 대화에서 이를 확인할 수 있다. 지금까지의 대화를 통해 인간은 본질적으로 영혼이기 때문에 자기 자신을 아는 것은 영혼을 아는 것이고 결국 영혼이 자기 자신을 아는 것이라는 사실이 드러났다. 이제 영혼의 본질을 보다 정확하게 이해하는 일이 남아있다. 영혼이 '자기 자신을 아는 일'을 보다 더 정확히 설명하기 위해 플라톤은 '눈의 비유'와 '거울의 비유'를 끌어들인다(132d이하). 만일 델피신전의 권고에 따라 마치 어떤 사람에게 하는 것처럼 눈에게 너 자신을 들여다보라고 주문을 한다면, 눈은 – 마치 우리가 거울을 보는 것처럼 – '그 안을 들여다봄으로써 자기 자신을 볼 수 있는 것'을 들여다보게 될 것이다. 따라서 눈은 다른 사람의 눈을 고찰하면서 그 안에 있는 가장 고귀한 것이며, 그(다른) 눈이 그것을 통해 보게

---

9) F. Copleston, *A History of Philosophy. Vol. I Greece and Rome*, (Maryland 1960), 31쪽에서 재인용.

10) 실제로 플라톤은 정신적 존재인 '이데아'들을 *atomon*(나누어질 수 없는 것), *monades*(하나) 등으로 부르기도 한다.

되는 것 – 눈의 덕(*arete*)이 내재하고 있는 부분 – 을 들여다봄으로써 자기 자신을 인식하게 될 것이다.

영혼도 마찬가지이다. 물론 영혼은 눈과는 달리 다른 사람의 영혼을 들여다봄으로써 자기 자신을 인식하지는 않는다. 오히려 영혼은 자신의 어떤 한 부분을 보면서 자기 자신 전체를 보는 그러한 인식양태를 취하게 된다. 여기에서 플라톤은 영혼의 자기인식은 전체로서의 영혼이 전체로서의 영혼을 인식하는 것으로 생각하지는 않는 것처럼 보인다. 영혼은 자기 자신을 알기 위해서 영혼 안을 들여다보아야만 하는데, 특히 영혼의 덕인 지혜가 내재하고 있는 부분을 들여다보아야만 한다(133b). 바로 그곳이 자기 자신이 가장 잘 비춰지는 부분이기 때문이다. 그런데 플라톤에 따르면 지적인 인식과 실천적 통찰이 내재하고 있는 그 부분이야말로 영혼 안에서 가장 고귀하고 신적인 부분으로서 신적인 것과 닮아 있는 부분이다(133c). 그렇기 때문에 플라톤은 이 부분을 보면서 모든 신적인 것을, 즉 신과 이성을 인식하는 자는 자기 자신을 가장 잘 인식할 수 있게 될 것이라고 말한다(133c). 자기를 인식하는 영혼은 자기를 보면서 신을 볼 뿐 아니라, 거꾸로 – 거울자체가 거울에 비친 상보다 더 분명하고 선명한 것처럼 신은 우리 영혼의 가장 고귀한 부분보다 더 순수하고 선명하기 때문에 – 우리는 신을 관조함으로써 자기 자신을 가장 잘 인식할 수 있다. 영혼은 자기 자신을 통해서 자기를 인식하는 것이 아니라 – 이러한 인식은 아마도 신적인 인식일 것이다 – 자기 아닌 것의 인식, 즉 신(적인 것)의 인식을 통해서 자기 자신을 인식하고, 또한 자기 자신을 인식하면서 신을 인식한다. 『알키비아데스 I』에 따르면 자기 자신을 인식하는 부분은 나머지 부분과 구분되는 자기 안의 가장 탁월한 한 부분이고 이 부분은 다시 신과 동일시된다. 자기 자신을 넘어서는 곳에 참된 자기가 있다.

***

『알키비아데스 I』에서 전개된 사유의 전개과정, 즉 자기 자신을 찾기 위해 자기에게 외적인 것으로부터 눈을 돌리고, 자기의 내면으로 향하고 궁극적으로 신(적인 것)으로 상승하는 정신의 운동을 신플라톤주의자인 플로티누스(Plotinus)에게서도 발견할 수 있다.[11] 플로티누스는 『알키비아데스 I』에서처럼 '우리'(인간)를 본질적으로 영혼(*psyche*)으로 파악한다(Enneades I 1, 7, 18-24). 영혼인 '우리'에게는 추론적 사유(*dianoia*), 직관적 사유 또는 정신(*nous*)의 능력들이 속한다. 또한 전체로서의 생명체로서 파악 했을 때 '우리'에게는 감각지각도 속하는 것으로 보인다. 그러나 엄밀한 의미에서 플로티누스에게 '우리'는 '추론적으로 사유하는 자'이지 '정신'도 아니며 감각지각도 아니다. 우리는 '정신'에 따라 추론적으로 사유하지만, 정신은 우리의 것이 아니다. 한편 감각지각은 '우리'는 아니지만 '우리의 것'(*hemeteron*)이다. 우리는 감각지각과 정신의 중간적인 위치에 놓여 있다. 영혼의 추론적인 사유활동은 감각지각을 통해서 밖으로부터 안으로 들어오는 인상들(impression)을 정신으로부터 유래하는 기준에 따라 분리와 종합을 하며 판단을 내리는 활동이다. 추론적 사유와 관련해서 감각지각이 '우

---

11) W. Beierwaltes, *Selbsterkenntnis und Erfahrung der Einheit. Plotins Enneade V 3. Text, Übersetzung, Interpretation, Erläuterungen*, (Frankfurt a. M., 1991), 84쪽 참조. 이러한 전통은 비단 플로티누스에게서만 발견되는 것이 아니라 서구의 전통형이상학에서 지속적 발견된다. 아우구스티누스나 (이글에서 살펴보게 될) 마이스터 에크하르트 뿐만 아니라 스토아학파의 Epiktetus도 『알키비아데스 I』의 전통에 서 있는 철학자로 볼 수 있다. 이에 대해서는 R. L. Fetz, "Dialektik der Subjektivität: Die Bestimmung des Selbst aus der Differenz von Ich und Mein, Sein und Haben: Alkibiades I, Epiktet, Meister Eckhart", in: R. L. Fetz & R. Hagenbüchle & P. Schulz (ed.), *Geschichte und Vorgeschichte der modernen Subjektivität*, (Berlin-New York 1998), 177-203 쪽 참조. 한편 플로티누스의 자기인식에 관해서는 위의 Beierwaltes 외에 또한 J. Halfwassen, 같은 책, 참조.

리'에게 외부세계의 정보를 제공하는 심부름꾼(*angelos*)이라면, 정신은 사유의 원리로서 우리의 왕(*basileus*)이라고 할 수 있다(V 3, 3, 40-45). 여기에서 주목할 만한 것은 '우리'의 정체성에 관한 논의에서 '신체'는 전혀 고려되지 않고 있다는 것이다. 신체는 전적으로 '우리의 외부세계'에 속하는 것으로 인식된다. 그래서 영혼(감각지각)은 신체에서 일어나는 사건들을 자신에게 외적인 것으로서 지각한다고 말해진다(V 3, 2, 4-5).

플로티누스의 체계에서 영혼은 존재의 위계질서에서 일자(*to hen*)와 정신(*nous*) 다음의 세 번째 위치를 점유한다. 이 위계질서에 따라 정신은 일자의 모상으로, 우리의 영혼은 "정신의 모상"(*eikon nou*)으로 파악된다(V 1, 3, 7). 플로티누스에 따르면 정신은 절대적으로 불변하며 자기 자신 안에서 자기 자신을 인식하며, 자기를 인식하면서 모든 것을 인식하며 또한 모든 것을 자기 자신으로 인식하는 절대적인 의미에서 자기인식을 하는 존재이다(V 3, 6, 30 이하). 영혼의 추론적 사유는 이러한 절대적 사유의 외면화된 모습이다(*prophora*, V 1, 3, 7). 영혼은 정신의 모상으로서 정신으로 유래되었기 때문에 사유를 하며(*noeron*) 정신을 통해(*dia nou*) 사유하기 때문에 영혼의 사유작용을 "추론적인 사유작용"(*dia-noia*)이라고 부르게 된다(V 3, 6, 19-21). 그러므로 영혼은 근원에 있어서는 정신이다(V 3, 6, 21).

플로티누스에 따르면 "자기 자신을 인식하는 자는 자기 자신의 근원 또한 인식한다."(VI 9, 7, 33). 그래서 '우리'의 자기인식은 우리의 근원인 정신에 대한 인식을 포함하게 된다. 우리, 즉 영혼은 정신으로부터 존재하게 될 뿐 아니라 정신의 관조에서 완성된다. 영혼의 본질적 규정(*logos*)의 충족은 정신을 관조하는데 있다(V 1, 3, 12-16). 그런데 영혼의 추론적 사유는 그 자체로는 자기 자신 안에 머무르지 못하고 자기의 밖에서 대상을 찾고 탐구하며 외적인 대상에서 외적인 대상으로 운동하는, 아직 목적에 이르지 못한 사유이다. 이렇게 추론적 사유 자체는 자신 밖의 사물들을 탐구하는 일에 바쁘고(*polupragmonein*)(V 3, 3, 6-17), 그 일에 자기 자신을 완전히 빼앗기는 한에서는 자기 자신의 내면으로 들어가서 자신을 인식할 수 없다.[12] 추론적 사유는 추론적 사유로 머무르는 한에서는, 즉 자기 자신을 추론적 사유로 인식하는 한에서는 자기의 목적인 정신의 관조에 도달하지 못하고 정신의 관조를 통한 자기 자신의 인식에도 이르지 못한다.

그러므로 플로티누스에 따르면 '우리'는 추론적 사유에 머물러 있지 않고 정신을 통해서 정신을 인식함으로써만 자기 자신을 인식할 수 있게 된다. 이것을 플로티누스는 "정신에 따르는 한에서 우리도 왕이 된다(*basileuomen de kai hemeis, hotan kat ekeinon*)"고 표현한다(V 3, 4, 1). 그러나 우리가 정신을 통해서 정신을 인식하기 위해서 우리 스스로가 정신이 되어야만 한다: "우리는 스스로 정신이 됨으로써 정신에 따라 우리 자신을 인식한다."(V 3, 4, 10) 진정한 의미에서의 '우리'의 자기인식은 영혼이 자신의 "정신과 감각의 중간자적 위치"를 지양하고 정신으로 고양되어 자신의 근원이며 근거인 정신과 동일해짐으로써 일어날 수 있다는 것이다.[13] 그런데 (감각적인 것들의) 지양을 통한 (정신으로의) 고양은 자기에게 고유한 것으로 여겨지지만 사실은 본래적인 자기 자신이 아니라 자기에게 외적인 것들을 "추상/제거"(*aphairesis*) 또는 "정화"(*katharsis*)함으로써 이루어진다.[14] "인간은 자기에게 속하는 것들을 버리고, 정신을 통해서 정신을 인식하고, 그렇게 자기 자신을 통해 자기 자신을 인식할 때 정신이 된다. 인간은 정신으로서 자기 자신을 관조한다."(V 3, 4, 29-31). 이것은 결국 개별자로서의 '나'의 지

12) 그리고 "자신의 근원에 긴밀히 의존하지 않는 한, 타자에게 귀속되어 타자 안에서 존재하는 것이 모상의 본질적 규정에 속한다."(V 3, 8, 13-14)

13) Beierwaltes, 같은 책, 106쪽 참조.

14) 이에 대해서는 같은 책 175쪽 참조. 또한 3장의 마이스터 에크하르트의 "초탈"(*Abgeschiedenheit*)또는 "초연"(*Gelassenheit*)과 비교.

양을 의미한다. 우리 위에 있는 정신은 불가분적이고 하나이기 때문에, 즉 우리는 정신을 공통적으로 갖고 있기 때문이다(I 1, 8, 3-8). 따라서 플로티누스에 따르면 "정신을 통해서 자기 자신을 인식하는 자는 더 이상 인간으로서 자기 자신을 인식하는 것이 아니다. 그는 완전히 다른 사람이 되었고 영혼의 탁월한 부분과만 함께 높은 곳으로 고양된다."(V 3, 4, 10-13)

우리는, 자신을 통해 자기를 인식하는 정신과는 달리, 자기 자신을 통해서 자기를 인식하지 못하고 자기와 다른 것을 통해서, 자기와 다른 것에 속하는 한에서 자기 자신을 인식하게 된다(V 3, 6, 3-4). 인간의 자기인식은 개별자로서의 '나를 떠나서' '나의 밖'으로 나가서, '나 아닌 자'와의 합일을 통해, '나와 나 아닌 자'의 구별의 지양을 통해서 완수된다. 그러나 '나'가 본래 '자기 안에 머물러 있는 존재'(*mone*)의 '밖으로 나온 모습'인 한에서(*prohodos*), 나의 지양을 통한 자기인식은 자기의 밖으로 나온 나, 즉 참된 나인 정신의 자기 자신으로의 복귀(*epistrophe*)이고 정신의 자기인식인 셈이다.

2. 아리스토텔레스〔주의〕적 전통의 자기인식

'개별자'로서의 '나'의 인식의 역설적인 귀결은 약간은 다른 양상에서이지만 아리스토텔레스〔주의〕적인 전통에서도 직면하게 된다. 아리스토텔레스는 『니코마코스윤리학』 10권 7장에서 인간인 한에서의 인간의 행복은 "최고의 탁월성에 따르는 활동", 즉 지성(*nous*)에 따르는 관조활동에 있다고 말한다(1177a13-18). "이성적 동물"로 파악된 인간을 인간이게 해주는 이성성의 근원인 지성은 "그 자체로 신적인 것이거나 아니면 우리 안에 있는 것들 가운데 가장 신적인 것"이다(1177a15-16). 그런데 참된 자기로부터 신체를 분리시키는 플라톤과는 달리 아리스토텔레스는 실체로서의 '한'(*heis*, one) 인간을 신체와 영혼이 불가분적으로 결합된 합성체로 이해한다. 아리스토텔레스의 정의에 따르면 "혼은 가능적으로 살아있는 유기체의 제일 현실태"(De anima II, 1, 412b5)이다. 혼은 그 자체로 자립적인 존재가 아니라 가능적인 생명체를 현실적인 생명체로 만들어주는 현실화의 원리로서 기능한다. 혼은 생장혼(*anima vegetativa*), 감각혼(*anima sensitiva*), 지성혼(*anima intellectiva*)의 세 종류로 구분되고 인간의 경우에는 지성혼이 갖춰져 있다. 인간을 구성하는 두 원리인 신체와 (지성)혼은 질료-형상 또는 가능태-현실태의 관계를 가지며, 이 두 원리로부터 '한' 인간이 형성된다. 지성(이성)은 인간을 같은 류(*genus*)에 속하는 다른 동물들과 구별해주는 종차로서 인간의 본질적 규정을 이루지만 인간은 지성이 아니라, 이성적 '동물'이기도 하다.

이러한 아리스토텔레스의 인간론에 따르게 되면 인간은 전체로서의 자기 자신을 통해 자기 자신 전체를 인식할 수는 없다. 자기 자신에게 속하는 것(*accidens*)[15]인 지성을 통해서 자기 자신을 인식하기 때문이다. 따라서 지성의 자기인식이 인간의 자기인식의 양태를 설명해주게 된다. 아리스토텔레스는 인간 지성의 자기 인식과 신적 지성의 자기 인식을 구분해서 설명한다.[16] 『형이상학』 12권 9장에서 아리스토텔레스는 신적 지성의 인식은 자기인식(*noesis noeseos*)일 뿐이라고 말한다. 비-질료적이고, 항상 현실태에 있는 순수한 지성인 신적 지성은 자기 자신을 통해서 자기 자신을, 그것도 항상 현실태에서 인식한다. "사유의 사유"가 대상인식을 포함하는지는 주석가들 간의 논란거리이다.[17]

---

15) 유한한 존재인 인간에게는 실체와 활동이 구분된다. 활동은 실체가 아니라 실체에 속하는 것, 즉 우유성들 중의 하나이다. 사유 또는 인식활동은 '질'의 범주에 속한다. 아리스토텔레스, 『범주론』 8장, 8b 참조.

16) 아리스토텔레스의 자기인식에 관해서는 K. Gloy, *Bewußtseinstheorien. Zur Problematik und Problemgeschichte des Bewußtseins und Selbstbewußtseins*,(Freiburg/München 2004) 145쪽 이하 참조.

17) H. G. Gadamer, *Aristoteles. Metaphysik XII. Übersetzung und Kommentar von*

그러나 "질료가 없는 대상에게는 인식작용과 인식대상이 동일하다."(Metaphysica, XII, 9, 1075a1-5)는 아리스토텔레스의 또 다른 주장을 함께 고려해 본다면 신적인 누우스는 자기 자신을 인식하면서 모든 것을 인식한다는 입장이 설득력이 있어 보인다.

신적 지성과 달리 인간의 지성은 자기 자신을 항상 인식하지는 못한다. 오히려 아리스토텔레스에 따르면 인식은 일차적으로는 항상 '외적 대상에 대한 인식'이고 오직 '이차적으로만(*en parergōi*) 자기 자신과 관계한다(Metaphysica, XII, 9, 1074b36). 인간의 자기인식은 항상 대상 인식에 뒤따라 일어나며 대상인식을 전제하게 된다. 대상을 인식하기 이전에 인간지성은 그저 인식대상을 인식할 수 있는 가능성만을 가지고 있기 때문이다(De anima III, 4, 429a). 가능태에 있는 지성은 '자기 자신이 인식한다.'는 것을 인식할 수 없다. 지성을 포함해서 모든 사물들은 현실태에 있는 한에서만 인식될 수 있기 때문이다. 그런데 가능태에 있는 지성의 현실화는 대상에 대한 인식을 매개로 성취될 수 있다. 오직 대상을 현실적으로 인식하는 한에서만, 지성은 자기 자신이 인식하고 있다는 사실을 인식할 수 있다. 그런데 인간 지성은 항상 무엇인가를 인식하고 있지는 않기 때문에 인간 지성은 단지 간헐적으로만 자기 자신과 관계할 수 있다. 더구나 인간 지성은 신적 지성과는 달리 '자기 자신을 통해서' 자기 자신을 – 엄밀히 말하자면 자기 자신이 인식하고 있다는 사실을 – 인식하는 것이 아니라, 자기가 아닌 것, 즉 감각을 통해서 주어진 인식대상을 매개로 해서 자기 자신을 인식한다. 그런 점에서 인간의 자기인식은 부분적일 뿐만 아니라, 자기 아닌 것을 포함하는 불완전한 인식인 것처럼 보인다.

그러나 더 큰 문제 상황은 인간 안에서의 지성의 위치로부터 발생한다. 위에서 언급했지만 아리스토텔레스는 인간을 '이성적 동물'로 정

Hans-Georg Gadamer (Frankfurt am Main 1984), 58쪽 참조.

의하면서 정신성을 인간의 본질적 규정으로 파악한다. 그런 한에서 지성을 통한 인간의 자기이해는 비록 불완전한 양태이지만 자기 자신에 대한 인식일 수 있다. 그러나 만일 지성이 인간의 일부가 아니라면, 지성을 통한 인간의 자기이해는 자기 아닌 것을 통한 자기인식이며, 더 나아가 – 자기인식을 지향하는 인간의 관점에서 보면 – 인간 자신이 아닌 것(지성)의 자기인식이 되어 버릴 것이다. 아리스토텔레스는 이러한 해석을 가능하게 하는 규정성들을 지성에게 부여하고 있다. 아리스토텔레스의 영혼의 정의를 다시 생각해보자. 질료-형상설에 따라 영혼은 신체의 형상으로서 신체와 더불어 인간을 구성하는 내적인 원리로 이해된다. 인간의 실체적 형상인 영혼 덕분에 인간은 인간일 수 있다. 그런데 이 이론을 일관되게 주장하면 인간의 영혼은 다른 여타의 물질(질료)의 형상들처럼 질료(신체)의 파괴와 함께 소멸되어야만 한다는 결론을 피할 수 없다. 그러나 아리스토텔레스에 따르면 인간의 혼인 지성혼은 신체의 파괴 후에도 살아남는 불멸성을 지니고 있다. 더 나아가 지성은 그 자체로 신체와 섞여 있지 않고(*amiges*), 신체로부터 아무런 영향을 받지 않으며(*apathes*), 신체로부터 분리되어 있다(*choristos*)(De anima III, 5, 430a). 이런 의미에서 아리스토텔레스는 지성은 "밖으로부터 들어온 것"(*thyrathen*, De generatione animalium II, 3, 736b27)이라고 말한다. 인간을 인간이게 만드는 인간의 실체적 형상 안에는 지성이 들어와 있지만, 그럼에도 불구하고 지성 자체는 신체 및 신체의 실체적 형상인 영혼과도 분리될 수 있는 것처럼 보인다. 간단히 말해 인간을 인간이게 만들어 주는 원리가 인간 안에 있으면서 인간에게 그 자체로 속하지 않는다는 것이다.

이러한 상황에서 지성을 통한 인간의 자기 인식은 엄밀한 의미에서 인간의 자기인식일 수 없으며, 모든 것을 차치하고서라도 최소한 '개별자로서의 나'의 인식일 수는 없다. 신체와 분리된 지성(질료 없는 지성)은 개별성을 갖고 있지 않기 때문이다. 바로 이러한 이유 때문에 우리는 인간이 자기 자신을 '개별적인 자기'로서 인식하는 일은 합성체로서의 인간의 차원에서만 일어날 수 있는 일이라고 결론내릴 수 있게 된다.[18] 그러나 신체에 의해 개별화된 '나', 신체와 결부된 '나'는 감각적인 차원에서의 '나', '감각하는 나'이어야만 할 것이다. 지성은 신체로부터 분리되어 있기 때문이다. 그러나 감각적인 차원에서 자기반성적 인식이 가능한가? 아리스토텔레스 스스로가 분명하게 말하지 않았지만, 다른 진술들을 근거로 판단을 해보면 지성의 경우에는 자기-반성적 관계가 가능하지만 개별적인 감각자체는 그렇지 않다고 보아야 할 것이다.[19] 왜냐하면 아리스토텔레스는 개별적인 감각들을 통합하는 하나의 공통감각(*koine aisthesis*)을 설정하고, 이것에게 감각에 대한 지각 기능을 부여하고 있기 때문이다. 아리스토텔레스에게 '지각'(외적감각인 개별적 오감의 작용)과 '지각의 지각'(내적감각인 공통감각의 작용)은 서로 다른 인식능력의 기능이다. 그러므로 감각지각의 차원에서는 자기인식이 가능하지 않은 것처럼 보인다. 결과적으로 비록 아리스토텔레스는 자기인식을 부정하지 않지만, 그의 이론을 일관되게 적용하게 되면 개별자로서의 자기인식은 지성적인 차원에서든 감각적인 차원에서든 가능하지 않은 것처럼 보인다.

***

아리스토텔레스 자신은 명시적으로 밝히지 않았지만 아리스토텔레스의 인간론에서 인간의 지성은 초-개인적인 성격을 띠지 않을 수 없다. 개체성은 '질료'로부터 나오는 반면에, 정신은 신체로부터 분리(초월)되어 있고, 그것으로부터 아무런 영향도 받지 않으며, 그것과 섞이

18) Ch. Kahn, "Aristotle on Thinking", in: M. Nussbaum & A. Rorty, *Essays on Aristotle's De Anima*, Oxford 1992, 359-379, 여기에서는 375쪽 참조.

19) K. Gloy, 같은 책, 151 쪽 참조.

지 않았기 때문이다. 따라서 지성은 질료(신체)에 의해 개별화되지 않으며 신체의 소멸과 함께 소멸되는 일도 없다. 이러한 점에 주목해서 12세기 스페인 이슬람세계의 아리스토텔레스주의자 아베로에스는 지성의 초-개인성과 분리성으로부터 모든 인간에게 공통적인 하나의 단일한 지성만이 있다는 주장을 이끌어낸다.[20] 그의 주장은 13세기 라틴 세계에서 많은 추종자들을 발견하였다. 아베로에스의 단일지성론(*Monopsychism*)은 개인의 자기인식과 관련해서 우리가 아리스토텔레스에게서 보았던 역설적 상황을 피할 수 없게 만든다. 모든 인간으로부터 분리된 지성을 통한 인간의 자기인식은 (자기가 아닌) 지성의 자기인식이 될 수밖에 없기 때문이다. 이렇게 성취된 자기인식을 비록 인간의 자기인식이라고 부를 수 있다 하더라도, 그러한 인식이 초-개인적인 성격을 띤다는 것은 자명한 일이다. 지성은 개인의 지성이 아니라 모든 인간에게 단 하나의 공통된 지성이기 때문이다.

3. 마이스터 에크하르트의 자기인식

14세기의 신비주의적 스콜라철학자 마이스터 에크하르트(Meister Eckhart)의 자기인식에 관한 이론은 자기인식을 밖에서 안으로, 안에서 위로 향하는 정신의 운동으로 설명하는 신플라톤주의의 전통, 더 소급하면 『알키비아데스 I』의 전통에 속해있다.[21] 에크하르트에 따르면 진정한 의미에서 자기인식은 직접성을 띠어야만 한다. 자기 인식은 자기

---

20) 단일지성론에 대해서는 이상섭, 「인식주체의 다수성과 인식의 보편성은 양립가능한가?」, 『철학연구』 64 (2004), 113-136쪽; Ph. Merlan, *Monopsychism, Mysticism, Metaconsciousness. Problem of the Soul in the Neoaristelian and Neoplatonic Tradition* (The Hague 1969) 참조.

21) 이에 대해서는 R. L. Fetz, 같은 글, 참조. 에크하르트의 자기인식에 관해서는 A. Haas, “Zur Frage der Selbsterkenntnis bei Meister Eckhart”, in: *Freiburger Zeitschirft für Philosophie und Theologie* 15(1968), 190-261쪽 참조.

아닌 것의 매개를 통하지 않고 오직 자기 자신을 통해서 일어나야만 한다는 것이다. 그러나 아리스토텔레스-토마스의 관점에서 보면 자기 자신을 통한 직접적인 자기인식은 순일적인 존재에게만 허용될 수 있다. 그런데 에크하르트에 따르면 인간의 본성은 신과 같이 "하나이고 단순하다(ein und einvaltic)."(DW I, 87[22]). 그러므로 에크하르트에게서 인간의 자기인식은 순일한 존재의 자기인식의 양태를 띠게 된다. 물론 우리가 경험세계에서 만나는 인간이 순일성(단순성)을 결여하고 있다는 것은 사실이며, 그런 한에서 인간에게는 참된 의미의 자기인식이 가능하지 않다. 이것은 거꾸로 만일 인간이 자기 자신을 인식하지 못하고 있다면, 그것은 그에게 참된 자기 자신을 가리는 요소가 있다는 것을 의미한다. 그러한 방해요소의 제거가 자기 자신을 통한 자기 자신의 인식의 길이 된다. 그러므로 에크하르트에게서 자기 인식의 길은 경험적으로 주어져 있는 나 안에서 '참된 나'를 '나 자신이 아닌 것'으로부터 구별해내고, 정화해내고, 순일성을 회복하는 데 있고, 그것은 궁극적으로는 '나 안에 있는 순일적 부분'의 자기인식으로 귀결된다.

에크하르트를 포함하는 스콜라철학자들의 공통적인 생각에 따르면, 자기인식은 정신성에 기인하는 것이고 물질성과 반비례하는 것이다.[23] 이에 따라 에크하르트는 자기 자신을 인식할 수 있는 인간을 정신적인 존재자로 이해한다: "인간은 지성을 통해서 존재하는 자이다."(LW I, 579). 지성적인 존재로서 인간은 자기 자신을 이성적으로 인식하고, 물질과 형상으로부터 초탈할 수 있다(DW I, 250). 또한 인간은 지성적인 존재인 한에서 신의 모상이다. 에크하르트는 자기 자신과 관계하는 정신성, 주관성을 강조하여 전통적인 스콜라철학의 신론과는 달리 신을 일차적으로 지성(*intellectus*), 지성적 인식활동(*intelligere*)

---

22) 에크하르트 중 독일어 저작은 DW(=Deutsche Werk), 라틴어 저작은 LW(=Lateinische Werke)로 표시함.

23) 각주 7 참조.

자체로 파악한다. 『파리물음집 I (*quaestio parisiensis I*)』의 한 유명한 구절을 인용하면 "신은 존재하기 때문에 인식하는 것이 아니라, 인식하기 때문에 존재한다."(LW V, 40)

자기인식의 직접성과 정신으로서의 인간이해는 이미 인간의 자기인식의 방식을 설명해준다. 인간은 지성적 존재이기 때문에 자기 자신을 인식할 수 있으며, 바로 그러한 이유로 자기 자신을 지성적 존재로서 인식한다. 반면에 인간은 지성적 존재가 아닌 한, 질료(신체)에 묻혀 있는 한, 자기 자신을 인식하지 못한다. 따라서 인간은 자기 자신을 인식하기 위해서는 자기 자신이 신체를 지닌 존재임을 통찰하면서 또한 동시에 그러한 신체(성)로부터 벗어나야만 한다.[24] 그러나 신체(질료)는 개별자를 구성하는 필수적인 요소이다. 신체를 통해서 '나'와 '너'가 각기 서로 다른 존재로서, 고유한 개인으로서 존립하게 된다. 그러나 질료성과 자기 인식의 반-비례성을 고려한다면, 인간은 신체를 가지고 있는 한에서, 다시 말해서 개인으로서 존립하는 한에서 자기 자신을 인식할 수 없다는 결론에 이르게 된다.

에크하르트의 '인간'(*homo*)과 '인간성'(*natura humana, humanitas*)의 구분은 바로 이러한 맥락에서 이해될 수 있다[25]. '인간'은 '소크라테스', '플라톤'과 같은 개인(menschliche Person)을 가리키는 반면에, 인간성은 개인들에게 하나이고 동일한 본성을 가리킨다. 토마스 아퀴나스는 '인간'은 인간의 본질을 전체로서 지시하는 반면에, '인간성'은 인간의 본질을 부분적으로만 나타낸다고 말한다. '인간성'에는 인간을 개인으로 만들어주는 '지정된 질료'(*materia signata*)가 배제되어 있기 때문이다(De ente et essentia c. 3). 그런데 에크하르트는 토마스의 관점에서 부분적으로 지시된 본질인 '인간성'이 모든 사람들에게 더 본래

---

24) A. Haas, 같은 글, 218쪽 참조.
25) 같은 글, 214 쪽 이하 참조.

적인 것이며, "'인간'보다 더 자기 자신에 내면적"(DW I, 420)이라고 주장한다. 반면에 전체로서의 인간은 오히려 "인간성의 우유성"(*ein zuoval der nâtûre*)으로 파악된다.[26] 참된 나는 개별자가 아니라, 개별성이 지양된 '인간성' 자체이다.

그러므로 에크하르트에게서 인간의 자기인식은 탈-개인화하는 일로 이해된다. '나'의 인식은 개별자로서의 나를 지양함으로써 이루어지게 된다. 그러나 탈개인화를 통한 인간의 자기인식은 수적인 개별성으로부터 벗어나는 것만을 의미하지 않는다. 에크하르트는 '인간은 신의 모상'이라는 주장을 받아들이고, 그것을 신플라톤주의적으로 이해한다. 신플라톤주의적으로 이해된 원형과 모상과의 관계에 따르면 원형으로부터 유출된 것으로서 모상은 원형과 어떠한 차이도 없다: "모상은 직접적으로 그리고 전적으로 그 존재를 원형으로부터 취하고 원형과 동일한 존재를 가지며 동일한 존재이다."(DW I, 270) 따라서 인간과 신 사이에는 "밖에 있거나 떨어져 있다는 것이란 존재하지 않으며, 따라서 인간은 '그와 같은' 것이 아니라 오히려 전적으로 바로 그의 모상(Ebenbild)이며 그의 존재와 동일하다."(DW 342-343)[27] 그래서 자기 자신을 찾는 인간(의 본성)은 자기의 원형인 신을 향하도록 되어 있다. 그러므로 인간의 자기인식은 자기의 원형이며, 자기와 다르지 않은 신의 인식으로 향하게 된다. 인간의 자기인식의 길은 개인으로서의 자기 자신을 떠나 인간의 본성으로 회귀하고 신과의 합일에 이르는 길이다.

실천적인 측면에서 인간의 자기인식은 "초탈"(Abgeschiedenheit) 또

---

26) Sh. Ueda, *Die Gottesgeburt in der Seele und der Durchbruch zur Gottheit. Die mystische Anthropologie Meister Eckharts und ihre Konfrontation mit der Mystik des Zen-Buddhismus* (Gütersloh 1965), 48쪽 참조.

27) 이 구절의 번역은 길희성, 『마이스터 에크하르트의 영성사상』(분도출판사 2003), 153쪽을 따랐음.

는 "초연"(Gelassenheit)의 방법을 통한다. 에크하르트는 "자기부정을 통해서 모든 것으로부터 절연됨"(Geschieden sein von allem durch Selbstveleugnung)을 초탈이라 부른다.[28] 초탈은 신과의 합일을 막는 장애물들의 제거이다. 제거되어야만 할 가장 근본적인 장애물은 '개별자로서 인간에게 속하는 것'(Eigenschaft des Menschen; *proprium*), '개별적 자아'이다. 참된 자기인식을 위해서는 "개인적(*personale*) 것을 부정하고 개인으로서의 자기에게 고유한 것(*proprium*)을 부정"(LW III, 242)하고, 개별자로서의 "자기 자신으로부터 나와야만 한다."(LW IV, 89) 인간의 고유한 속성에는 감각을 통해서 밖으로부터 영혼 안으로 들어온 "피조물들의 상"(Bilder) 및 정신이 내적으로 형성한 상들도 포함되며, 따라서 이것들도 초탈의 대상이 된다. 그런데 영혼으로부터 이러한 상들의 제거를 위해서는 모든 영혼의 능력들의 작용을 중단시켜야만 한다. 그런 의미에서 에크하르트는 "아무것도 알지 않음", "아무것도 의지하지 않음"에 대해서 말한다. 이러한 관점에서 외적 소유물들을 버리는 것은 당연한 일이다. 사람들은 사물 안에서 자기의 소유를 찾고 그럼으로써 사물에게 자신을 묶어버리게 되기 때문이다. 자기의 소유를 버리지 않는 사람은 자기 자신을 버릴 수 없다. 그러므로 인간은 초탈하고 초연하기 위해서는 모든 사물들을 버려두어야만(Lassen der Dinge) 한다. 결국 에크하르트에 따르면 신에 이르기 위해서는 모든 피조물들, 모든 사물들을 완전히 포기해야만 한다.[29]

에크하르트에게서 초탈의 궁극적인 의미는 "우리는 아무것도 아니다(무이다)."라는 것이다.[30] 사실 에크하르트에 따르면 모든 피조물들은 자기 자신에게 머물러 있는 동안에는 '무'(Nichts)안에 있는 것과 다

28) Ueda, 같은 책, 72쪽 참조.
29) 이상의 초탈과 초연의 대상에 대해서는 Sh. Ueda, 같은책, 72쪽 이하 참조. '초탈'(Abgeschiedenheit), '초연'(Gelassenheit)이라는 번역은 길희성을 따랐다.
30) Ueda, 같은 책, 78쪽 참조.

름 아니고(DW I, 69 이하), 신안에서야 비로소 '존재'(Sein)안에 머무르게 되기 때문이다. 초탈을 통해서 '나'는 나의 '무임'(Nichts-Sein)을 인식하고, '무'를 버림으로써(*negatio negationis*) (신의) 존재 안으로 들어가게 된다. '우리'를 떠나면, 우리는 그만큼 더 참된 존재가 된다(DW V, 281).

에크하르트는 인간의 신과의 신비적 합일(*unio mystica*)의 순간을 "영혼의 근저 안에서의 신의 탄생"(Gottesgeburt im Seelengrund)으로 묘사한다. 에크하르트에 따르면 "아버지는 자신의 아들을 영원 속에 자신과 동일하게 낳는다. … 나는 더 말한다: 아버지는 자신의 아들을 나의 영혼 안에 낳았다. … 그는 자신의 아들을 영원 속에 낳은 것과 동일한 방식으로 자신의 아들을 나의 영혼 속에 낳는다. … 나는 더 말한다: 그는 나를 자신의 아들로, 동일한 아들로 낳는다. 나는 더 말한다: 그는 나를 자신의 아들로만 낳지는 않는다, 오히려: 그는 나를 자신으로, 자신을 나로, 나를 자신의 본질과 본성으로 낳는다."(DW I, 109).[31) 신과의 합일이 일어나는 장소인 "영혼의 근저"(Seelengrund)는 모든 개별적 '자아'로부터 벗어난 영혼의 최고 부분으로 "영혼의 불꽃"(*vünkelîn*), "영혼의 성채"(*bürgelîn*), "영혼 안에 있는 어떤 것"(*aliquid in anima*)[32) 등으로도 불리는, 인간의 본성 자체이고 인간 안의 "하나이고 단순한" 부분이다. 에크하르트에 따르면 이 부분은 "창조되지 않은 부분"으로 이미 신과 동일한 부분이다(DW I, 197-198): "신의 근저는 나의 근저이고 나의 근저는 신의 근저이다."(DW I, 90) 그런 의미에서 인간은 이미 신과 합일되어 가는 것이 아니라, 이미 합일되어 있는 것이다. 다만 영혼의 근저가 '나'에게 묶여 있는 인간에게는 숨겨져 있기 때문에 "신의 탄생"을 통해서 드러나야 할 뿐이다. 신비적 합일은 나 – 물론

---

31) 이 부분의 해석에 대해서는 같은 책, 36쪽 이하 참조.
32) 이 부분에 대한 다양한 명칭에 대해서는 길희성, 같은 책, 132쪽 이하 참조.

이때의 '나'는 더 이상 전체로서의 '나'라기보다는 "영혼 안에 있는 어떤 것"으로서 '나의 한 부분'이며, 신과 다르지 않는 존재이다 – 와 신의 다르지 않음의 확인이라 할 수 있다. 그러므로 참된 나의 자기인식은 궁극적으로는 이미 신과 하나인 내적인간(인간 본성)의 자기인식이고, 그런 한에서 신 자신의 자기인식이다.

개별자로서의 인간의 본질적 규정(중의 하나)은 타자와 구별됨에 있고, 그것이 피조물로서의 나의 본질적 규정성이다. 그러나 피조물은 피조물인 한 '아무것도 아닌 것(Nichts)'이고 신 안에서야 '존재'를 갖는다. 에크하르트는 신을 '구별되지 않음'(*indistinctum esse*)으로 파악한다(LW II, 482이하).[33] 신은 자기 자신과의 관계에서도 구분되지 않으며 – 그런 의미에서 신은 참된 의미의 개별자(*unus*)이고(LW IV, 270), 참되고 유일하게 '나'(Ich)이다 – 타자와의 관계에서도 '구분되지 않는다.' 신은 자신의 '구분되지 않음' 때문에 '구분된 존재자'인 피조물과 구분된다. 그러나 '구분된 존재', 즉 개별자는 자신의 구분됨을 지양함으로써 '구분되지 않은 존재자'와 구분되지 않게 되고, 결국 자신이 '구분되지 않은 존재자', 즉 '하나'가 된다. 또한 그럼으로써 '구분되지 않음' 때문에 '구분된 존재자'와 구분되었던 '구분되지 않은 존재자'의 '구분된 존재자'와의 구분성도 지양되게 된다. '나'는 그럼으로써 '개별자로서의 나'를 지양하고, 개별자로서의 나를 떠나서 '절대적인 의미의 나'(절대적인 의미의 *individuum*, 즉 *indistinctum*)가 되며 (또는 '나'임을 확인하며), 그러한 존재로서만 '나'를 인식할 수 있다. 그러나 이제 '나'는 더 이상 '나'가 아니다.

---

33) 이에 대한 설명은 B. Mojsisch, *Meister Eckhart. Analogie, Universität und Einheit*, (Hamburg 1983), 5.2.1 참조.

IV. 맺음말

고·중세의 정신 철학적 관점에서 충분한 의미에서 자기인식은 순일적인 존재자에게만 허용된다. 자기 자신에 의해 알려지지 않는 나머지를 허용하지 않는 존재자만이 자기 자신과의 관계를 가질 수 있다. 그 외의 복합적인 존재자들은 자신을 구성하는 한 부분이 그 부분 자신과 나머지 부분들을 인식하는 양태로 자기 자신을 인식할 수 있다. 정신성뿐만 아니라 신체를 갖는 인간의 경우가 그렇다. 그런데 이러한 양태의 자기 인식은 이미 불완전성을 내포하고 있는 것처럼 보인다. 왜냐하면 그러한 양태의 자기인식은 '자기 자신을 통한 자기 자신의 인식'(*se cognoscere per se ipsum*)이 아니라 '자기의 부분을 통한 자기의 인식'(*se cognoscere per partem sui*)이기 때문이다. '인식하는 나'와 '인식되는 나', 그리고 '그것을 통해서 인식하는 나'가 부분적으로 일치하거나 '인식하는 나'와 '인식되는 나'가 서로 다를 수가 있기 때문이다.

이러한 부분성 및 불완전성은 '나'를 순일적인 존재로 인식할 경우에 지양될 수 있을 것이다. 즉 '나의 (순일적인) 부분'(신적인 부분, 또는 신과 동질적인 부분)을 '나' 자신으로 파악하고 '나머지 부분들'을 '나 아닌 것' 또는 '나에게 비-본래적인 것'(우유적으로만 속하는 것)으로 버림(aphairesis/Abgeschiedenheit)으로써 나의 동일성과 순일성을 확보할 수 있다((신)플라톤주의, 신비주의). 그러나 이러한 자기인식의 양태에서는 나는 더 이상 '자기 자신과의 관계에서의 불가구분성' 및 '타자와의 관계에서 구분성'을 본질적 규정으로 갖는 개별자(*individuum*)가 아니다. 나는 더 이상 신체를 가진 복합적인 존재자가 아니라 '신체와 구별된 존재자'(*divisum*)이며, 타자와 구분되지 않는 존재자이다. 이와는 달리 개별자로서의 나에게는 속하지 않는 '순일적인 부분'(정신)을 인정하면서 나의 개별성을 유지하려는 경우 '나'의 인식은 '나 아닌 것'(분리된 지성)의 인식이 되고 개별자로서의 '나'는 알려지지 않게 되는 상황을 피할 수 없다(아리스토텔레스주의).

'신체와 정신의 불가분적인 합성체(*compositum ex anima et corpore*)'인 개별자의 자기 인식이 맞게 되는 이러한 역설적인 상황을 피하는 길은 자기인식의 불완전성을 인정하는 것 밖에 없을 것 같다. 토마스 아퀴나스의 주장처럼 자기 자신은 결코 순일적인 존재자가 아니고, 나는 순수한 지성이 아니고 지성뿐 아니라 신체 및 신체에 속하는 것들 모두가 나를 구성하는 본질적인 구성요소들이다. 그러므로 지성이 인식하고 또 자기 자신이 인식한다는 것을 인식한다고 말해도, 지성이 주체로서 인식하는 것이 아니라 바로 '이 사람'(*hic homo*)이 지성을 통해서 인식한다는 것을 의미한다(De unitate intellectus contra Averroistas, Ch. 3). 그런데 아리스토텔레스를 좇아 토마스는 지성은 '모든 것'을 인식할 수 있는 가능성을 지니고 있지만, 실제로 무엇인가를 인식하기 이전에는 '아무것도 인식하지 않는 것'으로서 사실상 '무'와 다름없다고 말한다. 그러므로 지성은 현실적으로 무엇인가를 인식하지 않는 한 자기 자신을 인식할 수 없다. 그러나 지성은 현실적으로 무엇인가를 인식하기 위해서는 감각을 통해서 밖으로부터 들어온 상(*species*)에 의존할 수밖에 없다. 지성은 자기 자신을 본질을 통해서(*per essentiam suam*) 인식하지 못하고 상을 매개로 해서만(*per speciem*) 인식할 수 있다. 따라서 토마스에 따르면 지성까지도 활동에 있어서 순일적인 존재가 아니라 다른 것에 의존하는 존재이다. 현실태에 있는 지성은 '지성 밖의 것'을 자신의 본질적 계기로 포함하게 된다. 지성은 자기 자신을 '자기 밖의 것'(*res extra*)을 형상으로 갖는 존재로 인식할 수밖에 없다.[34)]

이러한 면들을 고려한다면 '너 자신을 알라'는 철학적 요구는 '나로 알고 있던 나'가 진정한 '나'가 아니라는 역설적 상황을 맞이하거나,

---

34) 이에 대해서는 이상섭, 「토마스 아퀴나스의 Species Intelligibilis 개념과 그것의 13세기 철학에서의 위치」, 『가톨릭철학』 5(2003), 252-281, 특히 267-270쪽 참조.

"이 살, 이 뼈"를 가진 한에서 "이 사람"(*hic homo*)이 도달하기에는 다소간 지나친 요구라는 것을 인정해야만 할 것 같다.

참고문헌

길희성, 『마이스터 에크하르트의 영성사상』(분도출판사 2003).

이상섭, 「토마스 아퀴나스의 Species Intelligibilis개념과 그것의 13세기 철학에서의 위치」, 『가톨릭철학』 5(2003), 252-281.

이상섭, 「인식주체의 다수성과 인식의 보편성은 양립가능한가?」, 『철학연구』 64(2004), 113-136.

Aristoteles, *Ethica Nicomachea*, ed. I. Bywater (Oxford 1954).

_____, *De Anima*, ed. D. Ross (Oxford 1963).

_____, *Metaphysica*, ed. W. Jaeger (Oxford 1992).

Beierwaltes, W., *Selbsterkenntnis und Erfahrung der Einheit. Plotins Enneade V 3. Text, Übersetzung, Interpretation, Erläuterungen* (Frakfurt a. M., 1991).

Copleston, F., *A History of Philosophy. Vol. I Greece and Rome* (Maryland 1960).

Courcelle, P., *Connais-toi toi-même. De Socrate a Saint Bernard*, Vol. 1-3 (Paris 1974-1975).

Dietrich von Freiberg, *De visione beatifica*, in opera omnia t. 1: Schriften zur Intellektslehre. Mit einer Einleitung von K. Flasch, hrsg. von B. Mojsisch (Hamburg 1977).

Düsing, K., *Selbstbewußtseinsmodelle. Moderne Kritiken und systematische Entwürfe zur konkreten Subjektivität* (München 1997).

Fetz, R. L., "Dialektik der Subjektivität: Die Bestimmung des Selbst aus der Differenz von Ich und Mein, Sein und Haben: Alkibiades I, Epiktet, Meister Eckhart", in: R. L. Fetz & R. Hagenbüchle & P. Schulz (ed.), *Geschichte und Vorgeschichte der modernen Subjektivität* (Berlin-New York 1998), 177-203.

Gadamer, H. G., *Aristoteles. Metaphysik XII. Übersetzung und Kommentar von Hans-Georg Gadamer* (Frankfurt a. M. 1984).

Gloy, K., *Bewußtseinstheorien. Zur Problematik und Problemgeschichte des Bewußtseins und Selbstbewußtseins* (Freiburg-München 2004).

Haas, A., "Zur Frage der Selbsterkenntnis bei Meister Eckhart", in: *Freiburger Zeitschirft für Philosophie und Theologie* 15(1968), 190-261.

Halfwassen, J., *Geist und Selbstbewusstsein. Studien zu Plotin und Numenios*(Mainz-Stuttgart 1994).

Johnson, D., "God as the True Self: Plato's Alcibiades I", in: *Ancient Philosophy* 19(1999), 1-19.

Kahn, Ch., "Aristotle on Thinking", in: M. Nussbaum & A. Rorty(ed.), *Essays on Aristotle's De Anima* (Oxford 1992), 359-379.

Meister Eckhart, *Deutsche und Lateinische Werke.* Hrsg. im Auftrag der Deutschen Forschungsgemeinschaft. Abt. I: Die deutsche Werke. hrsg. von J. Quint (Stuttgart 1936ff.). Abt. II: Die lateinische Werke, hrsg. und übers. von K. Weiss u.a. (Stuttgart 1936ff.).

Merlan, Ph., *Monopsychism, Mysticism, Metaconsciousness. Problem of the Soul in the Neoaristelian and Neoplatonic Tradition* (The Hague 1969).

Mojsisch, B., *Meister Eckhart. Analogie, Univozität und Einheit* (Hamburg 1983).

Oeing-Hanhoff, L., "Art.: Individuum, Individualität. II. Hoch - und Spätscholastik", in: *Historisches Wörterbuch der Philosophie* Bd. 4, hrsg. von J. Ritter & K. Gründer (Basel/Stuttgart 1976), 304-310.

Platon, *Alkiabiades I,* in: Platonis opera. tomus II. ed. I. Burnet (Oxford 1991).

_____, *Charmides*, in: Platonis opera. tomus III. ed. I. Burnet (Oxford 1989).

Plotinus, *Plotins Schriften. Griechisch-deutsch*, hrsg. und übers. von R. Harder (Hamburg 1979).

Thomas Aquinas, *De ente et essentia*, ed. M.- D. Roland-Gosselin (Paris 1948).

_____, *Scriptum super I librum sententiarum magistri Petrus Lombardi,* ed. R. Mandonnet (Paris 1929).

_____, *De unitate intellectus contra Averroistas*, ed. R. M. Spiazzi (Opuscula Philosophica: Marietti) (Rom-Turin 1954).

_____, *Summa theologiae*, ed. P. Caramello (Marietti) (Rom-Turin 1952-1962).

Ueda, Sh., *Die Gottesgeburt in der Seele und der Durchbruch zur Gottheit. Die mystische Anthropologie Meister Eckharts und ihre Konfrontation mit der Mystik des Zen-Buddhismus* (Gütersloh 1965).

Paradox der Selbsterkenntnis

Lee, Sang-Sup

Abstrakt

Seit Socrates ist die Selbsterkenntnis eine der wichtigsten Frage der Philosophie geworden. Die Selbsterkenntnis gilt als die Selbsterkenntnis vom Individuum, insofern derjenige, der diese Frage stellt, ein Individuum ist, nämlich "geteilt von den anderen" und "in sich ungeteilt". Unter den Perspektiven der Geistphilosophie in Antike und Mittelalter betrachtet, stießt aber die Selbsterkenntnis von Individuum paradoxerweise auf die Aufhebung der Individualität, was zu zeigen die Aufgabe dieses Aufsatzes ist. In der antiken und mittelalterlichen Philosophie wird die Selbsterkenntnis im strengen Sinne nur dem göttlichen einfachen Wesen zugeschrieben, bei dem Erkennendes, Erkanntes und Erkennen absoult identisch sind. Das zusammengesetzte Wesen erkennt sich selbst, indem es mit einem Teil von sich die anderen Teile und auch den erkennenden Teil selbst erkennt. Diese Art und Weise, sich zu erkennen, ist aber nur unvollkommen, weil das erkennende 'Ich' nicht mit dem erkannten 'Ich' zusammenfällt. Diese Unvollkommenheit kann dadurch aufgehoben werden, nur einen Teil von 'Ich' als wahres 'Ich' zu betrachten und die anderen übrigen Teile von diesem auszuschließen. Gemäß dieser Betrachtungsweise gilt nur der 'Geist' als wahres und eigenliches Selbst, der seinerseits göttlich oder mit Gott identisch ist. Das Selbst als

Individuum ist aber nun in sich geteilt, weil es in Geist und die übrigen Teile geteilt ist, und von den anderen Selbst nicht geteilt, weil es entindividuiert ist, so dass seine Individualität aufgehoben wird. Daraus ergibt sich ein Paradox, dass nämlich die Selbsterkenntnis zur Erkenntnis von etwas anderem als Selbst führt. Die Alternative zu diesem Paradox ist es einzuräumen, dass für die Menschen als zusammengesetztes Wesen die Selbsterkenntnis nicht möglich oder nur begrenzt ist.

Keywords : Abgeschiedenheit / Gelassenheit. Geist, Individualität, Individuum, Selbsterkenntnis, wahres Selbst

피히테의 승인이론의 구조*

김준수

요약문

본 논문은 피히테의 승인이론이 지닌 논리적 구조를 상호주관성에 입각한 실천적 규범학의 정초 이론이라는 관점에서 분석한다. 피히테가 자신의 승인이론을 가장 상세하고 체계적으로 전개하는 곳은 『자연법의 기초』 제1단원이다. 여기서 피히테는 유한한 자아의 실천적 자기정립 행위에서 출발하여 보편적 사회 규범인 법의 원리를 연역한다. 이때 사회적 규범 원리의 발생론적 구성과 개인의 자기의식의 형성의 동근원적 조건을 이루는 것은 자유로운 이성적 존재들 간의 상호 승인이다. 이 논문은 '유한한 자아의 자기정립 행위', '타아의 현전과 촉구', '촉구에서 승인으로의 이행' 문제를 중심으로 승인 운동의 구조와 과정을 분석한 후, 피히테의 승인이론이

* 이 논문은 2006년도 부산대학교 인문사회연구기금에 의하여 연구되었음.

선험철학적 상호주관성 이론으로서 일구어낸 성과와 함께 부정적 상호주관성 이론으로서 지니는 한계를 고찰한다.

● **주요어** : **피히테, 승인, 상호주관성, 촉구, 자기의식, 법**

Ⅰ. 들어가는 글

피히테가 자신의 승인이론을 가장 상세하고 체계적으로 전개하는 곳은 『자연법의 기초』(1796) 중 그 원리론에 해당하는 제1단원이다.[1] 여기서 승인(Anerkennung)의 문제는 순수 이성에 근거한 자연법의 구성이라는 맥락에서 논의되면서 상호 승인이 법체계의 정초를 위한 근본 원리로 제시된다. 『자연법의 기초』에서 피히테가 법과 윤리를 이분법적으로 분리시키기 때문에, 자칫 피히테의 실천철학에서 승인 개념이 법의 영역에만 국한하여 적용되는 듯이 오해할 수도 있다. 그러나 피히테는 이후 『윤리론』(1798) § 18에서 '좁은 의미의 윤리론'을 전개하면서 동일한 내용의 승인이론을 요약된 형태로 다시 제시한다.[2] 그러므로 피히테에게서 승인 개념은 법과 윤리의 영역을 모두 아우르는 실천적 규범학 전반의 구성 원리라는 지위를 갖고 있다. 본 논문은 『자연법의 기초』를 중심으로 피히테의 승인이론을 분석할 것이기 때문에 승인 개념이 주로 법과 관련하여 논의되겠지만, 그것의 적용 범위는 실천적 규범학의 원리 일반의 정초라는 확장된 의미 연관에서 이해되어야 한다.

---

1) Fichte, *Grundlage des Naturrechts nach Prinzipien der Wissenschaftslehre*(이하 『자연법의 기초』), §§ 1~4, 17쪽 이하.

2) Fichte, *System der Sittenlehre nach den Prinzipien der Wissenschaftslehre*(이하 『윤리론』), 212쪽 이하.

‘법개념의 연역’이라는 제목을 달고 있는 『자연법의 기초』 제1단원의 목표는 “자유로운 존재들 자체의 공동체는 어떻게 가능한가?”라는 법철학의 근본 물음을 해결하기 위한 원리, 즉 이성적인 사회 질서의 구성을 위한 법의 기본 원리를 정립하는 데에 있다.[3] 여기서 피히테는 자아의 실천적 자기정립 행위에서 출발하여 자유로운 이성적 존재들 사이의 규범 관계인 법의 개념을 연역하려고 시도한다. 이때 ‘연역’이라 함은 우선 칸트의 선험적 논리학이 제시한 바와 같이 어떤 주장이나 사태의 가능성의 조건들을 해명함으로써 그러한 조건들의 논리적 필연성을 증명하는 동시에 그 주장이나 사태의 타당성과 권한을 소급적으로 입증하는 논증 방식을 말한다. 그러므로 자아로부터 법개념을 연역하는 작업은 이중의 의미를 갖는다. 한편으로 이 연역은 법개념이 자아로부터 필연적으로 도출됨을 보임으로써 보편적 사회 규범인 법의 원리의 발생적 정당성을 확보한다. 다른 한편으로 바로 이와 같은 법개념의 도출을 통해 역으로 자아가 타인과 구별되는 현실적인 자기의식적 존재, 즉 ‘개인’으로서 스스로를 정립할 수 있는 조건과 과정을 제시한다. 더 나아가 피히테는 연역의 방법을 칸트의 선험적 분석을 넘어서 시·공간적 실현 조건들도 고려하는 행위이론과 현상학적 서술에 따른 의식이론의 차원으로 확장시킨다. 그래서 법개념의 연역은 또한 법의 원리가 자아의 구체적인 행위를 통해 어떻게 내용적으로 정립되는지 그리고 동시에 그처럼 정립되는 법의 원리를 자아가 어떻게 의식적으로 자각하고 내면화하는지를 서술한다.

우선 피히테의 승인이론이 지닌 전체적인 골격을 파악하기 위해 그 핵심 논변들을 요약해보자. 『자연법의 기초』에서 피히테는 법의 개념을 “지성과 자유를 통한 교호 작용”에 의해 성립되는 “자유로운 존재들 사이의 필연적인 관계의 개념”으로 정의한 후,[4] 이를 다음과 같은

---

3) 『자연법의 기초』, 85쪽.

세 가지 정리(定理)를 통해 연역한다.

제1정리: "유한한 이성적 존재는 자신에게 그의 자유로운 작용성을 귀속시키지 않고서는 자기 자신을 정립할 수 없다."[5)]

제2정리: "유한한 이성 존재는 감각 세계에서의 자유로운 작용성을 다른 이성 존재들에게도 귀속시키지 않고서는, 따라서 또한 자기 바깥에 다른 유한한 이성 존재들을 상정하지 않고서는 감각 세계에서의 자유로운 작용성을 자기 자신에게 귀속시킬 수 없다."[6)]

제3정리: "유한한 이성 존재는 스스로를 다른 유한한 이성 존재들과 법관계라고 일컬어지는 특정한 관계 속에 서 있는 것으로 정립하지 않고서는 자기 바깥에 다른 유한한 이성 존재들을 상정할 수 없다."[7)]

즉 피히테는 유한한 자아의 자기정립을 위한 선험적·필연적 조건으로 타아(他我, alter ego)의 존재 및 타아와의 일정한 법적 관계를 연역해낸다.[8)] 제3정리에서 언급되는 법관계를 피히테는 좀 더 구체적으로

---

4) 『자연법의 기초』, 44쪽 및 8쪽.

5) 『자연법의 기초』, 17쪽.

6) 『자연법의 기초』, 30쪽.

7) 『자연법의 기초』, 41쪽.

8) 이 3가지 정리는 『학문론』(*Grundlage der gesammten Wissenschaftslehre*(1794))에서 제시되었던 자기정립(동일성, 실재성), 반정립(대립, 부정), 분할 정립(교호 작용, 제한)이라는 3가지 공리에 각각 상응한다. 그 원제에서도 알 수 있듯이 『자연법의 기초』는 기본적으로 『학문론』의 원리에 토대를 두고 있다. 그러나 타아와의 상호주관적 관계가 핵심 원리로 등장하는 『자연법의 기초』와는 달리 『학문론』에서는 '비아'(非我, Nicht-Ich)와의 교호 작용만 다루어질 뿐 비아 일반으로 환원되지 않는 고유한 질과 지위를 갖는 '너'와의 인격적 상호 관계는 아직 독립적인 범주로 논제화되지 않는다. 그렇기 때문에 상호주관성의 문제와 관련하여 『학문론』과 『자연법의 기초』 사이의 관계에 관해 많은 논란이 벌어지고 있다. 이 논쟁에서 대체로 세 가지 입장을 대별할 수 있다. 첫 번째는 『학문론』 속에 이미 상호주관성에 관한 논의가 충분히 전개되고 있고 『자연법의 기초』에서는 그것이 단지 보다 더 구체화되고 있을 뿐이라는 입장이다. 두 번째는 이와 반대로 상호주관성에 관한 사유가 『학문론』에는 결여되어 있고 『자연법의 기초』에서 새롭게 등장한다는 입장이다. 세 번째는 상호주관성의 원리가 『학문론』에 단초적인 형태로 함유되어 있기는 하지만 『자연법의 기초』에서 비로소 변양되고 확장되면서 활성화된다는 입장

"다른 사람도 똑같이 그의 자유를 타인의 자유를 통해 제한한다는 조건 아래 각자가 자신의 자유를 타인의 자유의 가능성의 개념을 통해 제한한다는 이성적 존재들 사이의 관계"라고 규정한다.[9] 그리고 이로부터 "당신이 관계를 맺게 되는 다른 모든 인격자들의 자유라는 개념을 통해 당신의 자유를 제한하라."는 — 연역에 앞서 아직 증명을 필요로 하는 명제로 제시되었던 — 법원리의 정당성을 엄밀한 논리에 따라 입증했다고 결론짓는다.[10]

피히테에 따르면 법개념은 결국 자유로운 자아들 사이에 서로의 자유에 대한 "쌍방적 존중"과 "상호 승인"을 통해 형성되고 그 내용이 규정된다.[11] 그리고 이를 통해 구성되는 법개념은 역으로 개인의 "자기의식의 조건"이 된다.[12] 이처럼 법개념의 연역은 사회적 규범 원리의 발생론적 구성과 개별자의 자기의식의 형성이라는 두 가지 과제를 동시에 수행하는데, 이 두 과정의 동근원적 조건을 이루는 것이 바로 이성 존재들 간의 자유로운 상호 승인이다. 이제 상호주관성 이론의

이다. 이 논쟁은 E. Düsing, *Intersubjektivität und Selbstbewußtsein*, 261쪽, 각주 117 및 백훈승, 『피히테의 자아론』, 238쪽, 각주 438에 잘 정리되어 있다. 필자의 견해로는 『학문론』, 188쪽 이하("자아를 위한 법칙": "너 없이는 내가 없고 나 없이는 네가 없다.") 및 『학문론』과 같은 시기에 집필된 『학자의 사명』(*Einige Vorlesungen über die Bestimmung des Gelehrten*), 302쪽 이하에서 확인할 수 있듯이 상호주관성의 문제는 초기의 피히테에게서부터 이미 그의 사유의 중심 문제 중 하나였다. 다만 선험철학적 일반 존재론이라는 틀 속에 머물던 『학문론』에서는 타아가 비아와 구별되는 고유한 범주로 미처 본격적으로 주제화되지 못했다. 그러나 피히테는 『학문론』에서 아직 해결하지 못했던 과제인 자아 안의 무한성과 유한성의 종합이라는 문제에 대해 『자연법의 기초』에서 타아와의 상호주관적 관계를 매개로 그 해결의 단초를 발견하였고, 이에 대한 자각이 『신 학문론』(*Wissenschaftslehre nova methodo*(1798/99)) 같은 이후의 학문론에서 상호주관성을 범주적으로 반영하게 된 계기로 보인다.

9) 『자연법의 기초』, 52쪽.

10) 『자연법의 기초』, 10쪽.

11) 『자연법의 기초』, 91쪽 및 123쪽.

12) 『자연법의 기초』, 11쪽 및 53쪽.

관점에서 위의 세 정리를 보다 상세하게 분석함으로써 피히테가 서술한 승인 운동의 구조와 과정을 해명하고(2장), 이를 토대로 피히테의 승인이론이 일구어낸 성과와 그 한계를 살펴보려고 한다(3장).

II. 승인 운동의 구조와 과정

1. 유한한 자아의 자유로운 자기정립 행위

『자연법의 기초』 §§ 1~2에서 피히테는 유한한 이성 존재의 의식적 자기정립, 즉 자기의식의 형성을 위해서는 먼저 외부의 감각 세계에 대한 실천적 자아의 자유로운 작용 활동이 요구된다는 점을 제1정리 및 그 추론 명제로 제시한다. 이에 대한 증명은 그가 이미 『학문론』에서 확립했던 자아의 규정들, 즉 자아의 활동성과 과정성 그리고 자아의 본질적 특성인 실행(實行, Tathandlung) 등을 원리로 삼아 이루어진다. 자아는 미리 주어진 불변의 실체가 아니라 자신의 행위를 통해 자기의 존재를 스스로 규정하고 정립해야 하는 과정적 주체이고, 따라서 자아의 이성적 본질은 이렇게 자기의 존재를 자유롭게 정립하는 행위, 즉 실행 자체에 있다. 그런데 인간과 같은 유한한 자아는 자기 자신을 지향하는 활동과 외부의 대상과 관련된 활동이라는 두 가지 계기를 가지고 있으므로, 자아의 자유로운 자기규정 행위는 "객체에 대한 작용성"으로 나타난다는 것이다.[13]

『학문론』의 제1공리와 『자연법의 기초』의 제1정리 사이의 근본적인 상응성에도 불구하고 '절대적 자아'를 제1원리로 삼았던 『학문론』에서와는 달리 『자연법의 기초』에서는 처음부터 '유한한 자아'가 자

13) 『자연법의 기초』, 19쪽.

기정립의 주체로 설정되고 있다는 점에 주목할 필요가 있다. 이는 우선 학문론이라는 선험논리적 보편 존재론에서 자연법론이라는 실제철학적 특수 존재론으로 논의 영역이 이전된 것에 따른 전환으로 볼 수 있다.[14] 자연법론이 법질서의 당사자로 고찰해야 할 대상은 선험적 자아가 아니라 감각 세계 속의 구체적인 개인이기 때문이다. "자연법은 오로지 경험적 의지와 관련된다."[15] 뿐만 아니라 이와 같은 자아의 세속화는 피히테에게 실천적 규범학의 내용 구축이라는 면에서 볼 때에도 불가피했다. 즉 피히테는 예지적 자아의 절대적 자유를 근거로 삼았던 칸트의 도덕철학이 형식적이고 발견법적인 원칙(정언명법)을 제공하는 데에 머물고 말았다는 비판과 함께, 현실에서 적용될 수 있고 관철될 수 있는 행위 규칙들을 제공해 줄 과제를 지닌 '실제적인 철학적 학문으로서의 자연법'을 구축하기 위해서는 예지계(이념)와 현상계(현실)를 매개하는 유한한 자아의 객관적 자유를 출발점으로 삼아야 한다는 결론에 도달하게 되었다.[16]

피히테는 자신의 자연법론 역시 선험철학적 이념에 따라 "자아를 근거로 삼고 있는 체계"로 규정한다.[17] 그러나 방법론적으로 자아에서 출발한다고 해서 그 이론을 곧 독백론적 유아론으로 단정하는 것은 극히 성급한 판단이다. 문제는 그 자아가 얼마나 타자를 향해 열려 있으며 타자와의 관계 속에서 자기변화를 수용하는 자아로 파악되는가에 있다. 그런데 피히테의 이론은 이 점에서 — 비록 충분히 만족스럽지는 않을지라도 — 상당히 혁신적이고 가치 있는 모델을 제공해준다. 『자

14) W. Weischedel, *Der frühe Fichte*, 129쪽 및 E. Düsing, *Intersubjektivität und Selbstbewußtsein*, 241쪽 참조.

15) 『신 학문론』, 145쪽.

16) 피히테가 칸트의 실천철학을 비판적으로 계승하여 변형·발전시키는 문제사적 맥락에 관해서는 김준수, 「피히테의 승인이론」 참조.

17) 『자연법의 기초』, 46쪽.

연법의 기초』의 출발점이 되는 자아는 애초에 자기완결적이고 자기 안에 유폐된 어떤 실체가 아니다. 제1정리에서 제3정리로의 진행은 바로 자기의식의 형성사이기도 하며, 따라서 제1정리에 등장하는 주체인 유한한 자아는 세계 및 타아와의 관계를 통해 비로소 자기의식과 자유의식을 획득해야 하는 자아이다. 유한한 자아는 그 개념상 이미 항상 '세계 내 존재'이고 '함께 존재'이다.

그러나 비록 피히테가 제1정리에서 자기정립의 주체를 유한한 자아로 설정하고 있다 하더라도 강조점은 역시 자아의 절대적 활동성과 자립성에 있다. 그런데 유한한 자아는 현실적으로 제약된 존재이고 늘 타자관련적인 존재이다. 그러므로 '내가 어떻게 타자와의 의존 관계 속에 있으면서도 동시에 절대적으로 자기활동적일 수 있는가?'라는 일견 자기모순적인 물음이 제기된다. 이런 자아의 자기정립 안에 내재하는 근본 문제를 피히테는 다음과 같이 표현한다.

> 인격자들 자체는 절대적으로 자유로워야 하고 오로지 자신들의 의지에만 의존해야 한다. 확실히 그렇기는 하지만 인격자들은 또한 상호 영향 속에 있어야 하고, 따라서 오직 자기 자신에게만 의존해서는 안 된다. 이 두 가지가 어떻게 함께 존립할 수 있는가? 이에 대해 답하는 것이 법학의 과제이다. 그리고 그 밑바탕에 놓여 있는 물음은 **'자유로운 존재들 자체의 공동체는 어떻게 가능한가?'**이다.[18]

이미 『학문론』에서도 자아의 무한성(자기관련, 동일성)과 유한성(타자관련, 차이)의 종합은 해결을 요구하는 궁극적인 과제였다.

> 자아가 비아에 의해 제한되는 한, 그것은 유한하다. 그러나 자기 자신의 절대적 활동으로 정립되는 바대로의 그 자체로는 자아가 무한하다. 자아 속의 무한

18) 『자연법의 기초』, 85쪽.

성과 유한성이라는 이 두 가지는 통일되어야 한다. 그러나 그러한 통일은 그 자체로는 불가능하다.[19)]

『학문론』에서는 이 궁극 과제가 결국은 해소되지 못했다. 다만 그 탈출구로 자기관련적인 '순수 활동'과 대상관련적인 '객관적 활동'을 통합시키고 절대적 자아를 통해 유한한 자아 및 비아를 규정하고 변화시키려고 노력하는 실천적 의지의 영원한 '추구'(Streben)와 '동경'(Sehnen)이 제안되었을 따름이다. 그러나 그와 같은 이념적 추구와 동경은 현실적 구속력을 지녀야 할 실천적 규범 원리의 정초를 목표로 하는 자연법론의 기반이 되기에는 너무 허약하고 공허하다. 『자연법의 기초』에서는 유한한 자아가 행위 주체로 설정되기 때문에 자아 안의 절대적 자기관련과 필연적 타자관련이라는 이율배반이 더욱 첨예한 모습으로 등장한다. 하지만 『자연법의 기초』에서 피히테는 또한 바로 이 문제에 대해 상호주관성의 관점에서 새롭게 접근하면서 해결의 길을 보여준다.

2. 타아의 현전과 촉구

자유로운 이성 존재인 타아와의 관계는 유한한 자아가 스스로를 자유로운 작용성을 지닌 이성 존재로 정립하고 자각하기 위한 선험적 조건, 다시 말해 "자기의식의 절대적 조건"이라는 것이 제2정리의 주장이다.[20)] 감각적 주위 세계(비아) 속에서 자유의 실현을 추구하던 고독

19) 『학문론』, 144쪽. 『학문론』의 자아조차도 흔히 생각하듯이 스스로를 절대화하는 어떤 신적인 자아가 아니라 무한성과 유한성이라는 두 대립된 계기 사이에서 이를 통합하려고 애쓰는 흔들리는 자아라는 점을 한자경, 「피히테의 자아론 – 무한과 유한 사이에서 유동하는 자아」가 균형 잡힌 시각에서 잘 분석하고 있다.

20) 『자연법의 기초』, 32쪽.

한 자아는 이제 다른 자아와의 인격적 소통의 관계를 향해 스스로를 개방해야만 한다. 이 제2정리와 관련하여 다음과 같은 물음들이 제기된다. 타아는 자아에게 어떻게 주어지는가? 자아는 왜 굳이 타아를 필요로 하는가? 나는 어떻게 타아를 단지 사물적 비아가 아니라 인격성을 지닌 타아로서 인식할 수 있는가? 나와 마주치는 타아는 나에게 어떤 의미로 다가오는가?

피히테에게 타아의 현전은 감각 세계에서 일어나는 "필연적인 사실"이다.[21] 우선 타아는 자아에게 현존재적 사실로 주어진다. 개체발생론적 관점에서 나는 이미 항상 타인들과 상호 작용하는 '생활세계' 속에 존재하며 그 지평 안에서 한 개인으로 태어나고 성장하고 살아간다.[22] 타아는 이 경험적 상호주관성의 세계 속에서 나와 끊임없이 조우하는 존재이다. 이미 『학문론』의 절대적 자아조차 비아의 실재를 창조하는 신비한 능력을 지닌 존재 근거가 아니라,[23] 다만 비아의 타자성을 자아에 대해 규정하는 인식 근거일 뿐이었다. 그리고 그렇게 비아를 규정하면서 정립하는 자아는 역으로 비아와의 '부딪힘'(Anstoß)에 의해 비로소 규정되고 정립되는 존재였다. 『자연법의 기초』에서의 유한한 자아에게는 타아의 현전, 타아와의 만남이 자아의 모든 의식 활동에 앞서 주어지는 초월적 사실이다.

그러나 이런 존재적 사실성이 곧 타아의 존재론적 필연성을 담보하지는 않는다. 후에 후설(E. Husserl)도 말하듯이 나 자신의 의식과 신체

---

21) 『자연법의 기초』, 35쪽. 『신 학문론』, 230쪽 역시 참조.

22) 개별적 자아의 자기정립에 선행하여 주어진 사실로서의 생활세계적 상호주관성을 모든 구체적인 인식과 현실적 사회 관계의 근거와 가능 지평으로 파악하려는 '해석학적' 경향은 피히테의 철학에서 후기로 갈수록 더욱 강화된다. 후기의 피히테는 심지어 역사, 문화, 민족, 언어 같은 '대아'(大我, das große Selbst) 속에서 개체성의 소멸을 주장하는 '스피노자적' 입장으로까지 나아간다.

23) 이런 입장을 피히테는 자신이 견지하는 '비판적 관념론' 또는 '실재-관념론'과 구분하여 '독단적 관념론'이라고 일컬으면서 비판한다.

는 특권적 명증성을 가지고 접근이 가능한 나의 '원초적 영역'에 속하는 반면, 타아는 나의 "순수한 자기의식에는 결코 직접적으로 주어지지 않기" 때문이다.[24] 타아의 현전이 자아에게 '필연적' 사실이 되려면 그것은 자아로부터 '선험적으로 연역'되어야 한다. 이 연역 과정이 바로 제2정리에 대한 증명을 이룬다.

타아의 필연성에 대해 피히테는 각 시기마다 다른 유형의 논변들을 제시한다. 후기의 생활세계론적 논변에 관해서는 앞서 언급했다. 이에 비해 초·중기의 저작들은 선험철학적 상호주관성 논변을 제시한다. 그 중에서 초기에 속하는 『학자의 사명』(1794)에 등장하는 논변은 아직 자아중심론적이라고 할 수 있다. 여기서 타아는 이미 자기확신에 차 있는 자아의 이성과 자유를 실현하기 위한 하나의 계기로 파악되며, 이러한 객관적 자기실현에 대한 자아의 불가피한 실천적 관심과 욕구로부터 타아 존재의 필연성이 도출된다. 타아는 다만 '자아를 위한 타자'로 요청될 뿐이다.

> 인간에게는 또한 이성의 개념 및 합리적 행위와 사유의 개념이 주어져 있으며, 인간은 필연적으로 자기 자신 내부에서만이 아니라 자기 외부에서도 이러한 개념이 실현되는 것을 보고자 한다. 자신과 같은 이성적 존재들이 자기 바깥에 주어져 있다는 것은 인간의 욕구에 속하는 일이다. 인간이 자기 바깥의 이성적 존재들을 생성해낼 수는 없다. 하지만 그는 비아에 대해 관찰하면서 그러한 이성적 존재의 개념을 그 근저에 놓아야 하고, 이에 부합하는 것이 발견되기를 기대한다.[25]

중기의 『제2서론』(1797)은 후설의 '감정이입'(Einfühlung)과 흡사한 개념을 선취하고 있다는 점에서 흥미롭다. 사물로서의 '그것'(Es)과 질

---

24) 『학자의 사명』, 302쪽.
25) 『학자의 사명』, 304쪽.

적으로 구분되는 인격자로서의 '너'(Du)라는 범주는 어떤 특수한 대상에 나의 자아성을 미루어 '전이'(Übertragen)시킴으로써 생성된다는 것이다. 이때 타아는 '자아와 닮은꼴인 다른 자아'로 파악된다.

> **자아성**(자기 자신으로 복귀하는 활동, 주관-객관성 등등)은 근원적으로 그것, 즉 단순한 객관성에 대립된다. … 이런 최초의 정립에서는 그것, 단순한 객체, 우리 밖에 있는 그 무엇으로 정립되었던 어떤 것에 우리 안에서 생성된 자아성의 개념이 전이되고 종합적으로 통일된다. 이런 조건적 종합을 통해 비로소 우리에게 **너**가 발생한다. 너라는 개념은 그것과 자아의 통일에서 발생한다.[26)]

그러나 가장 주목할 만한 논변은 역시 『자연법의 기초』(1796)와 『윤리론』(1798)에서 발견된다. 여기서는 타아 존재가 자아의 실현 매체나 자아성의 유비적 투사물이 아니라 오히려 "자아의 절대성을 가능하게 만드는" 독립적인 인격체로 등장하기 때문이다.[27)] 피히테는 유아론적 자아가 홀로 해소하지 못하는 자기의식의 내적 순환성과 자기모순을 적시하고 그것이 다른 이성적 자아와의 관계를 통해서 비로소 해소될

---

26) Fichte, *Zweite Einleitung in die Wissenschaftslehre*, 502쪽. 물론 이미 『자연법의 기초』, 73쪽에서 "나의 필연적 사유를 내 바깥에 있는 인격자에게 전이시킴"이라는 구절이 등장한다. 그러나 여기서는 타아를 최초로 인지하는 시점이 아니라 이미 타아와의 구체적인 상호 인식 관계라는 상황에서 '전이' 개념이 언급되고 있다. 그런데 후설 역시 '감정이입'을 대신하여 종종 '전이' 개념을 사용한다.

27) R. Lauth, "Der Begriff der Geschichte bei Fichte", 377쪽. 뒤징은 『자연법의 기초』에서의 논변을 『학자의 사명』과 대조하면서 다음과 같이 특징짓는다. "피히테에게서는 구체적인 인간 자아의 형성사가 인격적인 상대의 실제적인 현재적 실존 및 그가 나에게 미치는 영향에 의존해 있다는 점에서 타자가 탁월한 존귀함을 지닌다. … 『자연법의 기초』에서 상대방으로서의 너는 더 이상 단지 뜻을 같이 하는 상대짝을 향한 이성의 욕구를 충족시키면서 완성되는 자기의식을 위한 조건이 아니다. 이를 넘어서 독자적이고 자기의식적인 실존으로서의 너는 나의 자기의식화의 근원지이다. 그렇기 때문에 타아가 단지 자아의 무의식적인 생산적 구상력이 만들어낸 허상에 지나지 않는 것이 아닐까라는 어떠한 의심도 결정적으로 제거된다."(E. Düsing, *Intersubjektivität und Selbstbewußtsein*, 247쪽)

수 있음을 보임으로써 타아의 필연성을 증명한다. 피히테에 의하면 자기의식은 단순한 비아와의 관계 속에서는 순환적으로만 설명될 수 있을 뿐이므로 실은 그 존재 근거가 정초되지 못한다. 즉 자기의식의 가능성을 설명하기 위해서는 설명되어야 할 자기의식을 비아와의 상관성 속에서 먼저 현실적인 것으로 전제할 수밖에 없다는 것이다. 제1정리에 따르면 유한한 자아가 자기의식이 되기 위해서는 스스로를 객체에 대한 작용성으로 정립해야 한다. 이 자아의 자기정립을 통해 객체가 객체로서 정립된다. 그러나 유한한 자아가 스스로를 작용성으로 정립하고 이를 인식할 수 있으려면 그 작용성이 가해지는 객체가 미리 정립되어 있지 않으면 안 된다. 그리고 객체가 정립되어 있으려면 다시 그에 앞서 객체를 정립하는 주체인 자기의식이 먼저 존재해야만 한다. 이렇게 한낱 대상과의 관계 속에서는 자기의식의 정초가 무한퇴행과 순환논법에 빠진다.

> 자기의식을 이미 현존하는 것으로 항상 전제하지 않고는 자기의식을 설명하는 것이 불가능한 이유는 자기의식의 작용성을 정립할 수 있기 위해서는 자기의식의 주체가 이미 객체를 다만 객체 자체로서 먼저 정립했어야만 하기 때문이다.[28)]

이러한 자기의식의 내적 순환성은 주체의 작용성과 객체라는 두 극단이 동시에 종합적으로 통일되어 "주체의 작용성이 곧 지각되고 파악된 객체이고, 또 객체가 다름 아닌 바로 이 주체의 작용성"이 될 경우에만 해소될 수 있다.[29)] 다시 말해 자기의식이 관계를 맺는 객체가 단지 주체의 작용에 의해 인과적으로 규정되는 피동적 대상이 아니라 그 자체가 능동적으로 작용하는 주체인 그러한 존재이어야 한다.

---

28) 『자연법의 기초』, 31쪽 이하.

29) 『자연법의 기초』, 32쪽.

그러나 이런 객체의 주체화를 통한 해소는 자기의식의 가능성을 확립하기보다는 오히려 자아에 내재하는 무한성과 유한성 사이의 모순을 더욱 격화시키는 듯이 보인다. 이제 자아는 — 그리고 실은 주체적 타자가 된 객체 역시 — 객체를 절대적으로 자유롭게 규정하는 작용 주체이면서 동시에 스스로 작용을 가하는 객체에 의해 제한되고 규정되는 작용 대상이 되기 때문이다. 자유로운 활동의 무한성과 수동적 제한성이라는 두 가지 상반된 계기들은 어느 한 선택지의 제거를 통해서가 아니라 둘 다 유한한 자아의 본질적 계기들로 양립하면서도 그 모순 관계가 해소되어야 한다. 그런데 이는 "**주체가 자기규정으로 규정됨**, 작용성을 향해 스스로 결단하도록 주체에게 촉구함"을 통해서만 가능하다.[30] 즉 자아가 타자에 의해 규정되지만 그 피규정의 결과가 다름 아니라 자아가 스스로를 자유롭게 규정하는 것이고, 또 역으로 자아가 타자를 자유롭게 규정하지만 그 작용이 타자의 자기규정이 되어야 한다.

이제 자기의식의 순환성과 자기모순을 해소하고 스스로를 자신에 대해 충만하고 조화로운 자기의식으로 정립하기 위해서는 자아가 자신의 유아론적 폐쇄성을 깨고 다음과 같은 조건을 지닌 비아를 자기의식의 가능성의 필연적 조건으로 요청해야만 한다. 1) 그러한 비아는 자아와 마찬가지로 주체적 작용성을 가지고 있어야 한다. 2) 그 비아가 자아에 미치는 작용은 자아가 스스로 작용하도록 자유롭게 결단하게 만드는 것이어야 한다. 이러한 조건들을 충족시키는 비아는 사물적 대상일 수는 없고 오로지 자아와 같은 다른 이성적 인격체, 즉 타아일 수 있을 뿐이다.[31]

---

30) 『자연법의 기초』, 33쪽.

31) 피히테의 이 논변은 후에 헤겔(G.W.F. Hegel)이 『정신현상학』, 107쪽 이하에서 제시하는 논변과 비견할만하다. 여기서 헤겔은 욕망하는 자기의식이 비자립적인 사물과의 부정적인 관계 속에서는 오히려 자기동일성의 파괴를 경험하게 되

> 내(자아)가 이러한 자기활동성을 향한 촉구를 파악할 수 있는 것은 오로지 나에게 하나의 개념, 즉 바로 그 요청된 행위에 대한 개념을 전달하려고 하고 따라서 개념에 대한 개념을 지닐 수 있는 능력을 가진 그러한 내 바깥에 있는 현실적 존재에게 그와 같은 촉구 행위를 귀속시킬 때일 뿐이다. 그런데 그와 같은 존재는 이성적인 존재, 스스로를 자아로 정립하는 존재, 즉 자아이다. … 자기 바깥에 있는 현실적인 이성적 존재를 상정하는 것은 자기의식 및 자아성의 조건이다.[32]

그런데 경험 세계에서 마주치는 어느 특정한 타자가 단지 사물적 비아가 아니라 인격적 타아라는 것을 나는 어떻게 인식하고 확신할 수 있는가? 일단 지금 논의의 맥락이 타아의 '선험적' 연역인 한, 여기서 문제가 되는 것은 타아에 대한 경험적 인식이 아니라 ― 피히테에 따르면 의식의 관점에서 타자의 자아성에 대한 직접적인 경험은 불가능하다 ― "예지적 세계, 가상체(可想體)의 세계에 속하는" 타아의 이성과 자유 의지에 대한 인식이다.[33] 자아와 타아의 상호주관적 관계는 물리적·생물학적 의존 관계이기에 앞서 근본적으로 정신적 인식과 소통의 관계이기 때문이다. 그래서 피히테는 먼저 타아의 자유로운 이성적 성격에 대한 선험적 판단 기준을 확립하고, 그 다음에 이에 부합하는 현실적 구현체들을 제시한다.

피히테에 의하면 내 바깥에 있는 존재를 이성과 자유의 인격성을 지닌 존재로 판단할 수 있는 기준은 "개념에 대한 개념" 내지 "목적 개념", 즉 합목적성의 능력에 있다.[34] 다시 말해 그 존재가 자신의 활동

며, 자기의식이 욕망하는 대상이 또 다른 자립적 자기의식이 되고 이와 상호주관적으로 소통할 때에만 욕망의 충족과 자기동일성을 성취할 수 있음을 보이면서 타아 존재의 필연성을 이끌어낸다.

32) 『윤리론』, 220쪽 이하.

33) 『신 학문론』, 150쪽.

34) 『윤리론』, 223쪽 및 『자연법의 기초』, 37쪽.

을 통해 비로소 실현되어야 할 산물을 먼저 개념적으로 기획하고, 자신의 작용 활동을 이 개념에 적합화시키며, 그 행위의 의도가 바로 자신의 개념을 객관적으로 현시하는 데에 있음을 타자가 인지할 수 있도록 할 경우, 오직 그 경우에만 나는 그 존재를 이성적 존재라고 인식할 수 있다. 이런 합목적성이 현실에서 드러나는 방식으로 피히테는 두 가지를 거론하는데, 그 하나는 내 바깥에 있는 자유로운 존재가 나에게 직접 영향을 주는 것이고, 다른 하나는 그 존재가 자연에 가한 영향으로부터 간접적으로 그 창작자를 추론하는 것이다. 전자를 구현하는 것이 인간의 신체이고, 후자의 범례가 예술품이다.[35] 피히테는 후자의 간접적 방식을 전자의 직접적 방식을 전제하는 파생물로 보기 때문에 주로 신체에 대해 집중적으로 논한다.

피히테는 인간의 몸이 지닌 두 존재론적 층위를 '육체'(Körper)와 '신체'(Leib)라는 서로 다른 개념으로 구분하면서 상이한 가치를 부여한다. 육체는 인간이 생명을 보존하고 활동하기 위한 생물학적 터전이 되는 물질들의 유기적 결합체를 지시하는데, 이런 의미에서의 몸은 다른 사물들과 마찬가지로 인과법칙에 의해 지배받는 자연의 세계에 속한다. 피히테는 육체로서의 몸을 철저하게 정신과 의지의 수단이라는 도구적 관점에서 바라본다. 반면에 신체로서의 몸은 나의 자유 의지와 인격성이 스며들고 체현되어 있는 원초적 실현장이다. 이런 의미에서 신체는 "경험 세계에서 자아를 재현하는 자"이고, 그렇기 때문에 자아가 절대적 가치를 지니는 한 "인간의 형체는 인간에게 필연적으로 성스럽다."[36] 바로 이 타아의 신체가 자아에게 직접적인 영향을 미치면서 타아의 고유한 자아성에 대한 인식 근거가 된다.

---

35) 『윤리론』, 223쪽 이하.

36) 『자연법의 기초』, 114쪽 및 85쪽.

> 신체는 공간 속에서의 한갓 현존재를 통해 그리고 그 형체를 통해 작용해야만 할 터인데, 그것도 모든 이성적 존재가 나를 이성적 능력이 있는 존재로 승인하고 이런 전제에 따라 나를 대우하는 방식으로 작용해야만 할 것이다.[37)]

인간의 형상을 가진 신체와 만났을 때 나는 추론적 사유 없이도 그를 나와 같은 이성적이고 인격적인 존재로 즉각적으로 인지하면서 잠정적으로 승인한다. 이런 점에서 타인의 신체가 나에게 가하는 영향은 더 이상의 근거 제시가 불가능하고 불필요한 "감각 세계에서의 사실"이다.[38)] 후설과 마찬가지로 피히테에게도 신체는 자아가 타아와 교류하고 상호주관성의 세계를 향해 나아가는 통로이다. 그리고 레비나스(E. Levinas)에게서 '얼굴'(visage)이 그러하듯 피히테에게 타인의 신체와의 만남은 그 자체가 윤리적 함의를 지니면서 모든 규범적 관계의 출발점이 된다.[39)]

> 인간의 형체를 지닌 자는 누구나 자신과 같은 형체를 지닌 다른 모든 존재들을 이성적 존재로 승인하고 따라서 법의 가능 주체로 승인하도록 내적으로 강하게 요구받는다.[40)]

인간의 형체를 통해 타아가 나에게 제시하는 윤리적 요구를 피히테는 '촉구'(Aufforderung)라고 부른다. 『자연법의 기초』에 등장하는 '촉구'는 피히테가 『학문론』에서 언급했던 '부딪힘'(Anstoß)을 인격적이

---

37) 『자연법의 기초』, 75쪽.

38) 『신 학문론』, 230쪽.

39) 물론 레비나스에게서는 타인과의 대면적 관계가 인식 이전에 성립하는 유일한 개별자에 대한 윤리적 관계인 반면에, 피히테에게서는 타인의 신체와의 만남이 개별자를 비아의 영역에서 인간종의 영역으로 보편화하며 견인하는, 일차적으로 인식적인 관계라는 차이가 있다.

40) 『자연법의 기초』, 90쪽 이하.

고 경험적인 맥락으로 변형시킨 개념이다. 『학문론』에서 '부딪힘'은 외부를 향해 무한히 뻗어나가려는 자아의 의지 활동을 비아로부터의 충격을 통해 내면으로 되돌리어 자기반성과 자기규정을 가능하게 만들고, 자아가 자신을 자기의식적 '지성'(Intelligenz)으로 정립할 수 있도록 만드는 계기였다. 마찬가지로 타아의 '촉구' 앞에서 비아에 대한 자아의 일방적인 권력 의지와 장악 활동은 저지당하고 자기 안으로의 반성과 자기제한이 촉발된다. 촉구는 "주체에게 자기규정을 향한 완전한 자유를 남겨두어야 하는 외적인 부딪힘"이다.[41] 강제나 명령과는 달리 촉구는 나로 하여금 어떤 특정한 행위를 하도록 규정하는 결정 근거나 인과적 원인이 아니라 다만 내가 스스로 자유롭게 선택하는 결단과 행위의 "설명 근거", 그 합리적인 동기와 이유이다.[42] 나는 타인의 촉구에 부응할 수도 있고 이를 거부할 수도 있으며, 심지어 아예 무시하고 응답하지 않을 수도 있다. 그것은 전적으로 나의 자의에 맡겨져 있다. 다만 촉구는 내가 어떤 선택을 하건 이성적 존재로서 자유롭게 자기를 규정하라는 요구와 합리적이고 책임 있는 선택을 하고 그에 부합하게 행위하라는 요청을 담고 있다. 그러므로 타아가 제기하는 촉구는 자아에게 다음과 같은 이중의 윤리적 의미를 지닌다. 먼저 촉구는 인간의 형체를 한 타아를 침해하지 말고 자신과 같은 인격적 존엄성을 지닌 존재로 존중해달라는 호소이다. 이 호소 앞에서 자아의 비아에 대한 지배 주장과 확대 활동은 저지되고 제한된다. 동시에 촉구는 또한 자아를 책임 있고 이성적인 자유 앞으로 소환하는 부름이다. 이 부름을 통해 자아는 비로소 자신의 자유에 대한 근원적인 의식을 획득하게 된다. 타아의 촉구는 자아의 이성과 자유에 대한 시금석이자 촉매제이다. 바로 이 타아가 나의 자기의식을 가능하게 만들어주는 존

41) 『자연법의 기초』, 33쪽.
42) 『신 학문론』, 180쪽.

재인 것이다.

3. 촉구에서 승인으로의 이행

타아와의 온전하고 성공적인 인격적 관계는 상호주관적 승인의 관계이고, 이 상호 승인을 매개로 하여 각 개별자가 타아와 구별되는 독특한 자기의식적 개인으로 스스로를 정립하며, 또한 동시에 자아와 타아가 공유하는 공동의 의식과 보편적 규범 원리가 생성된다는 것이 제3정리의 요점이다. 피히테는 '승인'을 "대립자들이 하나로 통합되는 것"이라고 파악하면서,[43] 그 성립 과정을 다음과 같은 세 단계의 명제들을 통해 서술한다.

1) "내 스스로가 어느 특정한 이성 존재를 이성적 존재로 대우하는 한에서만 나는 그 특정한 이성 존재에게 나를 이성적 존재로 승인해줄 것을 요구할 수 있다."[44]

2) "그런데 나는 나를 이성적 존재로 승인해줄 것을 내 바깥의 모든 이성적 존재들에게 어떤 가능한 경우이든 요구해야만 한다."[45]

3) "나는 내 바깥의 자유로운 존재를 어떤 경우이든 자유로운 존재로 승인해야 한다. 다시 말해 내 바깥에 있는 존재의 자유의 가능성이라는 개념을 통해 나의 자유를 제한해야만 한다."[46]

이 일련의 논변은 첫 번째 단계에서 형성된 나와 너 사이의 이항적이고 일회적인 상호 승인의 관계를 타아 일반과의 지속적인 사회적 관계로 일반화함으로써 보편적 사회 규범인 법의 원리를 이끌어내는 데에 초점이 맞추어져 있다. 그런데 우리의 관심은 상호주관적 승인의

---

43) 『자연법의 기초』, 47쪽.
44) 『자연법의 기초』, 44쪽.
45) 『자연법의 기초』, 45쪽.
46) 『자연법의 기초』, 52쪽.

관계가 어떻게 구성되는가에 있으므로 주로 제1명제를 중심으로 상호 승인의 성립 과정을 살펴보겠다.

『자연법의 기초』에서 서술된 승인 운동의 과정은 다음과 같이 요약할 수 있다.[47] 감각 세계에서 자아와 타아가 조우한다. 자아와 대면한 타아는 자아를 자유로운 이성적 주체로 즉각적으로 인식하고 자신의 활동 영역을 제한한다. 이때 타아의 자기제한 행위는 인간의 형체를 지닌 자아가 아마도 이성적 존재일 것이라는 '개연적 인식'(problematische Erkenntnis)에 근거를 둔 자유로운 행위이다. 그런데 이 타아의 자기제한 행위는 자아에게 타아의 이성적인 성격에 대한 인식 근거가 되고 그 스스로 자유롭고 이성적으로 행위하라는 '촉구'로 작용한다.[48] 이 촉구에 부응하여 타아가 그렇게 했듯이 자아도 역시 자신의 활동 영역을 제한하고 타아에게 자유롭게 활동할 수 있는 권리 영역을 남겨준다. 이런 타인의 자유를 위한 상호적 자기제한을 통해 자아와 타아는 서로를 자유롭고 이성적인 존재로서 '정언적으로 인식'(kategorische Erkenntnis)하고 서로 확정적으로 '승인'하게 된다.

『신 학문론』에서 피히테는 이 상호 승인의 전개 과정을 질문과 응답에 비유한다.[49] 타아가 자아에게 제기하는 '촉구'는 일종의 질문과도 같다. 질문을 통해 화자는 수신자에게서 일정한 답변을 얻을 것을 기대하며 요구한다. 그런데 질문하는 행위는 먼저 수신자가 그 질문을 이해할 수 있어야 한다는 것을 전제한다.[50] 그리고 질문의 이해 가능성은 수신자가 실제로 응답하기 전에 화자가 이미 발화 행위 속에서

---

47) 특히 『자연법의 기초』, 43쪽 이하.

48) 이 촉구를 인간의 형체가 직접적으로 제기하는 1차적 촉구와 구별하여 '2차적 촉구'라고 부를 수 있겠다.

49) 이하는 『신 학문론』, 181쪽 및 230쪽에 서술된 피히테의 사유를 현대적인 용어로 해석하고 재구성한 것이다.

50) '촉구'의 이해 가능성 문제에 대해서는 『자연법의 기초』, 36쪽 및 『윤리론』, 220쪽 이하에서도 논의된다.

수신자를 이성적인 존재로서 '개연적으로 인식'하고 있으며 수신자가 질문을 이해해줄 것을 의도하고 있다는 점을 함축한다. (개념에 대한 개념) 질문은 화자가 전달하려고 하는 정보나 요구만 일방적으로 담고 있는 것이 아니라 이미 수신자인 "나 자신을 그 속에서 고려하고 있다."[51] 다시 말해 화자는 질문에 앞서 수신자가 질문을 이해할 수 있는 합리적인 존재일 것이라고 기대할 수 있어야 하며(인간의 신체), 화자가 실제적인 발화 행위 이전에 수신자의 이해와 가능한 기대 반응을 미리 예상하여 그에 상응하게 자신의 질문을 내면적으로 재조정하고 조건화해야 한다. (타아의 선행적 자기제한 행위) 또한 질문하는 행위는 수신자의 자유로운 선택 능력에 대한 암묵적인 승인과 그에 부합하는 행위에 대한 요구를 함축한다. ('촉구') 명령이나 강요와는 달리 질문은 수신자가 그것에 대해 수긍하건 배척하건 간에 자유롭게 자신의 입장을 선택하여 행위할 수 있는 능력을 지니고 있음을 전제한다. 질문은 "내가 지닌 한 가지 **속성**, 즉 나의 자유로운 행위, 그것도 다만 가능적이고 사유된 것으로서 나의 자유로운 행위를 염두에 두며 포함하고 있다. 나는 타인이 나를 행위하는 자로 고려하는 그런 존재로 나를 발견한다."[52] 질문이 수신자에게 특정한 답변을 할 것을 강요하지는 않지만 화자가 그렇게 했듯이 합리적인 방식으로 다시 화자에게 대답해줄 것을 요청한다. 만일 수신자가 질문을 이해하고 실제로 그에 부응하는 행위(자아의 자기제한 행위)로 응답한다면, 화자는 수신자의 이성적 능력에 대한 '정언적 인식'에 도달하게 되고(승인), 화자와 수신자 간에 공유된 보편적 의사소통과 구속력 있는 합의의 장(법)이 형성된다.[53]

---

51) 『신 학문론』, 181쪽.

52) 같은 곳.

53) 피히테에 대해 대단히 비판적인 하버마스(J. Habermas)의 화용론적 담화이론이 실은 피히테의 승인이론과 상당한 친화성을 가지고 있다는 점을 여기서 알 수

이와 같은 승인 운동의 전개에서 자아중심론의 철학자로 알려진 피히테가 일반적인 예상과는 달리 자아가 아닌 타아를 승인 운동의 최초 추동자로 설정하고 있다는 점이 주목할 만하다. 실은 이미 『학문론』에서 비아가 "최초의 운동자"로서 자아의 행위와 실존을 가능하게 만드는 실제 근거로 등장했었다.[54)]『자연법의 기초』에서는 여기서 더 나아가 승인 운동의 처음 단계에서 타아가 먼저 자아를 자유로운 이성적 존재로 인식하고 존중하며 자아로 하여금 자유롭고 이성적인 행위를 하도록 촉구한다는 점에서 적어도 일시적이나마 타아가 자아에 대해 도덕적 기선과 우위를 차지한다. 타자의 자유는 "내 자신의 자립성을 향한 충동의 가능성의 조건"일 뿐만 아니라, 이 사실을 먼저 깨닫고 나를 일깨워주는 자 역시 타자이다.[55)] 그러나 레비나스의 타자중심의 윤리와는 달리 피히테의 승인이론에서는 자아에 대한 타아의 불균등하고 비대칭적인 촉구의 관계가 자아와 타아 간의 대칭적이고 평등한 상호 승인의 관계로 발전하게 된다.

그런데 피히테의 승인이론에 대한 해석에서 가장 논란이 되는 것이 바로 이 개연적 인식에 근거한 일방적 촉구에서 정언적 인식을 동반하는 상호 승인으로의 이행 문제이다. 피히테는 이 이행을 단지 윤리적 요청이 아니라 엄밀한 사유 법칙에 따른 논리적 전개로 이해한다. 타인에 대한 의무를 정언적으로 부과하는 윤리론과는 달리 근본적으로 '허용법'만을 규정할 수 있는 법론에서는 행위자에게 타인의 자유를 적극적으로 의욕하는 도덕적 선의를 기대하며 요구할 수 없다고 피히테는 주장한다.[56)] 따라서 상호 승인으로의 발전은 도덕적 고려 없이

있다. 그렇기 때문에 짚은 피히테의 승인이론을 "일종의 법의 '의사소통이론'"이라고 특징짓는다.(L. Siep, *Praktische Philosophie im Deutschen Idealismus*, 34쪽)

54) 『학문론』, 279쪽.

55) 『윤리론』, 221쪽.

56) 『자연법의 기초』, 54쪽.

오로지 논리적으로 엄밀하게 구성되고 정당화되어야 한다. 그런데 촉구에서 승인으로의 이행은 어떻게 이루어지며, 그 이행 논리는 과연 피히테가 주장하듯이 필연적인가?

이 문제와 관련하여 촉구에서 승인으로의 논리적 이행을 분석적 내포 관계로 파악하는 견해가 지배적이다.[57] 피히테의 촉구라는 개념 속에 이미 승인 개념을 도출할 수 있는 근거가 충분히 마련되어 있으며, 따라서 촉구에서 승인으로의 이행은 논리적 필연성을 지닌 연역적 전개라는 것이다. 특히 두 가지 전거가 이런 해석을 뒷받침하고 있다.

첫째로 우리는 앞에서 피히테의 촉구 개념이 실제로 이미 상당히 강한 상호주관성을 함의하고 있음을 보았다. 촉구 안에는 일정한 유형의 반응 행위를 유도하는 기대를 넘어서 상대방을 향한 지향성과 고려 그리고 이에 따른 선행적 자기변화가 담겨 있다.[58] 그렇기 때문에 피히테는 촉구를 근원적이고 필연적인 관계로 파악하면서, "이 근원적 관계는 이미 교호 작용이다."라고 말한다.[59] 그러나 이런 해석의 결함은 승인이 촉구보다 더 발전되고 종합적으로 확장된 개념이라는 것이다. 스콜라 철학의 격언에 의하면 "결론은 전제보다 더 클 수 없다." 그런

---

57) 백훈승, 『피히테의 자아론』, 224쪽; P. Baumann, *Fichtes ursprüngliches System*, 181쪽; E. Düsing, *Intersubjektivität und Selbstbewußtsein*, 256쪽 이하 및 285쪽 이하; E. Heller, *Die Theorie der Interpersonalität im Spätwerk J.G. Fichtes*, 59쪽; R.R. Williams, *Hegel's Ethics of Recognition*, 36쪽 등 대다수의 연구자가 이런 견해를 지지한다. H.J. Verweyen, *Recht und Sittlichkeit in J. G. Fichtes Gesellschaftslehre*, 92쪽 이하 및 341쪽 역시 이 진영으로 분류할 수 있겠는데, 다만 그는 앞서 언급한 연구자들과는 달리 『자연법의 기초』 § 3의 촉구 속에 내포되어 있던 근원적 상호주관성이 § 4의 법관계에서 자유의 상호 제한으로 축소되고 있다고 비판적으로 파악한다.

58) 미드(G.H. Mead)의 표현을 빌려 말하자면 피히테의 '촉구'는 적어도 단순히 상호 작용하는 '몸짓'(gesture)들의 메커니즘을 넘어서 자기 자신의 행위를 타자와의 관계 속에서 의식적으로 조율하는 '음성적 몸짓'(vocal gesture)의 단계에 상응한다.

59) 『자연법의 기초』, 85쪽 및 74쪽.

데 승인은 단지 자유 영역의 공존만이 아니라 자아와 타아에게서 "공동의 인식"과 "의식 공동체"를 산출한다는 점에서 더 강한 상호주관성을 실현하고 있다.[60] 촉구는 개연적이고 비대칭적인 관계인 데에 반해, 승인은 확정적이고 호혜적인 관계이다. 촉구에 대한 승인의 이런 초과가 어디에서 나오는가를 이 해석은 설명하지 못한다.

두 번째 전거로는 아마도 피히테가 자신의 승인이론을 상당히 조화주의적인 관점에서 전개하고 있다는 점을 들 수 있겠다. 승인 운동을 서술하면서 피히테는 성공적인 상호 승인의 성립을 위한 이상적인 조건들만을 논할 뿐이지 승인을 저해하거나 그에 역행하는 요소들을 심각하게 고려하지 않는다. 물론 피히테가 불승인으로 인한 갈등의 가능성을 전혀 도외시하는 것은 아니다. 홉스(Th. Hobbes)와 유사하게 피히테도 승인의 거부나 무시 또는 침해에서 비롯되는 갈등이 심지어 "두 사람 중 하나가 멸망함으로써만 종식될 수 있는 전쟁"으로 격화될 수 있음을 지적하고, 이로부터 상호 승인을 통해 규범적으로 확립되는 개인의 '근본 권리'(Urrecht)에 대한 존중을 실효성 있게 관철시키는 '강제법'과 '실정법'을 수립할 필요성을 이끌어낸다.[61] 그러나 피히테에게 불승인으로 인한 갈등은 승인 운동의 외부에서 침투하여 승인을 불가능하게 만들거나 무효화시키는 부정적 부수 조건일 따름이다. 그래서 불승인은 그것이 승인 운동의 과정 중에 벌어진다면 승인 운동을 전면적으로 중지시키고 승인 운동 이전의 상태로 되돌리는 파멸적 사태이거나,[62] 아니면 이미 상호 승인이 이루어진 상태라면 그것은 개인의 근본 권리를 침해하는 것으로서 강제법에 의해 다스려져야 할 범법 행위로 다루어진다. 어느 경우이건 불승인으로 빚어지는 갈등과 투쟁이 ― 나중에 헤겔의 승인이론에서처럼[63] ― 승인 운동 자체의 내재적

60) 『자연법의 기초』, 85쪽 및 50쪽.
61) 『자연법의 기초』, 128쪽
62) 『자연법의 기초』, 49쪽 참조.

구성 요소로 도입되지는 않는다.

그러나 피히테의 조화주의적 서술에 대해 적어도 다음과 같은 두 가지 의문이 제기된다. 첫째로, 타자의 자기제한 행위가 과연 그 타자의 이성적 성격에 대한 확실한 인식 근거가 될 수 있는가? 그래서 자아가 타자의 행위를 자신을 향한 인격적 촉구로 확신할 수 있는가? 타자가 나에게 나의 자유로운 활동 영역을 남겨 놓는다는 것은 어쩌면 나를 이성적 존재로 존중해서가 아니라 나에 대한 무관심의 결과이거나 우리 사이에 공유하는 삶의 영역이 전혀 없다는 징표일 수도 있다.[64] 더 나아가 나와 만났을 때 내가 자유롭게 움직일 수 있도록 비켜서는 행동을 하는 존재가 데카르트의 자동인형처럼 인간의 형체를 하고서 인간과 마주쳤을 때 우호적인 행동을 하도록 프로그래밍 되어 있는 기계일 수도 있고, 아니면 굴종의 행동 양식을 습성화한 노예일 수도 있다. 따라서 타자의 자기제한 행위는 곧 타자가 이성적이고 자유로운 주체로서 나에게 자유로운 행위를 촉구하는 것이라고 확신할만한 충분한 증거가 되지는 못한다. 피히테가 나중에 이성적 존재들의 행위의 규칙성과 그 의미의 선험적 상호 일치를 주장하면서 "예정 조화"의 이념을 이끌어 들이는 것은 바로 이 난점을 해결하기 위한 고육책으로 보인다.[65] 그러나 이런 낡은 형이상학적 보조 가설의 도입은 문제 해결에 도움이 되기보다는 오히려 논변의 엄밀성만 현저히 약화시키는 결과를 가져온다.

둘째로, 타아의 자기제한 행위를 통한 촉구에 대해 나는 왜 타자를 위해 나의 자유로운 행위 가능성을 제한하는 방식으로 응답해야만 하는가? 타자의 자기제한 행위는 특정한 상황에서 나를 기만하고 제압하

---

63) 헤겔의 승인이론의 구조에 대해서는 김준수, 「승인과 사회 윤리」 참조.

64) L. Siep, *Praktische Philosophie im Deutschen Idealismus*, 48쪽 참조.

65) 『윤리론』, 226쪽 이하. F. W. J. Schelling, *System des transcendentalen Idealismus*, 539쪽 이하 역시 참조.

기 위한 일시적인 속임수일 수도 있다. "성실과 신뢰를 상실하고 난 후"인 현시대에 상대방의 표면적 행위에 대한 이런 의심은 매우 합리적인 태도이다.[66] 홉스의 격언처럼 "칼 없는 계약은 한낱 말에 불과하고 확실함을 보증해줄 아무런 힘도 없기" 때문이다.[67] 타자가 전략적 타산에서 기만적으로 자기제한 행위를 하고 있을 뿐이라는 의심으로부터 벗어날 합리적인 이유가 없는 한, 나는 타자의 자유를 위해 나의 자유 영역을 제한해야 한다는 규범적 확신에 도달할 수 없으며, 이는 타자 역시 마찬가지이다. 따라서 개연적 인식에서 정언적 인식으로의 이행은 성공적인 상호 승인으로 완결되기보다는 서로 먼저 상대방에게 확실한 승인 행위를 요구하는 악순환에 빠질 가능성이 크다. 이와 같은 난점을 피히테 스스로도 지적한다.

> 그러므로 자유로운 존재들 간의 관계는 필연적으로 다음과 같은 방식으로 규정되고 그렇게 규정된 데로 정립된다. 타인에 대한 한 개인의 인식은 타인이 그 개인을 자유로운 존재로 대우한다는 것에 의해 (즉 타인이 그 개인의 자유라는 개념을 통해 자신의 자유를 제한한다는 것에 의해) 제약되어 있다. 그런데 이 대우 방식은 그 개인이 타인에게 행하는 방식에 의해 제약되어 있고, 또 이 후자의 대우 방식은 타인이 행하는 방식과 인식에 의해 제약되어 있다. 이렇게 무한 진행한다.[68]

이런 악무한에서 벗어나기 위해서는 승인이 자아와 타아 양자에게서 상호적으로 동시에 이루어져야 한다는 피히테의 제안은 그리 설득력이 없어 보인다. 어떻게 자아와 타아 간의 상호 승인이 동시에 이루어질 수 있는가 하는 것이 바로 지금 문제가 되고 있는 것이기 때문이

66) 『자연법의 기초』, 142쪽.
67) Th. Hobbes, *Leviathan*, Chap. 17.
68) 『자연법의 기초』, 44쪽.

다. 일방적 촉구에서 호혜적 승인으로의 이행에는 실은 논리적 사유법칙의 엄밀한 적용만이 아니라 타아를 배려하고 신뢰하는 도덕 의식의 반성적 자각이 요구된다.[69] 피히테 역시 분명 이런 의식이론적 측면을 염두에 두고는 있었다. 승인 운동을 통해 "우리의 공동 의식"이 생성되며, 이 보편적 규범 의식으로부터 "공통의 법칙", 즉 법과 도덕의 근본 원리가 산출된다고 피히테는 적시한다.[70] 그러나 이러한 보편적 규범 의식의 도야 과정을 피히테의 승인이론은 아직 만족스럽게 논증하지 못한다.

III. 피히테의 승인이론의 성과와 한계

피히테의 승인이론은 실천적 규범학의 정초 이론으로서 다음과 같은 중요한 성과들을 얻고 있다.

첫째로, 피히테는 모든 행위의 근본적인 규범 원리를 철저하게 인간의 실천이성으로부터 선험적으로 연역함으로써 근대의 자연법을 독일관념론에 독특한 이성법의 체계로 전환시켰다.

둘째로, 피히테는 자아의 자기관계에 대한 의식이 형성되기 위해서는 타아와의 상호주관적 관계가 필수적이라는 점을 최초로 체계적으로 해명했다. 그에 따르면 타아와의 상호 관계는 "나의 개체성의 뿌리"이고, 개체성이라는 개념은 나와 너에 의해 공동으로 정립되고 두 의식이 통합되는 "교호 개념"이다.[71] 타아와의 관계가 자아의 자기관계의 내적 · 선험적 조건임을 밝혔다는 점에서 피히테는 상호주관성 이론의

69) L. Siep, *Praktische Philosophie im Deutschen Idealismus*, 50쪽 참조.
70) 『자연법의 기초』, 44쪽 및 50쪽.
71) 『윤리론』, 222쪽 및 『자연법의 기초』, 47쪽 이하.

효시라고 할 수 있다.

셋째로, 피히테의 승인이론은 개인의 자기의식의 형성과 보편적 사회 규범의 형성을 하나의 운동 과정 속에서 등근원적이고 동시적으로 포착한다. 여기서 개인의 주관성과 사회적 상호주관성은 서로의 구성 조건으로 파악된다.

넷째로, 이처럼 근본적인 규범 원리의 상호주관적 유효성을 주관적 의식의 운동 속에서 발생론적으로 근거지움으로써 피히테는 규범 원리의 이론적 타당성의 문제와 함께 윤리적 행위의 동기에 관한 문제를 효과적으로 해결할 수 있는 단초를 얻게 되었다. 내가 타인을 나와 같은 자유로운 이성적 존재로 승인하고 그의 권리를 존중해야 하는 까닭은 바로 그렇게 하는 것이 나 자신이 스스로를 자유로운 이성적 존재로 정립하고 타인으로부터 승인받을 수 있는 가능성의 조건이기 때문이다.

그러나 이와 같은 성과들에도 불구하고 피히테의 승인이론은 아직 여러 가지 이론적 결함과 서술상의 불완전함을 안고 있다.

첫째로, 촉구로부터 승인으로의 이행의 문제가 불명확하게 남아 있다. 즉, 왜 자아와 타아가 교호 작용 속에서 서로 의존해 있다는 사실로부터 서로가 상대방을 위해 자신의 자유 영역을 제한해야 한다는 규범적 의무가 필연적으로 도출되는지, 그리고 각자가 어떻게 이런 규범의식에 도달하게 되는지가 명확하게 설명되지 않고 있다.[72] 피히테는 모든 이성적 존재들의 행위가 예정 조화되어 있다는 형이상학적 전제 아래 타아에 대한 개연적 인식으로부터 확정적 승인으로의 이행은 타아가 제기하는 촉구와 이에 상응하는 자아의 자기제한 행위를 통해 이루어진다고 서술한다. 여기서 불승인과 갈등은 승인 운동과는 무관한 외적 저해 요소나 이탈 현상으로만 간주될 뿐 그 자체가 의식의 도덕

72) G. Beck, "From Kant to Hegel", 280쪽 참조.

적 도야를 추동하는 필연적 계기로 승인 운동 안에 편입되지는 않는다. 이런 갈등이론의 부재로 인해 피히테에게서 승인 운동은 단지 개별자들의 경쟁적인 권리 주장 사이에 양적인 균형을 산출하는 것에 머물고 만다. 또한 자아와 타아 사이에 쌍방적 촉구의 무한 진행이라는 논리적 난점도 설득력 있게 해결되지 못하고 있다.

둘째로, 상호주관성이라는 새로운 규범 원리의 발견에도 불구하고 피히테의 승인이론은 결과적으로 여전히 개인주의를 벗어나지 못하고 있다. 피히테의 승인이론이 기반으로 삼는 논리적 기본 범주는 '교호작용'(Wechselwirkung)인데, 이때 교호 작용은 "교호항들에 의한 쌍방적 배제와 배제됨"을 의미한다.[73] 그러므로 피히테에게서 상호 승인은 단지 만인에 대한 만인의 투쟁으로 비화할 위험을 안고 있는 쌍방적 배제를 자유 영역의 상호 제한과 공존을 통해 안정시킬 뿐이지 참여자들의 배타적 개별성 자체를 지양하지는 않는다. "이러한 규정 법칙의 평형성 속에서 자아와 비아의 구별은 언제나 유지된다."[74] 승인 운동을 거치면서 피히테의 자아는 자기를 '변화'시키기는 하지만 자기를 상실하고 '타자화'하는 경험을 겪지는 않는다.[75] 그렇기 때문에 자아에 의해 자유로운 존재로 승인 받은 타아조차도 자아에게 여전히 자신의 자유를 제한하는 낯선 경계로 남고, 자아의 자기동일성은 타아 밖에서 타아와 대립해서만 관철된다. 피히테의 승인이론은 양적 교호 작용과 균등성만을 산출할 뿐이지 자아의 자기이해 속에서 타아의 고유성을 자신의 가능성의 조건으로 의식하고 적극적으로 배려하는 강한 의미의 호혜성에는 미치지 못한다는 점에서 부정적 상호주관성 이론

---

73) 『학문론』, 195쪽.

74) 『학문론』, 311쪽.

75) '변화'(Veränderung)는 실체는 동일하게 유지되면서 그 속성이 바뀌는 것을 말하고, '타자화'(Veranderung)란 실체 자체가 다른 것으로 변하거나 자신의 속성으로 해체되는 것을 의미한다. '변화'와 '타자화'의 개념적 구별에 대해서는 M. Theunissen, *Sein und Schein*, 239쪽 이하 참조.

에 머문다.[76)]

셋째로, 피히테의 부정적 상호주관성 이론은 나의 자유가 타인의 자유와의 교호 작용 속에서만 성립할 수 있다는 점은 포착하지만, 나의 자유가 타인의 자유 안에서 연대적으로 실현될 수 있는 가능성은 고려하지 않는다. 그렇기 때문에 피히테는 승인 운동의 결과로 등장하는 법을 자유의 쌍방적 제한의 체계로, 그리고 이에 기초한 법적 공동체를 지속적인 제재의 위협 아래 여전히 배타적으로 대립해 있는 개별자들의 기계적 결합체로 밖에는 사유할 수 없었다.[77)] 이에 대해 헤겔은 다음과 같이 비판한다.

> 자유는 이성적 성격의 특징이고, 그 자체가 일체의 제한을 지양하는 것이며, 피히테의 체계에서 최상의 것이다. 그런데 타인들과의 공동체에서는 공동체 속에 있는 모든 이성 존재들의 자유가 가능해지기 위해 자유가 포기되어야 하고, 공동체는 다시 자유의 조건이 된다. 자유롭기 위해서 자유 자체가 지양되어야 한다는 것이다. … 그러나 다른 인격자들과의 공동체는 본질적으로 개인의 진정한 자유의 제한이 아니라 그것의 확장으로 간주되어야 한다. 최고의 공동체는 최고의 자유이다. … 만일 이성 존재들의 공동체가 본질적으로 진정한 자유의 제한이 될 경우에는, 그것은 그 자체가 가장 극심한 전제정이 될 것이다.[78)]

넷째로, 피히테는 상호 승인을 통해 구성되는 법개념을 한편으로는 이성적 사회 질서의 구축을 위한 원리로 삼으면서도, 다른 한편으로는 실제적인 법이론에 이를 부분적으로만, 즉 허구적인 개인의 '근본 권리'와 강제법으로 이해된 형법을 정초하는 데에만 제한적으로 적용시

---

76) 백훈승, 『피히테의 자아론』, 44쪽 참조.

77) 『자연법의 기초』, 52쪽 및 142쪽 이하 참조.

78) Hegel, *Differenz des Fichte'schen und Schelling'schen Systems der Philosophie*, 54쪽 이하.

킨다. 피히테의 제도론과 국가론은 승인 원리와 무관한 "보편적 이기주의"에 기반을 두고 전개된다.[79] 그리하여 피히테의 실천철학에서 법의 이성적 개념을 구성하는 선험적 승인이론과 법개념의 실현을 위한 구체적인 사회 제도론이 체계적으로 통합되지 못하고 서로 유리된다.[80]

79) 『자연법의 기초』, 152쪽.

80) 이 문제점은 여러 연구자들에 의해 공통적으로 지적되었다. 예를 들어 L. Siep, *Anerkennung als Prinzip der praktischen Philosophie*, 22쪽; A. Wildt, *Autonomie und Anerkennung*, 270쪽; R.R. Williams, *Recognition*, 64쪽 참조.

참고문헌

김준수, 「승인과 사회 윤리」, 『철학과 합리성』(사회와 철학 3), 사회와 철학 연구, 2002.

_____, 「피히테의 승인이론 ― 칸트의 실천철학에 대한 비판적 수용과 승인이론의 발생」, 『대동철학』 36집, 대동철학회, 2006.

백훈승, 『피히테의 자아론』, 신아출판사, 2004.

한자경, 「피히테의 자아론 ― 무한과 유한 사이에서 유동하는 자아」, 『철학연구』 53집, 대한철학회, 1994.

Baumann, P., *Fichtes ursprüngliches System*, Stuttgart-Bad Cannstatt, 1972.

Beck, G., "From Kant to Hegel ― Johann Gottlieb Fichte's Theory of Self-Consciousness", *History of European Ideas*, Vol. 22, Nr. 4, 1996.

Düsing, E., *Intersubjektivität und Selbstbewußtsein*, Köln, 1986.

Fichte, J. G., *Fichtes Werke*, Hrsg. von I.H. Fichte, Berlin, 1971.

_____, *Einige Vorlesungen über die Bestimmung des Gelehrten*(『학자의 사명』, 1794), in: Werke VI.

_____, *Grundlage der gesammten Wissenschaftslehre*(『학문론』, 1794), in: Werke I.

_____, *Grundlage des Naturrechts nach Prinzipien der Wissenschaftslehre* (『자연법의 기초』, 1796), in: Werke III.

_____, *System der Sittenlehre nach den Prinzipien der Wissenschaftslehre* (『윤리론』, 1798), in: Werke IV.

_____, *Wissenschaftslehre nova methodo*(『신 학문론』, 1798/99), Hrsg. von E. Fuchs, Hamburg, 1994.

_____, *Zweite Einleitung in die Wissenschaftslehre*(『제2서론』, 1797), in: Werke I.

Hegel, G. W. F., *Differenz des Fichte'schen und Schelling'schen Systems der Philosophie*, Gesammelte Werke Bd. 4, Hrsg. von der Rheinisch-Westfälischen Akademie der Wissenschaften, Hamburg, 1968.

_____, *Phänomenologie des Geistes*(『정신현상학』), Gesammelte Werke Bd. 9, Hamburg, 1980.

Heller, E., *Die Theorie der Interpersonalität im Spätwerk J. G. Fichtes*, München, 1974.

Hobbes, Th., *Leviathan*, London, 1651.

Husserl, E., *Cartesianische Meditationen und Pariser Vorträge*, Hrsg. von S. Strasser, Husserliana Bd. I, Haag, 1973.

_____, *Ideen zu einer reinen Phänomenologie und phänomenologischen Philosophie*, 2. Buch, Hrsg. von M. Biemel, Husserliana Bd. IV, Haag, 1952.

Lauth, L., "Der Begriff der Geschichte bei Fichte", *Philosophisches Jahrbuch* 72, 1965.

Levinas, E., *Totality and Infinity*, translated by A. Lingis, Pittsburgh, 1969.

Mead, G. H., *Mind, Self & Society*, Ed. by Ch.W. Morris, Chicago, 1934.

Schelling, F. W. J., *System des transcendentalen Idealismus*, in: Ausgewählte Werke Bd. 7, Darmstadt, 1982.

Siep, L., *Anerkennung als Prinzip der praktischen Philosophie*, Frei burg-München, 1979.

_____, *Praktische Philosophie im Deutschen Idealismus*, Frankfurt/M., 1992.

Theunissen, M., *Sein und Schein*, Frankfurt/M., 1980.

Verweyen, H. J., *Recht und Sittlichkeit in J.G. Fichtes Gesellschaftslehre*, Freiburg-Mnchen, 1975.

Weischedel, W., *Der frühe Fichte*, Stuttgart, 1973.

Wildt, A., *Autonomie und Anereknnung*, Stuttgart, 1982.

Williams, R. R., *Recognition*. Fichte and Hegel on the Other, Albany, 1992.

_____, *Hegel's Ethics of Recognition*, Berkeley-Los Angeles-London, 1997.

Die Struktur der Fichteschen Anerkennungstheorie

Joonsoo Kim

Zusammenfassung

In diesem Aufsatz handelt es sich um die Analyse der logischen Struktur der Fichteschen Anereknnungstheorie als einer auf der Intersubjektivität basierenden Begründungstheorie der praktisch-normativen Wisenschaft. Am systematischsten und ausführlichsten entwickelt Fichte seine Anerkennungstheorie im ersten Hauptstück der *Grundlage des Naturrechts*. Dort versucht er, aus dem praktischen Sich-selbst-Setzen des endlichen Ich das Prinzip des Rechts als der allgemeinen Sozialnorm zu deduzieren. Was dabei die gleichursprüngliche Voraussetzung für die geneologische Konstruktion des sozialen Normprinzips und die Bildung des individuellen Selbstbewußtseins ausmacht, ist die gegenseitige Anerkennung zwischen freien Vernunftwesen. In diesem Aufsatz wird zunächst die Struktur und der Prozeß der Anerkennungsbewegung analysiert, und zwar anhand der Thesen von der "sich selbst setzenden Tathandlung des endlichen Ich", dem "Vorhandensein des anderen Ich und der Aufforderung" und dem "Übergang von der Aufforderung in die Anerkennung". Danach sind die Früchte der Fichteschen Anerkennungstheorie als einer transzendental-philosophischen Intersubjektivitästheorie und zugleich die Grenze derselbsen als einer negativen Intersubjektivitätstheorie aufzuzeigen.

Key Words: Fichte, Anerkennung, Intersubjektivität, Aufforderung, Selbstbewußtsein, Recht

니체의 『비극의 탄생』에 나타난 음악론

— 본문16~25를 중심으로

윤병태

요약문

『비극의 탄생』 본문 16에서 25까지는 이 책 전체의 결론이면서도 '비니체적'이라는 평가를 받는 부분이다. 독일음악에서 디오니소스적 예술정신의 부활을 강조하지만 왜 그 절정이 독일이며 바그너 음악인지에 대한 분명한 논리는 제시하지 않는다. 그럼에도 불구하고 이 부분은 초기 니체의 음악론뿐만이 아니라 그의 미학사상 이해를 위한 중요한 열쇠를 가지고 있다. 이 글에서 필자는 다음의 사유들을 비판적으로 분석할 것이다.

1. 생존수단이면서 그 결실인 문화를 니체는 세 가지로 분류 한다. 소크라테스적 문화와 예술적 문화 그리고 비극적 문화가 그것이다. 이 구분은 어느 특정시대에는 이중 어느 하나의 특정문화만이 지배한다는 뜻에서가 아니라 그 각각의 경향성의 강도 여하가 그에 상응하는 문화적 상태를 나타낸다는 이해에 따른 분류이다. 문화의 정점으로서 비극적 문화는 독일음

악, 그것도 바그너의 음악에서 완결된다고 니체는 생각한다.

2. 음악은 의지나 감정의 표현이라기보다 오히려 그 근원정조이며, 존재와 본질의 근원현상이다. 진정한 음악은 단순히 디오니소스적인 것일 뿐 아니라 아폴론적인 것과 디오니소스적인 것의 합일로서 자유로운 놀이의 본성을 가진다.

3. 니체의 "예술의 형이상학"의 가장 중요한 명제는 "현존과 세계는 오직 하나의 미적 현상으로서만 정당화되는 것으로 나타나고 현상화된다."는 것이다. 이 명제는 비극적 신화는 추한 것과 부조화한 것, 흉물스러운 것과 혼란스러운 것들 역시 제거해야할 어떤 것이 아니라 그것을 즐기는 "예술가적 놀이"이며 놀이의 도구라는 것을 이해하는 것, 그리고 이 예술가적 놀이는 "의지가 자기 쾌락을 영원히 채워가는 자기 자신과의 놀이"라는 것을 확증할 것을 요구한다. 이 확증에서 또한 "음악적 불협화음"이 "디오니소스적 예술의 근원현상"임을 자연스레 확인하게 된다. 세계를 하나의 음악으로, 세계현상을 하나의 통일적 음악으로 포착하는 이에게만 비로소 세계가 하나의 미적 현상이며 또한 불협화음의 연출 속에서 정당화되고 미화된다. 음악의 즐거움이 불협화음의 존재에 있듯이 세계의 생동감 역시 불협화음에서 유래하는 것이다.

● **검색어 : 놀이, 디오니소스적, 불협화음, 비극, 비극적 문화, 소크라테스적 문화, 아폴론적, 오페라, 예술가적 놀이, 예술적 문화, 음악, 음악극**

Ⅰ. 쇼펜하우어로부터 이어받은 음악사상

『비극의 탄생』 본문 16에서 25까지는 이 책 전체의 결론이면서도 '비 니체적'이라는 평가를 받는 부분이다. 독일음악에서 디오니소스적 예술정신의 부활을 강조하지만 왜 그 절정이 독일이며 바그너 음악인지에 대한 분명한 논리는 제시하지 않는다. 그럼에도 불구하고 이 부분은 초기 니체의 음악론 뿐만이 아니라 그의 미학사상 이해를 위한 중요한 열쇠를 가지고 있다.

니체 미학은 예술의 두 충동으로 아폴론적인 것과 디오니소스적인 것의 구분에서 시작한다. 이 두 충동은 개별화 원칙의 수호자인 아폴론과 개별화 부정의 수호자인 디오니소스에서 유래된 것으로, 전자는 조형성 후자는 음악성을 대표 한다. 이 둘은 존재와 존재자, 현상과 본질, 형식과 내용의 관계로 환원되기도 하는데 이 양자의 근원성을 대표하는 것은 디오니소스적 충동이므로 음악은 예술의 여러 장르들 중 하나가 아니라 모든 예술의 근거의 위치를 가진다. 이것이 결론부에서 니체가 음악을 심도 있게 다루는 이론적 이유이다.

음악은 다른 예술들처럼 "현상의 모사가 아니라 의지의 직접적 모사"라는 쇼펜하우어의 사상을 니체는 그대로 이어 받는다.[1] 이것은 예술의 본질이 조형성이 아니라 의지의 흐름과 형식적으로 동일시되는 음악에서 그 전모를 보여준다는 말이다. "아름다운 형식에 대한 즐거움"은 비록 그것이 의지의 자기표현이라 하더라도 음악에서 유래한다는 말은 미학적이라기보다 오히려 형이상학적 주장이다.[2] 그리고 예술사적으로 비극이 음악에서 시작되었다고 해서, 음악은 언제나 비극의 그림자 아래 있다거나 비극적이라고 주장하는 것 또한 적절치 않다.[3] 음악은 오히려 인간의 희로애락을 모두 표현할 수 있다는 점에서

---

* 원칙적으로 우리말 번역본 『니체전집』을 인용 및 참고 대본으로 한다. 그러나 필요하다고 판단되는 경우 독일어 니체전집 『KGW』를 사용하기로 한다.

1) '현상의 모사가 아니라 의지의 직접적 모사' = Abbilder Erscheinung, sondern unmittelbar Abbild des Willens.

2) '아름다운 형식에 대한 즐거움' = Gefallen an schönen Formen.

3) 음악이 이념이나 감정의 표현이 아니라 음악 그 자체의 표현이고 따라서 음악 이외의 다른 어떤 외적 대상도 갖지 않는다면 이것은 비극과도 무관한 것이다. 음악이 음악 그 자체의 형식으로부터 나온다는 소위 "절대 음악"론은 1869~ 71

비극적인 것만은 아니기 때문이다. 차라리 그것은 인간의 모든 감정을 종합적, 입체적으로 표현할 수 있는 말없는 근원정조라 하는 것이 옳을 것이다.[4] 어쨌거나 쇼펜하우어는 음악을 비극의 본질이 아니라 의지로서 존재의 본질로 이해한다.[5] 그는 음악이 세계를 표현하는 보편언어이며 이것은 수나 도형이나 기호가 세계를 표현하고 서술하는 것과 같은 기능을 가진다고 보고 있다. 인간 감정의 모든 스펙트럼들이 음의 선율로 나타나며 느낌의 다양한 양상들이 하나의 의지로 환원되듯이, 음악은 의지의 본원적 표상 방식이다. 음악은 의지 자체의 모사이기 때문에 현상이나 구체적 사물을 직접 지시하지 않는다. 오히려 물자체인 의지의 직접적 모사물로서 음악의 구체화된 영역이 현상이요 세계이다. "세계는 구체화된 의지이며 또한 구체화된 음악이다"는 명제는 이런 사정에 대한 진술인 것이다.[6] 개념이 본시 사물의 직관을 오성으로 찍어낸 보편이라면 음악은 모든 형태들에 앞서 존재하는 내면적 심장이다. 이 때문에 쇼펜하우어는 개념들을 "사물 이후의 보편"이라 하고 음악은 "사물 이전의 보편", 현실은 "사물의 보편"이라 한 것이다.[7]

년의 유고에 나타나기 시작한다. 니체의 절대음악론에 대해서는, 홍사현, 「니체의 음악적 사유의 현재성, 바그너, 한슬릭, 쉔베르크와의 관계를 중심으로」, 연세대 철학연구소 - 명지대 리서치아카데미. 동서비교철학 연구센터 공동심포지움, 2006, 3~20 참조.

4) 니체에서 '근원'은 '최초의 시작이나 기원, 이데아, 제일원인, 유일한 것 등이 아니라, 이질적인 것, 무규정적인 것이며, 구별이 일어나기전의 모순적인 상태'를 뜻한다. 홍사현, 앞의 글, 7쪽.

5) 그러나 니체는 후에 쇼펜하우어의 '의지'가 음악의 기원도 표현대상도 아니며 그 기원은 '알 수 없는 어떤 것'이라고 생각하게 된다. C. Dahlhaus, *Zwischen Romantik und Moderne. Vierstudien zur Musikgeschichte des späteren 19. Jahrhunderts*, München 1974, 30쪽.

6) NWG, III-1, 102쪽.

7) 같은 곳, KGW, IV-1, 12[24], 336쪽에서는 "언어 이전의 보편적 언어 (eine universal vorwortliche Sprache)라고 표현한다. '사물 이후의 보편' = universalia post

물론 누구나 의지의 보편적 활동을 음악의 보편적 언어로 표현할 수 있는 것은 아니고 오직 진정한 음악 작곡가만이 그렇게 할 수 있다. 대부분의 사람들은 의지에 감도는 생동적인 다양한 느낌과 사상의 흐름을 구체적 사물과 직접 관계 맺는 방식에만 길들여져 있기 때문이다. 이와 달리 오페라 작가는 이성이나 개념적 인식이 개입치 않은 상태에서 세계의 본질에 대한 직접적 인식을 음악 언어로 나타냄으로써 의지 자체의 본질, 음악 자체의 본질을 표현한다.

음악에 관한한 적어도 『비극의 탄생』에서 니체는 쇼펜하우어와 같은 관점에 있다. 음악은 의지와 세계의 보편 언어이며 "비유 형식의 직관"을 통해 신화를 낳을 수 있었고, 예술 전반의 기본 범주로 확립된다.[8] 이에 대한 통찰은 존재의 근원성인 실존의 무화에 대한 인식, 다시 말해 생성하는 모든 것이 사라진다는 사실에 대한 인식의 고통에 대한 통찰로 이어진다. 물론 생과 존재의 표면은 살아 있다는 것, 존재한다는 것 때문에 기쁨이고 즐거움이다. 니체가 말하는 디오니소스적인 것은 표면이 아니라 내면에 있는 생성과 몰락에 대한 불안한 고통의 흐름을 말한다. 이 흐름을 니체는 음악과 동일시하는 것이다. 상징적 신화에서 비극을 탄생시킨 음악적 디오니소스는 그리스 비극의 절정에서 함께 상승하다가 그 몰락과 더불어 사라져 버린다. 물론 음악정신은 역사에서 아주 없어진 것이 아니라 비밀 의식 속에서 끝없이 변종의 모습으로 내면화하여 끊임없이 나타난다. 그 변종 중 가장 강력한 것이 "비극적 세계관"이며 이것은 이미 죽음을 앞둔 소크라테스로 거슬러 올라간다. 소위 "음악 하는 소크라테스"는 "비극의 재탄생"의 상징으로 이해된다.[9]

rem, '사물 이전의 보편' = universalia ante rem, '사물의 보편' = universalia ante re.

8) '비유 형식의 직관' = das gleichnisartige Anschauen.

9) KGW, III-1, 107쪽. '비극적 세계관' = die tragische Weltbetrachtung, '비극의 재

이론적 인식정신에 의해 파괴된 신화는 다시 태어나야 한다. 이 재탄생은 진정한 음악 정신으로부터 가능하다.[10] 그러나 이미 옛날부터 음악을 파괴하는 음악은 음악 정신의 순수한 발전을 방해하고 있다. 더 이상 내적 본질의 모사가 아닌 현상에 대한 불충분한 재현으로서의 음악이 지금까지 역사적 주류를 형성해 왔다. 말하자면 엉터리 음악이 진짜 음악인양 가면을 쓰고 세상을 타락시켜 왔다는 것이다. 이 같은 음악은 신화 창조의 힘도 없으며 "세계 의지의 보편적 거울인 디오니소스적 음악"과는 아무런 관련도 없다.[11] 오성의 직접적 힘에 지배되는 음악, "회화적 음악", 전투곡, 행진곡이나 선동가 등등은 차라리 음악이라기보다는 꽥꽥거리는 소음으로, 현상의 풍부성조차도 모방하지 못한다.[12] 음악의 비 디오니소스적 측면은 이처럼 반 신화성, 비 창조성을 뜻한다. 니체는 특히 그가 살던 시대 공연 되던 드라마의 결론들에서 비 디오니소스적 정신이 가장 분명하게 보인다고 강조한다. 거기서는 고대 비극이 제공하던 형이상학적 위안도 관람의 즐거움도 없기 때문이다. 음악의 창조 정신이 비극에서 사라진 지금 엄밀한 의미에서 "비극은 죽은 것"이다.[13] 그렇다고 절망할 필요는 없다. 이 시대 아직도 지하 어딘가에 비의(秘儀)에서 디오니소스의 비극 정신은 변용의 모습 속에 면면히 존재하기 때문이다.

탄생' = eine Wiedergeburt der Tragödie.

10) 후에 음악에 관한 니체의 사상은 쇼펜하우어로부터 어느 정도 거리를 취한다. 그는 음악이 의지의 모사도 감정의 모사도 아니며, 모사 대상도 원본도 없는 자유로운 흐름이라 이해하게 된다. "나는 오로지 자기 자신만을 생각하고, 자기 자신만을 믿으며 자신 너머 있는 세상을 잊어버리는 음악을 죄 없는 음악 (eine unschuldige Musik)이라 부르겠다. 이 음악은 가장 깊은 고독에서 저절로 울려 나오는 것이며 자신에 대해 자기에게 말하는 음악이다..." *Morgenröthe*, 255, KGW, V-1, 209쪽 이하.

11) 같은 글, 108쪽.

12) '회화적 음악' = Tonmalerei.

13) 같은 글, 110쪽.

Ⅱ. 문화의 세 유형

인간이란 예외 없이 욕망 충족의 탐욕스런 순환 체계에 의해 생존을 이어 간다. 인간 뿐 아니라 모든 생명체는 언제나 배고픔과 목마름을 해결해야 하는 숙명적 삶의 족쇄에 채워져 죽음에 이를 때까지 게걸스러움을 계속해야 한다. 이것은 살아있는 모든 생명체, 그 중에서도 특히 인간에게 나타나는 "영원한 현상"이며 이 현상의 구체화 된 형태를 일컬어 문화라 하는 것이다.14) 물론 배고픔과 목마름의 해소가 단순히 먹을 것과 마실 것을 구하는 힘든 노동과 그 결실의 향유로 끝나는 것은 아니다. 반복적으로 땀 흘려 노동함은 물론 그것을 위한 휴식과 긴장과 탐구가 동시적으로 여기에 함축되어 있다. 이처럼 생존의 수단이요 결실이 바로 인간의 문화인 것이다.

생존수단이면서 그 결실인 문화를 니체는 세 가지로 분류 한다. 소크라테스적 문화와 예술적 문화 그리고 비극적 문화가 그것이다. 이 구분은 어느 특정시대에는 이중 어느 하나의 특정문화만이 지배한다는 뜻에서가 아니라 그 각각의 경향성의 강도 여하가 그에 상응하는 문화적 상태를 나타낸다는 이해에 따른 분류이다.

"소크라테스적 문화"란 "인식과 망상의 소크라테스적 쾌락"에 사로잡혀 그것이 자기들의 "현존의 영원한 상처"를 치유할 수 있다고 사람들이 생각하는 그런 문화로, 대표적으로 알렉산드리아 문화가 여기에 속한다.15) 이에 비해 "예술가적 문화"는 "자기 눈앞에 하늘거리는 예술의 유혹적 베일"에 사람들이 휘감기는 문화를 일컫는데 그대표가 그리스 문화이다. 이와 달리 "비극적 문화"는 "현상의 소용돌이 아래에"

---

14) NW, III-I, III쪽. '영원한 현상' = ein ewiges Phaenomen.
15) 같은 곳, III쪽 이하. '인식과 망상의 소크라테스적 쾌락' = die sokratische Lust des Erkennen und der Wahn, '현존의 영원한 상처' = die ewiege Wunde des Daseins.

"영원한 삶이 파괴 되지 않으면서" 흐르고 있다는 "형이상학적 위로"를 즐기는 문화로 그 원형은 "불교문화"이다.16) 어떤 문화든 삶의 고통, 즉 "현존의 무게와 짐"을 이러한 자극제, 즉 인식과 망상, 예술, 영원한 삶이라는 믿음의 자극제를 통해 털어보고자 한다.17)

알렉산드리아 문화는 소크라테스가 원형인 이론적 인간을 이상으로 한다. 이런 인간들은 끊임없이 대상을 분석하고 사안을 따지고 참과 거짓 시시비비를 가리는, 말하자면 단순히 골치 아픈 사람들이 아니라 나쁜 유형이다. 이들이 신봉하는 것은 절대 진리요 절대선이며 절대미이다. 이들이 지배하는 사회에서는 정치적 이념도 교육의 수단도 모두 이성과 합리성에 기초하기 때문에 여타의 다른 경향들은 다만 부차적으로 사회 저변에서 힘겹게 꿈틀거리며 간신히 존속할 뿐이다. 여기서는 교양도 예술도 모두 학자의 날카로운 눈으로 평가되고 계산되며, 시 역시 시 문학과 모국어의 지평에서가 아니라 학자와 이론가의 관점에서 쓰이고 읽힌다. 한국인에게 『일리아드』나 『파우스트』가 무슨 큰 시적 감흥을 줄 수 있으며 우리의 『무정』이나 『홍길동』이 스페인 사람에게 어떤 감동을 줄 수 있는가? 특히 언어 예술은 그 나라 말과 그 나라 사람들의 감수성과 역사를 무시하고는 이해되지 않는다. 학자풍의, 이론가풍의 전형적인 언어 예술을 우리는 번역 문학에서 쉽게 볼 수 있을 것이다. 하여간 니체는 학자풍의 이런 문학의 특징과 그 한계를 잘 보여주는 것으로 괴테의 『파우스트』를 들고 있다. 소크라테스적 이론과 인식 욕망의 한계를 그 작품이 예견하고 있기 때문이다. 이 문화의 본질적 특징은 이성과 누스를 가지고 이론적으로 사물의 본성을 밝혀낼 수 있다는 신념에 토대를 두고 있으며, 이점에서 낙천주의적 세계관이다. 이 세계관은 또한 현세에서 행복과 인격의 성취 가능성,

16) 같은 곳. '형이상학적 위로' = der metaphysische Trost.

17) 같은 글, 112쪽. '현존의 무게와 짐' = die Last und Schwere des Daseins.

보편적 문화 수립의 가능성에 대한 믿음을 가진다는 점에서 실천적 낙천주의이기도 하다.[18)]

그러나 알렉산드리아 문화가 지속적으로 존속하기 위해서는 반드시 "노예제도"가 필요함에도 불구하고 이 문화 자체가 가지고 있는 낙천적 성격 때문에 오히려 노예제도를 부정한다고 니체는 주장한다.[19)] 이성적 관점에서 노예제도는 인간개념에 모순되고 인간 평등에도 모순되며 인간 노동의 생산성 개념에도 모순되기 때문이다. 또한 자기 자신의 인간성을 부정 당하는 노예는 자신 뿐 아니라 후손을 위해서도 복수 하겠다는 생각이 확고하기 때문에 그 원한의 복수에서 배겨날 수도 없기 때문이다. 현존의 즐거움을 산출하고 즐기기 위해서는 그 내면적 고통의 심연에 들어가지 않는 주인의 위치를 고수해야 한다. 하지만 노예 없는 주인은 불가능하므로 이 문화는 처음부터 몰락을 준비하고 있다. 신화와 종교의 몰락을 주도한 대가가 이제 자신의 몰락을 초래하게 되는 것이다.

니체는 근대에서 이성주의 한계를 뼈저리게 깨달은 이는 칸트와 쇼펜하우어라고 단언한다.[20)] 주지하듯이 칸트는 우리가 알 수 있는 것은 사물의 현상이지 물자체는 아니라고 한 인식론을 전개한다. 그는 사물의 본질을 파악하는 것이 이론적으로 불가능하다는 것을 증명함으로써 소크라테스 문화의 망상을 일깨운 철학자이다. 논리의 본질 안에 내재한 낙천주의는 세계의 모든 수수께끼를 해명하고 영원한 진리에 도달할 수 있다고 믿으며 인과율은 절대 보편의 현상법칙이라고 믿었지만 사실은 이 어느 것도 헛된 환상일 뿐이다. 현상의 배후세계는 더 이상 이론 이성의 문제 영역이 아니며 오로지 현상과 현상의 경험만이 우리가 도달할 수 있는 궁극이다. 칸트가 물자체라 한 이 현상의 배후

18) 니체전집 2, 136쪽.
19) 같은 곳.
20) 같은 글, 137쪽.

를 쇼펜하우어는 의지라고 생각한다.[21] 물자체이든 의지의 본질이든 오성적 이론이 감히 범접할 수 있는 땅이 아니다. 이 같은 깨달음의 내면화와 더불어 인식적 낙천주의 문화가 몰락하고 소위 불교적 기본 정조에 토대하는 "비극적 문화", "예술가적 문화"가 도래한다.

이론적 소크라테스 문화에서 학문 즉 오성적 지식과 진리가 목적이라면 비극적 문화에서는 "지혜"가 궁극 목표이다.[22] 지혜는 학문의 편협성을 깨닫고 세상과 존재가 맑고 투명한 빛을 통과시킨다는 낙천주의 유혹에 빠지지 않는 것이다. 아울러 세계의 부분들이 아니라 그 전체상을 직관하고 살아있는 것들, 존재하는 것들의 고통을 사랑과 동경과 연민을 통해 자기 자신의 고통으로 받아들이는 주체의 노력이다.[23] 이 주체는 짓누르는 고통을 직시하면서 결연히 결단하고 행동하는 인간이다.[24] 이러한 주체, 즉 비극적 인간이 만들어 내는 새로운 생산물이 예술가적 문화를 창조하며 그 전형은 다름 아닌 바그너 예술이다.

여기서 니체는 소크라테스적 문화를 "오페라 문화"라 이름 붙인다.[25] 이것은 아마도 고대 그리스 비극이 철학에 의해 대치되고, 전자

---

21) A. Schopenhauer, *Die Welt als Wille und Vorstellung*, hrsg. von W. F. von Löhneysen, Bd.1, Frankfurt a. M./ Leipzig 1996, 155쪽.

22) KGW, IV-I, 114쪽.

23) 같은 곳, 115쪽.

24) 이 비극적 인간의 주인공은 다름 아닌 독일인이다. "...독일인 외에 누가, 내가 천재의 준비로 귀족적 품위를 추구하는 젊은이의 새로운 교육 목적으로 요구한 인식의 비극적 입장을 받아들일 수 있겠습니까? 독일 젊은이 외에 누가, 자유주의의 낙관주의의 모든 유약한 안락에 대한 교리에서 모든 형식으로 등을 돌리고, 전체적으로 그리고 완전히 '단호하게 살기' 위해, 놀라운 것으로 돌리는 시선의 대담성과 영웅적 행진을 갖겠습니까? 그때 비극적 인간은, 진지함과 경악을 스스로 훈련하는 경우에도, 우리가 의도한 그리스적 명랑성을 헬레나로서 갈망해야 하고, 주먹을 들고 외쳐야한다는 점이 빠지지 않을 것입니다." 니체전집 4, 457쪽.

25) 같은 곳, 116쪽. 바그너의 음악 역시 후에 오페라로 격하된다. 바그너의 경우,

가 음악에, 후자가 언어(대화)에 그 본질이 있다는 문화사 이해를 전제로 한 듯하다. 어쨌거나 오페라의 가수는 노래보다 대화와 말을 많이 하거나 대화와 말에 노래를 싣는다.[26] 그는 단어의 표현을 확실히 해야 하고 분명히 강조해서 발음해야 한다. 그는 무슨 소리인지 몰라 어리둥절해하다가 종국에는 웅성거리게 되는 관객과 청중들을 두려워한다. 그들에게 만족을 주려면 말과 대화는 또렷해야 한다. 이제 그의 말은 더 이상 노래라 하기 어렵게 한다. 그렇다고 노래에 중점을 두고 감정과 느낌에 충실한 음악성을 살리면 무식한 청중은 무엇을 지껄이는지 알 수 없다고 불평한다. 이제 남은 방법은 절반은 대화식의 말, 절반은 음악으로 얼버무리는 것이다. 이것이 오페라에 있는 음악의 특징이다. 음악이기도 하고 대화이기도 하지만 음악도 아니고 대화도 아닌 것이 오페라 전체를 휩싸고 있다. 모자이크적 혼합을 소크라테스적 문화인은 그리스 비극의 형식적 내용적 부활이라 생각할지 모르나 그것은 사실 디오니소스적인 것도 아폴론적인 것도 아닌 단순한 뒤 섞은 비빔밥일 뿐이다.[27] 그러므로 이 현대적 예술 장르는 강력한 아폴론적 욕망에 의해 만들어지기는 했지만 미적이지도 예술적이지도 않은 것이다. 그러나 이 장르는 목가적 영웅들이 사는 땅, 호메로스식 서사의 세계를 발견하고 그 지반 위에서 "자연적 예술 충동"을 통한 낙원의 예술과 예술의 낙원을 보여주려고 노력한다.[28] 이것은 한치 앞을 내다볼 수 없는 애매성과 불확실성이 지배하는 오늘날의 염세주의에 대한 값싼 위로 공연의 공로는 분명히 가지고 있다.

니체전집, 15, 22쪽. '오페라 문화' = die Cultur der Oper.

26) 언어와 개념은 존재를 포착 할 수 없다. 목적도 없고 방향도 없는 순수 자유로운 음악만이 존재의 생동성을 잡아낼 수 있다. *Der Fall Wagner*, KGW, VI-3, 19쪽 참조.

27) 니체전집 2, 141쪽.

28) KGW, III-I, 118쪽. '자연적 예술 충동' = ein natürliche Kunsttrieb.

소크라테스적 알렉산드리아 문화에 뿌리를 둔 오페라는 "예술가의 창조물이 아니라 이론적 인간"의 창조물이며 그것의 시야에서는 영혼이 육체보다 더 도구화하여 출현하고 노래가사가 화음체계의 반주보다 더 중요하게 나타난다.[29] 이러한 사실은 오페라의 탄생 배경만 보아도 자명하다. 르네상스 시대에 피렌체 부자 가문이 애국 시인과 가수들을 불러 들여 비예술적 예술을 만들도록 했다. 무식한 그들은 예술의 디오니소스적 측면을 전혀 모르기 때문에 다른 방식, 즉 언어와 음(音)의 수사학과 기교를 개발하면서 쾌감을 자극 했다. 그들은 예술의 본질에 따라 창작하는 것이 아니라 순전히 자신들의 "취향"과 "정열"에만 따라 창작한다.[30] 이 "예술가적 원시인들"이 예술의 근원적 창조자라는 잘못된 믿음은 소크라테스적 문화의 낙천주의이다.[31]

Ⅲ. 오페라의 목가적 경향성

오페라는 근본적으로 "목가적"이다. 목가적이란 도달할 수 없는 자연과 이념을 설정하고 그것을 꿈꾸며 그리워하는 기분, 그럼에도 거기에 도달할 수 없다는 절망과 슬픔의 비가적 기분을 한편으로 가진다. 그러면서 다른 편으로는 자연이나 이념은 저승이 아니라 우리가 살고 있는 지금 여기의 현실 속에 있으므로 우리는 언제나 그곳을 찾아 그 안에서 살 수 있다는 고향에 대한 그리움 같은 기분을 가진다. 이때 그리움의 기분은 포만감과 행복감의 느낌을 수반한다.[32] 이런 면에서 오페라는 "비가"와 "목가"를 함께 내포한다고 할 수 있다.[33] 그러나

29) 니체전집 2, 143쪽.

30) NW, III-I, 119쪽. '취향' = Geschmack, '정열' = Leidenschaft.

31) '예술가적 원시인들' = die künstlerische Urmenschen.

32) NW, III-I, 120쪽.

오페라에서 비가는 언제나 목가에 매몰된다. 도달할 수 없는 자연이나 이념은 자연도 이념도 아니라는 낙천적 현실주의가 오페라의 기본 틀이기 때문이다. 우리는 원하기만 하면 자연으로 돌아갈 수 있고 원론적으로 에덴동산으로 귀화할 수도 있다. 오페라는 이러한 희망으로 그리스 비극을 소크라테스적 낙천주의로 전환시킨 예술 장르이다.

"'인간 자체'는 언제나 미덕을 갖춘 오페라 주인공이며, 영원히 피리를 불거나 노래하는 목자라는 믿음, 그가 얼마동안 자신을 상실하더라도 언제나 자신이 영원한 목자임을 다시 발견할 것이라는 위로가 되는 믿음으로만 그것을 설명할 수 있다. 그것은 소크라테스적 세계관의 심연으로부터 달콤하고 유혹적인 이야기처럼 솟아오르는 낙천주의의 과실인 것이다."[34] 오페라에 포함된 비가는 지엽적이고 부수적이며 일시적이지 결코 영원한 상실의 고통을 내포하고 있지 않다.[35] 여기서 주가 되는 것은 자연과 현실의 동일성에서 나오는 쾌적한 즐거움과 명랑성이기 때문이다. 그러나 오페라는 그 자체 이미 현실이 아니라 일종의 환상과 꿈을 표현한다. 환상 속에서 "어리석은 노닥거림"이 비극적 고통에 할 수 있는 것은 아무것도 없다. 가사가 영혼이며 주인이고, 음악이 육체적 하인인 오페라에 유희적 세속적 성공 이외에 다른 것은 없다.[36]

니체는 이탈리아적 오페라가 소크라테스적 문화의 극치라면 독일 음악은 디오니소스적 정신의 현대적 부활을 담보한다고 주장한다. "독

---

33) '비가' = die Elegie, '목가' = die Idylle.

34) 니체전집 2, 144쪽 이하.

35) 같은 곳, 145쪽.

36) 바그너는 음악극에서 음악은 다만 "표현의 수단"이고 드라마는 "표현의 목적"으로 이해한다. R. Wagner, *Oper und Drama*, Stuttgart 1984, 19쪽. '성악곡과 기악곡', '음악극과 심포니', '강령음악과 절대음악'의 대립에서 음악은 드라마라는 목적을 위한 수단에 지나지 않는다는 바그너의 주장은 (홍사현, 앞의 글, 9쪽) 후에 니체와 깊은 갈등의 골을 만들게 된다.

일 정신의 디오니소스적 토대"로부터 "디오니소스적 정신의 점진적 깨어남"은 절대적인 것이요 소크라테스적인 것과는 무관한 것이다.[37] 이 디오니소스적 정신의 새로운 탄생과 발전은 독일 음악의 전개, 즉 바흐에서 베토벤을 거쳐 바그너로 이어지는 독일음악의 발전과 같은 궤도에 있다.[38] 이 음악의 궤도는 전통 미학의 미 개념으로는 결코 설명될 수 없는 새로운 미학의 주제요 그 체계이다. 현대에는 독일 음악만이 "우리의 모든 문화 가운데에서 유일하게 깨끗하고 순수하며 정화하는 불의 요정"이므로[39] 떳떳하게 디오니소스 앞에 설 수 있다. 이러한 떳떳함을 가진 독일 정신과 결합된 음악은 예술의 유혹에 휘감겨 하늘거리던 나약한 예술가적 문화를 한 단계 고양시킨 독일에서 탄생된 새로운 그리스 문화의 부활로 보아 마땅하다. 물론 이때 그리스 문화는 그리스적 하모니나 그리스적 아름다움이나 명랑성이 아니라 비극의 디오니소스적 문화이다.

니체는 19세기말적 격동기에 아폴론적 소크라테스적 교육체계와 학계의 흐름이 더 이상 고전적 미학의 영역 내에 안주할 수 없었던 문화예술계의 갈등을 목도하면서 후자를 적극적으로 옹호한다. 이 옹호를 통해 그는 지금까지와는 달리 학문이 아니라 예술을, 그 중에도 특히 음악적 예술충동을 문화의 주도분야로 정립하고자 한다. 본래 음악은 고대 그리스에서 영혼과 정신을 순화시키는 로고스적 하모니의 본질로도, 존재와 우주의 운행질서로도 이해되었다. 그때 음악은 고통과 운명의 극복자이며 구원자로 간주되었다. 그러다가 소크라테스적 합리성이 세계와 그 구조이해의 주도세력으로 나타나면서 문화의 변방

37) KGW, III-I, 123쪽.

38) 니체는 바그너의 음악극을 오페라가 아니고 '교향곡' 또는 '기악곡'으로 보고 있다. 홍사현, 앞의 글, 8쪽. 그러나 「바그너의 경우」에서 니체는 바그너 음악을 오페라로 간주한다. 음악과 드라마는 근대이후 예술의 다른 장르이다. 이 둘은 형식과 내용에서뿐 아니라 목적에 있어서도 수단에 있어서도 다른 것이다.

39) KGW, III-1, 124쪽.

으로 밀려난다. 그때부터 음악은 르네상스에 이르기까지 독립적 예술 분야가 아니라 언제나 시와 극에 붙어 있는 일종의 더부살이로서, 종교 축제 연극의 분위기를 풍부하게 하기위한 도구로 전락하게 된다. 이미 그리스 비극은 극에 있어 음악의 운명을 분명하게 보여주며 그 전통은 르네상스 오페라에도 그대로 나타난다. 오페라 역시 그 형식에 있어 고대 비극과 동일하다.

신화와 음악이 하나이던 호머, 아르킬로코스 시대가 지나고 비극의 시대가 온다. 디오니소스 찬가에서 비극이 시작하고 비극은 언제나 음악과 함께 한다. 니체는 비극의 종말이 디오니소스적인 것의 종말이라 이해하는데, 이 디오니소스적인 것은 음악이므로 비극의 종말은 음악적인 것의 종말을 의미한다. 물론 이 말은 음악의 실종이 아니다. 아폴론적 음악, 소크라테스적 음악이 그 뒤를 이어 근대 오페라에서 그 꽃을 피운다는 것이 그의 생각이다. 이 오페라 문화를 극복하는 것은 음악의 디오니소스적 본성을 보여주어야 하는 것인데, 이 역할을 고전 독일 음악이 한다는 것이다.[40] 이 음악의 최고 절정은 바그너에서 꽃을 피운다.[41] 독일 음악에 앞서 새 시대의 새로운 신화를 창조한 이들은 물론 괴테와 쉴러와 같은 독일의 문인들이다. 보다 근원적 독일 신화는 루터의 종교 개혁에서 시작한다. 루터의 합창은 독일적 디티람보스요, 봄의 향연을 위한 디오니소스적 유혹이다. "디오니소스 열광자들이 엄숙하고도 들뜬 축제 행렬을 이루며 이 소리에 경쟁하듯이 응

40) 니체의 '절대음악'의 관점에서 음악은 결코 어떤 것의 수단이나 대상이 아니라 그 자체 목적일 뿐이다. KGW, III-3, 7[127], 184쪽. 절대음악에 관해서는, E. Hanslick, *Vom Musikalisch-Schönen*, Wiesbaden 1989을, 니체와 한슬릭의 음악 론의 비교연구에 관해서는, Chr. Landerer/ M.-O. Schuster, *Nietzsches Vorstudien zur Geburt der Tragödie in ihrer Beziehung zur Musikästhetik Eduard Hanslicks*, in: *Nietzsche- Studien* 31, Berlin 2002, 114~133쪽 참조.

41) 1887년 유고에서는 이와 정반대의 평가를 한다. 바그너의 음악은 몰입과 황홀경에 빠지게 하는 최면효과로 대중들을 유혹한다고 악평을 한다. KGW, VIII-2, 248쪽.

한다. 우리는 독일 음악을 그들 덕분에 얻었고, 독일 신화의 부활도 그들에게서 감사해야 할 것이다!"[42] 니체는 아마도 여기서 그리스 신화 창조자 호머와 아르킬로코스의 위치에 독일 신화 창조자인 괴테와 쉴러, 칸트와 쇼펜하우어 및 당시의 낭만주의 문인들을 대응시키고, 디오니소스 찬가 디티람보스 합창에 바흐, 베토벤, 바그너를 대응시킴으로써 고대 그리스 문화의 근대적 재 부활이 독일에서 이루어지고 있다는 말을 하는 것이 틀림없다.

> 그리스 고대의 재탄생이 목전에 있다는 우리의 믿음을 어느 누구도 없애버리지 말기를. 우리는 그리스 고대 안에서만 독일 정신이 음악의 불꽃 마법을 통해 새로워지고 깨끗해진다는 희망을 발견할 수 있기 때문이다.[43]

독일의 비극은 "망상, 의지, 아픔"과 같은 "존재의 어머니들"을 말함으로써 "디오니소스적 삶과 비극의 부활"을 실현시킨다.[44] 인간 삶의 가장 깊은 내면에 있으면서 존재와 존재자의 전체를 규정하는 이런 감정범주들은 지금까지의 철학의 역사에서는 사소한 것들로 평가되던 것들이다. 새로운 비극의 부활과 더불어 문화 전반이 새로워지며 이에 따라 새로운 교양인, 새로운 심미적 관객도 나타난다. 지금까지 극장을 찾던 관객이 학교와 신문과 책에서 배운 대로 관찰함으로써 반은 학자이고 반은 비평가이며 반은 도덕군자로 행세 했다면, 이제 새로 나타난 심미적 관객은 도덕과 종교와 학문으로부터 해방된 진정한 자유인이다. 그들은 비극 자체에 몰입하여 디오니소스적 존재의 어머니들을 체험하고 느낀다. 그들은 음악적 비극에서 "심미적 유희"를 직관

---

42) 니체전집 2, 169쪽.

43) 니체전집 2, 151쪽.

44) NW, III-1, 128쪽. '망상' = Wahn, '아픔' = Wehe, '존재의 어머니들' = Mütter des Seins.

하고[45] 그 유희의 창조성에 경탄한다. 그들은 허식적이고 의례적 예술과 그 관객의 시대는 끝나고 "강력한 예술의 마법"이 관객을 지배하는 시대가 시작되었다는 것을 알고 있다.[46] 물론 아직도 정치 구호와 선전물, 삐라와 팸플릿을 예술이요 문학이라고 믿는 이들이 모두 사라진 것은 아니며 유용성과 경향성을 예술의 본성으로 생각하는 무식한 이들이 도처에 있지만 그렇다고 저질의 오락과 그 대상을 예술이라 할 수는 없다. 물론 언론과 저널리즘이 판을 치는 세상에 예술의 오락성은 어느 때보다 더 강조되기도 하며 진정한 예술철학 대신 허영심과 이기심과 파당성이 혼합된 미학적 비평은 치사한 저질들을 하나로 함께 붙여 놓는 "접착제" 역할을 하는 것이 요즈음의 현실이기는 하다.[47]

Ⅳ. 아폴론적인 것과 디오니소스적인 것의 진정한 합일로서 '놀이'

밀도와 정도의 차이는 있을망정 무대에 올려지는 음악은 그 외형성 때문에 직접적으로는 아폴론적일 수밖에 없다. 심미적 관객은 무대의 연극과 연기를 눈과 귀로만 보고 듣는다기보다 온 몸으로 보고 듣는다. 동시에 그들은 이 보고 들음의 전체의 심연에 흐르는 비극적 음악의 본성을 의지의 심연으로 합일 시킨다. "음악적 비극"에서 보고들음의 전체와 의지의 전체의 심연에서의 이 합일시킴을 "아폴론적 착각"이라 한다.[48] 추상적으로 말하자면 내면을 이미지화 형상화한다는 말이다.

착각이란 잘못된 인식이기도 하고 가상의 현상화이기도 하다. 누군

45) NW, III-I, 138쪽. '심미적 유희' = ein ästhetisches Spiel.
46) 같은 곳,139쪽. 물론 이것은 음악이다.
47) 같은 곳, 140쪽. '접착제' = das Bindemittel.
48) 같은 곳, 145쪽. '아폴론적 착각' = eine apolonische Täuschung.

가 빈 포도주 병 속에 포도주스를 넣었을 때 그 사실을 모르는 이는 병 속의 포도주스를 포도주라고 잘못 알게 되는 것(착각)이다. 이 착각은 인식의 영역에서는 피해야할 제 일의 적이지만 실천이나 예술의 영역에서는 반드시 그렇지도 않을 뿐 아니라 때로는 오히려 요구되기 조차 한다. 우리는 어떤 사안이나 사건에 자신을 몰입시켜 그 사건 또는 사안의 구조와 본질을 이해하기도 하고 동정하기도 하듯이, 작가나 작품에 자신을 투입하여 그것을 가시화시킴으로써 그 내면적 구조를 이해하기도 한다. 하여간에 내면적 느낌의 가시화라는 아폴론적 착각에 의해 디오니소스적인 것은 밖으로 형상화되고 아폴론적인 것은 디오니소스적인 것의 흐름에 자신을 내 맡기는 합일이 이루어진다. 니체에 의하면 바로 음악과 음악 정신을 통해서만 아폴론적 예술은 최고의 경지를 체험할 수 있다.[49] 다시 말해 조형예술이나 서사시에서 관조를 통한 내면으로의 침잠을 통한 디오니소스적인 것의 만남은 낮은 단계로서, 비극적 음악을 통한 내면의 만남과 결코 같은 수준일 수 없다. 형상이란 아무리 명료 분명해도 그 형상 배후와 내면을 은폐한다는 약점을 가지고 있기 때문이다. 어떤 것을 보면서 동시에 보이는 것을 뛰어 넘는 능력을 가진 이들을 우리는 심미적 관객이라 할 수 있으며 이런 이들만이 진정 비극적 신화생성과 그 찬가를 포착할 수 있다.

물 컵에 넣은 젓가락이 휘어 보이는 것은 시각적 착각이다. 이 시각적 착각은 시각으로는 교정되지 않는다. 공기와 물의 굴절률 차이를 지성적으로 인식으로 할 때, 즉 착각의 원인과 그 결과를 알 때 그것은 극복된다. 미적 관객은 이 점에서 인식에서 지성적 · 오성적 관객과 같은 것이다. 아폴론적 미적 형상화에 언제나 아름답고 밝은 것만이 있는 것만이 아니라 추하고 어두운 것, 비탄과 고통이 어우러져 있다는 것을 아는 것은 특히 비극적 음악 예술에서 보여준다. 어차피 "비극적

49) KGW, III-I, 146쪽.

신화의 내용은 일차적으로는 투쟁하는 영웅을 찬미하는 서사적 사건" 이며 이 점에서 아름다움이 보일 수 있으나, 다른 편에 영웅의 "운명적 고뇌와 그것의 참으로 극단적 고통스러운 극복, 동기들의 가장 비통스러운 대립"이 적나라하게 펼쳐지며 이런 것들은 "추함과 부조화"이외에 다른 것이 아니다.[50] 이것은 미학적으로 단지 아름다운 미의 계기만으로 비극 예술이 구성될 수 없으며 오히려 '추함과 부조화'가 더 본성적일 수 있음을 보여 주는 것이다. 어떤 민족의 어떤 예술장르이건 추와 부조화가 아름다움과의 대립 속에서 그 전체를 보다 풍요롭게 살찌우고 있다는 것을 관찰하는 것은 그리 어려운 일이 아니다.

예술은 단지 자연 현상을 소박하게 모방하는 것도 아니고 현실극복의 한갓된 수단이나 그 대안도 아니다. 현상모방이나 현실극복이 예술의 작은 지엽적인 측면일 수는 있다. 그러나 그 본령은 고통 받는 영웅을 보여줌으로써 세계의 실재에 대한 미화가 아니라 인간 실존의 아픈 본질을 미학적으로 보여 주는 것이다[51] 우리가 비극을 보고 때로는 공포, 때로는 연민을 느낄 수 있고 우리들의 도덕적 감정을 보다 높게 승화시킬 수는 있지만, 그러나 예술의 본령은 그와 같은 감정이나 감정의 순화가 아니라 예술의 미학적 순수성을 확보하는 데에 있다.

> 비극적 신화를 설명하기 위하여 제일 먼저 요구되는 것은 동정, 공포, 도덕적 숭고의 영역으로 넘어가지 않고 고유의 쾌락을 순수한 미학적 영역에서 찾는 일이다. 추한 것과 부조화한 것, 즉 비극적 신화의 내용이 어떻게 미학적 쾌락을 불러일으킬 수 있는가?[52]

이상으로부터 니체는 그의 "예술의 형이상학", 즉 "현존과 세계는

---

50) 같은 곳, 147쪽. '추함과 부조화' = das Hässliche und Disharmonische.
51) 같은 곳.
52) 니체전집 2, 174쪽 이하.

오직 하나의 미적 현상으로서만 정당화 되는 것으로 나타나고 현상화 된다"는 명제를 재확인한다.[53] 이에 따라 비극적 신화는 추한 것과 부조화한 것, 흉물스러운 것과 혼란스러운 것들 역시 제거해야할 어떤 것이 아니라 그것을 즐기는 "예술가적 놀이"이며 놀이의 도구라는 것을 이해하는 것, 그리고 이 예술가적 놀이는 "의지가 자기 쾌락을 영원히 채워가는 자기 자신과의 놀이"라는 것을 확증할 것을 요구한다.[54] 이 확증에서 또한 "음악적 불협화음"이 "디오니소스적 예술의 근원현상"임을 자연스레 확인하게 된다.[55] 세계를 하나의 음악으로, 세계현상을 하나의 통일적 음악으로 포착하는 이에게만 비로소 세계가 하나의 미적 현상이며 또한 불협화음의 연출 속에서 정당화되고 미화된다. 음악의 즐거움이 불협화음의 존재에 있듯이 세계의 생동감 역시 불협화음에서 유래하는 것이다.

니체에 의하면 비극적 신화에서 그리고 디오니소스적 고통에서 우리가 느끼는 쾌감은 음악에서 불협화음에서 느끼는 쾌감과 "같은 고향"으로 "공동의 모태"를 가진다.[56] 이에 대한 인식이 눈에 보이는 비극, 귀에 들리는 음악에서 미적 느낌으로 보는 비극과 음악으로의 한 차원 높은 단계로의 비상을 가능케 한다. 이 인식은 물론 디오니소스적인 것의 이중성에 관한 깨달음이다.

> 디오니소스적 현상은 우리에게 항상 새롭게 반복되는 개체 세계의 유희적 건설과 파괴를 근원적 쾌락의 분출로서 드러낸다. 이는, 신비로운 사람 헤라클레

---

53) KGW, III-l, 148쪽.

54) 같은 곳. '예술가적 놀이' = ein künstliches Spiel, '의지가 자기 쾌락을 영원히 채워가는 자기 자신과의 놀이' = welches der Wille, in der ewigen Fülle seiner Lust mit sich selbst spielt.

55) 같은 곳. '음악적 불협화음' = die musikalische Dissonanz, '디오니소스적 예술의 근원현상' = Ur-phänomen der dyonysischen Kunst.

56) 같은 곳.

이토스가, 장난으로 돌을 이리저리 옮겨 놓고 모랫더미를 세웠다가 부수는 어린아이를 형성하는 힘에 비유한 것과 같은 방식으로 이루어진다.[57)]

어린아이들이 모래밭에서 쌓는 온갖 모양의 것들, 끝없이 또 다른 모습을 만들고 허무는 놀이, 어떠한 개체도 항구적 모습으로 고정되지 않고 거듭되는 변전과 전이, 아리스토파네스 희극에서 소피스트들의 믿음의 대상인 '구름'의 생성운동 속에 내재한 디오니소스적 장난이 바로 비극과 음악의 공동 산실이라는 것이다. 이 점에서 디오니소스적인 것은 한갓 고통이라기보다는 쾌락을 잉태하는 고통, 쾌락의 화음을 잉태하는 불협화음이라 하겠다. 이러한 디오니소스적인 것의 놀이(유희)적 특징 때문에 "가장 나쁜 세계의 실존자체"조차도 정당화된다.[58)] 여기서 디오니소스적인 것은 아폴론적인 것에 대립되는 예술의 두 충동 중 하나가 아니라, 예술의 유일한 본원적 충동으로 격상된다. 말하자면 디오니소스적인 것은 "현상세계 전체를 현존화하는 영원하고도 근원적인 예술위력"을 말하는 것이다.[59)] 이 단계에서 아폴론적인 것은 디오니소스적인 것의 현상적 미화수단, 즉 디오니소스적인 것의 시녀 이상이 아니다.

인간이란 불협화음에서 삶을 가꾸어 나간다. 차라리 "불협화음의 인간화" 자체가 다름 아닌 인간이라는 것이 니체의 생각이다.[60)] 예술이라는 것이 환상의 미화요 실현이라면, 불협화음의 고유 본성을 아름다움의 면사포로 은폐하여 보여주는 것은 예술의 형상화, 즉 아폴론적

---

57) 니체전집 2, 176쪽.

58) KGW, III-I, 150쪽. "가장 나쁜 세계의 실존"의 정당성 이론은 헤겔의 존재자 존립의 정당성 이론과 같다. 다만 헤겔은 정당하다고 모두 진리인 것은 아니라는 관점을 가지고 있다. '가장 나쁜 세계의 실존자체' = die Existenz der schlechtesten Welt.

59) KGW, III-I, 151쪽.

60) 같은 곳. '불협화음의 인간화' = eine Menschenwerdung der Dissonan.

예술의 목적이다. 마치 고대 그리스 건축과 조각의 아름다움과 그 배후의 신화적 비극의 고통스러운 관계처럼 인간의 삶 또한 고통을 환상으로 바꾸고 그것을 미화하고 아름다움의 보자기로 포장하려고 한다. 이 점에서 본성상 예술과 삶, 장난과 진지함, 신화와 현실은 같은 것이다.

V. 되새겨 보는 문제

니체가 1872년의 『비극의 탄생』에서도 1871년 봄의 '유고 12'[61]에서 시도한 '절대 음악'론을 일관되게 전개하고 있는지 아닌지에 대해서는 논란이 있을 수 있다. 절대음악은 건축이나 조형 예술이나 시와 연관지어 음악을 이해하는 고대부터 내려오는 방식인 "상황음악"에 대립되는 용어이다.[62] 절대음악은 말하자면 어떤 것과도 독립된 음악 그 자체, 또는 음악 그 자체로부터 생겨나는 음악을 말한다. 상황음악이 현상적인 역사적 시공의 제약 속에서 필요에 따라 그때그때 연주되고 만들어진다는 면에서는 음악 그 자체의 본성과 의미에 대한 추적은 거기에서 문제가 되지 않는다. 이에 대해 절대 음악은 개념적 인식, 이론적 학문이 세계의 본질은 물론 예술의 본성을 파악하는 것은 불가능하다는 반성을 토대로 한다. 개념이 존재의 예술 포착을 위한 개별적인 것을 위한 언어라면, 음악은 "보편적인 것의 언어"이다.[63] 오페라를 음악극보다 열등한 것으로 니체가 주장한 것은 전자가 "개념의 상징학"이어서 음악 자체의 풍부한 음악 형식이 가려진다는 이유 때문이다.[64] 그러나 여전히 의심스러운 것은 『비극의 탄생』에서 바그너의

---

61) KGW, III-3, 12=MPXII.d., 1871. 377~387.

62) KGW, III-3, 3=Pl15a. Winter 1869-70 Früjahr 1870, 57쪽. '상황음악' = Gelegeheitsmusik.

63) '보편적인 것의 언어' = Sprache des Allgemeinen.

음악극이 과연 절대음악을 표현하고 있다고 니체가 믿고 있는가 하는 문제이다.

니체에 의하면 음악의 기원은 의지도 감정도 아니고 오직 음악 그 자체, 즉 존재와 형상의 공동 언어요 본질의 보편적 언어인 디오니소스적 근원정조이다. 그것은 쾌와 불쾌라는 미감적 취미판단의 기호나 감정도 아니고 쇼펜하우어적 의미에서 의지도 아니다.[65] 적어도 『비극의 탄생』 이전에 니체는 그렇게 이해한다. 필자는 이 이해가 비극의 탄생 및 그 이후에도 지속되는 니체의 입장인지에 아직은 유보적이다. 어쨌거나 그의 절대음악론의 관점의 일부는 니체 자신이 인용한 쇼펜하우어의 다음과 같은 음악정의에서 유래한다.

> 비록 순수한 음악적 정신이 그것을 요구하지 않더라도, 순수한 음들의 언어는 자족적이며 어떤 도움도 필요로 하지 않는다. 이 소리들과 말들의 순수언어는 스스로 자족적이어서 그런 것이 꼭 필요한 것은 아님에도 불구하고 사람들은 관조적으로 상연된 행위를 거기에 덧붙이고 그 아래 놓는다. 그래서 우리의 직관하고 반성하는 지성은, 꼭 그렇게 해야 할 필요가 없음에도 불구하고, 가볍게 유추적으로 추론함으로써 주의력을 음악에 매달리고 따라다니게 한다. 가슴의 형체 없는 보편언어 속에서 소리들이 의미하는 것, 여기에 직관적 그림과 도식 또는 어떤 본보기가 하나의 보편개념처럼 되는 것이다.[66]

절대음악, 오직 음악 그 자체의 내용과 형식에 따르는 음악, 그것을 나타내주는 객관적이고 현실적인 것은 음악극이지 음악 그 자체는 아

64) 같은 곳. '개념의 상징학' = Symbolik des Begriffes.

65) KGW, III-3, 12 = MPXII id. Frühling 1871, 379쪽 이하 참조.

66) 니체전집 4, 461쪽. 이글은 쇼펜하우어의 *Parega und paralipomena, kleine philosophischen Schriften*, 2Bde, Bd.2, Berlin 1851, 465쪽의 글을 니체가 (유고 12 = MPXII id. Frühling 1871, KGW, III-3, 377쪽 이하에서) 인용한 것이다. '소리들' = die Töne, '말 들' = Wörte.

니다. 요컨대 음악 그 자체는 실제에 있어서는 존재하지도 현상하지도 않거나, 있다고 해도 알 수 없고, 안다고 해도 말할 수 없는 것이다. 만일 이런 저런 조화음에 불협화음을 적절히 섞은 것을 절대음악이라 한다면 천둥과 비바람소리, 개들의 싸움소리, 절벽에서 부딪치는 파도 소리의 미적 구분은 사라질 것이다. 만일 음향들의 자유로운 단순 조합을 절대음악이라 한다면 사격장의 총 소리와 꾀꼬리의 노랫소리의 우연적 혼합을 절대음악이라 할 수도 있을 것이다.

그러나 니체가 절대음악을 소크라테스적 오페라 문화가 아니라 독일적 음악극과 관련하여 말하고 있는 점에 주목하면 이것은 악극 배우의 연기를 염두에 둔 것으로 추정된다. 오페라와 달리 음악극에서는 언어나 대사가 아니라 음악적 연기가 주가 된다. 이 연기를 보는 것은 배우나 악사가 아니라 관객, 그것도 이상적 관객이다. 미학적으로 완숙한 단계의 니체 수준에 있는 관객만이 음악극의 음악이 실은 극이나 배우를 위한 것도, 관객을 위한 것도 아니라는 것을, 그래서 그것은 오직 작곡가와 그를 속속들이 꿰뚫어보는 이상적 관객을 위한 것이라는 점을 안다.

시나 시를 통해 만들어진 감정이 음악이나 작곡의 기원이 아니요 쾌와 불쾌의 감정이 음악이나 작곡의 기원이 아니다. 작곡가 자신의 원초적 가슴, 존재세계의 목적 없이 떠도는 생성의 자유, 이것이 음악의 기원이다.[67] 의지나 감정은 음악의 직접적 근원이 아니라 음악을 간접적으로 상징하는 힘일 뿐이다. 다시 말해 음악의 근원은 의지가 아니라 "의지의 형식 아래서 스스로를 산출하는 힘의 태반에" 있으며 따라서 우리가 다오니소스적 충동이라 부른 바로 그것, 즉 "모든 개별화의 피안에" 있는 셈이다.[68] 이 충동에 의한 작곡과 연출, 이 충동에 충만

67) KGW, III-3, 12〔1〕 Frühjahr 1871, 382쪽.
68) 앞의 글, 383 참조.

한 이상적 관객만이 "음악의 성지" 순례를 할 수 있고 그 자격이 있다. 그들은 바그너와 독일인들이다.[69] 이것이 『비극의 탄생』의 결론이다.

69) '음악의 성지' = Heiligthum der Musik.

참고문헌

『니체 전집』, 전 21권, 김기선, 이진우 외 역, 정동호, 이진우, 김정현, 백승영의 편집, 책세상, 2000ff. (=니체전집)

홍사현, 「니체의 음악적 사유의 현대성 - 바그너, 한슬릭, 쇤베르크와의 관계를 중심으로」, 『현대성의 철학 : 니체 - 하버마스 - 들뢰즈』, 연세대 철학연구소 / 명지대 리서치 아카데미. 동서철학연구비교센터 공동심포지움, 2006, 3~20쪽.

Dahlhaus, C., *Zwischen Romantik und Moderne. Vierstudien zur Musikgeschichte des späteren 19. Jahrhunderts*, München 1974,

Hanslick, E.,*Vom Musikalisch-Schönen*, Wiesbaden 1989.

Landerer, Chr./ Schuster, M.-O., *Nietzsches Vorstudien zur Geburt der Tragödie in ihrer Beziehung zur Musikästhetik Eduard Hanslicks*, in: *Nietzsche-Studien* 31, Berlin 2002.

Nietzsche's Gedanken zur Musik in *Die Geburt der Tragödie aus dem Geiste der Musik* - Die kritische Analyse des Textes 16~25.

Nietzsche Werke, Kritische Gesamtausgabe, begrdt. von Giorgio Colli und Mazzino Montinari, weitgf. von Wdolfgang Müller- Lauter und Karl Pestalozzi, hrsg. von Johann Figl mit anderen, Berlin 1967ff. (=KGW)

Schopenhauer, A., *Die Welt als Wille und Vorstellung*, hrsg. von W. F. von Löhneysen, 2Bde., Frankfurt a. M./ Leipzig 1996.

_____, *Parega und paralipomena, kleine philosophischen Schriften*, 2Bde, Berlin 1851.

Wagner, R., Oper und Drama, Stuttgart 1984.

Nietzsche's Gedanken zur Musik in *Die Geburt der Tragödie aus dem Geiste der Musik* - Die kritische Analyse des Textes 16~25.

Yoon, Byoeng Tae

Abstrakt

Text 16~25 der Die Geburt der Tragödie enthält das Fazit des gesamten Buches aber wird auch als "Nietsche untypisch" eingestuft. Die Rückkehr des Geistes der dyonischen Kunst in der deutschen Musik wird hervorgehoben, jedoch wird nicht eindeutig gezeigt warum der Höhepunkt Deutschland und die Wagnersche Musik ist. Dennoch beinhaltet dieser Bereich einen wichtigen Schlüssel zum Verstehen von Nietsches Musiktheorie und seine Gedanken der Ästhetik. In diesem Text wird der Verfasser die folgenden Gedanken Nietsches analysieren:

1. Nietsche unterteilt die Kultur in drei verschiedene Kategorien: sokratische Kultur, künstlerische Kultur und tragische Kultur. Diese Unterteilung bedeutet nicht dass in einer bestimmten Zeit nur eine bestimmte Kultur vertreten war. Zur jeder Zeit waren diese drei Arten gleichzeitig vertreten. Jedoch waren die dominante Neigung zur jeder Zeit verschieden. In Alexandria war die sokratische Kultur dominierend, in Griechenland die künstlerische Kultur. Jedoch wird der Ursprung der griechischen Kultur von der

dyonischen tragischen Kultur geprägt. Die Überwindung dieser beiden Kulturen wird durch die Wiedergeburt der tragischen Kultur in der Wagnerschen Musik dargestellt.

2. Musik ist vielmehr eine Grundstimmung und Sein und Wesen des Urphänomens als der Ausdruck von Emotion und Wille. Echte Musik ist nicht nur dyonisch sondern Vereinigung des Appolonischen und Dyonischen und besitzt die Eigenschaft des freien Spiels.

3. Der wichtigste Satz von Nietsches "Methaphysik der Kunst" ist, dass "Existenz und Welt nur als ein ästhetisches Phänomen das Dasein und die Welt gerechtfertigend erscheint." Dieser Satz sagt dass ein trägodischer Mythos weder hässlich, unharmonisch, grässlich noch kaotisch ist, sondern es fordert die Gewissheit dass dies ein "künstlerisches Spiel", ein Spielzeug ist. Dieses künstlerische Spiel ist ein Spiel wo "der Wille, in der ewigen Fülle seiner Lust mit sich selbst spielt." In dieser Gewissheit wird auch klargestellt dass das "Urphänomen der dyonischen Kunst" "die musikalische Dissonanz" ist. Nur für den der die Welt als eine Musik, die Welterscheinung als eine einheitliche Musik wahrnimmt, ist die Welt eine ästhetische Erscheinung und gerechtfertigt die musikalische Dissonanz. So wie die Freude an Musik in der Existenz der musikalischen Dissonanz liegt, so stammt die Lebendigkeit der Welt auch von der Dissonanz.

Schlagwörter : das Apolonische, das Dyonisosische, das Disharmonische, das Hässliche, Dissonanz, Kultur, Musikdrama, Oper, Spiel, Tragödie.

칼 슈미트의 정치적 낭만주의 비판

— '주관화된 기연주의'를 중심으로[1)]

이병옥

> "낭만주의는 동경이며 낭만주의로부터 헤어나려는 동경조차 낭만이라고 할 수 있다. 자유를 완전히 맛보려는 원망, '이 우리의 긴장된 시대의 가장 비밀스런 속마음'-이런 것이 낭만이다."[2)]

---

1) '기연주의(機緣主義)'는 독일어 'Occasionalismus'의 번역어로서 국내에서 "상황주의", "기연론(機緣論)", "우인론(偶因論)" 등으로 번역된 사례가 있다. 여기서 '기연주의'는 칼 슈미트가 낭만적 주체 개념을 비판하기 위해 사용한 용어이다. 필자는 데카르트학파의 필링크스(A. Geulinx)와 말브랑슈(N. Malebranche)의 기회원인론(causa occasionellis)과의 차이를 드러내기 위해 '기연주의'라는 번역어를 사용할 것이다.

2) A., Ruge, *Die wahre Romantik, ein Gegenmanifest*, in: Gesammelte Schriften III, 134쪽 (Carl Schmitt, *Politische Romantik*, 6. Aufl.(Berlin: Duncker & Humblot, 1998), 28쪽에서 재인용. 이하 PR로 약기함. 필자는 슈미트의 독일어 원전을 인용하면서 배성동의 우리말 번역본 『정치적 낭만』을 참조하였음을 밝힌다.)

요약문

이 글은 칼 슈미트의 정치적 낭만주의 비판을 '주관화된 기연주의' 개념을 중심으로 다루고 그 한계와 낭만주의의 현대적 의의를 밝히는 것을 목적으로 한다.

슈미트에 있어서 낭만주의란 모든 대립을 해소하는 최종 심급으로서 신의 자리에 낭만적 자아가 등장하는 기연주의의 한 형식이다. 기연주의는 세계를 낭만적 주체의 생산적 활동의 기회나 계기로 삼는 것을 뜻하며, 그것은 논리적 구별을 심미적·감정적으로 거부하는 데서 발생한다. 슈미트에 의하면 낭만주의자의 기연적 태도는 정치적 수동성과 정치적 견해의 비일관성으로 귀결된다. 그 결과 낭만주의자는 현실을 바꾸려는 의지나 정치적 결단을 회피하게 된다.

이와 같은 슈미트의 정치적 낭만주의 비판은 다음과 같은 두 가지 근본적인 문제점을 안고 있다. 첫째, 슈미트는 낭만주의 정치담론의 텍스트에 내포된 사회비판과 그 정치적 대안의 진정한 가치에 주목하지 않고 단순히 낭만주의자들의 행태를 기연주의와 혼동하였다. 둘째, 그는 정치적 낭만주의의 산업사회 비판, 시민사회와 국가와의 관계, 프랑스혁명과 반동정치에 대한 입장을 간과했다. 특히 슈미트는 유토피아적 미래에 대한 전망을 제시하는 것이 모든 정치적 사고와 행위의 전제가 된다는 사실을 간과하고 있다.

● **주요어 : 기회원인, 낭만적 주체성, 아담 뮐러, 정치적 낭만주의, 주관화된 기연주의, 칼 슈미트, 프리드리히 슐레겔**

I. 서론

역사상 존재했던 정치사상 중에서 낭만주의 사회·정치사상만큼 그 성격에 대한 해석을 둘러싸고 치열한 논쟁의 대상이 된 경우를 찾기는 쉽지 않다. 왜냐하면 낭만주의에 대한 정의, 독일의 전후기 낭만주의 사상을 구분하는 문제, 낭만주의자들이 각자 표방하는 정치적 견해차 등은 낭만주의 사회·정치사상에 대한 체계적 이해를 어렵게 하기 때문이다. 이런 까닭에 낭만주의에 대한 해석과 평가는 현재까지도 엇갈린 방향에서 산발적으로 진행되고 있다. 20세기 말에 오면 낭만주의 정치 담론의 배후에 있는 미적 생산성에 주목하고 그 사회정치적 의의를 밝히려는 시도가 광범위하게 진행되고 있지만, 헤겔과 하이네로부터 시작되고 독일의 법사상가 칼 슈미트(Carl Schmitt)에 의해 거의 완성된(?) 지속적인 비판의 성과는 낭만주의의 사상 전반에 대한 부정적 인상을 심어주기에 충분했다. 특히 슈미트가 최초로 "정치적 낭만주의(Politische Romantik)"(1796-1830)라는 용어를 사용하면서 그 기연주의적 성격을 비판한 이후, 낭만주의는 사유와 존재의 질서와 규범을 거부하는 비현실적 유미주의에 지나지 않는 것으로 이해되었고, 그 실천철학적 의의는 "낭만적인 것에는 정치적 생산성이 없다"[3]는 인식으로 귀결되었다.

우리는 철학의 역사에서 잘못된 해석이나 관념도 진리만큼이나 뿌리 깊게 우리에게 전승된다는 사실을 쉽게 확인할 수 있다. 이런 관점에서 볼 때, 정치적 낭만주의에 대한 슈미트의 부정적 평가는 우연이 아니다. 정치적 낭만주의뿐만 아니라 낭만주의라는 사조에 대한 비판은 이미 비더마이어시대(1815-1848) 이래로 독일의 정신사를 장식해 왔다. 헤겔과 하이네에서 시작하여 헤겔 좌파와 마르크스주의를 거쳐,

3) PR, 127쪽.

칼 슈미트의 파시즘적 결단주의에 이르기까지 낭만주의 비판은 물론 이데올로기적인 관점에서 이루어져왔다. 그 중 슈미트는 낭만적 주체의 정신적 원리에 주목하고 이에 기초하여 낭만주의 정치사상의 성격을 해명하려 한다는 점에서 거의 무차별적 비방과 조롱의 수준에 그쳤던 기존의 관행과는 달리 상당히 신중하고 진지하게 접근한다. 슈미트의 낭만주의 비판은 파시즘의 이데올로기를 투사한다는 점에 근본적인 한계가 있지만 어느 정도 짜임새를 갖춘 철학적 논의로 볼 수 있다.

필자는 슈미트의 『정치적 낭만주의』에 나타난 낭만주의 비판의 내용을 '주관화된 기연주의(subjektivierter Occasionalismus)'[4]를 중심으로 소개하고 이에 대한 반론과 함께 낭만주의 정치담론이 갖는 현대적 의의를 밝히고자 한다. 이를 위해 첫째, 슈미트의 낭만주의 비판의 배경을 소개할 것이다. 둘째, 정치적 낭만주의를 주관화된 기연주의로 규정하는 슈미트의 비판 내용과 그 정치사상적 귀결을 소개할 것이다. 셋째, 슈미트가 낭만주의를 주관화된 기연주의로 파악한 것이 적절한지 그리고 그가 간과한 것은 무엇인지에 대해 검토할 것이다. 마지막으로 낭만적 주체성이 갖는 현대적 의의에 대해 생각해보겠다.

II. 슈미트의 낭만주의 비판의 동기

독일 국가사회주의에 대한 이론적 정당화를 시도한 대표적 사상가이고 자유주의와 민주주의의 비판가이자 파시즘의 옹호자인 칼 슈미트의 학문적 방향과 정치적 입장을 고려할 때 그가 낭만주의를 비판한

4) 독일어 'Subjekt'를 경우에 따라 '주관'이나 '주체'로 번역하였다. '주체'는 자아의 자발성이나 능동성을 지시할 때 그리고 '주관적'은 '자의적', 즉 '객관성을 지니지 않는'을 의미할 때 사용하기로 한다.

것은 우연이 아니다. 그는 한때 낭만주의자였다. 그러나 그가 살던 시대적 환경은 불행히도 그를 낭만주의에 머무르게 하지 않았다. 벤더스키에 의하면 슈미트의 낭만주의 비판은 독일의 권위주의적이며 지적인 부르주아에 대한 실망에서 비롯된다.5) 독일의 교육받은 시민계급에게 있어 낭만주의는 늘 실용적 관점에서 현실을 바라보는 피곤한 계몽적 부르주아에게 새로운 활력을 주었다. 낭만주의가 따뜻한 지성인을 드러내는 징표로 인식된 덕분에 관심의 대상이 되고 유행을 이루는 것은 어렵지 않았을 것이다. 그러나 낭만주의 비판의 역사에서 드러나듯이, 독일의 지성인들은 낭만주의에 대해 깊은 애증의 감정을 갖고 있다. 그 흔적은 낭만주의 비판가들에게서조차 찾을 수 있다. 헤겔, 하이네, 하임, 니체, 키에르케고르, 청년헤겔주의자들과 마르크스, 루게, 슈미트 역시 한때 낭만주의에 깊이 탐닉했던 사람들이다. 그들의 작품 속엔 여전히 낭만주의의 흔적이 남아있다.

이와 같이 낭만주의는 항상 지성인들의 비판의 표적이면서도 교양을 갖춘 시민계급의 정신적 취향을 만족시켜주는 사상이었다. 그러나 슈미트가 비판하고자 한 교양을 갖춘 시민계급은 낭만적 정신의 담지자이면서 창조자이기도 했는데 당시 제국시대의 사회적 지도층이었다. 그럼에도 불구하고 대부분의 지식인 동아리들, 국가 및 행정 관료들, 슈미트도 포함된 대학교수들은 전통적인 고전주의의 사고방식에 좀더 깊이 뿌리를 내리고 있었다. 낭만주의 역시 고전주의적 사고에 뿌리내린 지성인들에 깊은 영향을 주었음은 말할 것도 없다.

벤더스키가 진술하고 있듯이, 독일인의 지적 삶에서 낭만주의는 가장 강력한 비정치적 성향을 갖는 사상 중 하나이다. 대부분의 독일 지성인들은 낭만적 전통으로부터 깊은 영향을 받았다. 왜냐하면 낭만적

5) J. W. Bendersky, *Carl Schmitt-Theorist for the Third Reich: Political Consciousness, Democracy and Dictatorship*(Princeton, N J.: Princeton Unversity Press, 1983), 21쪽.

전통은 처음부터 실재를 주체적으로 지각할 것을 강조하고 자아의 성취와 완성을 지향하기 때문이다.[6] 독일의 지적 전통은 공적 생활과 정치적 문제보다는 인간 내면의 도덕성과 지성의 발전을 강조하는 경향이 있다. 그러나 이런 전통에서 발생하는 비정치적 태도는 제정시대에는 지배체제에 대한 암묵적 동의로 해석될 수 있었다. 그러나 낭만주의의 비정치적 태도는 슈미트가 활동하던 1919년의 정치적 상황에서는 더 이상 유지될 수 없었다. 슈미트는 이런 상황을 깨닫고 지적 변화를 모색했다. 제정시대에 그는 법학이나 법철학적 주제에 관심을 가졌다. 그 과정에서 그는 여전히 낭만주의 전통의 영향 아래 있다는 것을 발견했다.[7] 그러나 곧 공화주의와 공산주의의 '위협'에 대해 정치적 입장을 분명히 표현할 필요성을 느꼈다. 이런 맥락에서 『정치적 낭만주의』는 사실상 슈미트 자신이 낭만주의에 깊이 침잠했던 지난날에 대한 반성이자 사상적 결별의 선언이라 할 수 있다.

슈미트의 정치적 낭만주의에 대한 비판은 독일의 격변기에 행해졌다. 1918년에 이르기까지 독일은 권위주의 국가의 틀을 벗어나지 못했다. 낭만주의 정신에 대한 비판으로서 슈미트의 작품은 낭만주의 전통과의 결별과 프로이센의 빌헬름 2세 이후 지속된 사회체계에 대한 거부를 의미한다. 낭만적 정신과 기존의 사회체계는 실존적 위기 속에서 계급간의 대립이 격화된 시대에는 더 이상 필요하지 않다는 현실 인식에서 비롯된다. 슈미트가 히틀러의 전체주의에 잠시 협력한 것은 그의 이상주의적 신념이 지나치게 강했기 때문이기도 하다. 그는 정치적 태도에 있어서 그가 비판하는 정치적 낭만주의자는 아니지만 낭만적 정치 사상가라고 할 수 있다. 왜냐하면 경제공황에 빠진 독일의 사회적 현실에 비애를 느꼈고, 정치적 분열의 시대에 결단력이 있는 정치가의

---

6) Bendersky, 같은 책, 29쪽 참조.

7) 같은 곳.

출현은 국가적 단합과 번영을 위해 필요하다고 판단했기 때문이다.

슈미트의 정치적 낭만주의에 대한 비판은 그 자신의 정치적 신념에서 출발한다. 법, 규범, 질서, 파시즘, 반유태주의(Dezionismus), 정치적 결단주의는 낭만주의 비판의 사상적 기초이다. 그러나 낭만주의는 특히 기독교적 세계관에 뿌리를 두고 있으며, 자유주의를 표방하고, 개인의 결단보다는 대화와 사교를 통한 합의를 중시하며, 궁극적으로 유토피아적 국가관을 지향한다. 특히 낭만주의의 정신적 원리의 근저에는 극한적 투쟁보다는 모순의 극복을 위한 원리로서 사랑이 자리잡고 있다. 이러한 다소 유연하고 온건한 입장을 표방하는 낭만주의 세계관은 경직된 슈미트와 사상적으로 확연한 대조를 이루고 있다. 그 결과 슈미트의 낭만주의 비판은 시대가 만들어낸 세계관의 충돌이라 할 수 있다.

III. 주관화된 기연주의로서 낭만적 주체성

1. 낭만적 주체에서 출발

'낭만'이란 무엇인가? 낭만하면 흔히 날씨, 자연 풍경, 정감 있는 모임, 여행, 연애, 음악 감상 등 마음을 자극하는 분위기나 대상을 연상한다. 이와 같이 우리는 흔히 '낭만'을 성급하게 대상과 결부시키는 경향이 있다. 저녁노을, 봄꽃으로 단장한 캠퍼스, 창밖에 내리는 봄비를 보고 '낭만적' 감흥을 갖는다면 나의 주관적 감정이 대상과 일정한 관계가 있음을 부정할 수 없다. 그러나 문제는 낭만적 분위기나 대상이 아니다. 대상 자체가 나와 무관하게 낭만적이라고 볼 수 없기 때문이다. 그럼에도 대상은 인간 주체에 독립적으로 존재하는 것이든 나의 정신적 구성활동의 산물이든 언제나 나와 연관되고 있으며, 나의 대상이다. 나는 대상을 통해, 의식적이든 무의식의 상태에서든 특정한 느낌을 갖게 된다. 그러므로 나는 인지적이든 심미적이든 자발적 활동을 수행한다는 의미에서 주체이다.

그런데 대상성을 지니는 현실, 텍스트, 타자와 같은 객체는 진정한 의미에서 나와 무슨 관계를 갖는지가 문제이다. 즉 객체는 무엇이며 그것은 어떤 방식으로 주체와 연관될 수밖에 없는 것인지 해명되어야 한다. 철학의 기초적인 물음으로서 나의 정신활동에 관한 문제는 낭만주의철학에서도 당연히 중요하게 다루어진다. 이런 맥락에서 슈미트는 낭만적 주체가 무엇이냐는 물음에서 출발한다. 그도 역시 낭만주의를 "중세나 폐허와 같은 낭만적 대상이나 주제로부터" 찾아야 하는 것이 아니라 "낭만주의자의 주체에서"[8] 밝혀야 한다고 강조한다. 그래야만 누가 낭만주의자인지 알 수 있다는 것이다.[9] 다시 말해 우리는 낭만주의자의 "독특한 행태"에 주목하면서 그가 어떻게 "세계와 특수한 방식으로 낭만적 관계"를 맺는지 관찰해야 하지, "낭만주의자의 행태의 결과"에 집착하지 말아야 한다는 것이다.[10] 낭만주의를 단순히 고전주의와 상반되며 합리주의에 대립하는 것으로 본다거나, 정치적 낭만주의를 혁명적 성격을 갖는 것으로 본다든지 혹은 보수적이라고 규정하게 되면 낭만주의자의 행태의 결과에 집착하는 것이 된다. 따라서 이것은 낭만주의의 핵심을 간과하게 된다는 것이다.

슈미트는 낭만적인 것의 본질을 대상이 아니라 모든 대상을 낭만화하는 주체의 능력에서 찾는다.[11] 낭만이라는 말이 대상보다는 주체의

8) PR, 6쪽.
9) 같은 곳.
10) 같은 곳.
11) 낭만적 주체의 본질을 해명하려는 슈미트의 생각은 헤겔주의자들의 낭만주의관과 비교된다. 헤겔주의자들이 낭만주의를 "얼빠진 자연주의이며, 개념과 자기의

활동과 밀접한 관계가 있다면 슈미트가 낭만을 행위의 결과보다는 행위 자체, 즉 부단한 정신의 운동으로 본 것은 매우 적절하다. 그럼에도 불구하고 슈미트는 낭만적 주체의 정신적 활동을 주관화된 기연주의로 파악하며 세계와 현실에 대한 기연적 태도는 정치적 수동성으로 귀결된다고 단언한다.

2. 낭만적 주체의 기연적 구조

슈미트에 있어서 낭만주의는 모든 대립을 해소하는 최종 심급으로서 신의 자리에 낭만적 자아가 등장하는 기연주의의 한 형식이다. 그는 데카르트학파의 기회원인(causa occasionalis) 개념을 차용해 낭만적 주체의 정신적 구조를 드러내기 위해 사용한다. 여기서 슈미트가 말하는 '기연주의'란 라틴어 '기연(occasio)'에서 유래한 용어이다. 이것은 "기인(Anlaß), 기회(Gelegenheit), 혹은 우연(Zufall)"과 동의어이다.[12] 슈미트에 의하면 기연은 원인(causa)과 상반된 개념이다. 다시 말해 기연은 "계산 가능한 원인성의 강제"나 어떤 "하나의 규범에 얽매이는 것을 반대"한다.[13] 따라서 기연은 "원인의 부정"이다.[14] 기연은 또한 원인(causa)과 지향하는 바도 다르다. 기연이 주객관계의 우연성을 지시한다면 원인은 주객관계의 필연성과 연관된다. 기연이 어떤 제한에도 구속되지 않는 자유로운 상상력을 지시하는 용어라면 원인은 그것을 통제하여 질서를 부여하는 용어이다. 따라서 기연은 미적 범주에

식으로 나아가지 못하는 실체"(PR 28쪽)로 규정함으로써 낭만적 주체의 내용 없는 공허함과 악무한을 비판한데 반해, 슈미트는 낭만적 주체의 심미적 정신 구조를 기연주의로 특성화한다.

12) PR, 18쪽.

13) 같은 곳.

14) 같은 곳.

적용될 수 있고, 원인은 인식과 도덕의 범주에 속한다. 특히 슈미트는 기연 개념의 근거를 중세의 철학자 보나벤투라(St. Bonaventura)의 진술에서 찾고 있다. 보나벤투라에 따르면 원인은 규범적 구속성을 갖는 데 반해 기연은 어떤 구속성도 갖지 않는다는 것이다.

> 원인에 의하여 무엇엔가 이르는 것은 '결국 자신이 규제의 원리를 갖고 있다.' 그러나 '진실로 기연에 의하여 유도되는 것은 마지막까지 자신 가운데 규제의 원리를 갖지 않는다.[15]

슈미트가 기연 개념을 비교적 상세하게 논구하는 동기는 낭만적 주체성을 기연주의의 변형으로 해석하려는 관심에서 찾을 수 있다. 그에 따르면 우연한 것으로서 기연이 주체의 원리가 되면 원인이 갖는 구속성은 사라진다. 낭만주의자들은 삶과 사건에 일관성과 질서를 부여하는 것이면 무엇이든 단순히 기연적인 것과 대립하기 때문에 거부한다. 따라서 낭만주의는 주관화된 기연주의이며 낭만적인 것에는 주체가 세계를 자신의 낭만적 생산성의 기인과 기회로 간주할 뿐이다.

> 낭만주의는 주관화된 기연주의이다. 왜냐하면 세계와의 기연관계는 낭만주의에게 본질적이기 때문이다. 그러나 이제부터는 신 대신에 낭만적 주체가 중심을 차지하고 세계와 거기서 발생하는 모든 것을 단순한 기인으로 만들 따름이다.[16]

기연주의는 세계를 낭만적 주체의 생산적 활동의 기회나 계기로 삼는 것을 뜻한다. 여기서 슈미트는 신의 역할을 낭만적 주체가 떠맡은 것으로 해석하고 있다. 즉 최후의 심판자로서 그리고 규범을 제시하는 자로서 신만이 누릴 수 있는 전지전능한 역할을 인간의 자아가 담당하게 되

---

15) PR, 94쪽.
16) PR, 19쪽.

었다는 것이다.

> 기연적이라고 표현하게 되는 형이상학적 체계에서는, (…) 예를 들면 말브랑슈의 철학에서는 신이 최후의 절대적 심판자이며, 전세계와 거기서 일어나는 모든 것은 신이 홀로 작용하기 위한 단순한 기인에 불과하다. 이것은 거창한 세계관이며, 신의 우월성을 무한대의 환상으로까지 확대시킨다. 신에게서 볼 수 있던 이와 같은 특징을 갖는 기연적 태도는 신 이외에도 최고의 심판자, 또는 규범을 제시하는 요소, 즉 국가, 민족, 또는 어떤 개체에게서도 찾아볼 수 있다. 낭만주의는 그 중 마지막 경우에 해당한다.[17)]

"낭만주의자가 자기 스스로 초월적 자아라고 느끼고 있는 한, 진정한 원인이 무엇이냐 라는 의문이 그를 괴롭히지는 않는다."[18)] 이러한 낭만적 주체의 기연적 태도는 "모든 논리적인 구별을 심미적·감정적으로 거부하는 데서 필연적으로"[19)] 나타난다. 낭만적 주체의 창조적 활동의 계기로서 세계란 항상 새로운 기회에 불과하며, 그런 한에서 세계는 이미 존재론적 질서를 상실한다. 여기서 세계는 단지 기연적 세계에 지나지 않는다. 이때 기연적 세계는 실체 없는 세계이며 기능적 구속성이 없는 세계이고 어떠한 확고한 안내, 결론, 정의도 없이 항상 우연이라는 마법의 손에 의해 이끌린다. 낭만주의자는 기연적 세계 속에서 모든 것을 자신의 낭만적 관심을 표현하는 수단으로 삼으며 세계는 단지 하나의 기인(Anlaß)이나 계기에 불과하다는 환상에 빠질 수밖에 없다는 것이다.

주어진 사실은 정치적·역사적·법적, 혹은 도덕적 연관에서 객관적으로 관찰되

---

17) 같은 곳.
18) PR, 99쪽.
19) PR, 67쪽.

> 는 것이 아니라, 심미적·감정적인 흥미의 대상으로 되며, 그래야만 낭만주의자의 열을 올릴 수 있다. 이러한 종류의 생산을 위해 중요한 것은 무엇보다 주관적인 것, 낭만주의적 자아가 자기 자신의 내부로부터 끌어내어 부가하는 것으로서, 잘 관찰해 보면 객체나 대상에 대해서는 더 이상 언급되지도 않는다. 왜냐하면 대상은 단지 '계기'일 뿐이며, '시작', '도약점', '자극', '도구', 또는 낭만주의자가 쓰는 말로 바꾸면 **기연**으로 되어 버리기 때문이다.[20]

슈미트는 낭만주의가 원인과 결과의 관계를 기연과 결과의 관계로 혼동한다는 것을 거듭 강조한다. 예를 들어 "모차르트가 오렌지를 척 본 것이 '손을 잡아요(la si darem la mano)'라는 이중창을 작곡하는 계기가 되었다는 것처럼", "모든 구체적인 하나하나의 사실이 헤아릴 수 없는 결과의 기연이 될 수 있다"[21]는 것이다. 따라서 기연과 결과의 관계는 "완전히 요량할 수 없고, 모든 실질성(Sachlichkeit)을 배제하는, 이치가 없는(a-rational) 환상적인 것의 관계"[22]이다.

슈미트는 사물에 내재하는 필연적 질서를 가정하고 그것을 개념적으로 파악하는 태도를 중시한다. 그러나 진정한 원인에 입각한 개념의 생산은 기연적 태도에서는 불가능하다. 기연적 주체는 "미적으로 섬세한 감정에 머물러 있을 뿐 하나의 개념으로 나아가지 못한다"[23]. 이런 의미에서 기연적 태도는 또한 사물의 본성을 파악한다기보다는 그것을 도피한다. "여러 가지 진정한 원인들이 서로 작용한다는 식의 기연주의는 [실재의: 필자] 진정한 본성을 속일 수 있다. 하나의 실재로부터 다른 것으로 피해가는 것이 기연주의이다."[24] 따라서 슈미트는 낭만주의가 "주관주의적 환상"에 사로잡혀 있다고 비판한다. "낭만적인

---

20) PR, 93쪽.
21) PR, 92쪽.
22) 같은 곳.
23) PR, 10쪽.
24) PR, 99쪽.

세계에서는 사회·역사·우주·인류 등 모든 것은 오로지 낭만적인 자아의 생산성을 위해 봉사한다."[25]

결국 슈미트에 있어서 기연은 "해체적 개념"[26]이다. 낭만적인 것의 핵심은 현실을 재현하거나 개념화하는 것이 아니고 모든 것을 시적 창작의 계기로 삼는 낭만적 생산 활동에 지나지 않는다.[27] 이때 낭만적 주체는 세계에 대한 임의적 관계를 본질로 하므로 사태의 근거물음, 사태의 재현이나 "존재론적 재구성"에는 어떤 관심도 표명하지 않는다는 것이다. 낭만주의에서 "모든 실재적인 것은 단지 계기가 될 따름이다. 객체는 실체도, 본질도, 기능도 갖지 않으며, 낭만적 환상의 유희를 둘러싸고 떠도는 하나의 구체적인 점이다."[28] "어떤 것은 곧 대상으로서가 아니라, 오직 **기연들(occasiones)**로 존재"[29]하므로 기연주의는 "모든 존재론적 질서 체계"를 해체시킨다.[30] "낭만주의자는 경험하고, 그리고 그 경험을 기분 내키는 대로 표현해내는 것 외는 아무것도 하려고 않는다."[31] 따라서 "현실 세계를 바꾸는 데 별 관심이 없는 낭만주의자는 현실 세계가 그의 환상을 방해하지 않는 한 세계를 좋게 본다."[32]

---

25) PR, 85쪽.
26) PR, 18쪽; 19쪽 참조.
27) PR, 127쪽.
28) PR, 93쪽.
29) 같은 곳.
30) K. H. Bohrer, *Die Kritik der Romantik. Der Verdacht der Philosophie gegen die literarische Moderne*(Frankfurt a. M.: Suhrkamp, 1989), 296쪽.
31) PR, 107쪽.
32) PR, 105쪽.

IV. 기연주의의 귀결로서 정치적 낭만주의

슈미트에 의하면 정치적 낭만주의는 "심리적으로, 역사적으로 볼 때 시민적 안정의 산물이다."[33] 국가와 시민사회의 분열을 부정적으로 평가하는 슈미트의 입장에서 보면 사적 개인은 고립된 존재이며 반국가적이다. 자유주의적 개인주의에 의해 분열되고 해체된 시민사회에서 개인은 정신적인 것 속에 고립된 채 미적 생산에만 몰두할 수밖에 없다. 여기서 개인은 스스로 사제이며 시인이며 철학자이자 왕이다.[34] 낭만적 현상과 낭만주의의 뿌리는 바로 이런 사적 개인을 절대화한 데서 찾을 수 있다. 시민사회의 정신은 주관화된 기연주의로서 낭만주의 정신이며 이런 정신은 낭만주의자들의 정치사상과 행태로 드러난다는 것이다.

슈미트에 따르면 청년헤겔학파와 마르크스주의자들은 낭만주의는 혁명에 반대하고 왕정복고와 신분제에 입각한 군주정을 옹호했으며 메테르니히의 경찰국가를 지지함으로써 수구적이며 반동적인 정치 성향을 드러냈다고 비판하였다. 그러나 슈미트는 이러한 비판을 인정하지 않는다. "독일의 낭만주의는 처음에 혁명을 낭만화했다가 그 다음에는 지배층의 복고를, 그리고 1830년 이래로는 다시 혁명적이 되었다."[35] 낭만주의자들은 정치적 환경이 변할 때마다 낭만적 정신의 구조를 명료하게 드러내며 그것도 단일한 정치노선을 고수하지 않고 과감히 견해를 수정한다. 낭만주의는 혁명적이거나 보수적인 정치노선을 일관되게 견지하는 것이 아니라, 정치적 격변이 진행되는 시기에 따라 정치적 견해가 혁명에서 반동으로 다시 혁명을 옹호하는 방향으

33) PR, 106쪽.
34) PR, 109쪽.
35) PR, 167쪽 이하.

로 정치적 입장을 표명했다는 것이다. 따라서 정치적 낭만주의가 근본적으로 보수적이냐 아니면 혁명적이냐의 논쟁은 중요하지 않다. 낭만주의자들은 상황에 따라 적절히 정치적 신념을 바꾸었기 때문이다. "이러한 정치적 내용의 변전은 우연한 것이라기보다, 기연적 태도의 결과이며, 낭만적인 것의 본질에 깊이 근거하고 있고, 그 핵심은 수동성이다."[36]

슈미트는 낭만적 주체가 신이 누리던 절대적 자의 혹은 자유라는 권능을 넘겨받았기 때문에 어떤 규범과 기존질서의 통제를 받지 않는 자의적이며 자유로운 주체로 본다. 낭만적 주체는 현실의 질서를 인정하지 않으며 세계를 오직 주체의 활동을 위한 단순한 계기나 기연으로 파악한다. 낭만주의자는 우주, 국가, 민족 혹은 역사적 발전에 관심이 없고 항상 자기만의 인격을 중시하기 때문에 역사나 국가를 다룰 때 단지 자기 자신만을 다루는 것이 된다. 낭만주의는 영원한 생성의 상태를 강조하며 구체적 현실의 제약 가능성을 고려하지 않는다.[37] 따라서 낭만주의자들에 있어 "기분이야말로 기점인 동시에 목표"였고 "대상은 언제나 기연에 불과하였다."[38] 낭만주의자들의 "말 씀씀이가 혁명적이든, 반동적이든, 전투적이든, 평화적이든, 그리고 이교도적이든, 기독교적이든 간에 그들은 결코 자기의 기분에 맞는 경험의 세계를 떠나서 일상의 현실에서 일어나는 그 어떤 일에든 참여해서 변화시켜 보려고 하지 않았다."[39] 낭만적 주체는 현실을 바꾸려는 의지나 정치적 결단을 회피한다. 그러므로 낭만주의자는 상황에 따라 어떤 특정한 정치적 견해를 피력할 수 있지만 그것을 정당화할 근거를 제시할 수는 없게 된다.

---

36) PR, 119쪽.
37) PR, 98쪽.
38) PR, 105쪽.
39) PR, 106쪽.

> 낭만적인 것은 무엇이든 간에 도덕적이고 법적인 또는 정치적인 기준과는 전혀 조화되지 않는다는 사실이다. 왜냐하면 여기서는 경험이 논리적·개념적인 명확성이나, 도덕적·규범적 명확성을 구하는 것이 아니라 예술적으로 표현되기만 하면 되므로, 낭만적인 것에는 국가적 현실의 한계와 개인의 한계에 대한 감각은 조금도 없게 되기 때문이다.[40]

슈미트는 낭만주의자 중에서 활발한 정치적 활동을 한 슐레겔(F. Schlegel)과 뮐러(A. Müller)를 비판의 대상으로 삼고 있다. 슈미트가 볼 때 국가이론가이자 경제학자인 뮐러는 전형적인 정치적 낭만주의자이다. 뮐러는 "언제나 사물의 본질을 그 사물이 원래 속하고 있는 영역이 아닌 다른 곳에서 찾았으며, 따라서 이곳에서 저곳으로 헤매었다. 경제적 인자로서의 화폐의 본질을 그는 경제적인 영역에서가 아니라 법률적인 영역에서 찾았다. 법률적인 것의 본질은 그 자체가 아니라 신학적인 것에 있었다."[41] 낭만주의자들이 대립된 정치적 입장 사이에서 자의적으로 이리저리 입장을 바꿨고 이런 입장의 변경은 낭만적 환상의 대상으로 삼고자 한 것에 따라 이루어졌다. 낭만주의자들은 그때그때 지배적인 정치적 입장에 순응하였고 심지어 과거에 가졌던 정치적 입장과 상반된 입장을 수용하는데 주저하지 않았다는 것이다.

낭만주의자들은 "실존하는 개별 인간으로서 매초마다 압박해 가는, 현재적 실존의 절박함을 갖고 있지 않다."[42] 슈미트에 따르면 새로운 현실을 창조하는 대신 낭만주의는 하나의 현실을 다른 현실로 대체한다. 낭만적인 것은 현재에 대한 부정으로, 당면한 현실의 속박으로부터 도피할 구실로서 과거를 이용할 뿐이라는 것이다. "낭만주의자들은 현실을 피하기는 하나 아이러니컬하게, 그리고 음모를 꾸미는 듯이 현

---

40) PR, 129쪽.
41) PR, 99쪽.
42) PR, 80쪽.

실을 회피한다. (......) 그는 무엇을 진정으로 취급하는 것을 능욕이라고 생각한다. 왜냐하면 그는 자신의 무한한 자유를 그때그때의 현실과 바꾸고 싶지 않기 때문이다."[43]

그러나 슈미트는 낭만주의는 기연적 태도를 버리지 않는 한 어떤 것도 이론적이나 실천적으로 구체적 연관 가운데서 객관화할 힘을 갖지 못한다고 지적한다. 낭만주의는 자신의 주관주의를 개념이나 철학적 체계로 만들 수 없으며 단지 "수동적 체험을 서정적으로 표현"[44]하는데 그친다. 따라서 낭만주의는 예술의 영역에서는 많은 것을 성취했지만 정치적 영역에서는 특별히 사상적 기여를 한 것이 없다. 세계를 창조한 신과 유사하게 인간은 예술작품 속에서 스스로 창조자가 될 수 있다. 낭만주의가 예술에 국한되는 한 창조적인 것을 산출할 수 있다. 인간은 단지 예술작품 속에서만 이런 자유를 가질 수 있다.

그러나 정치적인 것에는 강제와 규범이 중요하므로 기연적 태도가 통할 수 없다. 노발리스, 슐레겔, 슐라이어마허에게서 나타나는 이상적 국가관은 정치의 낭만화(Romantisierung der Politik)일뿐 정치 자체와 무관하다. 이런 까닭에 낭만주의자들이 "정치적 활동을 하게 되면, 정치적 낭만은 끝장이 난다."[45]

슈미트의 결단주의적 시각에서 보면 낭만적 주체는 수동적이고 정치적 신념이 없다. 이러한 정치적 신념과 결단의 부재로 인해 "모든 낭만적인 것은" "다른 비낭만적 힘에 봉사하고, 정의와 결단에 초연해 있던 그 태도는 뒤바뀌어 다른 사람의 힘, 다른 사람의 결단에 봉사"[46]하게 된다는 것이다.

43) PR, 82쪽.
44) PR, 165쪽.
45) 같은 곳.
46) PR, 168쪽.

V. 슈미트의 낭만주의 비판에 대한 반론

낭만주의에 대한 최근의 연구 성과를 종합적으로 고려하면 슈미트의 낭만주의 비판에 대해 다음과 같은 두 가지 관점에서 반론을 제기할 수 있다.

1. 정치적 낭만주의는 과연 주관화된 기연주의인가?

괼링크스(Geulinx)와 말브랑슈(Malebranche)는 데카르트의 심신이원론의 문제를 해결하기 위해 기회원인(causa occasionalis)이라는 용어를 사용한다. 신은 인간의 정신과 육체의 상호작용의 궁극적 원인이다. 정신이 육체에 지령을 내리고 육체의 감각이 정신에 전달되는 과정의 궁극적 원인은 신에게 있다는 것이다. 데카르트학파의 기회원인론은 넓은 의미에서 신과 피조물의 관계를 나타낸다. 물론 슈미트가 말했듯이 인간, 사회, 세계, 우주의 질서의 궁극적 원인으로서 신 자체는 그 어떤 규범이나 질서에 제약되지 않는다. 그러나 슈미트는 신과 피조물의 관계를 인간과 세계의 관계로 바꾼다. 그리고 낭만적 주체가 세계를 자아의 생산적 활동의 계기로 본다는 것이다. 슈미트는 심신 관계에 대한 철학적-신학적 논의 대신 주체와 현실 간의 관계를 주관화된 기연주의로 보는 것이다.

슈미트의 기연주의는 얼핏 보면 데카르트학파의 기회원인론과 구조적으로 유사하게 보인다. 그러나 기회원인론은 좁은 의미에서 정신과 육체의 관계 문제이다. 그리고 기회란 궁극적 원인을 설명하기 위해 도입된 개념이다. 기회원인론에서 신은 자기가 창조한 세계의 존재론적 질서를 주재하는 자이다. 그러나 낭만적 주체는 세계를 단지 창작의 계기나 기회로 삼을 뿐이다. 이때 주체는 신처럼 세계 질서의 궁극적 원인이 아니며 그것을 마음대로 주재하는 존재도 아니다. 따라서 슈미트가 묘사한 기연주의는 낭만적 주체성을 해명하는데 충분하지 않다.47)

2. 낭만주의에는 정치적 생산성이 없는가?

슈미트는 낭만주의 정치담론에 내포된 사회비판과 그 정치적 대안의 진정한 가치에 주목하지 않았다. 슈미트는 정치적 낭만주의의 산업사회 비판, 시민사회와 국가의 관계, 프랑스혁명과 반동정치에 대한 입장을 간과했다. 특히 공화제를 옹호한 초기 슐레겔과 국가와 시민사회의 자율적 공존을 주장한 슐라이어마허의 입장은 정치적 낭만주의가 당대 사회·정치적 문제 해결에 깊은 관심을 나타냈다는 사실을 드러낸다. 초기의 정치적 낭만주의는 개인의 자유와 권리를 제도적으로 확보하기 위한 치열한 정치적 문제의식을 드러내고 있다. 초기 낭만주의가 절대군주제보다는 공화제나 입헌군주제를 선호했고, 산업사회에 대한 비판을 통해 시민의 자유와 자율성에 입각한 사회적 유대와 통합을 강조했다는 사실은 여전히 간과되고 있다. 특히 노발리스의 시적 국가론에서 나타나고 있듯이, 유토피아와 미래에 대한 전망을 제시하는 것은 모든 정치적 사고와 행위의 전제가 아닌가?48)

슈미트의 낭만주의 비판의 문제점은 초기 낭만주의보다는 후기 낭만주의자 뮐러(A. Müller)와 후기 슐레겔(F. Schlegel)의 저작들만 고려

---

47) 워얼링스에 의하면, "이 용어는 [과거에: 필자] 전혀 존재하지 않았던 어떤 것"인데 슈미트는 "특히 초기 낭만주의 시학을 철학-신학적 기회원인론과 혼동"했다는 것이다.(H. Uerlings, *Friedrich von Hardenberg, genannt Novalis*(Stuttgart: J. B. Metzler, 1991), 527쪽)

48) 이병옥, 「노발리스의 시적 국가론」, 『헤겔연구』, 제20호, 한국헤겔학회, 2006, 21-48쪽 참조.

하였다는 사실에서도 찾을 수 있다. 더구나 슈미트는 정치적 견해의 일관성을 유지하는 슐라이어마허, 겐츠, 괴레스, 할러와 같은 낭만주의자들은 거의 언급조차 하지 않고 있다.

이런 측면을 간과하고 슈미트는 뮐러와 슐레겔의 정치적 행동과 거기서 드러난 인간적인 결점을 자신의 테제를 정당화하는 근거로 삼고 있다. 이와 관련해서 위얼링스는 슈미트의 낭만주의 비판을 "도학자연하는, 험담으로 이어지는 심리학적 인격연구"[49]로 평가한다. 또한 슈미트는 정치적 낭만주의의 유토피아적 사상을 이해하지 못했고 심지어 그런 사상에 대해 수세적 태도를 취했으며, 자신의 길을 올바르게 가는 대신 지성인들의 자유주의적 성향과 구속에 얽매이기를 싫어하는 것에 대해 항상 비판만 했다는 것이다.[50]

결국 슈미트는 뮐러와 슐레겔의 정치적 삶에 주로 집중했고 그들이 활동하던 시대에 대한 엄밀한 문헌적 연구에 대해서는 특별히 주목하지 않았다. 그는 낭만주의자들이 독자적인 정치적 입장을 갖지 않았다는 테제를 정당화하기 위한 증거들만 수집하였을 뿐이다. 슈미트야말로 낭만주의 정치사상이 담긴 텍스트에 대한 진지한 해석을 외면하였고 낭만주의 법학자에서 파시즘으로 사상적 전향을 했다는 점에서 주관적 기연주의자가 아닐까?

VI. 결론

지금까지 칼 슈미트의 『정치적 낭만주의』에서 개진된 낭만주의 비판과 이에 대한 반론을 소개하였다. 슈미트의 작품은 낭만주의의 정신

49) H. Uerlings, 같은 책, 527쪽.
50) 같은 곳 참조.

적 구조를 일목요연하게 이해하는데 적지 않은 도움을 준 것은 사실이다. 그럼에도 불구하고 그의 작품에는 낭만주의에 대한 오해와 현대의 사상적 정서에 맞지 않는 부분이 있음은 부정할 수 없다.

슈미트는 정치적인 것에서 주체의 생산성이란 사태의 논리적 필연성과 개념의 구체성에 입각해야 한다고 주장한다. 이때 그는 낭만주의의 심미적 사유를 개념적 사유와 구분하고 있으며 심미적 사유를 개념적 사유와 무관한 것으로 간주한다. 그런데 심미적 사유는 개념적 사유의 기초이거나 확장으로 볼 수는 없는가? 낭만주의자들의 정치적 결단력의 부재와 낭만적 주체의 환상적 사유에 비판적인 슈미트는 지나치게 전통적인 정신적 질서에 집착하는 것이 아닌가? 슈미트의 이러한 경직된 생각은 예술의 자율성에 대한 담론의 활성화라는 시대적 분위기에 따라 낭만적 주체를 탈근대적 차원에서 재해석하려는 관점에서 보면 진부한 사고를 하고 있는 것으로 판단된다.[51)]

낭만주의는 유럽의 정치·사회적 환경의 변화에 따라 사고의 혁신을 추구하지 않으면 안 되는 현실을 반영한다. 사고의 혁신은 현실을 바라보는 시각의 변화와 그 속에서 새로운 문화를 발견하려는 정신적 태도의 변화 없이 가능하지 않다. 이때 의식적으로 수행되는 근거사유의 배후에 작용하는 무의식적 정신활동을 중시하고 직관과 감정이 직접적으로 창작을 주도한다는 낭만주의의 주장은 정신의 혁명으로 평가될 수 있다.

이런 맥락에서 칼 만하임(K. Mannheim)의 낭만주의에 대한 지식사회학적 평가는 주목할 만하다. 만하임이 볼 때 낭만주의는 지성인의 조건과 능력에 대한 반성을 중시한 점에서 현대의 출발점이다. 새로운 지성인은 항상 기존에 있던 어떤 것으로부터 사유하는 것이 아니라 새로운 것을 만들어내기 위해 사유할 필요가 있다. 이때 자기주장을 정

51) K. H. Bohrer, 같은 책, 284-311쪽 참조.

당화하기 위한 근거를 다른 곳에서 찾는 것이 아니라 생생하게 살아있는 자기 내부에서 찾아야 한다는 것이다.52) 만하임이 적절히 주장하고 있듯이, 낭만주의는 기존의 이론을 답습하지 않고 새로운 이론을 만들어나가는 능력을 강조한다. 창조적 사고의 능력을 갖추는 것은 낭만적 주체의 이상이다. 낭만적 주체에 있어서 중요한 것은 정치적 진보나 보수의 입장을 경직되게 고수하기보다는 새로운 정치 문화를 생산하기 위한 사유의 모형을 만들어내는 데 있다. 이를 위해 낭만화란 현존하는 것에 "더 높은 수준의 근거부여의 차원"을 제시하는 것이어야 한다. 따라서 낭만화의 목적은 이미 알려진 것을 설명하는 차원에 머무르는 것이 아니라 기존의 것에 대한 새로운 해석과 의미부여에 있다.53) 슈미트가 일관되게 강조하고 있듯이 모든 학문에 있어서 사태에 대한 실증적 해명이나 설명에 집착하는 것은 분명 필요하다. 그러나 그것만이 학문의 충분조건이 될 수 없다. 현대의 많은 사상가들이 창조적 상상력을 주목하고 미적 사유의 지평에 관심을 갖는 것은 인간 정신의 심층에서 작용하는 신비스러운 힘이 새로운 것을 창조한다는 믿음 때문일 것이다.

---

52) Bohrer, 같은 책, 305-06쪽 참조.
53) Bohrer, 같은 책, 307쪽 참조.

참고문헌

이병옥, 「노발리스의 시적 국가론」, 『헤겔연구』, 제20호, 한국헤겔학회, 2006.

Bendersky, Joseph W., *Carl Schmitt-Theorist for the Third Reich: Political Consciousness, Democracy and Dictatorship*(Princeton, N J.: Princeton University Press, 1983).

Bohrer, Karl Heinz, *Die Kritik der Romantik. Der Verdacht der Philosophie gegen die literarische Moderne*(Frankfurt a. M.: Suhrkamp, 1989).

Schmitt, Carl, *Politische Romantik*, 6. Aufl.(Berlin: Duncker & Humblot, 1998).

Uerlings, Herbert, *Friedrich von Hardenberg, genannt Novalis*(Stuttgart: J. B. Metzler, 1991).

Carl Schmitts Kritik an der politischen Romantik im Zusammenhang mit dem 'subjektivierten Occasionalismus'

Lee, Byung-Ok

Zusammenfassung

Im folgenden Artikel wird der Versuch unternommen, Carl Schmitts Kritik an der politischen Romantik in bezug auf den subjektivierten Occasionalismus zu betrachten, und dann ihre Grenze zu kritisieren. Nach Schmitt soll man davon ausgehen, die Romantik nicht von einem Gegenstand, sondern vom romantischen Subjekt her zu bestimmen. Die Romantik sei subjektivierter Occasionalismus, weil das romantische Subjekt die Welt als Anlaß und Gelegenheit seiner romantischen Produktivität behandelt. Daraus ergibt sich, dass es im Feld des Romantischen keine nennenswerte politische Produktivität geben kann.

Dass eine solche Auffassung nicht berechtigt ist, kann nur dadurch bewiesen werden, dass gezeigt wird, in welcher Weise der Occasionalismus bei Schmitt in seine Kritik an Romantik aufgenommen wird. Er nimmt den politischen Diskurs der Romantik nicht ernst, und sogar verwechselt den Occasionalismus mit dem Verhalten der Romantiker. Er kann also mehrere Seite der politischen Romantik nicht sehen und verallgemeinert die ästhetische Seite mit seiner Occasionalismus-These.

Schlagwörter : Romantische Subjektivität, Subjektivierter Occasionalismus, Politische Romantik, Carl Schmitt, Friedrich Schlegel, Adam Müller

데리다의 '문자론'과 '장르구분의 평준화'에 대한 하버마스의 비판

정대성

요약문

하버마스에 따르면 형이상학 뿐 아니라 모든 종류의 근대적 토대주의 역시 거부하는 포스트모더니즘은 그 급진성에도 불구하고 그들의 비판의 주된 대상이 되는 근대의 사유 구조에서 벗어나지 못한다. 모든 종류의 낙관주의, 혹은 근본주의에서 벗어남으로써 근대의 사유, 더 나아가 서양적 사유 일반의 한계를 보여 주고자 하는 데리다의 시도 역시 '근대'의 정신의 단면을 보여준다고 한다. 더 나아가 그는 문자론에 기초한 데리다의 해체작업이 이미 그 운명을 다한 것으로 평가되는 또 다른 형태의 권위주의, 그것도 하나의 신비주의를 산출하는 것으로 귀결하고 만다고 한다.
서양 전체 사유를 현전을 지시하는, 혹은 존재와의 근접성을 지시하는 '목소리' 혹은 '로고스' 중심주의로 비판적으로 요약하는 데리다는 소리, 말에 대비되는 문자라는 매체의 특성, 즉 '부재의 현존성'을 적극적으로 수용하여 모든 의미체계의 비일의성을 설명하고자 한다. 하버마스는 소리, 혹은 말 대신 문자를 사유의 중심에 두는 이러한 작업이 결국에는 모든 텍스트의 균질화, 문학과 철학의 장르의 평준화로 이끈다고 한다.
데리다의 작업은 논리학 중심의 서양 사유의 전통을 수사학 중심의 사유로 변환시켰다는 것을 의미한다. 그럴 경우 통상적 언어사용과 기생적 언어사용 사이의 구분은 모호해 지고, 일상적 담론의 타당성을 산출할 가능성이 소진되고 만다는 것이다. 하버마스는 화용론적인 테제를 받아들일 경우 논리적 언술과 수사학적 언술을 구분할 수 있을 뿐 아니라 다양한 분야의 자율성을 인정할 수 있게 된다고 한다.
따라서 이 글에서는 하버마스가 데리다의 문자론을 근대의 정신의 단면으로 보는 근거, 그리고 데리다의 문자론이 또 다른 유형의 권위주의로 귀결되는 이유, 문학과 철학의 구분이 사라져 버린다고 하는 논거가 차례로 설명될 것이다. 이를 위해 '근대성' 개념에 대한 그의 독특한 해석, 형이상학에 대한 그의 의미규정, 화용론을 수용하는 이유들 등이 설명되어야 할 것이다.

● **검색어 : 근대(성), 로고스, 문자, 문자론, 화용론, 의사소통, 일상언어, 기생적 언어, 논리학, 수사학**

I. 들어가는 말

급진적 이성비판가들에 대한 하버마스의 비판의 핵심은 그들의 근대비판, 특히 그들의 근대 이성비판이 근본적이지 않을 뿐 아니라 그 비판 역시 그들이 주된 비판의 대상으로 삼는 근대화의 패러다임에 묶여 있다는 것이다. 즉 그들의 사유는 이미 근대가 스스로 분열되어 있다고 진단한 헤겔의 근대성 이해에 붙들려 있음에도 불구하고 스스로 "초월적 지위를 참칭하고"[1] 있을 뿐이라는 것이다. 이들은 근대의 부정적 현상에만 주목할 뿐 근대의 긍정적 측면, 즉 해방적 측면을 철저히 무시함으로써 새로운 형태의 신비적 형이상학을 만들었다고 한다.

이런 측면에서 포스트모더니즘 일반에 대한 하버마스의 비판은 다음 다섯 가지로 요약될 수 있을 것이다.[2] 첫째, 포스트모더니즘은 근대의 양면성, 즉 물화적 측면과 해방적 측면을 동시에 파악하지 못했다. 둘째, 포스트모더니즘은 생활세계와 체계의 구분, 즉 문화적 합리화와 제도적 체계화를 구분하지 못함으로써 결국 도구적 이성만을 이성으로 일반화하여 이성 자체를 비판하게 되었으며, 생활세계의 합리화가 가져온 해방적 성과를 무시했다고 한다. 셋째, 이런 이유로 포스트모더니즘은 '이성의 가능성' 대신 '이성의 타자'를 추구함으로써 실천적 대안을 상실했다. 넷째, 포스트모더니즘은 총체적 이성비판을 통해 이성의 한계를 넘어서려 하지만 결국 이성의 도구인 언어를 통해 이를 정당화 하려는 '수행적 모순'에 빠지고 말았다. 다섯째, 이러한 결과는 그들이 결국 스스로 벗어나고자 했던 근대의 의식철학적 이성개념에 머물러 있다는 것을 보여준다.

1985년에 출판된 하버마스의 『근대에 대한 철학적 담론』(*Der philosophische Diskurs der Moderne*)은 근대/근대성에 대한 현대의 다양한 입장을 비판적으로 분석하고 있으며, 그 대안으로 제시된 의사소통 행위이론의 정당성을 보여 주는 것으로 구성되어 있다. 그는 이 책을 포스트모더니스트들의 이성비판이 가져다 준 도전에 대한 응답으로 썼다고 고백한다.[3] 이 저작에서는 당대의 가장 중요한 근대성 비판가들,

---

1) Habermas, *Der philosophische Diskurs der Moderne*, (Frankfurt/M.: Suhrkamp Verlag, 1996)(= PDM), 13쪽 참조.

2) 이 다섯 가지 요점은 다음의 글을 참조하였다. 김재현, "하버마스에서 모더니티의 기획과 포스트모더니즘 비판", 『경남대 인문논총』, 10권, 1호(마산: 1998).

예컨대, 니체, 하이데거, 데리다, 바타이유, 푸코 등이 심도 있게 다뤄지고 있다. 하버마스는 포스트모더니즘으로의 전환점을 이룬 사람으로 니체를 꼽는다. 그 이유는 니체가 근대화의 역설에 직면하여 이성 개념의 새로운 수정 대신 이성의 기획 자체를 처음으로 폐기했다고 보기 때문이다. "니체와 더불어 근대 비판은 처음으로 근대의 해방적 내용을 포기한다."[4] 니체의 비판을 이은 탈근대주의자들은 두 가지 길을 걷는데, 하나는 하이데거와 데리다에 이르는 "철학적", 형이상학적 사유의 도정이며, 다른 하나는 바타이유와 푸코에 이르는 진리신앙에 대한 "계보학적" 통찰의 도정이다.

이 글은 데리다에 대한 그의 비판의 논리를 추적하는 것에 한정된다. 특히 데리다의 "문자론"이 서양 철학의 역사에서 차지하는 의의를 살펴 볼 것이다. 문자론은 조나단 컬러, 폴 드 만, 힐리스 밀러, 메리 L. 프레트 등 현대 미국 문학비평가들에 지대한 영향을 미친 것으로 평가되는데, 이들은 문학과 철학, 문학비평과 문학 사이의 경계를 해체시킨 자들로 유명하다. 따라서 이들에 따르면 철학 텍스트도 하나의 텍스트로서 문학작품처럼 비평될 수 있으며, 또는 문학 작품도 형이상학 작품과 다르지 않다는 것을 역설한다. 이들의 이론적 근거는 데리다의 문자론에서 찾아진다.

데리다의 문자론은 로고스(말, 음성, 이성)가 아닌 문자를 철학의 중심에 둠으로써, 혹은 문자를 절대화함으로써 세계를 문자로 구성된 텍스트로 읽을 수 있는 길을 제시한다. 모든 이론(로고스)은 이 텍스트의 변용일 뿐이다. 이로써 모든 종류의 장르구분을 무의미하게 만들 수 있는 근거로 작용한다. 하버마스는 데리다의 문자론이 아리스토텔레스 이래로 지속되어 온 수사학에 대한 논리학의 우월성, 혹은 우선성

---

3) Habermas, *Die Neue Unuebersichtlichkeit*, (Frankfurt/M.: Suhrkamp Verlag, 1996)(=NU), 209쪽 참조.

4) PDM, 117쪽 참조.

을 전도하는 것으로 이해하며, 모든 텍스트는 합리적 분석으로보다는 양식비평적으로 읽힌다고 한다. 이러한 관점에서 이 글에서는 문자론이 어떻게 문학과 철학의 장르를 평준화하는 근거로 작용한다고 하는지를 하버마스의 논의를 따라 살펴볼 것이다.

II. 데리다의 문자론의 의미와 그 의의

1. 문자론의 철학적 의미

인간의 삶을 전체적으로 파괴 내지 변화시킬 수 있을 현재의 사회병리현상들을 근대적 이성의 확산에서 기인한다고 생각하는 탈근대주의적 경향은 데리다에게서 더욱 급진적으로 설명된다. 데리다는 이 현상을 유럽의 사유의 본질에서, 즉 "자기 관계하는 로고스 이념"에서 생겨난 필연적인 결과로 이해한다. 서양의 형이상학과 같은 모든 종류의 의미 담지적 이론은 이성이 자신의 타자를 자신에게서 배제하거나 자신 아래 포섭함으로써 이성적 의미를 구성하기 때문에 결코 순수하게 이성적일 수 없다고 한다.

데리다는 이러한 생각을 소위 "문자론"(Grammatologie)을 통해 전개한다. 데리다가 문자를 중요한 탐구의 대상으로 삼는 이유는 이성, 신적 질서, 신의 말씀 등으로 번역되는, 그리고 이성적 담론을 구성하는 원리로 작용하는 '로고스'가 결코 순수하지 않다는 데서 찾는다. 로고스란 일차적으로 "말하다"를 의미하는 그리스어 *레게인*(λέγειν)의 명사형이다. 말하는 행위 그 자체는 특정한 시공간 속에서 행해지는, 저자의 숨결을 곧바로 전달하는 현재의 사건이다. 서양의 학문이 로고스에 기반을 둔다는 것은 현재성을 강조한다는 것, 현전을 강조하다는 것을 의미한다. 회상에 의지하는 과거와 예견에 의지하는 미래와 달리 현재는 상대적으로 투명하고 분명하다. 이러한 관점에서 보면 로고스에 기반한 서양의 전통적 학문이 투명성과 명석성을 추구하는 것은 당연한 귀결처럼 보인다.

이에 반해 문자라고 하는 것은 사라져 버릴, 혹은 사라져 버린 말에 지속성을 부여하는 것으로, 말의 현재성을 *보조하는*, 혹은 *대리하는* 기능을 담당한다. 예를 들어 신이라는 '문자'는 'ㅅ ㅣ ㄴ'이라는 기호를 지시하는 것이 아니라, 다른 대상, 즉 '신'을 지시한다. 다른 말로 하면 문자는 자기 자신을 지시하는 것이 아니라 자기 아닌 타자를 지시하며, 타자는 이 문자를 통해 현재하게 된다. 문자의 이러한 대리기능 때문에 문자는 존재하지 않은 것의 현전을, 타자의 부재를, 부재하는 타자를, 혹은 저자의 부재를 지시하는 것으로 간주된다. 말이 생생함, 생동성을 의미한다면 문자는 침묵, 죽음을 의미한다. 문자의 이러한 특성으로 인해 서양의 전통에서 문자는 기껏해야 대리기능으로, 부재를 현재화시키는 매체로 간주되어 멸시되었다. 최초의 철학자에 속하는 아리스토텔레스는 이미 다음과 같이 말하고 있다. "목소리로 표현되는 소리는 영혼 속에 생겨난 표상들의 기호이고, 문자는 다시 이 소리의 기호이다."[5)]

문자를 탐구의 중심에 놓음으로써 데리다는 로고스, 이성에 기초한 의미 충만한 형이상학, 일의적 세계관을 비판할 수 있는 길을 본다. 문자론을 통해 데리다는 세계의 비일의성을 지시해 주는 특정한 한 장소, 즉 "*장소아님*(Nicht-Ort)도 아니고 다른 세계도 아닌, 유토피아도 아니고 부재(Alibi)도 아닌 한 장소로"[6)] 도피하고자 한다. 그는 의미가 언어

---

5) Aristoteles, *Lehre vom Satz. Kategorien. (Organon I/II), Philosophische Bibliothek*, Bd. 8, 9, (Hamburg: 1974), 95쪽 참조.

6) J. Derrida, *Die Schrift und die Differenz*, (Frankfurt/M.: Suhrkamp Verlag, 1976), 17쪽 참조.

적 *표현*(말함) 속에서 구체화된다는 점에서 저 의미 충만한 세계를 "현전"(Präsenz)이라고 하는 반면, 자신이 들어가고자 하는 이 새로운 부재의 장소를 "본질적인 무"로, 혹은 "순수한 부재"로 표시한다.

그에 따르면 의미란 인간의 의식의 경험과 체험을 언어적으로 표현한 것이기에 의미 담지적 형이상학은 '현전의 형이상학'에 다름 아니다. 따라서 존재의 세계는 의식의 세계, 말함의 세계, 즉 의미의 세계와 관계된다. 이러한 이유에서 데리다는 '현전'을 일차적으로 언표된 말을 의미하는 로고스의 본질적 특성으로, 그리고 현전의 형이상학을 로고스중심주의로 간주한다. 데리다는 순간 속에서만, 즉 순수한 현전에서만 현상했다가 곧바로 사라지는 "사건"(Geschehen)으로서의 '언표된 말' 대신 "부재"로 표시되는 '고요한 문자'를 제시함으로써 전통적인 로고스중심주의에서 벗어날 수 있는 근거를 만들어 낸다.

데리다에 따르면 "순수한 현전", 혹은 체험의 순수성에 집착하는 서양의 학문은 아무런 생산력도 갖지 않는, 혹은 이성의 독백에 불과한 로고스의 자가애정(Selbstaffektion)일 뿐이다. 왜냐하면 문자라는 타자를 매개하지 않은 순수한 말(로고스)은 말함과 더불어 소멸해 버리기 때문이다. "로고스는 […] 스스로를 부르면서 자기 자신을 듣는 로고스로서의 존재를 관통한다. 로고스는 자가애정으로서의 말함, 즉 말하면서 동시에 듣기(Sich-Sprechen-Hören)이다. 로고스는 자기 자신 속에서, 즉 자기현존이라는 '생동적 현재' 속에서 자기 자신으로 되돌아오기 위해 자기 자신으로부터 나간다."[7)]

로고스중심주의에서 벗어나고자 하는 시도가 서양철학사에서 꾸준히 있어 왔다. 데리다는 그러한 시도를 한 최후의 사람들 중 한 사람으로 후설을 예로 든다.[8)] 후설은 내적 시간의식을 분석함으로써 진리의

7) 같은 책, 255쪽.

8) 후설은 유럽학문의 위기의 원인이 삶의 의미 문제를 학적 탐구의 대상에서 제외하는 자연주의적 탐구절차에 있다고 한다. 이때 자연주의적 탐구는 서구 로고스중심주의

명증성 개념에 도달하고자 한다. 이 문제를 그는 특히 <기호와 순-간>(Das Zeichen und der Augen-Blick)에서 다룬다. 그에 의하면 모든 순간적인, 혹은 언어적으로 표현된 지각은 '늘림과 되돌림'(Protention und Retention)의 개념 속에서 탐구된 반복의 구조 때문에 발생한다. 자기와 동일적으로 머물러 있는 분리되지 않은 대상들의 단순한 현전, 즉 진리사건을 불러일으키는 직관은 엄격한 의미에서 '앞을 봄'(예견)과 '뒤를 봄'(기억)이라는 시간의식으로 이루어져 있다. '순-간적'인 체험은 따라서 미래와 과거에 대한 주체의 현재화 작용 덕분에 가능하며, 지각은 재생산적 재인식 덕분에 가능하다.

데리다는 후설이 이처럼 진리사건(현재성)의 타자적 계기(과거성과 미래성)의 필연성을 인식하였음에도 불구하고 현재적 지각에, 체험의 순수성에, 혹은 의미의 단순한 현재성에 지나치게 집착하고 있다고 한다. 따라서 데리다의 후설 비판의 핵심은 후설이 현재의 지각이 재생산적 인식에 근거한다는 것을, 그리고 생동적 순간의 자발성이 시간적 거리와 타자성의 계기에 의존한다는 것을 전제하고 있으면서도 인정하지 않는다는 것이다. 바로 이러한 점에서 데리다는 후설이 서양의 현전의 형이상학의 전통에서, 즉 로고스중심주의 전통에서 전혀 벗어

의 가장 첨예한 형태로 간주될 수 있을 것이다. 후설은 *진리의 주체연관성*을 회복함으로써 이 위기에서 벗어나고자 한다. 그런데 철학이 그의 연구의 목표인 "엄밀한 학"일 수 있기 위해서는 *진리의 주체연관성*이 심리적, 주관적 확신에 단순히 머물러서는 안 되고, 객관적이어야 한다. 후설은 선험적 주체의 지향작용에서 '이상적 객관성'(ideale Objektivität), 즉 지향주체(Noesis)와 지향된 대상(Noema)의 이상적 동일성의 가능성을 본다.(E. Husserl, *Logische Untersuchungen*, in: ders, *Husserliana* XIX/1, hrsg. von U. Panzer (Den Haag: 1984, 97쪽). 후설에게서 이러한 이상적 객관성을 보여 주는 가장 중요한 예는 '의미'(Bedeutung)이다. 의미 그 자체는 모든 물질성을 넘어 선 곳에 실존하면서도 순수한 현상으로 드러나기 때문이다. 따라서 진리의 명증성은 의미 지향적 행위와 의미 충족적 행위의 일치 속에서, 그리고 주관적 지향이 언어적 표현으로 번역될 수 있다는 데서 성립한다. 즉 "모든 주관적 표현이 자신에게 순간적으로 다가오는 의미의 지향을 동일적으로 확정함에 있어서 객관적 표현들로 대체될 수 있다"(같은 책, 95쪽.)는 사실에 진리의 명증성이 드러난다.

나지 못했다고 한다.[9)]

이에 반해 데리다의 문자론은 '지금'이 과거와 미래의 '차이'에 의해, 현재적 의미가 부재하는 예견과 기억에 의해 재구성된다는 사실을 놓치지 않으며, 더 나아가 이러한 사실을 문자론 전개의 핵심으로 강조한다. 문자가 말로 된다는 것은 의미체로 드러남을 의미하며, 동일성을 획득했음을 의미한다. 문자 그 자체는 따라서 동일성을 기다리는, 혹은 동일성을 가능하게 하는 '차이'로 실존한다. 문자를 학적 대상으로 삼는다는 것은 데리다가 부재 속에 현존하는 기호의 대리기능에서 현재화의 구조와 타자의 근원성을 드러낼 수 있는 적절한 모델을 봤음을 의미한다.[10)]

데리다에 따르면 문자매체는 진리사건의 아우라(신적인 영속성)를 제거하며, 동시에 진리와의 어떤 유희적 교류를 위한 장소를 만들어 낸다. 문자는 저자의 정신과, 수신자의 호흡과, 그리고 또한 언표 된 대상들의 현전과 독립해서 존립하며, 이를 통해 하나의 텍스트(문자의 얼개)는 임의의 변화된 콘텍스트들에서 반복적으로 읽혀질 수 있게 된다. 따라서 문자의 본질은 언표 된 말의 *생동적 연관성을 추상함*으로써만 가능한 "절대적 가독성"(absolute Lesbarkeit), 즉 언제나 새롭게 읽힐 수 있는 절대적 차이로 존재한다.

---

9) 이렇듯 현재, 과거, 미래가 하나의 시간 흐름 속에 놓여 있으며, 따라서 이것들이 여러 시점으로 쪼개질 수 없다는 사실을 암시함에도 불구하고 후설은 학을 절대적 근원에, 즉 의식의 직관과 경험이 하나로 마주해 있는 순간의 찰나성으로서의 현전인 '지금'(Jetzt) 개념에 토대 지운다. 데리다는 현상학에서 근원적 현전의 이념이 언제나 바로 이 '근원점'(Quellpunkt)으로 되돌아간다는 후설의 주장에서 로고스중심주의의 한 면을 본다. (Vgl. E. Husserl, *Zur Phänomenologie des inneren Zeitbewußtseins*, in: ders., *Husserliana* X, hrsg. von R. Boehm(Den Haag: 1966), 27쪽.

10) '말'과 '문자'의 존재-의미론적인 구분은 존재자와 존재를 구분한 하이데거의 사상을 연상시킨다. 하버마스는 바로 이런 점에서 데리다가 하이데거의 계승자라고 한다. 물론 하이데거는 언어에 대한 특화된 이론을 전개하지 않았지만 데리다는 구조주의 언어학의 정신에서 새로운 언어학, 즉 문자론을 전개한다고 첨언한다.

데리다는 소리의 형태로 사후에 고정되기에 앞서 존립하는 문자를 특히 "원문자"(Urschrift)라고 한다. 원문자는 주체의 완전한 부재에도 불구하고, 그리고 주체의 죽음에도 불구하고 텍스트의 암호를 해독할 수 있게 하는 가능성이며, 텍스트에 대한 이해의 전망을 제시한다. 세계에 대한 모든 해석은 원문자의 세계개시적인 기능을 통해서만 가능하다. 하지만 원문자 그 자체는 세계 속에서 현상하지 않으며, 산출된 텍스트들의 지시구조 속에 자신의 흔적을 남겨둘 뿐이다.

데리다가 여기서 강조하는 것은 바로 '차이'이다. 동일적(공간적), 현재적(시간적) 의미를 가능하게 하는 문자는 차이이다. 물론 이 때 이 차이는 동일성과 대립되는 의미의 차이가 아니라 동일성을 가능하게 하는 그런 차이이다. 그래서 데리다에서 '차이'는 예컨대 헤겔 논리학에서의 '차이'와 분명하게 구분된다. 헤겔에게서 차이는 그 대립 개념인 동일성과의 관련성 속에서 해명된다. 이런 이유로 데리다는 차이(différence)라는 개념 대신 '차연'(différance)이라는 개념을 사용하면서 자신의 차이 개념을 특화한다.

프랑스어 동사인 '*différer*'는 두 가지 의미방향에서 사용된다.[11] 하나는 '유보하다', '지체하다', '연기하다'라는 시간적 의미를 가지며, 다른 하나는 '다르다'라는 공간적 의미를 갖는다. 하지만 이 동사의 프랑스어 명사인 '*différence*'은 두 번째 의미만을 갖는다. 데리다는 시간적 의미 역시 강하게 강조하기 때문에 시간적, 공간적 의미의 '차이'를 동시에 표현할 수 있는 새로운 개념을 만들 필요가 있었다. 이렇게 해서 나온 새로운 개념이 곧 '*différance*'이다. 이 개념은 알파벳 'e' 대신 'a'를 넣음으로써 형성된 조어이다. '*différence*'와 '*différance*'는 발음에 있어서, 그 현전성에 있어서 어떤 차이도 없다. 이 두 개념의 차이는 영혼과

---

11) Vgl. Derrida, "*Die différance*", in: ders., *Randgänge der Philosophie*, (Wien: 1988), 특히 33쪽 이하. 그리고 Derrida, *Grammatologie*, 같은 책, 44쪽 참조.

의 직접적 '친근함'과 영혼의 '투명성', 혹은 '표현의 절대적 근접성'을 보여 주는 소리를 통해 드러나는 것이 아니라 문자를 통해서만 드러난다. 문자론을 이끌어 가는 논리는 바로 이 차연의 논리다. "차연은 언표된 말과 문자의 명료화를 - 잠정적이나마 - 가능하게 한다. 차연은 또한 감성적인 것과 지성적인 것 사이의, 더 나아가 기표와 기의 사이의, 표현과 의미 사이의 형이상학적 대립에 기초해 있다."12)

2. 하버마스의 문자론 비판 : 토대주의의 복원

하버마스는 데리다의 문자론이 철저히 근대의 자기이해에 얽매여 있다고 한다. 데리다는 문자론을 통해 최종적 원리로, 혹은 최후의 목적으로 사용되는 모든 종류의 철학적 낙관주의와 토대주의를 해체하고자 하였으며, 이와 더불어 근대적 사유양식에서도 벗어나고자 했다. 하지만 그의 이러한 노력에도 불구하고 "문자의 절대적 가독성"과 "차연의 논리"로 대표되는 그의 문자론은 끊임없는 자기갱신(Selbsterneurung)에 그 본질이 있는 '근대'(Modern)의 정신과 다르지 않다는 것이 하버마스의 데리다 비판의 요지이다.

그래서 데리다는 어떤 종류의 낙관주의에 대해서도 회의적인 시선을 보낸다. 예를 들어 그는 "세계는 결코 완벽하게 읽힐 수 없는 다른 세계의 수고이다"라는 야스퍼스의 글을 긍정적으로 인용하면서도 이 문장 뒤에 첨언된 "실존만이 이 수고를 해독할 수 있다"는 낙관주의적 명제에는 경계를 드러낸다. 야스퍼스가 실존 개념을 통해 세계를 기획투사하고 자기 자신을 정초하는 생산성에 철학적 탐구의 목적을 둔 반면, 데리다는 어떠한 종류의 낙관주의도 거부한다는 것을 볼 수 있다. 이러한 관점에서 보면 데리다야 말로 끊임없는 자기갱신, 모든 종류의

12) J. Derrida, *Grammatologie*, (Frankfurt/M.: Suhrkamp Verlag, 1983), 110쪽.

규정성의 부정, 실험정신에 그 본질이 있는 모더니즘의 한 전형을 이룬다고 할 수 있다.[13)]

하버마스는 이에서 더 나아가 문자론이 유럽의 형이상학을 진실로 극복했는지, 혹은 이 새로운 학이 "이미 언젠가 계몽에 의해 신비로 봉인돼 버렸던"[14)] 시점으로, 즉 중세의 신학적 세계로 되돌아가고 있지는 않는지 의문을 제기한다. 즉 하버마스는 데리다 철학의 모더니즘적 성격을 신비주의와 연결시킨다. 그는 또한 데리다가 로고스의 선험적 지위를 비판하면서 시작했지만 결국에 문자에 동일한 역할을 부여하고 있지는 않은지, 그리고 이 문자가 익명의, 역사생성적 생산성을 가지고 있지는 않는지 의문을 제기한다.

하버마스는 데리다가 특히 문자론을 유대의 신비주의와 연결시킨 곳에서 자신의 문제제기의 정당성을 본다. 하버마스는 데리다가 유대의 신비주의 전통을 긍정적으로 수용하면서 자신의 문자 개념과 유대의 토라(율법)를 같은 차원에서 다루는 것에 주목한다.[15)] 데리다에 따르면 유대의 신비주의는 신의 부재의 사상과 토라중심주의에 그 본질

---

13) 하버마스는 보들레르의 '근대'에 대한 개념사적인 분석을 수용한다. 보들레르는 '근대'(Moderne)와 '유행/양식'(Mode)이 동일한 어원(modus)을 갖는다는 것에 주목하여 심미적 관점에서 이 두 개념이 갖는 어떤 동일한 규정성을 찾고자 한다(Ch. Baudelaire, "*Der Maler des modernen Lebens*", in *Gesammelte Schriften*, Bd. 4, hrsg. von M. Bruns(Darmstadt: 1982), 271, 302쪽 참조). 예술의 *무시간적, 초시간적* 모범으로 간주되는 고전(Klassik)과는 달리 유행/양식은 *순간*에서의 아름다움을 추구하는데 그 본질이 있다. 끊임없는 실험정신과 시간 속에 놓여 있는 것들을 비틀고 꼬아서 새로운 아름다움을 보이고자 한 모더니즘, 아방가르드, 초현실주의 등은 바로 이러한 미의식을 표현해 주는 대표적인 예술 유형들이다. 이런 점에서 보들레르는 덧없이 흘러가는 순간 속에서 영원한 아름다움을 추구하는데 전문적 기질을 발휘하는 '댄디'를 유행의 한 원형으로 간주한다. PDM, 18쪽 이하 참조.

14) PDM, 218쪽.

15) 하버마스는 이 문제와 관련해서 수잔 한델만의 데리다 비판을 수용하며 진행한다. PDM, 217쪽 이하 주석 참조.

이 있다. 유대 신비주의에 따르면 저자가 자신의 저술 속에 현존하지 않듯이 신은 자신의 창조물 속에 현존하지 않는다. 신은 창조물 속에 자신의 흔적을 남길 뿐이다.

> 저자의 *부재*. 쓴다는 것은 퇴각하는 것이다. 쓰기 위해 자신의 천막으로 퇴각하는 것이 아니라 자신의 글(문자)로부터 퇴각한다. 자신의 언어로부터 멀리 떠나 모래언덕으로 달려가는 것이요, 자신의 언어를 해방시키고, 언어의 장소를 청소하는 것이며, 언어로 하여금 홀로 자신의 길을 가게 하는 것이다. [⋯]. 작품의 관점에서 저자는 모든 것이면서 동시에 아무것도 아니다. 신처럼.[16]

유대 신비주의 전통에 따르면 인간과 신의 직접적인 접촉은 광기를 불러일으키기 때문에 신은 인간을 보호하기 위해 부재해야 한다. 토라는 따라서 부재하는 신의 현전으로 이해된다. 이를 통해 데리다는 진리의 고정 불가능성을, 그리고 토라가 해석에 철저히 열려 있음을 보이고자 한다. 토라중심적인 유대 전통은 진리란 잘 정돈된 수많은 진술들에 있는 것이 아니며, 토라를 해석할 가능성은 결코 고갈되지 않는다는 것이다.[17]

데리다에 의하면 파국적 전승에서 소멸을 견뎌낼 수 있는 유일한 것은 "문자", 즉 "텍스트"이다. 이 텍스트는 종종 손상을 입고 파편화되어 후대의 해석자들에게 어떤 접근도 허용하지 않기도 한다. 하지만 이해할 수 없는 텍스트에도 언제나 흔적은, 즉 기호는 남아있게 마련이다.

---

16) J. Derrida, *Die Schrift und die Differenz*, 같은 책, 109쪽.

17) 토라중심적 유대 사상은 무엇보다도 토라와 그 해석들을 "죽은 문자"(고후, 3: 6)들로 간주하고, 그리스도의 직접적 현존인 생동적 정신(성령)보다 열등한 것으로 간주하는 바울의 기독교적 전통과 구별된다고 한다. 바울 선교의 목적은 문자에만 붙들려 있어서 그리스도의 계시라는 생동적 로고스를 파악하지 못하는 유대전통을 극복하는 것이었다.

하버마스는 데리다의 이러한 사상이 근대 초기에 그 중심적 의미를 상실해 버린 신에 대한 담론의 재 산출에, 토대주의의 복구에 기여할 뿐이라고 평가한다. "그 흔적을 알아 볼 수 없을수록 더 많은 해석을 불러일으키는, 문자론적으로 그려진 데리다의 원문자 개념은 *여전히 유지되고* 있는 계시사건이라는 전통의 신비적 개념을 새롭게 한다."[18] 하버마스는 이 문자에서 새로운 권위를 보며, 모든 의미망을 구성하는 최종심급을 본다. 다른 말로 하면 문자에 권위를 부여하는 데리다의 문자론은 그가 벗어나고자 했던 "토대주의", 형이상학에서 여전히 벗어나지 못했다는 것이다.

> 변화된 제스처에도 불구하고 데리다 역시 … 본질적인, 즉 해체론적인 사유를 학문적 분석으로부터 떼어 내며, 규정되지 않은 권위에 형식적으로 호소하고 있을 뿐이다. 이것은 바로 […] 문자의 권위이다.[19]

III. 논리학과 수사학의 경계 해체에 대한 비판

문자론은 세계는 이제 근원문자로 얽힌 하나의 텍스트일 뿐, 이 텍스트를 벗어난 객관적, 사회적 그리고 주관적 세계는 더 이상 존재하지 않는다는 "텍스트 철학"에 하나의 길을 제시한다. 이제 모든 종류의 이성적 담론은 로고스(이성)의 타자, 즉 문자에 기초하고 있는 텍스트의 순수하지 않은 변용에, 또 하나의 텍스트에 불과하다. 이 입장에서는 철학과 학의 영역에서 이제까지 통용되던 개념적 위계질서들, 예컨대 근원적인 것, 제일자 등이 자족적인 것이 아니라 하나의 파생된

18) PDM, 216쪽.
19) PDM, 214쪽.

것으로 나타난다. 하버마스는 데리다의 이러한 작업이 철학사에서 암묵적으로 받아들여졌던 모든 구별들, 예컨대 지성적인 것과 감성적인 것, 정신과 물질 등의 구별 등을 무의미하게 만든다고 한다.

하버마스는 데리다의 문자론이 특히 아리스토텔레스 이래로 받아들여진 수사학에 대한 논리학의 우선성을 전도시키고 있다는 사실에 주목한다. 문자론은 이러한 단순한 전도를 넘어 사물의 객관적 모습을 담아낼 수 있는 사유의 법칙으로서의 논리학을 사물에 대한 객관적 지시 없이 언어 그 자체를 지시하는 수사학의 한 변용으로 읽음으로써 수사학을 논리학의 영역으로까지 확대한다. 따라서 전통철학에 대한 데리다의 해체작업은 수사학적 글쓰기의 대표인 문학과 이 문학에 대한 객관적 담론이고자 하는 문학비평 사이의 차이를, 과학, 법 등과 이것들에 대한 비판적 분석이고자 하는 철학 사이의 차이를, 더 나아가 철학과 문학 사이의 차이를 무화하게 되며, 형이상학 비판을 문학비평의 척도로, 혹은 그 역으로 문학을 형이상학 비판의 척도로 잴 수 있게 된다는 것이다. 데리다는 자신의 텍스트들을 "철학적이라고도 문학적이라고도"[20] 할 수 없다고 하는데, 이것은 장르구분이 무의미하다는 사실에 대한 다른 표현이다. 따라서 이제 비판의 정확성은 논리적 일관성의 척도에서 판단되기보다는 수사학적 성공 여부에서 결정된다. 하버마스는 다음과 같이 말한다.

> 데리다는 철학이 주체중심적 이성사의 과정에서 건립하였던 존재론적 뼈대를 철거해야 하기 때문에 자신의 방법을 해체라고 한다. 그러나 그는 해체작업을 하면서 은폐되어 있는 전제조건들, 또는 함의들을 확인한다는 의미에서 분석적으로 접근하지 않는다. … 데리다는 오히려 양식비판적으로 접근한다. 이를 통해 그는 비문학적 텍스트의 문학적 층에 내재하고 있는 의미의 *수사학적 의미과잉으로부터* 텍스트 스스로 자신의 명백한 내용을 정정하게 하는 간접

---

20) Derrida, *Positionen*, (Wien: 1986), 138쪽.

적 내용들을 발견해 낸다.[21]

데리다의 해체의 방법이란 바로 한 텍스트가 그 수사학적 표현 때문에 스스로 진술한 것과 모순되는 것을 발견해 내는 것에 다름 아니다. 하버마스에 따르면 데리다식의 이러한 해체작업은 다음의 전제가 있을 때에만 가능하다고 한다.[22]

1) 문학비판은 일차적으로 과학적 과업이 아니라 그 문학적 대상들과 마찬가지로 수사학적 척도를 따른다.

2) 철학과 문학 사이에는 장르의 본질적 차이가 존재하지 않는다. 따라서 철학 텍스트들의 본질적 내용은 문학비판적으로 해명될 수 있다.

3) 논리학에 대한 수사학의 우위는 수사학이 궁극적으로 모든 장르의 차이를 해소하는 포괄적 텍스트 연관관계의 일반적 성질에 대해 보편적 책임이 있음을 의미한다. 철학과 과학이 자신의 고유한 세계를 형성하지 못하는 것과 마찬가지로 예술과 문학은 일반적 텍스트에 대한 자신의 자율성을 주장할 수도 있는 영역을 형성하지 못한다.

하버마스는 이러한 문제가 언어에 대한 근본적 이해의 차이에서 생겨난다고 본다.[23] 우리시대의 철학의 고유한 업적을 "언어적 전회"에서 찾는 하버마스는 특히 언어를 하나의 실천으로 이해하는 오스틴의 화용론의 영향을 받고 있으며, 바로 이 입장에서 데리다의 논의를 공격한다. 그는 이 문제와 관련하여 통상적 언어와 기생적, 파생적 언어

21) PDM, 223쪽. 강조는 논자.

22) PDM, 224쪽.

23) 최문규는 데리다식의 해체론적 사유가 발흥하게 된 이유를 세 가지로 요약해 준다. 첫째, "가치의 복합성을 관장할 수 있는 초월자의 행방불명"이고, 다음으로 철학이건 문학이건 간에 모든 작품은 "청명성이 사라진 '씌어진 텍스트'"라는 사상의 확산, 그리고 마지막으로 "'언어'에 대한 기본적인 패러다임의 전환"을 꼽는다.(최문규, "해체구성과 장르구분의 중성화", 『세계의 문학』, 제66호(서울: 1992년 가을), 226쪽 이하). 필자는 위 두 가지 요인이 궁극적으로 세 번째 요인으로 환원 될 수 있다고 본다.

가 구분될 수 없는지(1), 그리고 허구적, 시적 언어와 정상적 언어가 구분될 수 없는지(2)의 문제에 집중하여 데리다를 비판한다.

1. 통상적 언어와 기생적 언어의 구분

오스틴은 능력 있는 화자가 직관적으로 터득하고 있는, 전형적인 언어행위들을 *성공적으로* 수행할 수 있게 하는 그런 규칙들을 분석하고자 한다. 이 말은 정상언어가 상호적 이해를 불가능하게 하는, 혹은 비일상적 방식으로 이해하게 하는 기생적, 일탈적 언어행위와 구별된다는 것을 함축한다. 오스틴은 일상언어와 기생언어를 구별할 수 있는 기준을 정확하게 가를 수는 없지만, 그때그때의 콘텍스트에서 정상성을 판단할 수 있게 하는 장치들이 배경적 힘으로 작용한다고 한다.

그는 "약속"의 예를 들어 이를 설명한다. 특정한 약속행위의 문장은 이 약속을 현실적으로 구속력 있게 하는 특정한 상황, 즉 이 약속을 현실적으로 받아들일 것인지의 여부를 결정하게 하는 타당성의 영역을 동반한다. 이 영역은 그 문장이 참인지 거짓인지(객관적 사실성), 정당한지 부당한지(사회적 정당성), 혹은 진실성이 있는지 그렇지 않은지(주관적 진실성)를 가늠할 수 있게 한다. 바로 이러한 상황 의존적 타당성의 영역이 언어행위의 성공여부를 규정하게 된다는 것이다. 이것을 오스틴은 언표되지는 않았지만 언표행위에 항상 따라다니는 *비언표적 힘*이라고 한다. 비언표적 힘이란 언표된 내용이 실질적 구속력을 갖도록, 즉 타당성을 갖도록 작용하는 담화상황을 말한다. 바로 이 비언표적 힘으로 인해 그 약속은 현실적으로 타당한 약속이 되거나 그렇지 않은 약속이 된다.

예를 들어 특정한 약속문장이 일상의 의사소통의 참여자들 사이에서 발생할 때와 무대에서 배우들 사이에 발생할 때 그 실행적 의미는 커다란 차이를 보인다. 무대 위에서의 약속이 "특이한 방식으로 공허하고 무가치한” 언술행위가 되는 이유는 일상생활에서의 약속이 갖는 비언표적 힘을 상실하고 있기 때문이다. 오스틴은 문법적으로 적합한 이 약속이 진지하고 문자 그대로 구속력 있게 사용될 수 있는 가능성을, 즉 일상에서의 약속을 이미 논리적으로 전제하고 있다는 점에서, 즉 무대에서의 약속이 일상에서의 약속을 이미 전제하고 있다는 점에서 무대에서 인용된 약속은 일상에서의 약속의 관점에서 볼 때 “기생적”이라고 할 수 있다고 한다.

데리다는 이에 대해 통상적 언어와 기생적 언어의 구분이 모호하다는 근거에서 그 경계를 지워버리는 데로 나아간다.[24] 우선 그 근거로 그는 인용가능성과 반복가능성 간의, 혹은 허구성 간의 결합관계가 그리 분명하지 않다는 것이다. 어떤 약속을 인용하는 것은 직접적으로 주어진 약속과 비교해 볼 때 가상적으로만 이차적이라는 것이다.[25]

하지만 하버마스는 여기서 데리다가 교묘히 논점을 회피하고 있다고 본다. 왜냐하면 여기서 문제가 되는 것은 “연극의 규약들이 〔일상의-논자〕 행위규범들과 궁극적으로 구별될 수 없다는 사실”을 논증을 통해 밝히는 것임에도 불구하고 그는 이 사실을 단지 전제하고 있을 뿐이기 때문이다.[26]

하버마스는 오스틴이 무대에서의 약속과 일상의 약속을 구별한 근거를 상기시킨다. 앞에서 오스틴이 무대에서의 “약속”을 기생적이라고 한 이유는 이 약속이 일상의 콘텍스트로부터 벗어난 간접적 재진술의 형식을 취하고 있으며 그런 한에서 실행적 힘을 상실하고 있다는 데 있었다. 오스틴에 따르면 무대라는 장치가 약속의 실행적 힘을 무화, 내지 약화시키는 기능을 하는데, 바로 그것은 무대에서와는 다른

24) 이 논의는 데리다와 화용론자인 설의 논쟁을 소개하고 있는 컬러(J. Culler)의 논의에 기초하고 있다.

25) J. Culler, *On Deconstruction*, (London: 1983), 119쪽.

26) PDM, 230쪽.

방식으로 존재하는, 즉 행위의 결과에 구속력을 부여하는 일상적 약속을 전제할 때 가능하게 된다. 따라서 언어적 표현들의 실행적 구속력에는 행위를 조정하는 기제가 놓여 있다고 할 수 있다. 실행적 활동이 행위를 조정하는 힘을 발휘하고 행위와 연관된 결과들을 야기하는 제한조건들이 "정상적" 언어의 영역을 규정한다. 즉 "일반적인 세계상태의 정상성"이라는 최소한의 이상적 상황을 전제하지 않는다면 우리의 일상적 의사소통에서 "상호이해"와 "합의"를 기대할 수 없게 될 것이다.

데리다의 오스틴 비판의 또 다른 측면은 바로 이 이상적 조건에 모아진다. 표준화된 언어행위의 비언표적 성공을 위해 콘텍스트의 일반적 조건들, 혹은 이상적 조건들, 구체적으로 말하면 "일반적 세계상태의 정상성"과 "합의 가능성"이라는 조건들이 있어야 한다는 오스틴의 주장은 구체적으로 증명될 수 없다는 것이다.

데리다는 언어적 표현들은 콘텍스트의 변화에 따라 그 의미도 변하게 되며, 의미를 변형시키는 이와 같은 콘텍스트의 변형은 근본적으로 중지되거나 또는 통제될 수 없다는 입장을 취한다. 이 말은 일상적 언어행위를 가능하게 하는 이상적 조건을 규정할 수 없다는 것을 뜻한다. 즉 우리는 표현들을 본래의 맥락에서 분리시켜 다른 맥락으로 옮길 수 있으며, 이것은 우리 언어의 고유한 특성이라고 한다. 데리다는 이를 "접목"(Aufpfropfen)이라고 부른다.

하지만 데리다의 이러한 생각은 담화의 이상적 조건을 실체주의적으로 해석하는 오류가 있다. 오스틴에서 "일반적 세계상태의 정상성"이나 "이해가능성"이라는 이상적 조건은 우리의 의사소통을 가능하게 하는 조건으로, 가능성으로 존재하는 것이지 실체로 존재하는 것은 아니다. 즉 이상적 조건은 문장의 의미가 언어행위의 타당성 조건들을 처음부터 완전히 확정한다는 것을 의미하는 것이 아니다. 그것은 오히려 우리의 언어게임이 가능하려면 생활세계를 구성하고 있는 전이해가 붕괴되지 않았다는 것을, 또한 개별적 확신들이 충돌을 일으켜 문제가 될 때 대화 참여자들은 합리적인 합의에 이를 수 있다는 가정을 동반해야 한다는 것을 의미한다.

이 문제는 특히 "모든 해석은 불가피하게 잘못된 해석이며, 모든 이해는 오해일 뿐이다"라는 명제에 대한 해석에서 그 입장차가 명확히 드러난다. 오스틴은 이 명제를 현실적 담화상황에서 불가피한 측면으로, 현실적 담화의 본질로 이해하고는 있지만, 그럼에도 불구하고 이 명제를 통해 텍스트 해석이 궁극적으로 이해, 동의를 전제로 하고 있다는 것을 보이고자 한다. 즉 현실적으로는 모든 담화가 언제나 어느 정도는 불일치와 오해를 산출하지만 그럼에도 불구하고 그런 담화를 가능하게 하는 선험적 지평이 없다면 처음부터 대화가 불가능할 것이라는 것이다. 오스틴은 여기서 현실적 담화의 결과와 이 담화가 이뤄지게 하는 조건을 구분하고 있다.

이에 반해 데리다는 이 명제를 오스틴과는 전혀 다른 방식으로 해석한다. 컬러에 따르면 그는 이 말을 다음과 같이 해석한다. "어떤 텍스트가 이해될 수 있다면 원칙적으로 그것은 반복적으로 이해될 수 있다. 〔…〕 이러한 읽기 또는 이해 행위는 그때마다 동일하지 않다. 그것은 변형과 차이를 포함한다. 그렇지만 그것은 문제가 되지 않는다고 여겨지는 차이들이다. 그러므로 우리는 이해는 오해의 특별한 경우이며, 오해로부터 파생된 특별한 경향이라고 말할 수 있다. 그것은 오류가 별 문제되지 않는 오해이다."[27)]

하버마스는 여기서 데리다가 현대 해석학적 전제를 전혀 진지하게 고려하고 있지 않다고 비판한다. 해석학에 따르면 특정한 텍스트에 대한 우리의 이해가 차이와 반복을 통해 나타난다고 하더라도 그 텍스트를 이해하기 위한 우리의 노력은 궁극적으로 "동의의 관념"을 지향한다. 이러한 지향점이 없다면 시간적, 문화적 간격을 메우고자 하는 우

---

27) Culler, 같은 책, 176쪽.

리의 모든 학문적, 혹은 일상적 활동은 사실상 무의미할 것이다. 해석들이 "진지한 경우"에서 벗어날수록 실현가능한 합의의 이상이 멀어지기는 하지만 그렇다고 해서 그릇된 해석들이 이상적인 방식으로 얻을 수 있는 동의를 수단으로 하여 비판될 수 있어야 한다는 이념이 없어지는 것은 아니라는 것이다. 사실 언어게임이 가능한 까닭은 언어게임을 포괄하는 바로 이러한 이념, 혹은 이상적 조건을 전제하기 때문이다. 행위자들에게 세계에 있는 어떤 것에 대해 상호이해하게 하는 의사소통적 일상실천은 바로 이러한 이상적 조건들 아래서만 비로소 가능한 확증의 압박을 받는다.[28] 이러한 확증의 압박은 언어사용을 "기생적" 언어사용과 "통상적" 언어사용으로 구별될 수 있는 근거를 마련한다.

2. 논리학과 수사학의 구분 근거

하버마스가 통상적 언어와 기생적 언어의 구분에 집착하는 이유는 더 나아가 허구적, 시적 언어와 정상적 언어가 구분될 수 있다는 사실을 주장하기 위해서이다. 이 문제는 특히 수사학과 논리학, 예술의 세계와 과학 혹은 법과 도덕의 세계가 서로 자립성을 갖는지, 아니면 그들 사이에는 어떤 종차도 갖지 않는지를 가르는 문제이기도 하다.

우선 여기서는 시적, 허구적 언어와 일상적 언어를 구분할 필요가 있다. 하버마스는 그 정의를 프라하의 구조주의자들에 의지한다.[29] 이들은 언어가 언어 밖의 세계와 관계를 맺는지에 따라 통상적 언어와 시적인 언어를 구분한다. 언어표현이 언어가 아닌 다른 요소들, 예컨

---

28) 사실 하버마스와 데리다의 논쟁의 핵심 중 하나는 바로 이 부분에 있다. 데리다의 입장을 대변하는 최문규는 바로 이 지점에서 하버마스를 공격하고 있다.
29) PDM, 235쪽 이하 참조.

대 화자와 청자 그리고 서술된 사태와 관련을 맺을 때 그들은 이것을 통상적 언어라고 한다. 이에 반해 언어표현이 자기 자신과 맺는 반성적 관계에 놓일 때, 즉 언어표현이 대상관계, 정보내용과 진리가치 등 타당성의 조건들에서 자유로울 때 이를 시적 언어라고 한다. 사실 이러한 구분은 가장 전통적인 구분에 속한다. 예를 들어 허구적, 시적 언어의 가장 대표적인 형태로 간주되는 수사학은 대상지시적이라기보다 언어자체를 지시하는 단순한 비유로 받아들여졌기 때문이다.

해체주의자들은 유머, 아이러니, 환상적 이야기들 등 허구적 언어요소들이 우리의 일상적 담론을 관통하고 있으며, 바로 그것들이 우리의 일상성을 구성하고 있다고 한다. 기생적 언어와 정상적 언어를 구분하는 명확한 기준이 없다는 것에서 그 양자의 차이를 해체시키는 것과 비슷한 논리로 데리다는 의사소통적 일상실천의 영역과 허구의 자율적 영역에 아무런 차이도 없다는 주장으로 나아간다. 그리고 그렇게 함으로써 그는 어떤 담론도 시적 언어의 표본에 따라 분석할 수 있다고 한다.

데리다의 해체론적 관점에서 문학비평을 시도하는 폴 드만은 서사적 언어와 일상적 언어, 혹은 서술적 언어와 수행적 언어, 시적 언어와 일상적 의사소통 사이에 전혀 구분될 수 없다는 입장을 취한다. 그가 그렇게 하는 이유는 언어 그 자체에 이미 서사적 기능과 수행적 기능이 동시적으로 작용하고 있다는 데 있다. 이 말은 언어의 대상관계성, 혹은 세계관계성을 부정하고 언어를 철저히 자기관계성에서만 파악하고 있다는 것을 의미한다. 그는 다음과 같이 말한다. "진리는 비유이다. 비유는 하나의 규범이나 가치를 생산한다. 이러한 가치는 그 자체 더 이상 참다운 것이 아니다. '비유는 그 자체 진리이지 않은 이데올로기의 생산자다'라는 것만이 유일한 진리다."[30]

30) P. de Man, *The Rhetoric of romanticism*, (New York: 1984), 242쪽.

이제 진리는 객관적 대상과의 관계의 끈을 놓치고 만다. 진리는 오로지 하나의 비유일 뿐이다. 드만은 이런 비유가 단순히 비유로 끝나는 것이 아니라 현실적으로 수행적 힘, 특히 설득의 힘을 갖는다는 사실을 강조한다. "설득으로 이해될 때 수사학은 수행적이지만 비유의 체계로 관찰될 때 그 수행적 힘을 해체한다. 수사학은 이와 같이 서로 화해할 수 없는, 서로를 파괴하는 두 가지 관점을 갖는다."[31] 즉 수사학이 가지는 심미적 설득은 이와는 구분되는, 심지어 이러한 사실을 부정하는 인식적 측면을 동시에 지닌다는 것이다. 이제 수사학은 비유로서의 자신의 고유한 영역을 벗어나 세계에 대한 인지적 힘을 갖는 것으로 등장한다. 수사학에 이런 이중적 기능을 부여함으로써 언어의 본질은 일차적으로 수사학적 기능을 갖는 것으로 간주된다.

이에 대해 하버마스는 정상언어가 수사학적 요소들로 점철되어 있는 상황에 있다고 하더라도 언어적 예술작품의 자율성을 비언표적 힘의 괄호치기로 해석하는 시도를 무화하지는 않는다고 한다.[32] 따라서 해체주의자들에 대한, 특히 데리다에 대한 그의 비판의 요점은 언어의 심미화에 초점이 맞춰진다. 이 말은 의사소통적 행위가 언제나 전제하고 있는 선험적인 이상적 조건이 가지는 *언어의 문제 해결능력*을 과소평가한다는 것을 의미한다. 즉 하버마스는 언어행위에 동반되는 타당성 요청은 현재의 언표를 넘어서는 부정적 *힘*을 갖는다는 사실을 데리다가 보고 있지 못하다고 한다.

하버마스에 따르면 데리다에게서는 지식습득, 문화적 전승, 정체성의 형성, 사회화, 사회적 통합 등과 같은 *언어적으로 매개된 과정*들이 *세계 내에서 제기된 문제*들에 관여한다는 사실에 둔감하게 되며, 이 문제들의 고유한 의미 덕분에 생겨나는 *학습과정의 자립성*이 무시된

31) 같은 책, 131쪽.

32) PDM, 240쪽 이하 참조.

다. 그의 주장대로라면 의사소통적으로 행위하는 사람들도, 그들이 객관적, 사회적, 그리고 주관적 세계 내의 대상에 대해 상호이해하고자 할 때, 이 매개 수단을 통해 세계관계에 관여한다는 것은 불가능해진다. 하버마스는 여기서 데리다가 언어를 *매개수단*으로 하는 *언어의 문제해결능력*을 무시 내지 과소평가하게 된다고 비판한다. "그는[데리다-논자] 언어의 세계 생산적 능력만을 보고 언어가 매개수단으로 소유하고 있는 문제해결 능력은 그것의 뒷전으로 밀쳐둔다."[33] 이 말은 '시적인' 언어 기능을 과도하게 일반화하는 데리다에게서 모든 담론은 단 하나의 텍스트 읽기로 환원된다는 것을 함축하고 있다. 여기서는 문학과 문학비판이, 문학과 과학이, 예술과 철학이 아무런 구별을 갖지 않는 "철학과 문학의 유적 차이가 평준화"되는 것으로 귀결된다.

철학과 문학, 문학과 문학비판에 상대적 자율성을 부여하는 하버마스는 데리다를 다음과 같은 비판으로 가름한다.

> 데리다의 조언대로 철학적 사유가 문제를 해결해야 하는 의무로부터 면제되어 문학비판적으로 기능이 변화된다면, 그것은 자신의 진지성을 박탈당할 뿐 아니라 그것이 가지고 있는 생산성과 활동능력을 박탈당한다. 그리고 … 문학비판이 활동방향을 심미적 경험내용의 자기화로부터 형이상학 비판으로 전환한다면, 문학비판적 판단력도 마찬가지로 자신의 잠재력을 상실한다. … 이성의 자기관계성이 가지는 모순을 약화시키기 위해 철저한 급진적 이성비판을 수사학의 영역으로 옮겨 놓는 사람은 이성비판의 예리한 칼날을 오히려 무디게 만든다. 그러므로 철학과 문학 사이에 있는 본질적 장르의 차이를 지양하고자 하는 그릇된 의도는 아포리아로부터 벗어날 수 없다.[34]

33) PDM, 241쪽.
34) PDM, 246쪽.

참고문헌

김재현, 「하버마스에서 모더니티의 기획과 포스트모더니즘 비판」, 『경남대 인문논총』, 제10권, 1호(마산 : 1998).

최문규, 「해체구성과 장르구분의 중성화」, 『세계의 문학』, 제66호(서울 : 1992년 가을).

Aristoteles, *Lehre vom Satz. Kategorien. (Organon I/II), Philosophische Bibliothek*, Bd. 8, 9, (Hamburg: 1974).

Baudelaire, Ch., "Der Maler des modernen Lebens", in *Gesammelte Schriften,* Bd. 4, hrsg. von M. Bruns(Darmstadt: 1982)

Culler, J., *On Deconstruction*, (London: 1983).

de Man, P., *The Rhetoric of romanticism*, (New York: 1984).

Habermas, *Der philosophische Diskurs der Moderne*, (Frankfurt/M.: Suhrkamp Verlag, 1996)(= PDM).

_____, *Die Neue Unuebersichtlichkeit*, (Frankfurt/M.: Suhrkamp Verlag, 1996) (= NU).

Derrida, J., *Die Schrift und die Differenz,* (Frankfurt/M.: Suhrkamp Verlag, 1976).

_____, "Die différance", in: ders., *Randgänge der Philosophie,* (Wien: 1988).

_____, *Grammatologie*, (Frankfurt/M.: Suhrkamp Verlag, 1983).

_____, *Positionen*, (Wien: 1986).

Husserl, E., *Logische Untersuchungen*, in: ders, *Husserliana* XIX/1, hrsg. von U. Panzer (Den Haag: 1984).

_____, *Zur Phänomenologie des inneren Zeitbewußtseins*, in: ders., *Husserliana X*, hrsg. von R. Boehm(Den Haag: 1966).

Die kritische Auseinandersetzung von Habermas mit der Grammatologie und der "Einebnung des Gattungsunterschiedes" zwischen 'Philosophie und Literatur' Derridas

Jeong, Dae Seong

Abstrakt

Nach Habermas bleibe der Postmodernismus trotz der Extremität seiner Vernunftkritik noch innerhalb der modernen Denkstruktur. Auch der Versuch Derridas, die Grenze des modernen sowie des europäischen Denkens ueberhaupt zu dekonstruieren, sei behaftet mit dem Modernismus, der in dem Geist der Expermentalitaet besteht. Sein Versuch rufe sorgar eine neue Autorität und sogar einen Mystizismus hervor, von denen aus die Moderne heraustreten haben wollte.

Darüber hinaus stelle die Arbeit Derridas eine europäische Denktradition, d. h. den Vorrang der Logik vor der Rhetorik auf den Kopf. Dadurch sei der Unterschied zwischen dem gewöhnlichen und dem parasitären oder alltäglichen und fiktiven Sprachpraxis annulliert. Das bringt nach Habermas eine "Einebnung des Gattungsunterschiedes" zwischen 'Philosophie und Literatur' oder 'Logik und Rethorik' mit sich.

Schlagwörter : Moderne, Logos, Schrift, Grammatologie, Theorie der Sprechakte, Kommunikation, altägliches und parasitäres Sprechakt, Logik, Rethorik

대학 교육의 목적에 대한 비판적 고찰

서정혁

요약문

이 논문은 대학 교육의 현실과 그 목적을 비판적이고 철학적으로 고찰하는 것을 목적으로 한다. 그 방법으로 우선 우리 대학의 현실을 분석해 보고, 대학의 본질이라고 할 수 있는 '고등교육법이 정하고 있는 대학의 목적'을 비판적으로 분석해 본다. 이러한 분석은 '인격 도야와 효율성', '심층적 지식과 표층적 지식', 그리고 '국가와 인류사회의 발전'이라는 세 가지 요소에 대한 비판적 분석으로 구체화된다. 위기에 처한 대학의 현실이 근본적으로 대학의 이념적 목적의 '내재적인 부정합성'과 '불확실성'으로부터 비롯되었다는 것을 이러한 분석을 통해 알 수 있다. 따라서 현실에서 위기를 극복하기 위해서 대학에게 최우선적으로 요구되는 것은, 대학교육의 목적에 대한 자기비판과 자기확신을 통한 진지한 성찰이다.

● **주제어 : 대학의 현실, 대학의 목적, 인격 도야, 심층적 지식, 비판적 의사소통교육**

Ⅰ. 대학의 자기비판

우리는 살아가면서 여러 가지 문제들에 부딪힌다. 그 중에는 우리 스스로 풀 수 있는 문제도 있고 그렇지 않은 문제도 있다. 그리고 타인과 함께 고민하고 협의하면 혼자서는 풀 수 없었던 문제가 의외로 쉽게 풀리는 경우도 있다. 어쩌면 우리 삶 전체가 문제를 인식하고 고민하고 해결하는 과정이라고 할 수 있다. 그런데, 동일한 상황과 조건에서 어떤 사람에게는 아주 심각한 문제이지만 다른 사람에게는 아무 문제가 아닌 경우가 있다. 만일 그 상황에서 정말 문제가 발생했는데도 불구하고 후자가 문제 상황을 인식하지 못하는 것이라면, 문제를 문제로 인식하지 못하는 태도 자체가 정말 문제일 것이다. 지금 무엇이 문제인지를 알려면, 지금에 만족하거나 지금의 상황을 그냥 수동적으로 받아들이는 태도를 스스로 바꾸지 않으면 안 된다. '이러한 것이 당연하다.'고 생각하는 고정관념은 자신이 처한 상황을 아무런 문제의식 없이 받아들이도록 하는 '주범'이다. 이러한 고정관념이 초래하는 가장 큰 병폐는 사고와 행동의 '폐쇄성'이다. 고정관념은 말 그대로 기존에 이미 형성되고 각인된 생각의 테두리를 벗어나지 못한다. 그래서 고정관념은 '이대로 하는 것만이 옳다.'고 주장하는 아집과 독선의 태도를 초래하기 쉽고, 자신 아닌 타인에게 생각의 문을 열어주지 않는 폐쇄적 태도로 이어지기 쉽다.

기존의 통념을 그냥 받아들이지 않고 의심하고 부정하는 태도에서 '새로운 시작'이 비롯된다. 나의 주장이 틀릴 수 있고 타인의 주장이 옳을 수 있다는 '열린 마음'에서 보면, 타인은 나의 적이 아니라 나의 동료요 협조자가 된다. 그렇다고 무작정 나의 입장을 포기하고 타인의 입장을 근거 없이 수용하거나 추종하는 것은 개방적 태도가 아니라 무비판적이며 맹목적 태도이며 노예적 태도다. 어떤 문제에 대해 새로운 대안을 모색하는 태도는 나뿐만 아니라 남이 의존하고 있는 기지(旣知)의 사실에 대한 철저한 '분석'과 '비판'을 기초로 해서만 가능하다. 비판 정신은 뭉뚱그려져 불명확한 개념이나 사태를 분석할 수 있는 데까지 쪼개어서 정확하게 그 진상을 파악하려는 의식이다.[1] 당연하다고 받아들여진 것들의 허상을 남김없이 밝혀 그 진상을 드러내는 과정, '자유로운 대화'를 통한 교육도 이것을 지향한다. 단순히 지식 획득을 위한 수동적이며 강제적인 교육은 어떤 개념이나 사태에 대한 진지한 분석과 성찰을 이룰 수 없다.

야스퍼스가 소크라테스 식의 교육을 강조한 것도 바로 '자유로운 대화'를 통한 교육을 강조하기 위해서다. 소크라테스는 자기 스스로는 진리에 대해서 아무 것도 아는 바가 없다는 점을 강조하면서, 자신은 대화 상대자에게 끊임없이 질문을 하여 그 대화 과정에서 상대방 스스로 진리를 발견하고 성장을 거듭하도록 도와주는 '산파의 역할'을 할 뿐이라고 고백한다(Platon, 1970: 150b-d). 특히 고등교육기관인 대학에서는 자유로운 대화를 통한 교육이 중요하다. 왜냐하면 대학의 피교육자는 사회적으로 책임과 권리를 지니는 성인이기 때문이다. 자기 독립성을 지니는 인격체로서 각 성인은 원칙적으로 타인에 의해 어떤 것을 외적으로 강요받거나 억압받아서는 안 된다. 이 점에서 대학교육은 자유가 지닌 가장 풍성한 의미를 실현하는 과정이다(Jaspers, 1997: 76-79). 이러한 교육과정에서는 의심할 수 없는 기존의 관념, 사상, 제도는 존재하지 않는다. 모든 것은 의심과 비판이 활성화된 공론장(public

1) 비판(批判)을 의미하는 서양어 크리틱(critic)이라는 말은 희랍어 크리네인(krinein)이라는 동사에서 비롯되었는데, 이 말은 본래 '나누다', '분석한다'는 의미를 지니고 있다.

sphere)에서 분석되고 검토될 수 있다. 아무리 좋은 목적이나 이념도 자유로운 인격체 스스로 비판적 성찰을 통해 자율적으로 받아들이지 않는다면 그 목적이나 이념은 실효성이 없다. 대학 자체도 예외는 아니다. 소크라테스가 '무지의 지'를 통해 자기인식과 비판을 수행한 것처럼, 대학도 자신의 '건전성'을 위해서는 자기비판을 회피해서는 안 된다.

그런데, 어떤 것의 자기비판이 가능하려면, 우선 이 어떤 것의 '자기정체성'이 전제되어야 한다. 어떤 것의 자기정체성은 외면적으로는 기존에 받아들여지고 있는 어떤 것에 대한 현실적 통념이며, 내면적으로는 이 어떤 것의 방향성과 본질을 결정하는 목적이다. 고등교육기관인 대학에 대해서도 사회에서 통상적으로 받아들여지고 있는 대학의 현실적 모습이 있는 반면, 동시에 대학이 자신의 방향성과 본질을 저울질하는 데 척도로 삼는 목적도 있다. 이 글은 우선 한국의 대학이 처한 현실의 모습에 대해 간략히 검토해 본 다음, 대학의 방향과 본질을 결정하는 기본 토대가 되는 '대학의 목적'을 '교육법'을 중심으로 비판적으로 검토해 본다. 이러한 검토를 통해 우리 대학이 처한 현실에서 과연 대학은 스스로 올바른 방향설정과 본질규정을 하고 있는지를 가늠해 볼 것이다.

II. 대학의 현실과 비판

대학(大學, University)을 지탱하는 이념, 여러 대학들을 모두 '대학'이라는 개념으로 묶을 수 있는 '대학의 본질'이 없다면, 굳이 여러 대학들을 '대학'이라고 부를 필요가 없을 것이다. '대학은 무엇인가?'라는 물음은 '대학의 본질'에 관한 물음이다. '대학의 본질'은 대학의 이념이며, 구체적으로 표현하면 대학의 존립이유이자 목표다. 전통적으로 대학은 '다양함을 하나로 구현하는 고등교육기관'으로 정의할 수 있다. 대학이 자기 본질을 잘 실현한다는 것은, 고등교육기관으로서 여럿과 하나를 조화시킬 수 있느냐에 달려 있다. 여럿에 해당하는 각각은 전문 분야이고, 하나는 여러 전문 분야들 사이에서 성립하는 유기적 상호 관계다. '유기적 상호관계'는 생명체에서 가장 쉽게 볼 수 있다. 몸을 구성하는 기관들 사이에 상호 조화와 균형 없이 몸은 건강할 수 없다. 각 기관들이 병이 없어야 하지만, 그러기 위해서는 또한 몸 전체가 조화를 이루어야 한다. 교육기관으로서 대학에 각 전문 분야들을 유기적으로 묶어주는 '끈'이 없다면 분야별 기형화가 발생하고, 하나의 유기적 전체로서의 대학은 생명력을 상실할 우려가 있다(이상오, 2006: 72-78).

그러나 이러한 우려는 이미 쓸모없는 걱정에 불과할 수도 있다. 왜냐하면 시대상의 변화에 따라 대학의 현실적 위상도 이미 상당한 정도로 변했기 때문이다. 대학도 고등교육기관으로서 사회조직의 한 부분인 한, 시대 변화에 맞춰 그 위상도 변할 수밖에 없다. 유니버시티의 멀티버시티(Multiversity)로의 전환은 그 대표적 예다. 대학은 그 발생 기원에서 보면 교수나 학생들의 동업조합 형태의 '단일 공동체'로부터 본격적으로 시작되었다(Charle & Verger, 2003: 25). 그러나 이미 20세기 초중엽부터 미국에서는 '숭고하고 명확한 목표, 정신과 목적의 일치 등에 의해 특징지어지는 유기체'로서의 대학 조직은 붕괴되기 시작했다(Kerr, 2000: 26). 이러한 상황에서 출현한 것이 멀티버시티다. 멀티버시티는 전통적 대학과 달리 유기적인 단일 공동체가 아니다. 멀티버시티는 여러 개의 공동 사회로 이루어진 복합체다. 즉, 학부대학, 대학원 사회, 인문학자 사회, 사회과학자 사회, 자연과학자 사회, 전문대학원 사회, 직원 사회, 대학 행정가 사회 등이 공존하는 공동체다(Kerr, 2000: 41). 멀티버시티의 구성 요소 중 어느 부분을 가감한다고 해서 멀티버시티 자체는 아무런 영향을 받지 않는다. 그래서 멀티버시티는 유기적 조직체라기보다는 '일련의 작업 과정을 거쳐 일정한 결과를 가져다주는 메커니즘이며, 여러 운영 규칙에 따라 통제되며 자금을 그 동력원으로 하고 있는 하나의 기구'에 가깝다(Kerr, 2000: 43).

현실에서 대학의 이러한 변화는 소위 '대학의 위기론'을 동반한다. 허친스는 이미 20세기 중반 미국 대학교육에 심각한 위기의식을 느끼고, 산업화(industrialization), 전문화(specialization), 학문의 다양성(philosophical diversity), 사회적 학문적 순응주의(social and philosophical conformity)를 위기 유발의 주요 요인들로 꼽았다(Hutchins, 1981: 39). 허친스는 산업화를 통해 대학교육이 산업력 향상을 목적으로 편향되고, 전문화, 다양화를 통해 학문 분야들 간에 공동체 형성을 어렵게 한다고 진단한 바 있다. 이제 산업화를 넘어 보다 다양하고 전문화된 정보화시대를 맞이한 우리의 현실을 돌이켜 볼 때, 대학의 위기는 특정 계층의 담론이 아니라 사회구성원 모두의 담론을 통해 재정립되고 재반성되어야 할 때이다. 실제로 꾸준한 인구의 감소만으로도 대학의 위기는 우리 사회에 현실로 다가왔다. 학생 수 감소에 따른 대학의 구조조정은 이미 진행 중이다.[2] 특히 대학도 '경영'이라는 관점에서 그 해법을 찾아야 한다는 목소리는 어제 오늘의 일이 아니다. 대학 밖에서는 대학 졸업생들이 기업의 다양한 욕구들을 충족시켜 주지 못한다고 불만이 많다. 어떤 이들은 기업의 경영논리를 대학도 적극적으로 받아들여야 한다고 주장한다. 대학생을 상품에, 대학을 상품을 제조하여 판매하는 기업에, 대학 졸업생들이 입사하는 기업을 소비자에 비유하는 것이 일종의 상식이 된 지 오래다.[3] 이러한 유비추론에 의하면, 대학은 소비자인 기업이

2) 2000년 대비 2005년에는 고등학생수가 26.5% 감소하여 상당수의 대학이 정원미달 사태를 빚고 있으며, 이러한 현상은 지방대학으로 갈수록 더 심각하다. 전국 대학수를 330여 개로 잡고 대학입학 가능 인구가 25%로 감소한다면, 정원 미달을 대학 수로 환산할 경우 한 해에 80여 개의 대학이 문을 닫는다고 봐야 한다. 출산율 감소로 인해 이러한 사태는 앞으로 보다 더 구체적으로 사회문제가 될 것으로 전망된다(조우현, 2006: 29-31).

3) 이러한 편협한 논리를 내세우는 최근의 연구서로는 다음을 참조할 것(이현청,

만족할 수 있도록 대학생을 잘 교육해야 한다.

그러나 이러한 유비추론은 매우 잘못된 것이다. 우선, 학생은 살아 있는 인간이지 상품이 아니며, 인간을 교육하는 것과 상품을 생산하여 판매하는 것은 질적으로 다른 차원이다. 상품은 거래를 위한 수단일 뿐이지만, 한 인간은 단순히 수단이 아니라 자기 목적적 존재로 존중받아야 한다. 더 나아가 대학이 졸업생들을 자기 효과를 극대화하는 완성품으로 교육하여 기업이나 사회에 제공해야 한다는 논리 자체가 정보화시대의 기업경영이나 사회 상황에는 맞지 않는 논리이기도 하다. 지식산업사회에서 가장 핵심적인 요소는 수준 높은 지식과 더 나아가 그것을 활용하는 창의적인 능력이며(류지성 외, 2006: 17), 이 창의적 능력은 공급자인 대학이 완성품으로 사회나 기업에 제공할 수 있는 실체적인 '물건'이 아니다. 정보화사회에서 주어진 정보를 창의적으로 활용할 줄 하는 능력은 '하나의 완결된 지식'으로 학교에서 획득될 수 없는 것이며, 삶의 현장에서 부단히 연마되고 가꾸어져야 하는 것이다. 이러한 과정에서 보면, 학교와 사회를 이분법적으로 구분하는 관점도 시대착오적인 발상이라는 것을 알 수 있다. 삶의 총체적 이상을 실현하고 표현하는 과정에서 직업과 학습과 삶은 정태적으로 분리될 수 없다. 그런데 '직업-학습-삶'이라는 요소들을 구분하고 그 중 직업을 중심으로 삼게 되면, 교육의 수단화 경향이 촉진될 수밖에 없고 삶보다는 직업 자체가 목적이 되어 버리는 '전도 현상'이 초래되며, 특히 이러한 틀을 벗어나지 못하는 대학교육은 파행적 교육이 될 수밖에 없다(박철홍, 2006: 148-161).

물론 더욱 다원화되고 세계화된 시대적 상황에 걸맞게 변화하려는 노력보다는 소극적이고 반동적(reactive) 형태를 보이는 대학들의 모습은 분명 비판받아야 마땅하다(Giamatti, 1988: 25). 그러나 변화에 소극

2006: 25-32).

적인 대학의 태도가 곧 '사회적 순응주의'를 정당화하는 것은 아니다. 사회적 요구에 순응하여 대학교육이 진리를 추구하는 순수 학문 위주에서 직업 교육으로 변한 지금, 대학 교육에서 실용적인 지식, 실무중심의 지식의 획득, 확대를 무시할 수는 없다. 하지만 문제는 대학이 이전보다 실용적 지식을 훨씬 더 지향하지만, 그렇다고 대학 졸업자들의 취업률이 이전보다 월등하게 상승하거나 대학 졸업자들에 대한 기업의 만족도가 상승하지는 않았다는 사실이다.[4] 우리 대학의 현실에서 국가 경쟁력을 높이기 위해 질 높은 인력을 양성하고, 기업에게 '쓸모없는' 교육을 '쓸모 있는' 교육으로 전환하려는 교육 당국의 정책(교육개혁위원회, 1996: 5-6)은 고등교육에도 그 여파를 미쳐 학부제를 비롯하여 대학에 여러 가지 현상적 변화를 가져온 것이 사실이다. 하지만, 이러한 정책이 대학 자체에 의해 자율적으로 계획·시행되지 못하고, 대학의 외적 변화가 대학 본연의 자기반성과 비판에서 비롯되지 못했다는 점에서 그 한계는 이미 예견된 것이나 다름이 없다.[5] 자율과 자

---

4) 한국대학교육협의회가 제공한 통계자료에 의하면 2001년부터 2006년까지 최근 6년간 대졸자의 순수 취업률은 아래와 같다. 경제 상황에 따라 조금씩 차이가 있겠지만, 이 자료에 의하면 2001년 이후 취업률에 있어 눈에 띤 변화는 있다고 하기 힘들다. 한국대학교육협의회 홈페이지> 고등교육 통계시스템> 지표별 현황> 학생현황> 취업률 (http//:www.kcue.or.kr> http//:stat.kcue.or.kr)

구분	국립	사립	전체
2001	58.70	57.93	58.14
2002	60.88	62.33	61.94
2003	59.43	61.46	60.91
2004	55.49	58.99	58.05
2005	60.91	67.62	65.86
2006	63.54	69.55	68.01

5) 예를 들어, 1995년에 발표된 소위 '5·31 교육개혁안' 이후 시행된 학부제가 어떻게 대학 자율이 아니라 교육 당국에 의해 반강제적으로 시행되었는가에 대해서는 다음을 참조할 것(신현석, 2005: 249).

유가 수반되지 않은 어떤 정책이나 목표의 실행도 특히 교육에 있어서는 실효성을 거두지 못했음을 우리는 과거의 역사를 통해 너무나도 잘 알고 있다. 비자발적인 순응주의와 기회주의는 대학의 한계효용을 증대시키기보다는 목적지 없는 난파선의 모습만을 우리 대학에게 안겨 줄 뿐이다.

III. 대학의 목적과 비판

존재하는 것에는 모두 실재적인 측면과 이념적인 측면이 있다. 아무 이름도 없이 존재하는 것이 없듯이, 이름만 있는 것도 허상(虛像)이다. 사회조직에서 고등교육을 담당하는 대학에도 두 측면이 있다. 대학의 현실과 이상, 실제로 존재하는 대학의 모습과 대학이 추구하는 목적, 이 두 측면이 대학의 위상을 결정짓는다. 오늘의 현실에 비추어 대학 교육이 지향해야 할 바를 논하기 위해서는 이 두 측면에 대한 검토가 필수적이다. 앞서 살펴 본 바처럼, 현실 속의 대학이 '위기'에 처해 있다면, 그 '위기'를 극복하기 위해 대학은 어떻게 해야 하는가? 가장 근본적인 태도는 우선 대학이 대학으로서 존립 가능하도록 하는 대학의 본질과 목적을 되짚어 보고, 그것을 오늘 우리의 관점에서 다시 재조명해 보는 일이다.

그러면, 우리 대학의 본질과 목적은 무엇인가? 사회제도 중에 '법'만큼 추상적인 것도 없지만, '법'만큼 어떤 것의 방향성을 결정하는 것도 없다. 이 점에서 법은 사회를 지탱하는 보이지 않는 공기와 같다. 교육 분야에서도 마찬가지다. 구체적으로 가시화되지 않는 교육의 이념적인 측면은 국가가 설정한 기본 법령을 통해 단적으로 드러난다. 우리나라 교육기본법은 '교육 이념'을 다음과 같이 규정하고 있다.

> **제2조** (교육이념) 교육은 홍익인간의 이념아래 모든 국민으로 하여금 인격을 도야하고 자주적 생활능력과 민주시민으로서 필요한 자질을 갖추게 하여 인간다운 삶을 영위하게 하고 민주국가의 발전과 인류공영의 이상을 실현하는데 이바지하게 함을 목적으로 한다.

이러한 교육 이념 아래 고등교육법의 제 28조는 대학[6]의 '목적'을 다음과 같이 규정한다.

> **제28조** (목적) 대학은 인격을 도야하고, 국가와 인류사회의 발전에 필요한 학술의 심오한 이론과 그 응용방법을 교수·연구하며, 국가와 인류사회에 공헌함을 목적으로 한다.

이에 비해 예를 들어 산업대학이나 전문대학의 목적은 다음과 같이 규정한다.

> **제37조** (목적) 산업대학은 산업사회에서 필요로 하는 학술 또는 전문적인 지식·기술의 연구와 연마를 위한 교육을 계속하여 받고자 하는 자에게 고등교육의 기회를 제공하여 국가와 사회의 발전에 기여할 산업인력을 양성함을 목적으로 한다.
>
> **제47조** (목적) 전문대학은 사회 각 분야에 관한 전문적인 지식과 이론을 교수·연구하고 재능을 연마하여 국가사회의 발전에 필요한 전문직업인을 양성함을 목적으로 한다.

---

6) 고등교육법에는 고등교육기관(학교)의 종류를 다음과 같이 구분하고 있다.
第2條 (學校의 종류) 高等敎育을 실시하기 위하여 다음 各號의 學校를 둔다.
1. 大學 2. 産業大 學 3. 敎育大學 4. 專門大學 5. 放送大學·通信大學 및 放送通信大學(이하 "放送 · 通信大學"이라 한다) 6. 技術大學 7. 各種學校
여기서 '1. 대학'은 '4년제 일반대학교'를 가리킨다. 본문에서는 고등교육법에 따라 '대학'이라고 표기한다.

대학과 가장 뚜렷하게 구분되는 산업대학, 전문대학의 목적은 '기술 습득과 연마를 통하여 산업인력이나 전문직업인을 양성한다.'는 것이다. 이에 비해 대학의 목적은 세 가지로 정리할 수 있다. 첫째는 대학생들의 '인격 도야'이고, 둘째는 '심오한 학술 이론과 응용방법을 가르치고 배우고 연구하는 것'이다. 더 나아가 이러한 목적은 궁극적으로 '국가와 인류사회의 발전에 공헌하는 것'을 지향한다. 교육당국이 제시한 바에 따르면, 대학은 그 이념상 이 세 가지 목적을 지향해야 한다. 만일 그렇지 않다면, 대학은 대학으로 존립할 정당한 이유를 상실할 것이며, 존립하더라도 명분이 없는 허상만으로 존재할 것이다. 그러면, 과연 교육 당국이 법령으로 규정한 이러한 세 가지 목적이 대학의 목적과 본질에 대한 진지한 성찰로부터 비롯된 것인지, 그리고 그러한 목적규정이 내재적으로 어떤 문제를 안고 있는지를 살펴보자.

1. 인격 도야와 효율성

대학이 인격 도야를 일차적인 목적으로 삼는다는 것은, 대학에 속한 대학생들이라면 누구나 인격을 갈고 닦아야 한다는 것을 의미한다. 대학생들이 인격을 갈고 닦는다는 것은 무엇을 의미하는가? '갈고 닦는다'는 뜻의 도야(陶冶)는 영어의 culture, 독일어의 Bildung에 해당한다. 그리고 이 말들은 흔히 '교양'이라는 맥락에서 사용된다. 그래서 '인격 도야'라는 대학의 목적은 구체적으로 '전공 교육'보다는 우선 '교양 교육'을 통해 달성되어야 마땅하다. 전공을 불문하고 누구든지 대학생이라면 갖추어야 할 기본적인 소양과 자질을 갖추는 것, 이것이 교양 교육의 목적이다.

하지만, '교양 교육'을 한마디로 정의하기는 그리 쉽지 않다. 통상적인 교양교육의 역할을 놓고 보자면, 대학의 교양교육은 우선 대학생들에게 '교양인으로서의 소양과 자질'을 함양해 주어야 할 목표를 지닌다. 그런데, 교양인으로서 갖추어야 할 소양과 자질이 무엇인가라고 물으면 대답이 쉽지 않은 것이다. 그 이유는 무엇보다도 '교양(culture, Bildung)'이라는 말이 의미하는 바가 느슨하기 때문이다. 어원적으로 보자면 '교양'이라는 말은 명사적 개념이 아니고 동사적 개념이다. 다시 말해 교양은 '실체적으로 주어질 수 있는 고정된 지식체계'가 아니라 '능동적으로 형성해 나가는 과정 자체'를 의미한다. 그래서 '교양을 갖춘다.'는 것은 갖추어야 할 교양이 지식체계로 따로 있어서 그것을 획득한다는 것을 의미하지 않는다. 오히려 '교양을 갖춘다.'는 것은 주어진 상황에서 스스로 교양적 소양과 자질을 만들어나간다는 것을 뜻한다(정영근, 2004: 96-102).

따라서 한 사회에서 요구하는 '기초 교양'을 갖춘다는 의미로 해석 가능한 '인격 도야'는 일의적인 방식으로 규정될 수 없다. 사회가 필요로 하는 교양은 시대와 장소에 따라 다양하기 때문이다. 더 나아가 인격 도야를 목적으로 하는 교양 교육은 주어진 지식을 수동적으로 획득하는 것에 제한될 수 없다. 적극적으로 문제를 찾고 고민하고 해결해 보려는 노력, 능동적이고 창의적이며 비판적으로 사고하려는 노력이 없다면, 교양 교육은 그 목적을 상실한 것이나 다름이 없다. 특히 탈근대적 관점에서 보자면 인격 도야를 위해서는 특정 내용에 속박되지 않고, 성급한 처방을 내세우지 않는 토론, 상호 존중하는 대화, 개방적이며 최후의 종점이나 최상의 고지를 미리 전제하지 않는 논의, 타인의 의견에 귀 기울이는 태도가 기본적으로 필요하다(Nash, 1997: 151-156). 그런데, 지금 우리의 대학 현실은 '인격 도야'라는 대학교육의 일차적 목적에 부합하는가? 아니 문제를 좁혀 물어보자. 지금 대학의 교양교육은 '인격 도야'라는 목적에 부합하는 제도와 내용을 갖추고 있는가?

근래 대학교육에서 가장 큰 현실적 변화를 꼽는다면 학부제의 도입일 것이다. 1995년 5·31교육개혁안 이후 각 대학들은 학부제를 도입하면서, 교양교육에서도 여러 가지 변화를 모색해 왔다. 학부제를 추진

하는 교육당국의 입장은 이미 1994년 '학과 통합을 위한 정책전환 추진계획'에서 잘 드러난다. 이 계획안은 기존의 대학제도가 다음과 같은 문제점을 가지고 있다고 진단하면서 학부제 도입의 필요성을 강조하고 있다. 첫째, 현행 대학제도는 학사과정 통합화의 세계적 경향에 역행한다. 둘째, 현행 대학제도는 고등교육 투자의 비효율을 초래한다. 셋째, 현행 대학제도는 학과별 교육과정 편성에 따른 경영의 비효율화를 초래한다. 넷째, 현행 제도는 시설과 설치의 중복투자를 유발한다. 다섯째, 현행 제도로는 학생들의 교과목 선택의 폭이 제한된다. 여섯째, 현행 제도는 학과 간 폐쇄성을 초래하기 때문에 학과를 통폐합 할 필요가 있다(손홍숙, 2001: 156). 이러한 문제분석을 간추려 보자면, 결국 기존 대학의 가장 큰 문제점은 '비효율성'과 '획일성'이다. 교육당국은 이러한 부정적 경향이 세계적 추세에 맞지 않는다는 점을 들어 대학들이 학부제를 적극적으로 도입하여 '다양화', '특성화'를 기반으로 학습자 중심의 열린 대학을 지향하도록 유도하였다(손홍숙, 2001: 156). 여기서 우리가 물어보아야 할 점은 다음과 같다. 과연 '효율성'이 '인격 도야'라는 교육당국이 제시한 대학의 목적에 부합하는가?

교육당국이 제시하는 '인격 도야'는 대학이라면 어느 대학이든 지향해야 할 방향설정의 기능을 가진다. 그런데, '대학생은 모두 성숙한 사회구성원으로서 인격을 도야해야 한다.'는 당위성은 가시적인 효과로 잘 나타나지 않는다. 이와 달리 '효율성'은 '성취된 일의 양'과 '소요된 에너지' 간의 비율을 중시한다. 소요된 에너지에 비해 성취된 일의 양이 상대적으로 많으면 많을수록 효율성은 크다. 효율성은 인간이 주어진 조건에서 자신의 능력을 최대한 발휘하여 '가시적인 효과'를 이룰 때에만 평가 가능한 잣대다. 따라서 '효율성'과 '인격 도야'는 비례관계에 있지 않다. '효율성'의 증대가 반드시 '인격을 도야하는' 결과를 낳지도 않으며 '인격 도야'에 부합하지 않을 수도 있다. 오히려 '인격 도야'를 고려치 않고 '효율성'만을 추구할 수도 있고, 현실적으로 보자면

'인격 도야'라는 당위적 목적을 의식하지 않는 것이 효율성을 증대시키는 경우가 많다. '인격 도야'와 '효율성' 간의 관계는 '정위지식(Orientierungswissen)'과 '사용지식(Verfügungswissen)' 간의 관계에 대응한다. '정위지식'은 목표와 목적 그리고 규준에 대한 규제적 지식인 반면, 사용지식은 구체적인 부분에서 형성된 원인과 결과, 수단에 관한 지식으로서 다양한 실제적 문제 해결에 유용하다. 그러나 사용지식만으로는 모든 문제를 해결할 수 없으며, 사용지식은 정위지식의 도움을 받아야 한다. 지식은 방향설정을 위해 필요하기는 하지만, 지식이 방향설정을 대신할 수는 없기 때문이다(Frühwald, 1991: 37).

여기서 분명히 드러나는 문제는, 교육당국이 학부제의 도입 명분으로 내세운 이유가 교육당국이 직접 규정한 대학교육의 목적에 부합하지 않는다는 것이다. 이 한 가지만을 보아도 학부제 도입이 얼마나 신중한 고려 없이 시행되었는가를 알 수 있다. 그리고 교육당국이 제시한 현실적 대안과 이념적 목적 간의 자체 충돌은, 실제 대학이 대학이라는 이름 찾기에서 방향성을 상실했다는 것을 여실히 보여주는 사례다.

2. 심층적 지식과 표층적 지식

'인격 도야'와 더불어 대학이 추구하는 또 다른 목적을 살펴보자. '심오한 학술 이론과 응용방법의 학습과 연구'가 그것이다. 교육당국은 여러 대학 형태들의 목적을 규정하면서, 예를 들어 산업대학, 전문대학에서 가르치고 익히는 '기술'이나 '직업교육'과 일반대학에서 가르치고 익히는 '심오한 학술 이론과 응용방법'이 동일하지 않다는 점을 전제하고 있다. 그렇다면, '심오한' 것은 그렇지 않은 것과 어떻게 구분되는가? '심오함'은 표피적인 것에 대비되는 말이다. 표피적인 것이 '겉치레의 현상'이라면 심오한 것은 '본질을 구성하는 알맹이'다. 그래서 '심오한 지식'을 추구하는 대학의 목적은 삶의 '표층'과 '심층'

의 구분을 전제로 한다. 삶의 표층은 먹고사는 문제로 이루어진다. 우리는 살면서 수많은 종류의 문제들에 부딪히며 그 문제들을 해결하면서 살아 나간다. 삶의 표층에서 필요한 지식은 다양한 실제적인 문제들을 해결하는 정확하고도 전문적인 지식이다. 어떤 문제가 발생했을 때 정확한 해결법을 알고 있다면, 그 문제를 쉽게 해결할 수 있고 삶을 효율적으로 꾸려 나갈 수 있다. 그래서 삶의 표층은 실용적인 지식으로 구성된다. 실용적인 지식은 구체적인 문제 해결에 도움을 준다. 문제 해결력을 높이기 위해 실용적인 지식은 상황의 변화에 따라 적절하게 변형 가능해야 한다. 이 점에서 실용적인 지식은 불변하는 진리를 지향하지 않는다. 언제든 어디서든 가장 효과적인 결과를 산출하는 것이 실용적인 지식의 목적이다.

이 표층적 차원의 지식은 정보화시대의 변화된 상황을 반영한다. 사물의 변하지 않는 의미(시니피에)를 추구하던 전통적 지식관과는 달리, 정보화시대의 지식은 매스미디어를 통한 기호들과 코드들의 우연한 얽힘에 의해 지배되는 정보(information)[7]이다. 오늘날 다양한 매체를 통해서 공급되는 다양한 정보만큼 실용적이며 유용한 지식은 없다. 그러나 정보는 사물의 내면적 본질을 전달하는 심층적 지식이 아니다. 표층적 지식은 상품으로 거래되는 '교환가치'의 추상성에 의존하지 사물의 '사용가치'에 의존하지 않는다.[8] 정보의 양적 증대가 사물의 본질에 관한 심층적 이해를 보장하지는 않는다. 그러나 우리의 삶 속에

7) 정보는 두 가지 의미가 있다. 첫째, 정보는 고정된 형태가 없는 것이며, 둘째, 정보는 어떤 무형의 것을 형태 안에 집어넣는 것이다. 다시 말해 정보는 외적으로 주어진 형식(매스미디어) 속에서 매개되고 정리되는 내용이다. 따라서 정보는 매스미디어의 성격에 따라 그 내용(메시지)을 달리할 수밖에 없다.

8) 정보화시대의 표피적 지식론에 주목했던 대표자가 보드리야르다. 그는 시뮬라크르 이론을 통해 사물이 '기표'(시니피앙)일 뿐이며, 경제적 합리성의 기준으로 측정 가능한 가시적 요소들을 절대화하는 태도를 일종의 '주술의 원칙'이라고 부른다(Baudrillard, 1993: 22, 42).

서 부딪히는 문제들 모두가 정확한 해답이 있는 것은 아니다. 오히려 살면서 문제는 있되 해답은 없는 경우가 많다. 또한 실제로 삶 자체가 그렇지 않은가? 살고 있지만, '왜 사는가?'에 대한 특정한 답을 하기 쉽지 않다. 이처럼 문제가 보다 더 심층적일수록 답도 간단치 않다. 심층에 대한 탐구는 이 점에서 효율성과는 거리가 멀다.

현 교육당국은 대학 교육의 목적 설정의 측면에서는 심층적 연구를 우선시하면서도 그 실행의 측면에서 효율성을 추구하는 정책을 펴고 있다. 그런데 이러한 태도는 심층과 표층 간의 심각한 갈등 상황을 전혀 주목하지 않은 데서 비롯된 것이다. 아무런 문제의식 없이 목적의식과 현실 대처를 적당히 얼버무려 놓은 지층 균열의 상태가 교육정책의 현실인 것이다. 교육당국뿐만 아니라 적지 않은 대학들이 이렇게 불확실하고 불안정한 지층 균열 상태에서 벗어나지 못하고 있다. 그 과정에서 학문의 성격상 심층적 지식을 추구할 수밖에 없는 순수 학문의 일방적 희생을 요구하고 있는 것이 지금 우리의 모습이다. 그러나 견실한 기초가 없는 건물이 견고할 수 없듯이, 심층을 인정하지 않는 표층은 허공에 부유하는 거품과 같아서 언제 꺼져 버릴지 모를 일이다.

3. 국가와 인류사회의 발전

마지막으로 대학은 '국가'와 '인류사회'의 발전에 공헌해야 한다. 이것이 교육당국이 설정한 대학의 궁극적 이념이다. 그러나 과연 '국가'가 추구하는 가치와 '인류사회'가 추구하는 가치가 항상 조화로운 것인가? 둘 사이에 서로 충돌하는 점은 없는가? 인류사회를 인류 전체가 공생 공존하는 공동체라고 한다면, 인류사회가 내재적으로 가질 수밖에 없는 보편적 이념은 세계평화와 인권, 자유 등등이 될 것이다. 국내에서는 특히 1995년 이후 교육계에서도 '세계화'(Globalization)라는 명분을 내세우며 '개혁'이 본격화되었다. 개념적으로 보자면, 세계화는 인간의 삶의 여러 영역에서 진행되는 현상으로, 지역들 상호 간의 사회적 관계가 세계적으로 확대 심화되어 어느 한 지역에서 일어난 일이 다른 지역에서 일어나는 일을 형성하고 형성받는 현상이라고 할 수 있다(Giddens, 1990: 64). 특히 국제 금융자본 등과 관련해서 세계를 하나의 거대한 시장으로 바라보는 경제적인 측면을 고려한다면, 세계화를 긍정적으로만 바라볼 수 없는 것이 현실이다.

개념적으로만 보자면 세계화는 UN 결성 후 세계인권선언과 평화질서에 대한 의식의 공유, 전 지구적 민주화 추세 등과 같은 초국가적 가치를 더 강조하는 개념이다. 낡은 용어인 '국제화'(internationalization) 대신 사용되는 '세계화'라는 말은, 우리가 현존하는 민족국가 개념을 뛰어넘는 어떤 측면을 고려하기 시작했다는 것을 보여 준다. 이러한 변화는 단지 경제적인 측면에서만이 아니라 모든 차원에, 특히 윤리에 대한 사고에 반영될 필요가 있는 것이다(Singer, 2003: 31-32). 그렇기 때문에 국제관계에서 그 개념상 경쟁보다는 공존과 공생을 더 강조하는 세계화는 '국가경쟁력 강화' 논리와는 원칙적으로 조화되기 힘들다(박거용, 2005: 302). 반면에 개별 국가는 반드시 세계평화와 인권을 지향하지는 않는다. 아직도 대부분의 국가가 근대민족국가의 형태를 유지하고 있는 상황에서, 국가가 지향하는 목적을 인류사회가 지향하는 목적과 동일시하기에는 너무나 많은 제약 조건들이 있다. 현대 정의론의 선구자인 롤스마저도 아직도 민족국가 간의 상호행위 방식을 규제할 원리를 설정하기가 쉽지 않음을 다음과 같이 인정한 바 있다. "모든 민족은 고전적인, 즉 평균적인 공리주의 원칙을 받아들이지 않을 것이다. 정부에 의해 조직된 그 어떤 민족도 다른 민족의 이익을 자기 민족의 곤란보다 중요하게 간주하는 것을 제1원칙으로 삼지 않을 것이기 때문이다"(Rawls, 1999: 120).

국가에 공헌하는 것이 곧 인류사회에 공헌하는 것이 아니라는 점에서, '국가'와 '인류사회'라는 두 개념은 어울리는 경우보다 어울리지 않는 경우가 많다. 국가 이익을 좇으면 반인류적이고, 인류사회의 보편적 가치를 지향하면 반국가적인 경우가 흔하지 않은가? 그리고 현실적으로 대학은 국가를 초월해 있지 않고 한 국가에 종속되어 있다. 그러나 이념적으로 대학은 국가를 초월해야 하며 모든 인류가 추구하는 보편적 가치를 지향해야 한다.[9] 이 점에서 대학을 놓고 본다면, 국가와 인류사회 자체가 또 다른 층위의 현실과 이상을 대변하는 양 항이다. 국가와 인류사회의 발전을 동시에 추구하는 목적은 어떤 부가적 조건이 제시되지 않는 한 내재적인 부조화를 초래할 수밖에 없다. 그러나 현재 교육 당국은 이러한 문제를 직시하지 않은 채 교육 목표를 설정하여, 국가 발전은 곧 인류사회의 발전이며, 국가 발전에 일차적으로 공헌하는 것이 대학의 목표임을 당연시하고 있다. 이렇게 함으로써 학생들로 하여금 애초부터 국가와 인류사회의 관계를 비판적인 관점에서 자기 스스로 성찰할 수 있는 기회를 박탈하고 있는 것이다.

Ⅳ. 맺음말

이상에서 대학의 위기라는 담론에 비추어 대학의 현실과 목적이라는 두 요소들을 자기반성적 입장에서 살펴보았다. 특히 대학 위기론과 관련하여, 현재 교육당국이 규정한 대학의 목적들, 즉 '인격 도야'와 '심층적 지식연구', '인류사회 발전에의 공헌'이 얼마나 그 자체로 내재적인 부정합성을 지니고 있으며, 또한 '효율성'이라는 구체적 실천 방안과의 관계에서 얼마나 외재적인 부정합성을 지니는지를 검토했다.

---

9) 야스퍼스는 대학이 하나의 조직체로서 국가에 속하지만, 이념적으로 국가 간의 갈등에 관여해서는 안 되며, 한 국가의 이념에 지배되어서도 안 된다고 주장한다 (Jaspers, 1997: 181-182).

대학 자체의 목적이 뚜렷하게 정립되지 않았으므로, '한국 대학들은 뚜렷한 교육이념이나 목적을 지니고 있지 않다.'(한준상, 2005: 85)는 평가결과가 나오는 것은 당연하다. 각 대학들이 교육당국의 눈치를 살피고 기회주의적으로 대처하며, 이러한 대학들의 임시방편적 태도를 역으로 교육당국이 이용하려는 의도를 버리지 않는 한 대학의 목적에 대한 신중한 검토는 요원할 수밖에 없다. 대학도 자신의 목적과 본질에 확신이 없다면 강해질 수가 없다. 대학의 기본적인 힘은 대학 구성원들이 무엇을 하고, 왜 그것을 하고, 누구를 위해 그것을 하는지에 대한 기본적 견해로부터 비롯된다. 대학의 목적과 본질에 대해 대학 구성원들의 확신이 부족하다면, 대학의 목적과 본질을 활성화하여 대학의 벽을 넘어서서 대학 외부인들에게 믿음을 줄 수는 없는 노릇이다(Giamatti, 1988: 50). 이 점에서 오늘 우리 대학은 교육당국이 법령으로 정한 대학의 본질에 대한 자기비판적 과정을 거울로 삼아, 대학의 목적과 본질을 진지한 자세로 재성찰해야 하는 시기가 아닐까 한다.

대학의 목적과 관련해서 보자면, 본질적인 문제는 보편적 가치보다 국가 이익을 우선시하며, 실용적이며 전문적인 지식을 추구한다거나 표층적 지식의 차원에 머물면서 효율성만을 추구한다는 데 있지 않다. 정말 문제는 대학 교육을 받는 학생들의 입장에서 제기되어야 한다. 우리 대학생들은 효율성과 인격 도야 사이에서, 가시적 이해관계와 보편적 가치 사이에서, 표층적 지식과 심층적 지식 사이에서 고민할 기회를 충분히 가지지 못 하고 있다. 현재 대학생들은 여러 가지 현실적이며 구조적인 이유로 이런 문제들에 대해 진지하게 고민할 기회를 박탈당하고 있는 것이다. 고등교육 이전에 이러한 문제들을 의식하고 고민하는 기회가 주어지지 않는 것이 현실이라면, 고등교육기관인 대학에서라도 최소한 학생들이 이러한 고민을 할 수 있는 최소한의 기회가 부여되어야 하지 않겠는가?

세상에는 다양한 입장들이 존재한다. 특히 정보화시대에 다양한 입장들에 대한 고민의 기회는 필수적이다. 우리는 정보화시대에 인격 도야와 심오한 지식 추구, 인류 공통의 가치 추구를 일방적으로 내세우지도 않으며, 내세울 수도 없다. 이미 현실은 인격 도야와 효율성 사이를, 지식의 심층과 표층 사이를, 그리고 국가와 인류 전체의 이념 사이의 벽을 허물기도 하고 다시 세우기도 하고 있기 때문이다. 이 양 항의 가치들을 놓고 진지하게 성찰해 보아야 하는 시기가 바로 지금이며, 이러한 성찰은 양 항 중 어느 한쪽 선택의 문제가 결코 아니다. 그리고 이러한 성찰은 대학을 구성하는 모든 구성원들의 몫이다. 교수만이, 대학 행정가만이 이러한 성찰의 주체는 아니며, 당연히 대학의 중심 부분을 차지하는 대학생도 거기에 동참해야 할 것이다. 이러한 관점에서 본다면, 다양한 입장들에 대해 진지하게 물음을 제기하고 답해 보려는 기회를 제공하는 것이 고등교육이 최소한 기본적으로 지녀야 할 의무가 아닐까? 이상과 현실 사이에서 대학생 스스로가 고민할 기회를 가질 때에만 궁극적으로 대학 스스로도 거듭날 수 있으며, 소위 '대학의 위기'에 대한 '아래로부터의 처방'이 가능할 것이다. 대학생들에게 현재보다 좀 더 비판적 의사소통 교육이 확대 심화되어야 하는 이유도 바로 여기에 있다.

참고문헌

교육개혁위원회(1995), 「신교육체제 수립을 위한 교육개혁방안」, 교육부.
교육부대학정책실(1994), 「학과통합 정책 추진 계획」, 교육월보, 9월 호.
류지성 외(2006), 『대학 혁신』, 서울: 삼성경제연구소, 2006.
박거용(2005), 『350만의 배움터 한국 대학의 현실-신자유주의 교육정책 비판』, 서울: 문화과학사.
박철홍(2006), 「대학 직업교육 정책에 대한 교육철학적 검토-'삶으로서 직업'에 근거한 대안적인 직업교육의 탐색」, 교육철학회 편, 『대학교육 개혁의 철학과 각국의 동향』, 경기: 서현사.
손홍숙(2001), 「학부제의 유형과 대학교육과정의 변화」, 『교육학연구』, 제39집.
신현석(2005), 『한국의 고등교육 개혁정책』, 서울: 학지사.
이상오(2006), 「대학의 본질과 대학교육의 방향-역사해석학적 접근」, 교육철학회 편, 『대학교육 개혁의 철학과 각국의 동향』, 경기: 서현사.
이현청(2006), 『전환기 대학교육 개혁론』, 서울: 문음사.
정영근(2004), 『삶과 인격형성을 위한 인간이해와 교육학』, 서울: 문음사.
조우현(2006), 『향우 10년의 대학혁신-대학을 바꿔야 나라가 산다』, 서울: (주)랜덤하우스중앙.
한준상(2005), 『한국대학교육의 희생-대학교육 한계의 교육사회학적 이해』, 서울: 한국학술정보(주), 2005.
Baudrillard, J.(1993), 이상률 역, 『소비의 사회』, 서울: 문예출판사.
Charle, C. & Verger, J.(2003), 김정인 역, 『대학의 역사』, 서울: 한길사.
Frühwald, W.(1991) *Geisteswissenschaften heute - Eine Denkschrift*, Frakfurt am Main: Suhrkamp.
Giamatti, A. Barlett.(1988), *A Free and Ordered Space: The Real World*

of the University, New York: Norton.

Giddens, A.(1990), *The Consequences of Modernity*, Stanford: Stanford University Press.

Hutchins, R. M.(1981), 『이상적인 대학』, 서울 : 시사영어사.

Jaspers, K.(1997), 이수동 역, 『대학의 이념』, 서울 : 학지사.

Kerr, C.(2000), 이형행 역, 『대학의 효용 — 연구중심대학』, 서울 : 학지사.

Nash, R. J.(1997), *Answering the "Virtuecrats" - A Moral Conversation on Character Education*, N. Y.: Columbia Univ. Teachers College Press.

Platon(1970), *Theaitetos*, in: *Platon Werke*, Bd. 6, hrsg. von G. Eigler, Darmstadt: Buchgesellschaft.

Rawls, J.(1999), *The Laws of Peoples*, Cambridge, Mass.: Harvard University Press.

Singer, P.(2003), 김희정 역, 『세계화의 윤리』, 서울 : 아카넷.

A Critical Inquiry on the Goals of University Education

Seo, Jeong-Hyok

Abstract

This paper aims to critically and philosophically consider the current reality of university education and its goals. To do this, the current reality of our universities are first analyzed, followed by a critical analysis of the "goals of university as determined by the Higher Education Act," which are generally considered the essence of university. This analysis focuses on three factors: cultivation of character and its efficiency, in-depth knowledge and surface knowledge, and development of the state and human society. The results of the analysis show that the current crisis the universities are facing originates essentially from the "inherent unconformity" and "uncertainty" of their ideological goals. Therefore, what is most urgently required of universities in order for them to overcome their current crisis is an earnest introspection through self-criticism and examination of convictions regarding the goals of university education.

Key words : current reality of universities, goals of university, cultivation of character, in-depth knowledge

편집후기

헤겔 『정신현상학』 출현의 역사적 배경 되돌아보기

올해는 헤겔의 『정신현상학』이 세상에 나온 지 200년이 되는 해이다. 인류사에서 지난 200년의 변화는 지구상 인류 출현 이래 100만 년 이상의 변화보다 클 뿐 아니라 다양하다. 이 변화가 인류의 미래에 밝은 빛을 가져올는지 낭떠러지를 가져올는지 예측하는 것이 아직은 시기상조일지 모르나, 역사적으로 이것이 어떤 의미를 가지는지 반성적으로 되새겨보는 것은 현대를 사는 우리의 당연한 과제이다.

헤겔의 『정신현상학』을 사회사적 관점에서 보면 그것은 프랑스혁명의 철학적 스케치로 이해할 수 있다. 자유라는 정신의 이념은 혁명의 정치적 이데올로기에 일치하며, 현상과 의식이라는 정신의 실존태는 혁명 주체 세력의 세계관 확립을 위한 눈에 일치한다. 어느 하나의 관점에도 안주할 수 없는 의식의 방황과 그 방황에서 얻은 경험은 혁명의 혼란에, 즉 예측할 수 없는 미래에 대한 불안과 두려움과 희망의 소용돌이에 겹쳐진다. 이 책의 압권으로 평가되는 '주인과 종'의 관계 및 그 의미전도의 변증법은 부르주아의 왕권 찬탈에 대한 헤겔의 소묘 이외에 다른 것이 아니다. 왕은 머리가 잘려 땅바닥에 뒹굴 때까지는 언제나 왕이었으므로 그 이외의 다른 모든 이들은 그의 신하요 종이였다. 절대 권력자 왕은 곧 태양이며 하늘이요 대지이며 바다였다. 그 시대 종은 초목이며 가축이며 먹이였다. 왕은 종이 그를 섬기기 때문에 왕이 아니라 그가 바로 왕이기 때문에 왕이었으며, 종은 그가 종이기 때문에 종이 아니라 왕을 섬기기 때문에 종이었다. 혁명의 단두대는 이 관계를 일시에 역전시켜 놓는다.

물론 중세를 마감하는 분명한 조짐은 르네상스와 종교개혁에서 나타나고 그 여파는 서서히 문화, 예술, 정치계로 확산되어 가지만 일반 대중들에게는 그 이전이나 이후나 달라진 것이 없었다. 시간이 지남에 따라 정치가 교회로부터 분리 독립되면서 기독교 이념 아래 통일되어 있던 유럽은 서서히 지방분권적 · 민족주의적 색채를 강화하면서 분할된다. 아마도 루이 14세의 등장은 르네상스와 종교개혁의 이념을 세속화한 사건으로 보아도 좋을 것이다. 르네상스와 종교개혁은 내세 중심의 중세적 세계관을 세속 중심의 현세적 세계관으로 역전시킨다는 점에서 휴머니즘에 뿌리를 둔 것으로 회자된다. 현세가 곧 내세이고 그 내세의 실재가 현재이며 그 실재의 살아 있는 현존재가 인간이라는 것, 그리고 이 인간은 단순한 신의 피조물이 아니라 신을 섬기고 다듬고 세우는 능동적이고 적극적인 조각가이며 활력자라는 새로운 세계관이 이 휴머니즘의 본질이다. 물론 이 새로운 세계관이 곧바로 인간 일반에게 적용되거나 현실화된 것은 아니었다. 이 세계관은 우선 한 특별한 인간에게 수여되고 받아들여져 실현된다. 인간 중에서도 가장 인간적인 인간, 인간을 창조하고 기르고 육성하는 인간, 중세적 용어로 하늘이면서 땅이요 땅이면서 태양인 그런 인간, 인간 중에서도 가장 강하고 권력 있는 인간, 스스로 "내가 곧 태양이다"라고 선포하지만 누구도 감히 그를 미쳤다고 말하지 못하는 지존 인간, 결코 인간일 수 없는 인간, 그 특별한 인간 배역이 바로 루이 14세였다.

이제 인간의 구세주는 하느님이 아니라 왕이라는 자만은 세속의 정치권력을 강화하는 군주들의 보편적인 생각으로 굳어지게 된다. 그들의 힘이 강화되면 될수록 종교의 힘은 약화되고 교회는 서서히 그 세속적 힘과 권력의 들러리로 변질되어 갔다. 루터의 종교개혁 후 불과 한 세기도

되기 전에 프랑스 왕 앙리 4세는 "일요일마다 모든 농가의 냄비에 닭고기"를 제공할 수 있는 것은 왕이라고 강조했다. 대놓고 말한 것은 아니나 인간 구원의 힘을 가진 이는 있는지 없는지 알 수 없는 애매모호한 신이 아니라, 함께 울고 웃을 수 있는 권력 있는 임금님이라는 우회적 표현인 것이다. 당시 아직 중세적 하느님 말씀을 신조로 하던 가톨릭교도에게 앙리 4세는 암살되는데 이것은 왕들의 세계에서는 하나의 순교적 사건으로 받아들여진다. 그러나 이 시기 왕들은 그들이 교회에 길들여지던 것과 같은 방식으로 확실하게 교회를 길들이기 시작한다.

루이 14세는 왕권으로 신의 권좌를 찬탈한 왕이다. 그는 절대왕권의 수립을 위해 서두르지도 않고 강압적으로 신하들인 귀족 계급을 자극하지도 않으면서 은밀하게 오직 왕을 위해서만 작동하고 왕에 대해서만 책임지는 행정 관료 체제를 확립한 교활한 왕이다. 요즘 식으로 말하자면 유능하고 능력 있는 정치가인 것이다. 흥미 있는 것은 그의 절대 왕권은 오히려 국가를 안정시키고 국민을 안심시키게 되고, 권력에 의한 문화와 예술의 번성은 이웃 나라의 모범이며 부러움의 대상이 된다. 러시아의 표토르 대제는 베르사유 궁전 건축에 참여했던 한 사람을 고용하여 상트페테르부르크를 설계하려 하였고, 프로이센의 프리드리히 3세는 루이 14세를 본떠 궁정에 여러 명의 첩을 둘 정도였다.

어쨌든 루이 14세의 명령에 의해 세워진 베르사유 궁전은 왕을 예배하는 베드로 성전이며 왕이 탄생한 예루살렘이며 왕이 사는 현실의 천국으로 그려지고 치장된다. 이 궁전을 짓는 데는 신심과 믿음이 아니라 권력과 돈과 수학적 건축 설계가 핵심의 역할을 한다. 수학(근대적 이성)과 권력과 돈이 통일되면서 중세의 종교적 위력을 능가하는 막강한 삼위일체의 힘을 발휘하여 프랑스를 유럽의 맹주로 만들게 된다. 물론 여기서 성령의 역할을 한 것은 근대적 이성, 바로 루이 14세 때 활동한 데카르트로 대표되는 합리주의였다. 지금도 프랑스인이 '위대한 세기'라 부르는

17세기는 루이 14세와 데카르트에 대한 애칭이라 해도 과장은 아니다.

중세적 신에 대한 믿음과 그 믿음을 통한 구원의 책무는 이때부터 근대적 이성에 대한 믿음과 그 믿음을 통한 세속적 구원으로 치환되면서 이성은 곧 명실상부한 삼위일체의 정신적 주인으로 격상된다. 이 주인의 문패를 단 전형이 데카르트이나 그가 활약하기 한 세기 전 이미 그 일반적 분위기는 조성되어 있었다. 신의 뜻을 듣고 이해하기 위해 눈을 감고 기도하는 대신 자연의 구조를 알기 위해 눈을 크게 뜨고 그도 모자라 망원경을 만들어 주위를 샅샅이 관찰하기 시작하고, 신의 덕목인 경건과 검약 대신 발견과 탐험이라는 이름으로 황금을 찾아 땅 끝까지 이리저리 헤매는 것이 칭송된다. 사실이든 착각이든 자연 존재의 어떤 한 부분에 대해 스스로 관찰하고 생각한 내용을 현학적으로 서술하고 전하는 것은 당시의 학자들뿐 아니라 왕후장상들의 유행이 되어 가고 있었다. 오직 이성과 경험만이 진리의 통로이며 기관이라는 사상은 종교적 신앙과 구질서에 대한 찬양으로 가득 찼던 구시대와 구시대의 유물을 철저하게 파괴하게 된다. 그러면서 사회와 통치의 이데올로기 및 윤리를 담당하던 기독교는 서서히 개인의 사적(私的) 믿음과 구원의 성황당으로 전락한다.

루이 14세 때부터 모든 것은 왕을 위해 재편되고 창조된다. 교회의 증개축은 기독교의 위대성을 보여 주기 위한 것이 아니라 왕의 권력을 과시하기 위한 것이었고 왕궁과 별궁의 건축과 확장은 국가의 가장 중요한 사업으로 선포 되었다. 궁정의 홀들은 왕과 그 시종(귀족)들의 춤과 놀이, 식사와 환담, 연애와 멋 보임의 공간으로 사용되었고 이런 방식으로 궁정문화가 확립되어간다. 궁정문화에서 점잖은 대화와 발레 및 사교춤, 오페라와 음주 에티켓 등이 인위적으로 만들어지는데 이것이 막말, 막춤, 막 노래, 막 마시고 막 취하기를 일상으로 하는 일반 시민들을 살롱문화적 도덕으로 우러르게 한다. 이제 왕은 세속 신으로, 상장 시종들은 그 예배자로, 그 체제를 지탱하는 것은 돈과 권력으로 바뀌게 되었다.

물론 일반 백성이야 아직도 교회와 국가 모두의 충실한 신민으로 그 돈과 권력의 광맥이며 그 토대였다.

예나 지금이나 일반 대중들이란 자신의 사회적 위치나 역사적 의미를 비판적으로 반성하는 이들이 아니라 자신과 가족들의 생계 보장을 생의 과제로 삼는 이들이다. 이들은 속기도 쉽고 속은 것을 쉬이 잊어버리기도 하지만 자신의 생계와 관련된 한 그렇게 호락호락하지도 않다. 이성의 확실성이 진정한 믿음의 본질이며 이 이성은 신과 인간의 공통분모라는 세속 종교가 계몽주의라는 이름으로 유럽 대륙에 확산되면서 백성들도 서서히 개화되어 가는데 그 결정적 동기가 된 것은 신구교 갈등에서 시작된 30년 전쟁이었다. 이미 르네상스 시대에 전쟁의 승패를 결정하는 것은 과학적 축성과 합리적 전술 그리고 정교하고 정확하게 개발된 무기라는 것은 군이나 제후에게 상식이었다. 30년 전쟁은 군과 제후의 이 상식이 일반 대중에게 보편화되는 계기가 된다. 루터의 종교개혁으로 생겨난 신교는 성경이 신의 말씀이며 로고스라는 사상으로 뭉치고 이미 가톨릭 내부에서도 이대로는 안 된다는 개혁주의자들에 의해 내홍을 앓던 세속 가톨릭 교의에 맞서 대치한다. 이런 상황에서 징세 문제로 신구교인의 사소한 싸움이 전쟁으로 확산된다. 갈등의 시작은 종교 분쟁이었으나 그 경과는 인간과 인간, 집단과 집단, 민족과 민족, 지역과 지역 관계에서 있을 수 있는 모든 요인들이 뒤범벅되어 참으로 한심하고 치사한 전쟁으로 발전한다. 데카르트 역시 여기저기 주인을 바꿔 가며 용병으로 참전한 바로 그 전쟁이다. 전쟁은 교회와 왕과 제후가 고용한 용병부대에 의해 진행되었는데 대부분의 용병들은 자신들의 종교 때문이 아니라 군주 및 그가 고용한 장군들이 지불하는 급료와 전투 임금 때문에 참전한 것이다. 전투에서 패할 것이 객관적으로 분명하면 즉시 탈영하여 적의 군으로 군적을 바꾸는 것은 일상사였다. 그들에게 중요한 것은 돈이지 신앙이나 민족이나 국가가 아니었다.

용병을 고용한 교회와 왕이나 제후도 사정은 마찬가지였다. 그들의 목적은 이기는 것이라기보다 지지 않는 것인데 그러기 위해서는 신교도 제후가 구교도 제후나 부자와 결탁하기도 하고 결별하기도 하였다. 자신들이 고용한 용병들에게 임금과 수당을 주기 위해서는 막대한 돈이 필요한데 이 돈을 마련하기 위해 권력과 지위의 판매, 부자 부르주아들과의 거래, 적과의 은밀한 내통 등이 일반화되면서 피아의 구분도, 전쟁의 명분도 사라지게 되었다. 백성들은 백성들대로 제후나 왕이 요구하는 세금과 부역과 군역을 순순히 내려 하지도 않았고 또 내지 않기 위해 그들의 반대파에 지킬 수 없는 충성을 맹세하는 것 또한 다반사가 되었다. 아이러니하게도 30년 전쟁은 계몽주의의 이성이 세속적 성령으로 등극한 사건이라 하겠다.

30년 전쟁의 주 무대는 독일이었고 이 전쟁을 연극이나 운동경기 구경하듯 마음껏 즐긴 나라는 프랑스와 영국이었다. 철저히 파괴된 독일은 멸망해 사라져 버린 듯 여겨져 그 지역 안에 사는 주민들조차 국가로서의 독일을 인정치도 못했고 알지도 못했다. 이런 와중에 프로이센이 건국되며 칸트가 나타난다. 칸트는 계몽이 '인간의 미성숙 상태, 비이성적 상태로부터의 탈출'이라고 단언한다. 이 탈출은 어떤 권위나 종교에 대해서도 합리성에 비추어 비판하고 반성한 때에만 가능하다. 신과 인간을 이원적으로 구분하는 것이나 인간 사이의 계층 차등화와 신분적 차별화는 이성의 지평에서는 반이성적이다. 왕의 이성이라 해서 백성의 이성과 다른 것이 아니고 차등적인 것은 더욱 아니다. 이성적 동물로서 인간은 그가 왕이거나 백성이거나 거지이거나 부자인 것에 상관없이 동등하고 평등하다. 신분이나 지위 또는 계급이 아니라, 이성이 인간 평등과 권위와 자격의 평등원리이며 자유원리이다. 이 평등과 자유원리 앞에 황후장상들의 요구는 백성들의 요구에 맞아야 한다. 군에 징집되는 것, 세금을 내고 국가를 위해 목숨을 바치는 것은 그럴 만한 합당한 이유가 있어야

하고 있을 때뿐이다. 그렇지 않을 경우 지배 피지배 관계는 강도와 피해자의 관계일 뿐이며 이 관계는 따라서 순간적 일회적일 뿐 지속적일 수는 없다. 전쟁의 여파로 피폐해질 대로 피폐해진 독일은 문화적으로 프랑스의 식민 상태를 지속하고 있었고 프리드리히 대왕조차 불어로 시를 쓰고 궁정에서 불어를 사용할 정도였다.

독일의 계몽 운동이 자국어 부흥운동과 외국 문화에 대한 반감을 동시에 수행하게 한 것은 결코 이상한 일이 아니다. 라이프니츠의 뒤를 이은 토마시우스, 볼프와 칸트는 자국어로 강의를 하고 자국의 선현들의 사상을 전파하기 위해 힘을 쓰고 그것이 결실을 맺어 18세기 중엽에는 독일어의 시와 소설이 쏟아지기 시작한다. 독일 계몽운동의 정점은 편협한 민족주의 시각을 극복하고 프랑스와 영국 문화의 선진적 수준을 비판적으로 종합하여 그것을 능가하는 창조력을 보여 준다.

자전이 보급되고 문맹이 줄어들자 신앙과 종교는 보다 합리적 계몽주의의 검열에 놓이게 되고 문화 전반을 비판과 소외가 지배해 나가게 된다. 레싱은 종교와 예술의 비판을 통해 자유로운 인간과 그 미적 활동의 본성을 밝히는 동시에 자국 문화의 외국 양식으로부터의 독립을 추구하고 빙켈만과 빌란트는 고대 그리스 예술 탐구를 통해 예술을 종교의 경지로 끌어올린다. 남성미와 여성미, 이성과 감정의 조화야말로 예술의 본질이며 생의 토대라는 그들의 이해는 새로운 인간상 정립의 초석이 된다. 칸트는 이성의 한계 내에서 종교는 물론 학문 일반을 해석, 정초하고 피히테는 이성의 위치에 '자아'를 놓는다.

1751년 프랑스에서 『백과전서』 출간이 시작되면서 이미 혁명의 씨앗은 싹이 튼 것이나 다름없었다. 생을 주도하는 원리가 신앙이나 종교가 아니라 이성이며 인간 자신이라는 것, 따라서 구원의 주체도 객체도 인간이며 이성이라는 생각은 더 이상 몇몇 학자들만의 생각이 아니라 프랑스, 영국, 독일 문화계와 학계의 지적 분위기였고 일반 시민들의 의식 역시 거의 이 수준에 도달하고 있다는 것을 『백과전서』는 만천하에 선포한 셈이 되었다. 이것은 종교와 정치에 엄청난 위협이었으나 탄압이 더 이상 먹혀들지 않았다. 1772년 『백과전서』의 마지막 책인 28권이 출간되었을 때 그 책 속에 서술된 반종교적 · 반정치적 주장 때문에 200여 명의 필진 개개인이 수모를 당하는 일은 없게 되었다. 성직자와 왕, 교회와 왕궁에 대해 일반 백성들도 할 말은 할 수 있는 상황이 된 것이다.

주지육림과 사치스런 궁전 증개축 등으로 루이 14세가 죽을 때쯤 왕국 재정은 거덜이 났고 그 뒤를 이은 루이 15세는 재정 확보를 위해 성직자와 교회에도, 귀족과 호족들에게도 세금을 징수하고 규제를 강화하려 했으나 성공하지 못한다. 납득할 만한 이유나 합당한 근거 없이는 비록 왕의 명령이라 해도 따르지 않을 만큼 세상은 변해 있었고 이런 와중인 1774년 루이 16세가 왕위를 이어받는다. 처음에 그는 유능한 대신들을 기용하여 재정난을 타개하려 하나 실패한다. 세금을 걷기 위해서는 우선 경제 개발과 시장 활성화를 통해 백성들이 세금을 낼 수 있는 경제력을 갖도록 해야 한다. 이것은 단숨에 되는 것이 아니라 시간을 필요로 하는 일이다. 그러나 시간을 기다릴 만큼 여유롭지 못했던 파산에 직면한 왕궁은 유럽의 대 부르주아들, 은행가들로부터 높은 이자나 이권을 약속하고 거액의 돈을 빌리고도 시민들에게 그것을 숨기고, 빚 장부를 위조 기록하는 상황이었다. 1789년 전통적으로 프랑스 사회 신분을 구성하는 성직자, 귀족, 평민으로 구성되는 '3부회'라는 '국민의회'를 소집하여 국가 파산을 막아 보려 했지만 그것 역시 역부족이었다. 우선 회의 자체가 진행되지 않았다. 성직자와 귀족은 각 신분이 1표씩을 행사하자 하고 평민은 각 개인이 1표씩 권리를 행사하자고 맞섰는데 그 이유는, 성직자와 귀족은 결탁하여 기득권을 유지하려 했고, 전체 의석의 50퍼센트를 넘게 차지했던 제3신분인 평민은 자신들의 권익을 보호하기 위해서였다. 이제 더 이상 정치권력이나 신분적 권위가 통하지 않게 된 것이다. 왕이

제3신분의 요구를 거절하자 평민들은 뛰쳐나와 자신들만이 국민의회를 만들고 궐기한 것이다.

제3신분에 의해 주도된 프랑스 혁명의 인권선언은 『백과전서』에 서술된 계몽사상의 압축적 표현이다. 인간의 천부적 생존권, 자유와 평등, 억압으로부터의 저항, 소유권의 신성함, 언론과 표현의 자유 등이 강조되었고 프랑스는 왕의 소유가 아니라 국민에 의해 소유된 주권국가임이 여기에서 선포되었다. 물론 이 같은 시민들의 요구가 쉽게 받아들여지지도 않았고 그럴 수도 없었다. 비록 껍데기이기는 했지만 현존하는 정부와 이해관계로 뒤얽혀 있는 무수한 권력 집단들이 있고, 수세기 동안 누려 온 특권들을 귀족과 성직자들이 포기할 생각은 처음부터 없었기 때문이었다. 이 혼란의 와중에서 왕은 처형되었고, 프랑스뿐 아니라 전 유럽이 혁명과 전쟁의 소용돌이에 휘말리게 된다.

1799년 나폴레옹이 쿠데타로 권력을 장악하면서 유럽사는 새로운 국면을 맞게 된다. 스스로를 태양이며 살아 있는 신으로 믿었던 서슬 퍼렇던 루이 14세는 한 세기가 지나기도 전에, 태양의 위치, 신의 위치에서 단두대 밑에 서리 맞은 호박덩이처럼 뒹구는 자기 손자의 피 묻은 머리통을 보게 된다. 왕은 죽었다. 옛 질서, 옛 권력, 옛 태양, 옛 신인 왕의 사형은 프랑스와 유럽 전체를 후련하고도 불안한 카니발을 지속해 나간다. 이 카니발의 구경꾼이며 참여자 중 한 사람, 이탈리아 태생인지 프랑스 태생인지도 불분명하지만 프랑스에서 평민으로 출세하는 지름길은 군이라는 것을 본능적으로 직감하는 직업군인 출신 나폴레옹의 권력 장악은 왕의 죽음과 구시대의 죽음의 상징적 사건이다. 이 사건은 합리주의의 평민화 시대의 개막이기도 하다. 프로이센 · 오스트리아 연합군이 나폴레옹 군과 대접전을 벌여 패했던 1792년 9월 참전했던 괴테는 전우들 앞에서 그 의미를 이렇게 말했다. "오늘 여기서 세계 역사의 새 시대가 시작되었다. 언젠가 너희들은 모두 '나는 새 시대의 탄생 현장에 있었노라'고 말할 수 있게 될 것이다."

강약의 정도는 있으나 독일 관념론 철학자들은 초기에는 프랑스혁명의 열렬한 지지자들이었다. 칸트는 인권의 자율성을 확보하는 것은 입헌적 공화정이 가장 적합하다고 생각했고, 피히테는 1793년의 「프랑스혁명에 대한 대중의 판단을 바로잡기 위한 기고」에서 혁명 이상과 공포의 이중적 시각에서 "지식학"의 이념을 얻었다고 고백한다. 셸링과 헤겔은 튀빙겐 학창 시절 혁명을 기리기 위해 '자유의 나무'를 심었다고 알려지고 있다. 나폴레옹의 출현은 세습 왕정의 붕괴와 평민도 합리적 이성과 힘이 있으면 왕이 될 수 있다는 교훈을 가르치고 있었다. 나폴레옹이 권력을 장악하고 유럽의 지도와 국경선을 자유롭게 그리는 바로 그 시기에, 그리고 그 위세가 프로이센으로 밀고 들어와 예나를 점령하는 바로 그 시기에 시작하고 탈고한 책이 『정신현상학』이다. 이 시기 독일 고전주의와 관념론 철학은 프랑스혁명의 정점인 부르주아지 이데올로기의 반영이며 봉건주의로부터 자본주의로의 전환을 알리는 봉화대가 된다. 칸트가 프랑스혁명을 "인간 종족의 도덕적 성향을 증거 해 주는 사건"으로 파악한 것이나 헤겔이 그것을 세계의 "장엄한 일출"로 이해한 것은 바로 그 혁명을 이성의 승리라고 확신했고 나폴레옹을 이성의 기수로 확신했기 때문이다.

거듭 강조하거니와 헤겔의 『정신현상학』은 프랑스혁명의 관념철학적 관전기라 해도 과언은 아니다. 감각적 확실성의 주체는 그날그날 먹고사는 것을 지상 과제로 삼는 일반 시민의 세계관이다. 그들의 진리 기준은 전통도 권위도 아니요, 오직 자신들의 눈이요 코이며 귀요 입이다. 그들은 배불리 먹을 수 있다면 짐승이라는 욕을 감수하지만, 굶주린 상황에서는 인간이라는 옷을 언제라도 벗어 버릴 준비가 된 사나운 동물이다. 이 같은 짐승으로서 동물의 목적은 처음도 끝도 삶이다. 그러나 인간인 한 이 삶은 이성에 의해 규제되고 조정된다. 그것은 원해서 되는 것이 아니라 인간이라는 동물이 가진 역사적 · 사회적 운명이며 이 운명이 문화와 교양, 도야와 교육의 토대이다. 마치 올챙이가 세월 속에 개구리가 되듯, 짐승 인간이 이성 인간으로 진화하는 것은 역사를 꾸리는 인간의 운명이며 의식의 운명이다. 이 이성적 도야의 운명 때문에 지각과 오성을 삶의 새로운 이데올로기로 정립한다. 지각과 경험은 자연과학의 토대이며 일상인의 생의 지표이다. 우리가 확실하게 믿을 수 있는 것은 감각에 들어온 것을 지각화한 것이며, 이 지각화한 것을 삶의 지침으로 삼을 때 확신의 안심을 가지게 된다. 물론 여기에는 합리적 오성이 그에 대한 심판과 판정을 담당한다.

오성에 의해 도달하는 좁은 의미의 의식이 부르주아적 안목이라면, 욕망과 그 충족의 족쇄에 매여 노동을 신성시하면서 부지런히 일하면서 가정을 꾸려 나가는 것은 부르주아의 실천적 생활 태도이다. 그들의 생활 덕목은 요행이 아니라 근면과 부지런함이며, 그들의 목표는 자신과 가정의 생계를 위한 사적 소유이다. 그들은 사회나 왕의 노예가 아니라 자기 가족과 자기 삶의 노예이다. 그들이 주인으로 모시는 것은 신이나 왕이 아니라 자기 자신의 삶이요 생명이다. 그러나 의식은 이 소박한 단계에만 머물러 있을 수 없다. 이성은 짐승으로서 인간을 인간으로서의 인간, 좀 더 극적으로 말해 왕으로서 인간으로 교육해야 할 의무를 가지고 있기 때문이다.

이성은 생명체의 본질이 아니라 인간의 본질이며 인간화의 기관이다. 대부분의 사람들은 이성으로 살아가는 것이 아니라 생명체로 살아가며 짐승으로 살아간다. 인간은 인간으로 되는 것이며 이 점에서 인간에게는 인간으로 되어 가는 교육과 도야가 요청된다. 인간적 생의 주체가 교육과 도야라는 세계사적 궤도 위를 달리는 것은 이성의 구조 자체에 기인한다. 이성적 인간은 먹고 마시는 동물적 생으로부터 해방된 사람이다. 그들은 자연과 사회를 객관적으로 관찰하며 그로부터 법칙을 추출하고 그 법칙의 토대 위에 학문과 기술을 세워 나간다. 동시에 그들은 그 법칙의 검증을 통해 버릴 것은 버리고 덧붙일 것은 덧붙여 학문을 발전시키고 사회의 질서를 세워 나간다. 이 과정은 결코 단선적이지 않고 무수한 자연과 생의 관계의 중첩적 요소들의 이합집산하는 운동이다. 겉보기에 혼돈의 소용돌이로 비치는 이 운동을 통해 사회, 문화, 도덕, 법, 국가, 예술, 종교가 정립되고 발전해 나간다. 이 전체 과정을 반성적으로 되새기고 미래를 위해 과거를 되돌아보고 현재를 비판하는 철학적 이성은 더 이상 부르주아 계급에만 머물 수는 없다.

자신과 가족의 생계를 자신의 근면한 노동을 통해 책임지는 계급을 헤겔은 시민계급이라 불렀다. 생계의 수단이 노동이라는 점에서 시민계급은 이미 프롤레타리아 계급을 함축하고 있다. 이 계급의 궁극 이념은 상호의 생존권을 인정함으로써 각자의 안정된 노동권을 사회 속에서 확립하는 것이다. 이것을 위해서는 생계를 보장하는 공동체의 수립이 필수이며 동시에 그 공동체 내에서 사회정의를 통한 개인 정의와 개인 정의를 통한 사회정의를 실현하는 것이 최선이다. 이 실현은 그날그날의 생계에만 매어 있는 일반인들의 의식만으로는 불가능하다. 이성이 시민계급의 근본 이데올로기임에도 불구하고 시민계급에 매어 있을 수 없는 이유가 여기에 있다. 이처럼 이성은 시민계급의 자기 정립 원리이면서 그 시민계급의 부정과 지양의 원리이기도 한 것이다.

이성이 생계뿐 아니라 생계의 전 토대인 자연과 인륜의 전체를 되새기고 그 올바른 길을 모색해 나가는 것, 인류 문화의 종교와 역사를 되돌아보면서 그 변화와 발전의 각 단계들을 재검토하는 것, 그래서 이 땅 위에 인간 스스로의 힘으로 파라다이스를 세워 스스로를 구원하는 것, 바로 그것이 『정신현상학』의 결말, 즉 1807년 예나에 입성한 마상의 나폴레옹을 보면서 헤겔이 내린 낭만적 결말이다.

편집이사 윤병태

제3부

부록

필자 약력(가나다순)

권대중

계명대학교 인문대학 철학과 교수. 서울대학교 철학과(미학전공)를 졸업하고, 같은 대학 대학원 미학과에서 석사학위를, 그리고 독일 아헨대학(RWTH Aachen)에서 박사학위를 취득했다. 저서로는 *Das Ende der Kunst. Analyse und Kritik der Voraussetzungen von Hegels These* (Würzburg 2004), 『미학대계』(1-3권, 공저, 서울대 출판부 2007)가, 역서로는 『예술의 죽음과 부활』(편역, 지식산업사 2004), 『헤겔의 체계 1』(비토리오 회슬레, 한길사 2007)이 있으며, 주요 논문으로는 「헤겔의 <이론정신철학>에서의 "사유"」, 「전통적 진리대응론의 전개 및 문제점들 : 플라톤에서 칸트까지」, 「헤겔의 '예술의 종언' 명제의 수정가능성 모색」, 「관념론적 정합론으로서의 헤겔의 진리관」, 「3의 변증법과 4의 변증법」, 「일면적인 자연적 주관성으로서의 '욕망'」 등이 있다.

김준수

독일 프랑크푸르트대에서 헤겔에 관한 연구로 철학 석사 및 박사 학위를 받았으며, 지금은 부산대 철학과 교수로 있다. 주요 논저로는 Der Begriff der Freiheit bei Hegel, 「승인과 사회 윤리」, 「피히테의 승인이론」 등이 있다.

나종석

연세대 철학과를 졸업하고 한국외국어대에서 석사 학위를 받은 뒤, 독일 에센대에서 철학박사학위를 받았으며, 울산대학교 연구 교수를 역임하였다. 현재 경북대학교 동서사상연구소 전임연구원으로 있으면서, 연세대학교 원주 캠퍼스 및 홍익대학교에서 철학과 수사학등을 가르치고 있다. 주요 논문으로는 「비코와 헤겔에서의 실천 이성과 역사」(박사학위 논문), 「헤겔 법철학에서의 인륜성과 정치 윤리학의 복권 시도」, 「헤겔 시민사회론의 현재적 의의에 대한 고찰」, 「헤겔의 전쟁이론에 대하여」, 「시장과 민주주의」, 「고대 민주주의의 이상과 현실에 대하여」 등이 있다. 역서로는 『철학의 이해』(공역, 문예출판사)와 『비토리오 회슬레, 21세기의 객관적 관념론』(에코리브르)가 있고, 저서로는 『삶으로서의 철학. 소크라테스의 변론』(대한교과서주식회사)이 있다.

서정혁

현재 숙명여자대학교 리더십교양학부 조교수. 연세대학교 철학과를 졸업하고, 동대학원에서 칸트 철학으로 석사, 헤겔 철학으로 철학박사 학위를 취득하였다. 저서로는 『철학의 벼리』, 『논증과 글쓰기』(공저)가 있고, 역서로는 헤겔의 『헤겔 예나 시기 정신철학』, 헤겔의 『교수 취임 연설문』, K. 뒤징의 『헤겔과 철학사』, 피히테의 『학자의 사명에 관한 몇 차례의 강의』가 있으며, 「헤겔의 인정 개념에 관한 이해와 오해 – 하버마스의 '노동과 상호작용'을 중심으로」, 「칸트의 철학 체계와 방법」, 「대학의 교양 교육과 글쓰기 교육」 등 독일관념론 및 의사소통교육에 관한 다수의 논문을 발표하였다.

양태범

성균관 대학교 불어불문학과를 졸업하고, 연세대학교 철학과 대학원에서 「하이데거에게 있어서 무의 가능성과 의미」(Möglichkeit und Sinn des Nichts bei Martin Heidegger)로 석사학위를 받은 뒤, 독일 마인츠 대학에서 전공 철학, 부전공 그리스, 라틴 고전학을 하고 「무 문제의 역사 속에서 본 플라톤」(Platon in der philosophischen Geschichte des Problems des Nichts)이란 주제로 철학 박사학위를 받았음. 현재 연세대학교 철학연구소 전문연구원으로 있으면서 연세대학교와 홍익대학교에 출강하고 있음. 주요논문으로는 「플라톤의 『파르메니데스』 편에 있어서 '있지 않음'의 문제」, 「플라톤의 『소피스테스』 편에 있어서 '있지 않는 것'은 단순히 논리적 부정인가?」, 「서양 존재 사유의 기원과 비존재의 문제」, 「고르기아스의 세 명제와 수사학」 등이 있다.

윤병태

연세대 철학과 교수. 독일 괴팅겐 대학교 철학 박사. 저서로 『개념논리학』과 『삶의 논리』가 있고, 논문으로 「헤겔의 자연미」 외 다수가 있다.

이병옥

연세대학교 및 동대학원 철학과 졸업. 독일 튀빙겐대학교 철학박사. 현재 연세대학교, 한양대학교, 홍익대학교 시간강사. 주요저작 : 「헤겔 반성 개념에 관한 고찰」(석사학위논문), 「Der Begriff der Individualität beim frühen Schleiermacher」(박사학위논문), 「개성과 인문학」, 「프리드리히 슐레겔의 비이해의 해석학」, 「전달과 정보해석학」, 「매체문화에서 주체의 해석학적 역할」, 「노발리스의 시적 국가론」 외 다수.

이상섭

연세대학교 철학과 및 동대학원 철학과를 졸업하고, 독일 Ruhr Universität Bochum 철학과에서 박사학위를 취득하였다. 현재 서강대학교 철학과 조교수로 재직 중이며, 저서로는 *Wirklichsein und Gedachtsein* (Würzburg 2006), 주요 논문으로는 「토마스 아퀴나스의 개념과 실재」, 「보편학으로서의 형이상학과 지성의 존재」, 「중세 스콜라철학의 지향성, 지향의 대상 및 지향적 존재에 대한 연구」, 「근대적 주관성개념의 중세철학적 기원에 관한 연구」 등이 있다.

이재성

계명대 철학과와 동 대학원을 졸업(석사)하고 독일 아헨(RWTH Aachen)대학교에서 철학박사(논문명: "'Subjektivität und Intersubjektivität'. Eine Untersuchung zur Rekonstruktion der dialektischen Struktur in Hegels

Rechtsphilosophie") 학위를 받았으며, 경북대학교 동서사상연구소 전임연구원으로 활동하고 있으며, 현재 계명대학교 교양과정부에 재직 중이다. 주요 저서로는 『한국사회와 다원주의』(공저)가 있고, 역서로 『변증법 이론의 근본구조. 헤겔의 논리학에 있어서 변증법적 범주발전의 재구성과 수정』이 있으며, 주요 논문으로는 「루소의 정치철학에 대한 헤겔 비판」, 「아펠과 하버마스의 담론윤리의 의미. 매체윤리와 관련해서」, 「하이데거의 예속모델로서 들음과 순종」, 「헤겔 정치철학에 대한 일고」, 「헤겔의 정신철학에서 정신개념의 변증법적 구조」, 「헤겔 정신현상학에 있어서 상호주관성의 문제」, 「초기 셸링의 자연철학 구상에 대한 고찰」, 「법철학에서 시민사회에 대한 헤겔 해석의 정치철학적 의미」, 「헤겔 논리학에 있어서 변증법적 방법에 대한 고찰」 등이 있다.

정대성

연세대학교 철학과 졸업(학사, 석사), 연세대학교 대학원 박사과정 수료, 독일 보쿰에 소재한 루르대학교 졸업(철학박사), 현재 연세대학교, 한남대학교 강사로 있다. 주요 논문으로는 「Von der Subjektivität zur Intersubjektivität. Die Auseinandersetzung von Habermas mit dem jungen Hegel und der Bewusstseinsphilosophie」(박사논문), 「헤겔철학에 대한 하버마스의 비판적 수용」 외 다수. 역서로는 『청년 헤겔의 신학론집』이 있다.

조대호

연세대학교 철학과 조교수. 연세대학교 및 동대학원 철학과 졸업. 독일 프라이부르크 대학교 철학박사. 주요 논문으로는 「아리스토텔레스의 형이상학과 생물학에서 본 실체와 형상」(박사학위 논문), 「Drei Aspekte des aristotelischen Begriffs der Essenz」, 「Bestaendigkeit und Veraenderlichkeit der Spezies in der Biologie des Aristoteles」, 「카오스와 헤시오도스의 우주론」, 「소크라테스 윤리의 그리스적 전통에 대한 연구」 외 여러 편이 있고, 저술로는 『아리스토텔레스의 형이상학』, 『철학, 죽음을 말하다』(공저), 『지식의 통섭』(공저)이 있다.

『헤겔연구』 논문투고 및 심사규정

I. 『헤겔연구』 논문투고규정

1. 발간 시기 : 연 2회(6월 15일 여름호, 12월 15일 겨울호)
   원고 접수 : 연중 수시(3월 1일까지 도착된 원고는 6월 여름호에 싣고, 9월 1일까지 도착된 원고는 12월 겨울호에 실음)

2. 원고 종류
1) 철학과 사상사 전반에 관련된 자유주제, 특히 독일 관념론 및 Hegel 사상과 관련성이 있는 미발표 논문(특별 주제의 경우 별도로 공고한다)
2) 서평 : 최근 3년 이내에 출간된 국문 저서 혹은 번역서, 연구사적 의의가 있는 외국문 저서
3) 논문평 : 최근 2년 이내에 발표된 국내외 주요 연구 성과, 특히 이미 『헤겔연구』에 수록된 논문 및 국내 주요 연구 동향에 대한 논쟁적 언급
4) 번역 : 헤겔 및 독일관념론 전반과 관련 있는 원서(분량 등 기준은 일반 논문 투고의 기준에 따른다)

3. 분 량
1) 논문 기본 게재료 : 참고문헌을 포함하여 200자 원고지 80매 이상 130매 이하, 전임이상 회원 : 15만원, 비전임 회원 : 10만원.
2) 131매 이상의 초과분에 대해서는 원고지 장당 3,000원의 초과 게재료를 납부한다. (정해진 게재료 미납시 편집위원회의 결정에 따라 논문 게재를 보류할 수 있다.)
3) "… 연구비 지원에 의한 연구 결과물임"이 표시된 투고 논문에 대해서는 게재료 30만원을 징수하고, 게재료 수납 때 영수증을 발부함.

4) 서평 : 200자 원고지 50매 내외
5) 논문평 : 200자 원고지 30매 내외

4. 투고 요령
1) 워드프로세서(아래 아 한글 프로그램)로 작성
2) 디스켓과 함께 출력원고 4부 제출 : 디스켓과 출력물에는 반드시 논문제목(한글/외국어), 저자성명(한글/외국어), 저자약력, 주요검색어(한글/외국어), 논문 요약문(한글/외국어), 논문, 참고문헌 순서로 포함되어 있어야 한다.
3) 저자 약력에는 투고자의 소속, 주소, 전화번호, 이메일 주소를 정확하게 명기해야 한다.

5. 접수처
– 서울특별시 서대문구 신촌동 134 연세대학교 외솔관(제1인문관) 508호 윤병태교수연구실 (한국헤겔학회 편집위원회)
–전화 : 02-2123-2399 / 휴대폰 : 011-885-6267
e-mail: seocrates@hanmail.net

6. 투고시 주의사항
1) 논문 투고의 기본 자격은 본 학회의 회원으로 한다. [회원이 아닌 경우 투고 전 회원에 가입해야 한다. 회원이더라도 회비 미납 사실이 있을 경우에는 회비를 완납한 후 투고할 수 있다.
회원가입 문의 : 서영석(총무간사)/휴대폰 : 011-9836-0508]
2) 동일 제목의 논문을 1, 2, 3 등의 형태로 연속적으로 투고할 수 없다.
3) 외국어로 작성된 논문은 편집위원회의 심사를 거쳐 번역 게재한다.
4) 분량이나 주제가 본 연구지의 기준이나 취지에 전혀 부합하지 않을 경우 심사대상에서 제외한다.
5) 다른 학술지나 출판 등록된 저서에 이미 게재된 논문은 심사대상에서 제외한다.

7. 원고 작성시 주의사항

– 원고를 투고할 때에는 반드시 다음 사항을 주의하여 작성하여야 한다.

1) 투고자는 논문작성시 단독연구인지 공동연구인지를 명기해야 한다. 접수시 1명의 성명이 기재되어 있을 경우, 이를 단독연구로 접수한다. 공동연구의 경우, 책임연구자와 공동연구자를 구분하여 명기해야 한다.
2) 논문의 마지막 부분에 참고문헌을 반드시 첨가하여야 한다. 참고문헌의 수록 순서는 국한문 문헌 다음에 외국 문헌을 싣되, 각각 저자 이름의 가나다와 알파벳 순서로 기재한다.

참고 문헌 작성법 예

Hegel, G. W. F., *Phönomenologie des Geistes*, in *Gesammelte Werke*, Bd. 9, hrsg. von W. Bonsiepen & R. Heede, Hamburg 1980.
Hegel, G. W. F., 임석진 옮김, 『정신현상학』, 지식산업사, 1988.
Gadamer, H. G., "Hegel und die antike Dialektik", in *Hegel- Studien*, Bd. 1, hrsg. von F. Nicolin & O. Pögeler, Bonn 1961.
홍길동, 「헤겔의 자유개념」, 『헤겔연구』, 제9호, 한길사, 2001.

3) 각주의 경우 다음과 같은 작성법의 예를 따른다.

각주 작성법 예

1) G. W. F. Hegel, *Phönomenologie des Geistes*, in Gesammelte Werke, Bd. 9, hrsg. von W. Bonsiepen & R. Heede, Hamburg 1980, 13–14쪽 참조.
2) G. W. F. Hegel, 임석진 옮김, 『정신현상학』, 지식산업사, 1988, 17쪽.
3) H. G. Gadamer, "Hegel und die antike Dialektik", in *Hegel-Studien*, Bd. 1, hrsg. von F. Nicolin & O. Pögeler, Bonn 1961, 10쪽 이하 참조.
4) 홍길동, 「헤겔의 자유개념」, 『헤겔연구』, 제9호, 한길사, 2001, 18쪽.

4) 책이름이 약어인 경우에는 앞에서 한 번 책이름과 출판사를 명기한 후에 사용한다.

약어 작성법 예

I. Kant, KrV, 200쪽.

G. W. Hegel, GW, Bd. 9, 100쪽.

5) 각주에서 이미 앞에서 인용된 논문에는 <저자 이름, 같은 글, 쪽수>로 표기하고, 저서에는 <저자이름, 같은 책, 쪽수>로 표기한다. 만일 동일한 저자의 논문이나 저서 등이 중복될 경우에는 <저자, 논문명 혹은 저서명, 쪽수>로 표기한다. 그리고 바로 이전의 각주와 동일한 논문이나 저서가 인용될 경우에는 <같은 곳, 같은 글 혹은 같은 책, 쪽수>로 표기한다.
6) 주요 저작의 경우 필자가 약호규정을 사용하여 본문이나 각주에서 표기할 수 있다. 가능한 한 각주 1에서 약호규정을 구체적으로 명기해야 한다.
7) 편집의 일관성을 위하여 가능한 한 장, 절, 항, 목을 I, 1, 1), ①로 표시한다.
8) 강조는 ' ' 부호로 표기하고, 인용문에서 가운데 단어나 구절의 일부 생략은 '…'로 표기하고, 완전한 문장의 생략은 '(……)'로 표기한다.
9) 논문 투고시에는 본 학회에서 정한 작성요령에 따라 논문 요약문 및 주요검색어를 함께 제출하여야 한다. 외국어(영문 및 독문) 요약문 및 주요검색어는 국문에 준해 함께 제출하여야 한다.

논문 요약문 및 주요검색어 작성 요령

- 요약문 원고는 주제 분류(학술진흥재단에서 제공하는 학문 분류표 참조), 5단어 이내의 주요 검색어, 논문의 요약문으로 구성된다.
- 분량은 500자 정도(원고지 3매 정도)
- 주요 검색어는 논문에서 논의되는 주요 개념들이나 주제들 또는 인물들을 언급하되, 다섯 개념 이내로 한다.
- 요약문은 논문 전체의 핵심 내용을 논문 내용에 부합하게 작성한다.

10) 투고된 원고와 디스켓은 반환하지 않는다.

II. 『헤겔연구』 논문심사규정

1. 논문 심사 및 게재 원칙

1) 투고 논문 심사는 원고 마감 후 4월과 10월 년 2회 실시한다.
2) 각 논문은 편집위원회에서 위촉한 심사위원 2~3인이 심사한다.
3) 심사시 논문 투고자의 성명과 소속 등을 알 수 없도록 한다.
4) 각 심사위원은 투고 논문들을 본 편집위원회에서 규정한 아래의 [개별심사항목]에 따라 종합적으로 검토 평가한다.

개별심사항목

- 논문의 주제 의식이 명확하며 논리적이고 타당한 근거들이 제시되었는가?
- 창의적이고 비판적인 논제, 개념, 논거, 관점 등이 제시되었는가?
- 관련 분야에 대한 기초 문헌과 2차 문헌에 대한 적절한 논의가 이루어졌는가?
- 국내의 선행 연구 논저들에 대한 논의가 이루어졌는가?
- 논문의 형식적 요건(각주 인용, 참고 문헌 표기, 분량 등 본 학회에서 요구한 논문 작성에 관련된 사항)을 정확히 갖추었는가? 〔논문 요약문 및 주요검색어 작성요령〕

5) 종합평가는 개별항목에 대한 평가를 근거로 '게재 가', '수정후 게재 가', '게재불가'로 판정한다.
6) 2인 이상으로부터 '게재 가' 판정을 받은 논문은 수정 없이 바로 게재할 수 있다.
7) 심사에서 수정이 요구된 사항은 필자에게 [심사결과통보서]에 첨부된 [수정요구서]를 통해 고지하여 반드시 수정 후 게재한다.

2. 편집위원 선정기준과 절차

1) 본 학회의 편집위원회는 위원장 1명, 위원 15명 이내로 구성한다.
2) 편집위원은 반드시 본 학회의 정회원이어야 하며, 학회 발전에 공이 많은 자로 학회 이사들의 추천으로 후보가 된다.
3) 추천된 후보들 중 학회 이사들의 과반수 이상의 찬성으로 선정한다.
4) 가급적 지역 안배를 고려하여 각 도에 최소 1명씩 위원을 두며, 다양

한 연구 분야를 고려하여 선정한다.

5) 편집위원의 임기는 2년으로 하며 연임할 수 있다.

한국헤겔학회 임원 명단

명예회장_ 임석진(명지대)
고문_ 송병옥(건국대), 이강조(경북대)
회장_ 이창환(서울대)

총무이사_ 이광모(숙명여대)
총무간사_ 서영석(서울대)
연구이사_ 강순전(명지대)
섭외이사_ 최신한(한남대)
편집이사_ 윤병태(연세대)
편집간사_ 서정혁(숙명여대)

헤겔연구 제21호
철학의 고전적 담론들

1판 1쇄 인쇄 2007년 6월 8일
1판 1쇄 발행 2007년 6월 15일

편집 한국헤겔학회
펴낸이 윤병태
펴낸곳 도서출판 용의 숲
주소 서울시 서대문구 신촌동 134 연세대학교
제1인문관 508호 한국헤겔학회 편집위원회
전화 02-2123-2399
휴대폰 011-885-6267
E-mail seocrates@hanmail.net
출판등록 2004년 3월 29일 제 313-2004-00078호

ISSN 1598-9410(21)
가격 18,000원